陕西师范大学一流学科建设基金资助

陕西师范大学西北历史环境与经济社会发展研究院学术文库

中国北方农业历史地理专题研究

Research on Agricultural Historical Geography in North China

李令福◎著

中国社会科学出版社

图书在版编目（CIP）数据

中国北方农业历史地理专题研究 / 李令福著. —北京：中国社会科学出版社，2019.10
ISBN 978 – 7 – 5203 – 5273 – 4

Ⅰ.①中⋯ Ⅱ.①李⋯ Ⅲ.①农业地理—历史地理—北方地区—文集 Ⅳ.①F329.9 – 53

中国版本图书馆 CIP 数据核字（2019）第 216056 号

出 版 人	赵剑英
责任编辑	张　林
特约编辑	梁　珏
责任校对	李　莉
责任印制	戴　宽

出　　版	中国社会科学出版社
社　　址	北京鼓楼西大街甲 158 号
邮　　编	100720
网　　址	http://www.csspw.cn
发 行 部	010 – 84083685
门 市 部	010 – 84029450
经　　销	新华书店及其他书店

印刷装订	北京君升印刷有限公司
版　　次	2019 年 10 月第 1 版
印　　次	2019 年 10 月第 1 次印刷

开　　本	710×1000　1/16
印　　张	23
字　　数	368 千字
定　　价	128.00 元

凡购买中国社会科学出版社图书，如有质量问题请与本社营销中心联系调换
电话：010 – 84083683
版权所有　侵权必究

自　序

　　1987年我进入陕西师范大学历史地理研究所（今改称西北历史环境与经济社会发展研究院）读硕士研究生时，导师史念海先生就指导我以中国北方农业历史地理为学位论文的选题，至今已经30年了。这期间的前一个十年，我主要以农业历史地理学研究为主，现在想来学术收获还是不小的。先后完成了硕士学位论文《明清东北农业地理》与博士学位论文《明清山东农业地理》的撰写，顺利拿到学位，此外还发表了一些论文，在农业历史地理学具体专题上提出了属于自己的观点，并在学科理论与方法上得到了一些系统认识，对其后开展水利科技史与城市历史地理学的研究也有一定推进作用。

　　农业历史地理学是研究历史时期农业发展、结构及布局演变规律及其形成原因的学科，属于经济历史地理学的一部分。早在中华人民共和国建国初期，史念海先生为了祖国的经济建设就开始有意识地系统研究中国农业在南北方的起源、发展及布局，写出了《秦汉时代的农业地区》《开皇天宝年间黄河流域及其附近农业的发展》《隋唐时期长江下游农业的发展》《黄河流域蚕桑事业盛衰的变迁》等论文，系统地研究了隋唐以前农业区域的形成和农作物的布局，后来集结成《河山集》出版①，成为农业历史地理学的开创之作与经典代表。

　　为了编绘《中国大地图集·农牧业图》，史念海先生上世纪八十年代早期就开始指导其研究生有意识地开展农业历史地理的系统研究，第二

---

① 史念海：《河山集》生活·读书·新知三联书店1963年版。该论文集与其后来的《河山集》系列获得第一届教育部人文社科优秀成果一等奖。

届硕士生韩茂莉、吴宏岐与第二届博士生郭声波都开始选择农业历史地理作为学位论文的选题。郭声波的博士学位论文《四川历史农业地理》（四川人民出版社1997年版）属于区域通史性农业地理的性质，不仅在诸多学术问题上得出了重要的创新结论，史先生为其书作序中一口气列出十几个新观点；而且在系统历史农业地理研究的学科理论与方法上也作出了圆满总结，比如其建立的农业历史地理学时间、空间与专题的三维空间理论。其博士学位论文修订出版后，获得第一届教育部人文社科优秀成果二等奖[①]。

前辈学者的学术探讨是我从事农业历史地理学研究的基础，尤其是他们或是我的导师，不断地给予我督促与指导，或是我的师兄师姐，可以经常交流，从而让我有机会站在巨人的肩膀上。

耕地是农业生产力的基本要素，研究各时代各区域的耕地面积及其质量就成为农业历史地理学的一个重要内容。中国传统社会对耕地也有过丈量和统计，但重点是为了保障稳定的交纳税粮，故载籍耕地与实际耕地有一定的差异。如果说土地是农业之母的话，那么劳动则是农业之父，也就是说劳动力也是农业生产力最基本的要素之一。中国古代有"丁"或者"口"的统计，但其本意在于满足赋役的征收，"丁"数不能与农业生产劳动力划等号，"口"数的统计多数时候也不是全部人口。好在传统社会以农立国，农业社会总人口与农业劳动力密切相关，文献保存下来的"丁""口"数据也能为研究社会总人口提供一定的数理依据。因而研究社会总人口的变迁也成为农业生产力兴衰的重要标志。同时，农作物包括粮食与经济作物的引种与布局也是农业历史地理学研究的重要内容。

人口增减、耕地垦殖及农作物的种植与布局成为农业历史地理学最基本的研究内容。本书的前三章就是这方面的研究成果。

第一章明清山东人口与耕地的考证，由三篇论文组成。第一篇《明代山东省人口发展的时空特征》，在对人口统计数据实质含义及其误差程度的考证基础上，定量分析了明代山东省人口发展的时间与空间特征。

---

① 我曾经撰写书评《郭声波〈四川历史农业地理〉评介》，见《中国历史地理论丛》1994年第4辑。

第二篇《明代山东省耕地面积考释》，通过对明初与明末期山东省载籍耕地数据的考释与修正，基本弄清了有明一代山东省耕地的增长过程。文中认为明末山东载籍耕地数字由于计入非耕地及减少步弓的影响，而较实际之数偏高了约25%，而折亩的流行，却使其偏低了15%，从而推算出了山东省明末之耕地数量。第三篇论文《明清山东盐碱土的分布与改良》，从山东省盐碱土地利用及改良方面展开分析，首次较系统地关注到了耕地的质量问题。

第二章共四篇论文，主要探讨明清山东省经济作物的引种、推广、布局及贸易等。棉花是明初由南方引种山东的，而且以行政命令的方式要求各地普遍种植，到明代中后期，因经济规律的作用逐渐形成了商品棉产区。柞蚕是明清时代开始利用自然资源形成的特色产业，而花生、烟草是美洲作物，在山东省的推广颇具典型性，形成的产区很有特点。

第三章主要研究清代东北农业区的形成与作物布局。由于明代东北地区的农业开发仅局限于辽河下游地区，故清代中后期，黑龙江流域农耕区的形成与扩展就成为研究的重点，而粮食作物、经济作物及蚕业生产的区域特点也成为本区清代农业地理研究的基本对象。

众所周知，农业生产力最直接的标志应该是产量：亩产或者总产。但是由于资料缺乏、年际变化大等客观历史原因，历代粮食亩产量的研究极其少见。在研究明清山东农业地理时，我有幸阅读到曲阜孔府档案材料，其中有缴纳租粮的大量文献，为计算清代山东粮食亩产提供了典型材料。孔府的土地广泛分布于鲁西南曲阜、汶上、邹县、菏泽、鱼台等县，当时流行对半分成地租，孔府档案记载有孔府各类粮作播种面积及分成地租的数量，因此能计算出各种作物的单季产量，其相加之和就是所有耕地的当年产量。同时以鲁西南地区此粮食的亩产作为标准，结合土地肥力、作物种植技术等因素及其它文献记载资料，我还分区域推测出山东各地的粮食亩产水平。第四章第一篇论文《清代山东粮食亩产研究》，在专题上推进了农业历史地理学的基本内容，而且其分区域对比研究也是农业历史地理学研究上的探索，是全省粮食亩产研究没有出现空白，可以标识在地图上，也促进了历史地理学研究在科学性上前进了一步。

除了研究粮食亩产量以外，利用曲阜孔府档案资料结合地方史志等也可基本匡算出各类粮食作物播种面积在明清山东地区占总耕地面积的比例。因此发现在这个时期，传统粮食作物结构发生了重大的调整变化，小麦、高粱的播种面积比率不断增高，粟的种植不断下降，复播大豆得以推广和普及，从而促使复种指数逐渐上升，提高了粮食的单产及总产。这是第四章第二篇论文《明清山东粮食作物结构的时空特征》研究的基本结论。它不是山东省的特殊情况，我认为代表着整个北方旱地农区农业生产力通过内部结构的合理调整向纵深拓展的总特征。这个结论当时得到了学者们的赞同，直到最近还看到一些论文论述的是类似观点，感到其并未过时。

农业历史地理研究内容由农作物分布到农作物结构的深化，使我认识到在历史地理学研究中，很多时候结构的问题甚至比分布还重要。确实，南方水稻、北方小麦的种植是普遍现象，如果以县为单位各县皆会有分布，如何能表现其区域差异呢？仅仅用县志的记载无法反应其分布特征，那就要以种植结构来做对比才行。

在作物结构之粮作组合的研究中，我又想到了华北平原二年三熟的种植制度，而且我生活的农村在上世纪六七十年代还流行这种制度，其轮作组合基本上是麦豆秋杂，之所以麦后种豆，是因为要利用大豆的根瘤固氮作用来保持土壤肥力。而"两年三熟制"的形成时间在学术界有多种观点，或曰形成于两汉，也有北魏、唐代形成说。第四章第三篇论文《论华北平原的两年三熟轮作制的形成时间及其作物组合》，利用农书、方志及曲阜孔府档案资料研究此问题，建立了两年三熟制明中后期形成的新观点。该文1994年获得中国农史学会中青年论文征文优秀论文奖，发表以后也获得陕西省社科优秀成果三等奖。

1997年余赴日进行学术交流，发现日本学者对华北两年三熟制的研究成果更加丰富深入，于是又撰写《再论华北平原二年三熟轮作复种制的形成时间》一文，主要评述了日本学者在此问题上的研究方法和观点，并进一步论证了自己的观点。

博士毕业后因留在了陕西师范大学工作，就把研究区域转向了古都西安及其所在的关中地区，开初研治的关中水利还与农业历史地理有所关联，后来研究重心转到西安都城时代的历史地理专题，也就远离了农业历史地理学的方向。2000年博士论文修订后在台湾五南图书出版公司出版，先后获得西安市社科优秀成果二等奖及谭其骧中青年历史地理禹贡三等奖，算是对自己从事农业地理学研究的一个总结。

即便如此，我仍然一直参加中国农史学会的学术活动，多次参加东亚中日韩三国农业史学术研讨会，并被中国农业历史学会选为最近二届的常务理事。这期间也撰写了几篇农业历史地理相关的论文，即是编入第五章的四篇论文。

第六章共收三篇文章，一是我对农业历史地理学的理论总结；二是我给学生讲习中国农业历史地理学的纲要，前面有学科理论的讨论，后面有《史记·货殖列传》的导读；三是关于历史地理学的理论文章。

从事科学研究的第一个十年，我从农业历史地理学做起，现在想来是非常幸运的事，因为它让我收获了历史地理学专题研究中最基本的原则与技能。

首先，从农业历史地理学研究的对象来看，他是不能用单要素的列举法概括的。农业历史地理学是个复杂而又开放的系统，是随研究的进展向前推进的，就象我的研究历程，从耕地、人口、作物布局等农业生产力要素起步，到后来的粮食亩产、作物组合及种植制度等，是逐渐深入的。

其次，历史地理学研究的追求鲜明地体现在时间的发展与区域的差异上，但也不可不认识到结构演变的重要性。在我研究农业历史地理时，会有农林牧副渔各业结构、种植业内部有又粮食作物和经济作物的结构，而粮食作物内部还有不同的组合，而结构的重要性有时候会超过历史地理学最强调的空间性，因为空间差异常常要通过结构才能体现出来。

第三，我个人认为：最高标准的历史地理学成果应该是全区域覆盖的结论，能够通过地图表现，在研究区域上是不留空白的。用典型地区作标本的例示性研究并非不能做，但应该知道还没有实现学术研究的最终目标。

第四也就是最后，我想强调的是，从学科体系上看，农业历史地理学属于历史地理学下经济历史地理学的重要组成部分，算是历史地理学的三级分支学科，但是其在历史地理学领域的重要性却不能低估。因为农业的发明是历史地理学研究的起始点，即约一万年前的农业革命使人类能够种植庄稼、养殖动物，具备了改造自然的能力。在此之前，人类采集渔猎利用的是自然物，只能有限地适应环境；而在此后八九千年的传统社会发展过程中，农业是最基本的经济形式，不仅创造了人类社会发展的物质财富，而且广泛地作用于地球表面，形成历史地理学探究的基本对象：人地关系。

是为序，并以此纪念我从事历史地理学研究的第一个十年。

前　言

1987年我进入陕西师范大学历史地理研究所（今改称西北历史环境与经济社会发展研究院）读硕士研究生时，导师史念海先生就指导我以中国北方农业历史地理为学位论文的选题，至今已经30年了。这期间的前一个十年，我主要以农业历史地理学研究为主，现在想来学术收获还是不小的。先后完成了硕士学位论文《明清东北农业地理》与博士学位论文《明清山东农业地理》的撰写，顺利拿到学位。此外还发表了一些论文，在农业历史地理学具体专题上提出了属于自己的观点，并在学科理论与方法上得到了一些系统认识，对其后开展水利科技史与城市历史地理学的研究也有一定奠基与推进作用。

农业历史地理学是研究历史时期农业发展、结构及布局演变规律及其形成原因的学科，属于经济历史地理学的一部分。早在中华人民共和国成立初期，史念海先生为了祖国的经济建设就开始有意识地系统研究中国农业在南北方的起源、发展及布局，写出了《秦汉时代的农业地区》《开皇天宝年间黄河流域及其附近农业的发展》《隋唐时期长江下游农业的发展》《黄河流域蚕桑事业盛衰的变迁》等论文，系统地研究了隋唐以前农业区域的形成和农作物的布局，后来集结成《河山集》出版①，成为农业历史地理学的开创之作与经典代表。

为了编绘《中国大地图集·农牧业图》，史念海先生自20世纪80年代早期就开始指导其研究生有意识地开展农业历史地理的系统研究，第

---

① 史念海：《河山集》，生活·读书·新知三联书店1963年版。该论文集与其后来的《河山集》系列获得第一届教育部人文社科优秀成果一等奖。

二届硕士生韩茂莉、吴宏岐与第二届博士生郭声波都开始选择农业历史地理作为学位论文的选题。郭声波的博士学位论文《四川历史农业地理》（四川人民出版社1997年版）属于区域通史性农业地理的性质，不仅在诸多学术问题上得出了重要的创新结论，史先生为其书作序中一口气列出十几个新观点；而且在系统历史农业地理研究的学科理论与方法上也做出了圆满总结，比如其建立的农业历史地理学时间、空间与专题的三维空间理论。其博士学位论文修订出版后，获得第一届教育部人文社科优秀成果二等奖[①]。

前辈学者的学术探讨是我从事农业历史地理学研究的基础，尤其是他们或是我的导师，不断地给予我督促与指导，或是我的师兄师姐，可以经常交流，从而让我有机会站在巨人的肩膀上。

耕地是农业生产力的基本要素，研究各时代各区域的耕地面积及其质量就成为农业历史地理学的一个重要内容。中国传统社会对耕地也有过丈量和统计，但重点是为了保障稳定的缴纳税粮，故载籍耕地与实际耕地有一定的差异。如果说土地是农业之母的话，那么劳动则是农业之父，也就是说劳动力也是农业生产力最基本的要素之一。中国古代有"丁"或者"口"的统计，但其本意在于满足赋役的征收，"丁"数不能与农业生产劳动力画等号，"口"数的统计多数时候也不是全部人口。好在传统社会以农立国，农业社会总人口与农业劳动力密切相关，文献保存下来的"丁""口"数据也能为研究社会总人口提供一定的数理依据，因而研究社会总人口的变迁也成为农业生产力兴衰的重要标志。同时，农作物包括粮食与经济作物的引种与布局也是农业历史地理学研究的重要内容。

人口增减、耕地垦殖及农作物的种植与布局成为农业历史地理学最基本的研究内容。本书的前三章就是这方面的研究成果。

第一章明清山东人口与耕地的考证，由三篇论文组成。第一篇《明代山东省耕地面积》，通过对明初与明末期山东省载籍耕地数据的考释与修正，基本弄清了有明一代山东省耕地的增长过程。文中认为，明末山

---

① 我曾经撰写书评《郭声波〈四川历史农业地理〉评介》，见《中国历史地理论丛》1994年第4辑。

东载籍耕地数字由于计入非耕地及减少步弓的影响，而较实际之数偏高了约25%，而折亩的流行，却使其偏低了15%，从而推算出了山东省明末之耕地数量。第二篇论文《明代山东省人口发展的时空特征》在对人口统计数据实质含义及其误差程度的考证基础上，定量分析了明代山东省人口发展的时间与空间特征。第三篇论文《清代山东盐碱土的分布及其改良利用》，从山东省盐碱土地利用及改良方面展开分析，首次较系统地关注到了耕地的质量问题。

第二章共四篇论文，主要探讨明清山东省部分经济作物的引种、推广、布局及贸易等。棉花是明初由南方引种至山东的，而且以行政命令的方式要求各地普遍种植，到明代中后期因经济规律的作用逐渐形成了商品棉产区。柞蚕是明清时代开始利用自然资源形成的特色产业，而花生、烟草是美洲作物，在山东省的推广颇具典型性，形成的产区很有特点。

第三章主要研究清代东北农区的形成与作物布局。由于明代东北地区的农业开发仅局限于辽河下游地区，故清代中后期黑龙江流域农耕区的形成与扩展就成为研究的重点，而粮食作物、经济作物及蚕业生产的区域特点也成为东北清代农业地理研究的基本对象。

众所周知，农业生产力最直接的标志应该是产量：亩产或者总产。但是由于资料缺乏、年际变化大等客观历史原因，历代粮食亩产量的研究极其少见。在研究明清山东农业地理时，我有幸阅读到曲阜孔府档案材料，其中有缴纳租粮的大量文献，为计算清代山东粮食亩产提供了典型材料。孔府的土地广泛分布于鲁西南曲阜、汶上、邹县、菏泽、鱼台等县，当时流行对半分成地租，孔府档案记载有孔府各类粮作播种面积及分成地租的数量，因此能计算出各种作物的单季产量，其相加之和就是所有耕地的当年产量。同时以鲁西南地区粮食的亩产作为标准，结合土地肥力、作物种植技术等因素及其他文献记载资料，我还分区域推测出山东各地的粮食亩产水平。第四章第一篇论文《清代山东省粮食亩产研究》，在专题上推进了农业历史地理学的基本内容，而且其分区域对比研究也是农业历史地理学研究上新的探索，使全省粮食亩产研究没有出现空白，可以标识在地图上，也促进了历史地理学研究在科学性上前进了一步。

除了研究粮食亩产量以外，利用曲阜孔府档案资料结合地方史志等，也可基本匡算出各类粮食作物播种面积在明清山东地区占总耕地面积的比例。因此发现在这一时期，传统粮食作物结构发生了重大的调整变化，小麦、高粱的播种面积比率不断增高，粟的种植不断下降，复播大豆得以推广和普及，从而促使复种指数逐渐上升，提高了粮食的单产及总产。这是第四章第二篇论文《明清山东粮食作物结构的时空特征》研究的基本结论。这种情况不是山东省的特殊情况，我认为这代表着整个北方旱地农区农业生产力通过内部结构的合理调整向纵深拓展的总特征。这个结论当时得到了学者们的赞同，直到最近还看到一些论文对类似观点进行论述，感到其并未过时。

农业历史地理研究内容从农作物分布到农作物结构的深化，使我认识到在历史地理学研究中，很多时候结构的问题甚至比分布还重要。确实，南方水稻、北方小麦的种植是普遍现象，如果以县为单位各县皆会有分布，如何能表现其区域差异呢？仅仅用县志的记载无法反映其分布特征，那就要以种植结构来做对比才行。

在作物结构之粮作组合的研究中，我又想到了华北平原二年三熟的种植制度，而且我生活的农村在20世纪六七十年代还流行这种制度，其轮作组合基本上是麦豆秋杂，之所以麦后种豆，是因为要利用大豆的根瘤固氮作用来保持土壤肥力。而"二年三熟制"的形成时间在学术界有多种观点，或曰形成于两汉，也有北魏、唐代形成说。第四章第三篇论文《论华北平原的二年三熟轮作制的形成时间及其作物组合》，我利用农书、方志及曲阜孔府档案资料研究此问题，建立了二年三熟制明中后期形成的新观点。该文1994年获得中国农史学会中青年论文征文优秀论文奖，发表以后也获得陕西省社会科学优秀成果三等奖。

1997年余赴日进行学术交流，发现日本学者对华北二年三熟制的研究成果更加丰富深入，于是又撰写《再论华北平原二年三熟轮作复种制的形成时间》一文，主要评述了日本学者在此问题上的研究方法和结论，并进一步论证并坚持了自己的观点。

博士学位毕业后因留在了陕西师范大学工作，于是就把研究区域转向了古都西安及其所在的关中地区，开初研治的关中水利还与农业历史地理有所关联，后来研究重心转到西安都城时代的历史地理专题，也就远离了农业历史地理学的方向。2000年博士学位论文修订后在台湾五南图书出版公司出版，先后获西安市社会科学优秀成果二等奖和谭其骧中青年历史地理禹贡三等奖，这算是对自己从事农业地理学研究的一个总结。

即便如此，我仍然一直参加中国农业历史学会的学术活动，多次参加东亚中日韩三国农业史学术研讨会，并被中国农业历史学会选为最近两届的常务理事。这期间也撰写了几篇与农业历史地理相关的论文，即是编入第五章的四篇论文。

第六章共收三篇文章，一是我对农业历史地理学的理论总结；二是关于历史地理学的理论文章；三是我给学生讲习中国农业历史地理学的纲要。

从事科学研究的第一个十年，我从农业历史地理学做起，现在想来是非常幸运的事，因为它让我收获了历史地理学专题研究中最基本的原则与技能。

第一，从农业历史地理学研究的对象来看，它是不能用单要素的列举法概括的。农业历史地理学是个复杂而又开放的系统，是随研究的进展向前推进的，就像我的研究历程，从耕地、人口、作物布局等农业生产力要素起步，到后来的粮食亩产、作物组合及种植制度等，是逐渐深入的。

第二，历史地理学研究的追求鲜明地体现在时间的发展与区域的差异上，但也不可不认识到结构演变的重要性。在我研究农业历史地理时，会有农林牧副渔各业结构，种植业内部又有粮食作物和经济作物的结构，而粮食作物内部还有不同的组合，而结构的重要性有时会超过历史地理学最强调的空间性，因为空间差异常常要通过结构才能体现出来。

第三，我个人认为：最高标准的历史地理学成果应该是全区域覆盖的结论，能够通过地图表现，在研究区域上是不留空白的。用典型地区作标本的例示性研究并非不能做，但应该知道还没有实现学术研究的最终目标。

第四，我想强调的是，从学科体系上看，农业历史地理学属于历史地理学下经济历史地理学的重要组成部分，算是历史地理学的三级分支学科，但是其在历史地理学领域的重要性不能低估。因为农业的发明是历史地理学研究的起始点，即约一万年前的农业革命使人类能够种植庄稼、养殖家畜，具备了改造自然的能力。在此之前，人类采集渔猎利用的是自然物，只能有限地适应环境；而在此后八九千年的传统社会发展过程中，农业是最基本的经济形式，不仅创造了人类社会发展的物质财富，而且广泛地作用于地球表面，形成历史地理学探究的基本对象——人地关系。

是为前言，并以此纪念自己从事历史地理学研究的第一个十年。

目　　录

第一章　山东耕地与人口 (1)
一　明代山东省耕地面积 (1)
1. 明初山东耕地面积的估测 (1)
2. 明中后期山东省土地垦殖的发展及土地清丈 (6)
3. 万历丈田数据的修正 (12)

二　明代山东省人口发展的时空特征 (21)
1. 明初的移民与人口的激增 (21)
2. 明中后期人口统计数据的考证 (26)
3. 人口增长与分布的区域特征 (31)

三　清代山东盐碱土的分布及其改良利用 (39)
1. 盐碱土的分布 (39)
2. 盐碱地的改良利用 (42)

第二章　山东经济作物 (46)
一　明清山东省棉花种植业的发展与主要产区的变化 (46)
1. 明前期的迅速发展与普及 (46)
2. 明中叶以后商品棉产区的形成与演变 (49)
3. 清末期长绒棉的引进与总面积总产量的推求 (55)

二　明清山东省柞蚕业发展的时空特征 (59)
1. 明代柞蚕业的形成及主要产地 (59)
2. 清中期柞蚕养殖技术的发展与外传 (61)
3. 清末柞蚕业的繁荣 (63)

三　清代花生在山东的引种和发展……………………………（66）
　　　　1. 清中期花生的引种……………………………………（66）
　　　　2. 清末期花生的迅速扩种………………………………（67）
　　　　3. 清末花生扩种的原因…………………………………（70）
　　四　烟草与罂粟在清代山东的扩种及影响……………………（72）
　　　　1. 清中后期烟草的引种及其主要产地…………………（72）
　　　　2. 清末期罂粟的急剧扩种与分布………………………（75）
　　　　3. 烟草、罂粟扩种的影响………………………………（78）

第三章　东北农区形成与作物布局……………………………（82）
　　一　清代前期东北农耕区的恢复和扩展………………………（82）
　　　　1. 清初东北各地农业开发的基本状况…………………（82）
　　　　2. 辽河下游传统农耕区的恢复与扩展…………………（84）
　　　　3. 黑龙江流域渔猎畜牧区农垦点的建立………………（93）
　　二　清代黑龙江流域农耕区的形成与扩展……………………（100）
　　　　1. 第二松花江平原农耕区的形成与扩展………………（100）
　　　　2. 第二松花江平原农耕区的扩展与呼兰河、牡丹江、洮儿
　　　　　　河流域的放垦………………………………………（103）
　　　　3. 农耕区向嫩江平原、三江平原及其他边远地区的扩展……（106）
　　三　清代东北粮食作物的地域分布……………………………（110）
　　　　1. 谷类……………………………………………………（110）
　　　　2. 豆类……………………………………………………（121）
　　　　3. 麦类……………………………………………………（124）
　　　　4. 稻类与薯类……………………………………………（128）
　　四　清代东北地区经济作物与蚕业生产的区域特征…………（131）
　　　　1. 棉、麻与靛的地域分布及扩展………………………（131）
　　　　2. 烟草与罂粟的地域分布及扩展………………………（136）
　　　　3. 蚕丝生产的区域发展…………………………………（140）
　　　　4. 经济作物与蚕丝生产的区域扩展特征及限制因素…………（143）

第四章 粮食亩产、作物结构与种植制度 (146)

一 清代山东省粮食亩产研究 (146)
  1. 粮食亩产研究的薄弱及其原因 (146)
  2. 清代鲁西南平原的典型分析 (150)
  3. 清代山东各地的全面评估 (157)

二 明清山东粮食作物结构的时空特征 (163)
  1. 麦类与豆类作物种植比重的增加及其分布特征 (163)
  2. 新兴作物的传播与推广 (184)
  3. 传统杂粮谷类及稻类作物的兴衰与分布 (191)
  4. 明清山东粮食作物结构的时空特征 (203)

三 论华北平原二年三熟轮作制的形成时间及其作物组合 (209)
  1. 明代以前华北没有形成二年三熟制 (209)
  2. 华北二年三熟制形成于明末清初 (212)
  3. 二年三熟制的作物组合 (214)

四 再论华北平原二年三熟轮作复种制形成的时间 (218)
  1. 二年三熟制及其形成的条件 (218)
  2. 对传统各家观点的评述——明代以前华北平原没形成二年三熟制 (221)
  3. 华北平原二年三熟制形成于明中后期 (232)

第五章 北方历史农业地理其他专题 (237)

一 西汉时代冬小麦在我国北方的推广普及 (237)
  1. 东海郡西汉末年冬小麦播种面积广大 (238)
  2. 冬小麦在华北与关中的普及推广 (240)
  3. 西汉时代冬小麦种植技术的进步 (242)

二 秦汉上林苑农业的多功能性 (244)
  1. 秦汉上林苑概况 (245)
  2. 秦汉上林苑的经济功能 (246)
  3. 秦汉上林苑的非经济功能 (251)

三 陕蒙地区治理沙漠的四种成功模式 (256)
  1. 恩格贝模式：中外合作绿化开发沙漠的典型 (257)

2. 牛玉琴模式：家庭承包绿化治沙的楷模 …………………（260）
　　3. 石光银模式：公司加农户产业化治沙的代表 ……………（263）
　　4. 大伙场模式：村集体治沙的榜样 …………………………（265）
　　5. 余论 …………………………………………………………（267）
　四　黄帝"土德""垂裳"的文化意义 ………………………………（269）
　　1. "土德""垂裳"原义考 ……………………………………（270）
　　2. 从"土德"看黄帝故里故都 ………………………………（271）
　　3. 黄帝"土德""垂裳"的经济文化意义 ……………………（273）

第六章　历史农业地理学理论及其纲要 ………………………（276）
　一　历史农业地理学的理论与实践 …………………………………（276）
　　1. 历史农业地理学的形成及其研究意义 ……………………（276）
　　2. 历史农业地理的理论体系与研究方法 ……………………（278）
　　3. 历史农业地理的研究现状与今后趋向 ……………………（281）
　二　中国历史地理学的理论体系、学科属性与研究方法 …………（283）
　　1. 历史地理学的研究对象与理论体系 ………………………（283）
　　2. 历史地理学的学科属性及其与历史、地理等学科的关系 …（287）
　　3. 历史地理学的研究意义与研究方法 ………………………（293）
　三　中国农业历史地理学纲要 ………………………………………（299）
　　（一）中国土地垦殖的区域发展过程 …………………………（299）
　　（二）我国古代粮食作物结构的历史演变 ……………………（322）
　　（三）我国古代经济作物结构的历史演变 ……………………（331）
　　（四）传统农具、耕作技术与种植制度的演变 ………………（341）

后　记 ………………………………………………………………（349）

第 一 章

山东耕地与人口

一 明代山东省耕地面积

中国从明初开始就保留有一系列完整的土地数字，为研究土地垦殖的发展过程和区域差异提供了珍贵的基本史料。但是，这些统计数据多为当时的纳税亩数，并不能代表当时的实际耕地规模，故正确地评价和利用这些统计数据成为研究土地垦殖的关键。本文通过对山东一省明初与明末载籍耕地数据的修正，基本弄清了有明一代山东省耕地的增长过程，进而希望有助于对全国及其他地区明代耕地数据的深入研究。

1. 明初山东耕地面积的估测

元末明初的连年战争使山东省社会经济遭到严重破坏，洪武三年，山东仍然地旷人稀，"近城之地多荒芜"①。面对这种经济残破的局面，明初的统治者采取了多方移民、鼓励垦荒的政策，使山东省的耕地面积迅速增加起来。

明朝建立不久，移民山东的活动就开始了，蒲台县有外来氏族26支，其中23支是洪武二年从北直隶强迁来的②。据中书省官员所说，洪武三年山东各府都有"官给牛种者"的屯民③。洪武四年三月，"徙山后民三万五千户于内地"，其移往的"内地"应包括山东在内④。洪武二十

---

① 《明太祖实录》卷五三，洪武三年六月丁丑。
② 光绪《蒲台县乡土志·氏族》。
③ 宣统《山东通志》卷七八《田赋》。
④ 风良：《明初移民山东的云南地望考》，刊《中国历史地理论丛》1993年第2辑。

一年，有人建议利用行政手段组织"狭乡"之民到"宽乡"去垦荒，得到了朱元璋的赞同，"于是迁山西泽、潞二州之无田者，往……临清诸处闲旷之地，令自便置屯耕种"①，于是，大规模的移民垦殖山东开始了。洪武二十二年，朱元璋"以山西地狭民稠，下令其民分丁于北平、山东、河南旷土耕种"，故有"山西沁州民张从整等一百一十六户告愿应募屯田"②。这种自发的移民同样得到政府的支持，拨地赐钞，免其赋役三年。洪武三十年，户部尚书言："山西狭乡无田之民募至山东东昌高唐境内屯种，给食已及三年，请征租税。"朱元璋令"再复一年，然后征之"③。在明初对移民"开垦荒地永不起科令"的刺激下，志愿迁来山东的外地移民会持续稳定地增加，必然能达到相当大的规模。鲁西北东昌府元末遭战乱影响最重，不仅远距离从外省也从本省东部各府迁民移垦于此。如洪武二十五年迁"登莱二府贫民无恒产者五千六百三十五户就耕于东昌"④。除了上述省内外行政迁民以外，还有以军事组织强令移民的，洪武三十一年在胶东沿海设置四卫所，并令"世袭官兵携带家眷驻于卫所，人口又有增加"⑤，这些官兵多来自东南各省。

　　明初以多种形式向山东移民，规模较大。鲁西北平原的东昌、济南、兖州三府是主要的移入区，其中东昌府接纳移民数量最多，东昌府属清平县"户族大半自明初开始占籍于此，而自山西洪洞县迁来者十居八九"⑥。武城县初有"乡三、屯十八……按乡为土民，屯为迁民，洪武初制则然"⑦，迁民所建农村基层单位是土著居民的六倍，可知迁民之多。夏津县洪武初仅有"土民三里"，"迨洪武二十五年徙三十七屯于此，编户三十一里，则生齿繁矣"⑧。迁民竟相当于土著的九倍。似东昌府这样明初迁入居民远远超过原有土著，据官方统计，洪武二十八年"东昌等

---

① 《明太祖实录》卷一九三，洪武二十一年八月癸丑。
② 《明太祖实录》卷一九七，洪武二十二年九月甲戌。
③ 《明太祖实录》卷二一六，洪武三十五年二月丙寅。
④ 《明太祖实录》卷二一六，洪武二十五年二月庚辰。
⑤ 新编《海阳县志》第三编《人口·人口变动》。
⑥ 民国《续修清平县志》之《舆地·户口》。
⑦ 嘉靖《武城县志》卷一《疆域志·乡屯》。
⑧ 乾隆《夏津县志新编》卷四《食货志·户役》。

三府屯田迁民五万八千一百十四户"①。

明初迁入山东的移民主要利用屯田的形式开展垦荒生产，"迁民分屯之地，以屯分里甲"，以屯为基本单位②，政府给予耕牛、种子、农具以助其安家垦荒，"令自便置屯耕种，免其赋役三年，仍户给钞二十锭，以备家具"③。洪武二十五年，"命户部遣官于湖广、江西诸郡县买牛二万三千三百余头，分给山东屯种贫民"④。土地是农民最基本的生产资料，移垦地方荒地很多，可以自由占垦，能多垦者不限顷亩。

除上述移民屯田垦荒外，明初统治者还大力招抚当地流亡农民，给予优惠条件，鼓励其垦荒种植。洪武三年，济南府知府陈修等上言"北方郡县近城之地多荒芜，宜召乡民无田者垦辟，户率十五亩，又给地二亩与之种蔬，有余力者不限顷亩，皆免三年租税，从之"⑤。

有些荒芜土地原来是有主的，元末动乱之际地主逃亡他乡，后被少地或无地的农民占有垦殖，当原来主人还乡后就出现了产权纠纷。针对此，政府专门规定，"各处人民先因兵燹遗下田土，他人开垦成熟者为己业，业主已还，有司于附近荒地验丁拨付"⑥，承认了因战乱造成的生产关系发生改变的既成事实，解决了农民开垦荒地的后顾之忧，对促进垦荒的发展有很大的积极作用。

明初的鼓励垦荒政策是贯彻始终的，洪武二十八年，朱元璋谕户部官曰：山东河南民人"二十七年以后新垦地，不论多寡，俱不起科，若有司增科扰害者，罪之"⑦。直到明代中期，这项法令一直在山东各地普遍实行，调动了人们开垦荒田的积极性。

明初的多方移民、鼓励垦荒政策促使山东省的荒地迅速得到垦辟，耕地面积因而急剧增加起来，不过，万历《明会典·田土》关于洪武二十六年（1393）山东省耕地已达7240万亩的数据却极不可靠。首先从这

---

① 《明太祖实录》卷二四二。
② 《明史》卷七七《食货志》。
③ 《明太祖实录》卷一九三，洪武二十一年八月癸丑。
④ 《明太祖实录》卷二三三，洪武二十五年闰十二月己卯。
⑤ 《明太祖实录》卷五三，洪武三年六月丁丑。
⑥ 万历《明会典》卷一七《户部·田土》。
⑦ 《明太祖实录》卷二四三，洪武二十八年十二月壬辰。

个数字本身来看，它比百年以后弘治十五年（1502）的山东载籍耕地数的5429万亩竟高出了1/2①；用同年耕地与人口数比较计算，每人占有耕地多达13.8亩，比封建社会后期按人计算的耕地面积6—8亩几乎大一倍②。再从全国耕地数来看，万历《明会典·田土》记洪武二十六年全国田地数为85076万亩，而据《实录》洪武十四年"天下官民田地"仅36677万亩，洪武二十四年"官民田地"亦不过38747万亩，洪武二十六年全国耕地数竟相当于洪武二十四年的二倍有余，两年时间不可能开辟如此之多耕地。故中外学者对这两个统计数据的性质进行了多种考证，虽意见纷纭，未能统一，但都一致认为万历《明会典·田土》所载数据较实际耕垦地亩偏高③。因此，我认为源出万历《明会典》的洪武二十六年山东耕地数也明显偏高。

洪武十九年，朱元璋令国子监生到浙江清丈田地编制鱼鳞图册，而在全国其他地方似也有土地的清丈和登记活动，虽然不能同浙江那样都由国子监生主持。如安邱县洪武十九年大括，"此即鱼鳞册也，大约六尺为步，二百四十步为亩，所用尺今钞尺是也，分上中下三则起科"④；《诸城县志·丈田论》也说："洪武初年朝吏分遣监生并秀才勘北方田地，而本县丈勘者为小王秀才。"⑤ 明初山东各地似曾进行过土地的丈量工作，但这次丈量不可能是实地测量的，更没有全省范围的统一标准。多数地方应为农民自己陈报现耕地亩数字，《明太祖实录》就说"宜令各地农民自实见垦亩数以定税粮"。这种"自实"原则决定了明初没有进行真正意义上的土地丈量，而仅算是土地的登记，这也就决定了明初载籍地数的不准确性。当时实际的情况也许是这样的，农民占有一片土地后，上报官府谓其拥有，而实际垦否并不一定。各地守令既不能亲自清丈，又往往责成里甲增报数额，当时已有人说："土旷民稀，垦辟有限，所在守令往往责令里甲增报额数以为在官事迹。"⑥ 这将导致很多荒地被统计在耕

---

① 万历《明会典》卷一七《户部·田土》。
② 梁方仲：《中国历代户口、田地、田赋统计》乙表32与甲表60。
③ 梁方仲：《中国历代户口、田地、田赋统计》乙表30附记。
④ 万历《安邱县志》卷一《总纪》。
⑤ 顾炎武：《天下郡国利病书》原编第十六册《山东下》引。
⑥ 《明太祖实录》卷一一一。

地之中。洪武二十四年，朱元璋又令"山东概管农民各见丁着役，限定田亩，着令耕种，有荒芜田地流徙者，全家迁发化外"①。这个法令使政府可以硬性规定农民的耕地面积，就更扩大了土地登记数的偏高。所以，笔者认为洪武二十六年的田数不是土地丈量的结果，而是土地登记时农民自己认垦与官吏"限定田亩"的结果，因而它远远超过了实际耕地的规模。

开辟耕地要投入一定的人力和畜力，这里的人并不包括人口的全部，而仅是掌握耕种技术从事农业活动的那一部分成年男子，明初的人口数据基本准确，如果能求出人口中农业劳动力比率及一个劳力能够耕种多少土地，则可大致匡算出当时的耕地面积。

一般来讲，人口所能提供的农业劳力的比率是基本稳定的。郯城县乾隆末期与嘉庆中期共五个年份的成年男子占总人口的比例都在34%左右②，而道光十七年济南府十六个州县的男丁人口比率少者30%、多者37%，基本围绕33.4%这个总平均数上下摆动③。根据山东省济南府、东昌府、德州、商河县等十六属方志资料的统计④，可以计算出无论清中期的乾嘉道三朝还是清末的同光年间，各属地成年男子占总人口的比例都在32%—36%，平均约为34%。成年男子既没有随时代的推移而发生大的变化，也没有因区域的差异而产生重大不同，以此类推到明初也无不可。

当然，成年男子也并不是全部从事农业生产，还有当官经商作工者。那么务农者占成年男丁即从业总人口的比重有多大？清末山东部分州县编写的乡土志曾有过粗略的估计，根据高唐、聊城、菏泽等十三州县乡土志的资料计算，务农者约占从业人口总数的89.4%，比重特大。绝大多数成年男子经营农业自不待言，仅在少数工商业发达地区出现过特殊的情况，如清末章邱县"农居十之五，商居十之三，士与工各居十之

---

① 隆庆《兖州府志》卷二四《田赋》。
② 嘉庆《郯城县志》卷二《户口》。
③ 道光《济南府志》卷一五《户口》。
④ 李令福博士学位论文《明清山东农业地理》之附表2-2。

一"①，齐东县农民十之五，士占十之一，而工竟占十之二②。明初商品经济因素影响较小，工商阶层特少，以务农劳力95%计算，则人口的农业劳动力比率占到32.8%。

那么一个农业劳力能够耕种多少土地呢？明初所移东三府之民乃是其"五丁以上田不及一顷，十丁以上田不及二顷，十五丁以上田不及三顷并小民无田耕种"者③，这说明20亩地是不够一丁耕种的，即一个劳力能够耕种田地必在20亩以上。清兵入关以后，八旗子弟每丁授田30亩，于是"三十亩地一头牛，老婆孩子热炕头"成为北方农民温饱生活的真实写照。明初社会经济凋敝，畜力不足，要靠政府从外地贩来，因此，笔者以为一个农业劳力的耕种能力以30亩地左右为宜。

洪武二十四年，山东有567.2万人，估计进行耕作的劳力达183.2万人，以每一劳力耕地30亩计算，山东全省耕地约有5496万亩，这一数字与弘治十五年的载籍耕地数非常接近④。

本文推算的明初山东耕地5496万亩，虽较明初载籍数少了1744万亩，但与其前各代相比，仍有很大的提高，北宋元丰五年（1082）山东耕地2671万亩，折成2271万市亩，元朝无载籍耕地数，而明初洪武二十四（1391）山东已经开辟耕地5496万亩，折成4781万市亩，其较前者增加部分基本是明初垦殖的结果，因为元代垦殖似没有超过宋代的水平。

2. 明中后期山东省土地垦殖的发展及土地清丈

明中期以后，随着人口的缓慢增加，山东省的土地垦殖继续深入发展，耕地面积也逐渐扩大。但因为新垦土地不起科或不能全面认真地清丈，故直到万历初年山东省载籍耕地数对研究山东的土地垦殖全无用途。

（1）明中后期山东省土地垦殖的发展

---

① 光绪《章邱县乡土志·实业》。
② 光绪《齐东县乡土志·实业》。
③ 《明太祖实录》卷二三六，洪武二十八年二月戊辰。
④ 美国学者珀金斯认为洪武三十一年（1398），进行过全国性的土地测量登记，其结果基本反映于弘治十五年（1502）的数据上，因为这两年之间再没进行过新的土地丈量。因此，他用弘治十五年数据代表明初的垦地数，与本文结论相近，见《中国农业的发展》，第298—300页。

明初山东省移民垦殖高潮以后，垦殖额外荒田永不起科的法令并没有废止，有人认为"景泰六年六月丙申，户部尚书张凤等奏，山东、河南、北直隶并顺天府无额田地，甲方开荒耕种，乙即告其不纳税粮，若不起科，争竞之涂终难杜塞，今后但告事者，宜依本部所奏减轻起科"①，似乎景泰六年后，山东不起科地有升科者，其实不然。嘉靖初兵科给事中夏言说的明白，"至正统六年则令北直隶开垦荒田从轻起科，实于祖宗之法略有背戾。至景帝寻追复洪武旧例，再不许额外丈量起科，至今所当遵行"②。实际仅北直隶有升科者，"其宣（德）（正）统间，北直隶比洪武时山东、河南例，民开荒田无论多寡永不起科者及洼下碱薄无粮者后皆核入赋额，数溢于旧"③。山东省则直到嘉靖初年，额外新垦荒地仍没有起科征粮，《滕县志·赋役志》即明确记载"国初地有起科、不起科之分，嘉靖初犹然"④。嘉靖二年，夏言仍建议"山东河南等处奉例开垦之地，多被奸徒投献王府及诸势家，宜一体差官查勘禁革"⑤，在山东仍然维护额外开垦荒地永不起科之令。这种地亩并非少数，如有起科定会有大规模的清丈活动，也会使田额有一定幅度的增长，而明代中期山东根本没有土地的清丈，而且田额数量又逐渐减少，这些历史事实都有力地证明了永不起科令在明中期并没有废止。

明代中期，农业劳动生产力趋向充足，额外荒田既然可以不纳赋税，广大农民垦殖的积极性一定很高，如小清河流域"泊地未尝税亩，或田连数十里而租不数斛，民多利之，率濒河为堤以自涸"⑥。正德年间，原赏衡王白埠泊庄田附近"有未税地四百八十余顷"即是围垦湖泊河滩开辟的额外荒田⑦，可见这种永不起科令下开辟出来的耕地数量不少。

明中期农民流徙日渐增多，政府积极采取各项措施，令其回籍复业，同时添设官员专职劝农，实行贷给耕牛种子的优惠政策，"景泰二年二月

---

① 顾炎武：《日知录》卷十《开垦荒地》。
② 夏言：《勘报皇庄疏》，见《明经世文编》卷二〇二《夏文愍公文集》其所计年代略有不同。
③ 《古今图书集成·食货典》卷五八《明食货志·田制附屯田》。
④ 顾炎武：《天下郡国利病书》原编第十五册《山东上》引。
⑤ 《明世宗实录》卷二三，嘉靖二年二月乙亥。
⑥ 民国《重修新城县志》卷二《方舆志·山川》。
⑦ 《明武宗实录》卷三九，正德三年四月甲壬。

诏畿内及山东巡抚官举廉能吏专司劝农，授民荒田，贷牛种"①，成化元年，添设山东布政司参政一员，各府同知一员，专职"提督人民栽种耕耘及预备仓粮籴卖劝借"②。

嘉靖万历时，随着丈田均税运动的展开，各地官员更加积极地招抚流民，加强垦荒发展生产。嘉靖八年山东巡抚请于东三府负山濒海荒芜之区特设垦田，得到皇帝的嘉许，"设法召民开垦，贫者官为给钱，以市牛种，仍量免科差三年"③。万历时仍然令"沿边一带荒芜田土，委官清查招佃垦耕"，而且成效很大，据山东巡抚调查，万历"四十四年分共开过额内荒地四千一百八十五顷零，开过额外荒地一百七十六顷三十九亩零"④。各地官吏也努力招民垦荒，寿光知县高邦佑、黄县令杨泉、莒州知州侯国安都在劝垦方面做出了很大成绩⑤。有些农民缺乏生产资料耕牛，只能"父子兄弟挽耕"，效率低下。对此，地方官员多置买牛具，以助贫民。如博兴县"置官牛五百头"⑥，新泰县也有"官牛140只"⑦，恩县有"官牛三百五十九只，分给阖境贫户耕作"⑧，嘉靖四十二年开垦沂费等处荒地时"官发耕牛给之，价值三千两"⑨。

尤其值得提出的是各地设置的官庄对于招民垦荒发展农业做出了很大贡献。万历九年，邹县令许守恩，因"官庄之制，垦荒招亡，他邑皆称便"，始于其境设尚义等76庄，而后县令皆有续建，王一祯建兴隆等26庄，梁州彦建章安等21庄，胡继先不仅整修了以上各庄而且又创立永安等23庄，前后共建146庄⑩。同时期设置官庄见于文献记载的还有诸城45处，高密32处，恩县21处，其余如新泰等地也有创置⑪，可见明

---

① 宣统《山东通志》卷七八《田赋》。
② 隆庆《兖州府志》卷二四《田赋》。
③ 《明世宗实录》卷九八，嘉靖八年二月癸未。
④ 《明神宗实录》卷五六五，万历四十六年正月。
⑤ 嘉庆《大清一统志》卷一七一《青州府名宦》；同书卷一七八《沂州府·名宦》。
⑥ 民国《重修博兴县志》卷十二《宦绩·明》。
⑦ 光绪《新泰县乡土志·政录录·兴利》。
⑧ 万历《恩县志》卷一《舆地·招垦》。
⑨ 《明世宗实录》卷五二二，嘉靖四十二年六月乙卯。
⑩ 《邹县旧志汇编》第二章《明季嘉靖以后区划·附官庄》。
⑪ 诸城、恩县出处见后，高密县见光绪《高密县乡土志·乡社》；新泰县见天启《新泰县志》卷四《食货志·地亩》。

末山东设立官庄的现象比较普遍。对入庄之民不仅拨给荒地，而且给予打井建房，"给以牛种，免其杂役，俟二年后始征之"①。恩县所建21庄，"通建草房八百三十三间，绥辑窭氓一千三百零，垦治荒田任其力为，给官牛一百二十五，甃砖井，置碾磨庄各一"②。而诸城县"准贫民陈告，创立官庄四十五处，专以垦荒为主，其法于荒田不拘年之浅深，地之远近，主之有无，通令贫民押帖开耕，遂为己业，庐舍井灶即立于其所，名曰官庄，若谓官设之也，而人不敢贸易争夺之焉，一时贫民胥悦而安之"③。官庄既以招民垦荒为宗旨，措施也很得力，取得的成绩就很可观。如邹县最后建立的23庄即招民"复业者凡四百二十一户，带回男妇凡一千二百三十六丁，垦荒六十余顷"，全县146庄的招民垦荒数量更大。诸城县设官庄数年，"境内荒田开垦殆遍，山腰岭顶五谷并殖，岂非官庄之立劝民力穑之心乎"，由此可知"垦荒之法至立官庄而艮未加焉"④。

明代中后期，人口的增加为农业生产提供了较充足的劳动力，而政府又采取各项措施劝民垦殖，于是促使山东各州县荒地大量开垦，连低洼的湖泊边缘或硗瘠的山岭坡地都出现了不少耕地。阳谷县北周回二十余里的鹅鸭陂，"潦则畜水，涸则成田"⑤，东平州附件的安山湖明初为运河减水汇渚，水面辽阔，后逐渐淤塞，为居民占垦，"嘉靖三十年复浚，但不久又于隆庆四年复为民田"。南旺湖也同样，因"居民佃种其间，日就湮没"，大小清河流域的居民在近水筑堤叠堰以围垦造田⑥。位于山区的费县其民山居谷汲，生活艰难，万历时"有贤长吏加意垦辟，化为沃土，他邑民就食其中，赴之如市，盖岩邑也"⑦；莱芜县的大步岭、马家庙岭、白龙岭，明末皆垦出不少熟田⑧；邹平县西南的大峪山"幽深，中多良田"⑨。明初未垦的所谓额外荒田已经基本得到垦殖，万历时给福王

---

① 《邹县旧志汇编》第二章《明季嘉靖以后区划·附官庄》。
② 万历《恩县志》卷一《舆地·招垦》。
③ 《诸城县志·官庄记》，见顾炎武《天下郡国利病书》原编第十六册《山东下》。
④ 《诸城县志·官庄记》，《邹县旧志汇编》第二章。
⑤ 万历《兖州府志》卷三《山水志》。
⑥ 顾祖禹：《读史方舆纪要》卷三《山东·东平州》。
⑦ 万历《兖州府志》卷四《风土志》。
⑧ 《古今图书集成·职方典》卷一九二《济南府山川考·莱芜县》。
⑨ 顾祖禹：《读史方舆纪要》卷三一《山东·济南府》。

赐田时，山东已无可赐之闲田，"闲田既尽，势不得不取之于民间"，遭到很多人的反对①。万历三年，山东巡抚郑璧汝"请开登州海州北长山诸岛田"②，万历三十三年长庐巡盐御史报告，"山东岛田开垦成熟已计万余"③，垦殖范围扩展到了海岛之上。由此看来，山东省明中后期耕地面积是不断扩大的。

（2）明中后期的土地清丈

明初山东省各地田额已确定，而额外荒田垦成熟地又永不起科，洪武初核天下田"各有定额，安邱均得一万二千二百二十三顷九十五亩有奇，已复令山东等处额外荒田尽力开垦不起科"④，也就没有必要进行土地的清丈，基本都是维持明初的土地定额。因此，记载明中期山东省耕地的史志很少，既有个别载籍耕地数据不仅没能较明初有一定增加，反而随着地主隐报与贫民的逃徙而逐渐有所减少，弘治十五年山东省载籍耕地542938顷，较明初载籍数少了一大截⑤，这根本不能反映随人口增加荒地得到大量垦殖的历史实际。

明中期以后，山东人口持续增长，额外所开荒田数目逐渐扩大，地税不均使永不起科法令越来越难维持，需要大量升科，而飞洒诡寄等弊端百出，隐地增多又使纳税田额减少，如安邱县嘉靖不丈田前"田地飞诡者众，故赋多脱额，当事者不稽查，正征外，仍令倍出，名带征，民颇苦之"⑥。农民负担沉重大批逃亡，迫使地方当局不得不采取措施，于是丈田活动在各地陆续展开。只是嘉靖年间的丈田，多数地方是为了平均地税和保证政府的税收，而多用其原来亩积标准量地，耕地数仅足原额而已。如兖州府滋阳县前中期"原额官民地245520亩，东大南等二十一社每亩七百二十步，南辛工等三社每亩二百四十步，后被积年奸书通同富家权势，止存见在地190000亩有零……嘉靖四十三年滋阳县李之茂奉巡抚都御史张公鉴兖州知府曹子朝贴委丈量地亩，遂选委祭官丁惠仁

---

① 《请减福王赡田疏》，见民国《重修新城县志》卷二四《艺文志》。
② 宣统《山东通志》卷七八《田赋》。
③ 张君约：《历代屯田考》下册《明之屯田》。
④ 顾炎武：《天下郡国利病书》原编第十六册《山东下》引《安邱县志》。
⑤ 万历《明会典》卷十七《户部·田土》。
⑥ 万历《安邱县志》卷一《总记》。

等老人潭文进等分投领岔，沿段逐亩从公丈量，地复原数，三辛庄每亩增添一百四十四步半，共地每亩三百八十四步半"①，乐陵县也是如此，"土田原额官民征粮地 579600 余亩，嘉靖七年丈量如数"②。夏津县的例子更加典型，其洪武二十四年有民粮地 463188 亩，而嘉靖八年均地量过白地 910071 亩，因超过原额，故"每白地一亩九分五厘一毫三丝四忽科粮一亩"，共科粮地 46638 亩，其多出之数"盖其前没官地折作民地而通计之矣"，采取折亩的方法以保持原额之数③。滕县嘉靖二十七年由沂州卫经历石仲义丈田，用原亩计之，民颇称便，后县丞刘芳重丈，小其弓步，引起反对，于是不得不复用旧田之制④。曲阜县丈田也仍没有改变其大亩标准⑤。当然，也有部分地区的丈田并不受原额的限制，而且也有改用标准亩积者，定陶县"成化至嘉靖三十年原额官民共 101121 亩零，自嘉靖四十三年新均地亩始得 29 万亩余"⑥；恩县明前中期额田 42 万亩，嘉靖三十九年参政张鉴丈田得实在熟地 122 万亩，提高幅度都很大⑦。

  总之，嘉靖年间山东省有不少州县进行了土地的丈量，而且多是实地测量的，但是全省统一标准的丈田活动并没有展开，多数丈田仅是为恢复耕地原额以保障税收，这就失去了土地丈量的真正意义。因此嘉靖年间的山东载籍耕地数仍是无法代表各地实际垦殖的水平，如嘉靖《山东通志·田赋》记载全省耕地 5735 万亩，比明初实际耕地数稍大，但没有反映出明中期土地垦殖的成效。青州府洪武二十四年官民田 1339 万亩，嘉靖三十一年才 1361 万亩⑧；莘县国（明）朝初人稀少，多荆棘，至永乐间渐次开辟，故田地加多，自此以后再无增减；武城县的情况也是一样⑨；济阳县"原额征粮地六千六百顷有奇，画为定制"，直到万历初年

---

① 隆庆《兖州府志》卷二四《食货部·田制》。
② 顺治《乐陵县志》卷三《食货志·明田亩》。
③ 嘉靖《夏津县志》卷二《食货志·土田》。
④ 顾炎武：《天下郡国利病书》原编第十五册《山东上》引《滕县志》。
⑤ 崇祯《曲阜县志》卷一《土地志·地亩》。
⑥ 隆庆《兖州府志》卷二四《食货部·田制》。
⑦ 万历《恩县志》卷三《贡赋·田赋》。
⑧ 嘉靖《青州府志》卷七《田赋》。
⑨ 嘉靖《莘县志》卷二《贡赋》；嘉靖《武城县志》卷二《田赋志·地亩》。

都没有改变①；宁海州及所属文登县嘉靖二十一年耕地数，都与明初原额相同②。由此看来，明初直到嘉靖年间的载籍耕地较实际耕垦之地都有偏差，仅能说明其各地纳税地亩的多少，对研究土地垦殖水平全无用途。

神宗万历初年，张居正在全国范围内主持进行了土地的清丈活动，山东省积极响应，当时政府号召统一以240步为亩的官亩为准，认真进行实地测量，而且是"但有田土，尽数报官纳粮当差。"③ 既无遗漏，也不受原额大小的束缚，与嘉靖时的丈量相比，更能体现出田地丈量的真正意义。当然因为折亩的普及、弓尺大小的变化以及荒地计入等影响，丈量结果较实际耕地面积仍有一定距离。不过只要我们认真分析，弄清其折隐与浮增的大致比率，是基本能够得到明末耕地的真实数据的。

3. 万历丈田数据的修正

万历初年丈田的结果使山东载籍耕地数额大增，据万历九年山东巡抚何起鸣奏，"奉旨清丈通军民屯粮地，民地原额七十六万三千八百十八顷，丈出地三十六万三千四百八十七顷零，屯地原额三万六千九百一十五顷，丈出地二千二百六十八顷"④，丈出民屯地共2657万亩，合原额得山东官民地总面积11665万亩，这是丈田后直接的汇报，应该属实。不过，当时有些县份未及折亩。如济阳县"邑令均地分上中下三等，以二百四十步为亩，共得地一万四千余顷，缘升任未及折亩，因沿为奸，一遇加编兵饷，率以亩数为则，殊为偏苦"⑤，这种因素使其数额偏高。崇祯七年有人称山东额地10770万亩⑥；而到清朝建立，耕地多以明末册籍数目为原额，据查山东省原额耕地10218万亩，可能因为

---

① 乾隆《济阳县志》卷三《田赋》。
② 嘉靖《宁海州志》卷上《田赋·地亩》。
③ 张居正：《答山东巡抚杨本菴》，见《明经世文编》卷三二八《张文忠公集》。
④ 《明神宗实录》卷一一六，万历九年九月乙亥。
⑤ 乾隆《济阳县志》卷三《田赋》。
⑥ 张履祥：《扬园见闻录》，见道光《观城县志》卷五《赋役志·田赋》。

有些地册散失遗漏而使载籍数偏低①。又宣统《山东通志·田赋》所载山东省各府州县原额耕地合计为10947万亩，也可代表明末载籍耕地。上述明末山东省耕地的四个载籍数据，我更趋向于用10947万亩作为万历丈田后的数额，因为它不受导致其偏高偏低的限制因素的影响，又有各府州的细数，更便于我们深入地进行对比研究。

由于万历初年丈田时计入了一些非耕地亩，而有些地区为了均税又进行了折亩，所以其丈田后所得10947万亩田额，并不能视为山东全省的实际耕地面积。下面将分析导致其产生偏差的原因及偏差的大致程度。

首先，我们来分析一下导致载籍耕地偏高的诸因素。我认为导致其浮增的最大因素是大量非耕地的丈量计入。万历初年，张居正当政"疑郡邑土田有未登版籍者，诏下海内，履亩而丈尺之，无论穷山僻谷尺寸俱籍有司"②，而地方"执事者欲邀福于相公，多生枝叶，其所开室舍、园圃、高下、淤沙、平坂、山石、泻卤诸名色，以令乡鄙之民，乡鄙之民冥然不啻对胡越而言侏僬，此为里书立弊薮奚止凿三窟也"③。由于项目繁多，各地执行起来，也不统一，多有把宅舍、园林地及沙碱、山岭地等项核入田亩数额之中者，如陵县"凡宅基地多每亩承粮"，宅基地与上等耕地纳税相等，故计入丈田数据之中④；莱阳县山岭地亩也被丈量升科，虽然其计算亩积特别宽大，"其山岭地亦有不用弓步，公同估计，谓之眼看亩"⑤；恩县丈量时仅除"官路、铺舍、义冢、寺庙、河口、古堤、教场、坛场、城壕、官园、旧县城墙、烟墩、水坑、官屯、官仓、大街地一千九百五亩"，数目如此之少，应该仅是政府机关及公共设施占地，而广大的私人所用宅基、坟墓、树林、果园等都在丈量之列。连硝碱地都以4.5亩科粮一亩，有主久荒地以10亩科粮一亩的标准计入了垦熟耕地范畴⑥。新城县田地是"万历玖年淄川

---

① 《古今图书集成·职方典》卷一八五《山东赋役考》。
② 道光《观城县志》卷五《田赋》附。
③ 顾炎武：《天下郡国利病书》原编第十五册《山东上》引《滕县志》。
④ 民国《陵县续志》卷二《赋役志·粮地》。
⑤ 民国《莱阳县志》卷三《礼俗·财产交易》。
⑥ 万历《恩县志》卷三《贡赋·田赋》。

令王公九仪奉旨均丈，小民多伪增以避严罚，……河渠道路皆在征粮之数，贻害至今"①。历城县丈田时，其"杂项、教场、坡、房基、宅基皆视民田金地"计入田额②。夏津县丈田时连堆沙都折亩计入纳粮地数，故其县志作者感叹"壤有白有黑，有沙有碱，且有不犁者，不为区别，而堤岸蹊径之处，一切兴科，则亦未免为少失其均者"③。宅基、山岭、堆沙、硝碱、沟渠、道路、树林果园等非耕垦之地都被计入丈量范围，其耕垦的沙碱、低洼、高阜等瘠薄土地更不能幸免，当时有人以为"山东濒海之地，一望卤泻不可耕种，徒存田地名耳，每见贫皂村氓，问其家，动曰有地十余顷，计其所入尚不足以完官租也，余尝谓不毛之地宜蠲以予贫民而除其税可也"④。大量非耕地的计入必然会促使其载籍耕地较实际有所浮增，至于浮增多少很难计算，估计会使载籍耕地数高于实际地亩的20%。

弓尺的减缩也是导致载籍耕地浮增的原因之一，腾县"旧俗相沿以二百四十步为一亩，以三尺五寸为一步，每一尺抵周尺一尺五寸。先均时用旧尺，后均时减旧尺分数，每步只为三尺二寸，是先均一亩为后均一亩二分，新旧之数所以不同者也"⑤。这种缩小弓步的做法绝非一地独有，据张履详《杨园见闻录》记载，万历丈田时山东省都有"减上田弓制以量之，郡县故弓四尺为步，杀其五之一，以三尺三寸之弓量之，郡县咸有溢田，吏胥因缘为奸利，民间忧忧思乱，江陵既殁，有司争言加额之困民"⑥。直到乾隆时山东仍有120弓为一亩，远较官方亩积为小⑦。当然，这种现象实际也许并不如张氏所说那么普遍，即以全省1/4的州县有弓步之减计，已可使山东载籍耕地虚增5%左右。

---

① 天启《新城县志》卷四《食货志·土田》。
② 乾隆《历城县志》卷四《田赋》。
③ 嘉靖《夏津县志》卷二《土田》。此嘉靖八年丈田的原则，后来志书并没有记录万历初年丈田标准，我以为万历丈田时不会改变此例。
④ 谢肇淛:《五杂俎》卷四。
⑤ 顾炎武:《天下郡国利病书》原编第十五册《山东上·滕县志》，每一旧尺等于1.5周尺，则每步为5.25周尺，明官亩以240步，每步5周尺为准，则旧亩较标准亩大5%，而更改后的新亩较官亩小4%。
⑥ 道光《观城县志》卷五《田赋》附。
⑦ 宣统《山东通志》卷八一《田赋后序》。

万历年间的山东载籍耕地数字不仅有浮增的趋向，而且还有隐降的现象，导致其数额下降的主要因素是折亩制在山东的流行，明前期尽管山东个别州县有折亩的实施，如诸城县，后来也改为等则起科，"不复用准折法"①。当时山东各地普遍流行大亩制度，如容城县洪武初计1200步为亩②。德州"田税之法，观之大约以四亩五亩为率"，"大率北地亩科五升有奇，或以三亩作一亩，甚则五亩并之，民间私呼官亩为小亩，私亩为大亩"③。大概因为山东系明初移民垦殖地区，拨给荒田多照大亩以使垦熟地足额。洪武初年赐孔府祭田即"因系荒田创垦，俱照旧例，以七百二十步做一亩"④，明中叶赐给各藩王庄田时也是以大亩计算。这种大亩制影响深远，嘉靖时实行"一条鞭法"，"曹县每小亩四亩八分作一大亩，编银七分一厘，定陶每小亩三亩六分作一大亩，编银三分三厘，曹州每一小亩二亩七分作一大亩，编银四分三厘"，仍然以大亩作标准⑤，直到清代，大亩制还在不少州县与官方标准亩并存。

明代末期，尤其是万历年间，山东省各地丈田多以官方小亩为准，致使田额倍增，当事者又恐亩数增多，取骇于上而贻害于民，乃折成大亩纳税以符原额；万历初年丈量时大量的洼下沙碱瘠薄地清丈入额，它们很难与良田美壤完纳同等的税粮，于是也用几小亩折作一亩纳税之法。如商河县万历九年"复下均地之令，乃用官岔量之，地视原额加倍，上地每亩征粮，中地加半，下地倍折，期不失原额"⑥，表1—2所列十几州县的折亩年代无一例外都在明代末年，由此可知明代末期折亩制度在山东各地迅速流行开来。

宣统《山东通志·田赋》记载其原额数字时都注明了该州县是"三则""五等"或是"一则""不分等则一例大粮地"，我们可以得到全省实行折亩州县的完整统计，各府州折亩县数分列在表1—1。当然有些地方折亩制度也有反复，如上述诸城县在明初即"计亩准折"，但没有制度

---

① 顾炎武：《天下郡国利病书》原编第十六册《山东下》引《诸城县志·丈田论》。
② 道光《荣城县志》卷三《田赋》。
③ 嘉靖《德州志》卷二《田赋》。
④ 《孔府档案选编》上册，第103页。
⑤ 顾炎武：《天下郡国利病书》原编第十五册《山东上·条鞭总论》。
⑥ 民国《商河县志》卷四《赋役志·田赋》。

化至明后期又改为等则制。明末登州府各州县有福山、黄县实行折亩制，而到道光时，登州府"折亩者惟文登、黄县、招远三县"，是清代福山县已改为等则制，而文登、招远两县却又折亩了①。笔者认为，这是胶东折亩制度并不盛行的特殊现象，鲁西北平原广大地区并无此反复现象。

表1—1　　　　　　　　山东各府州折亩州县统计

府别	所属州县	折亩州县	府别	所属州县	折亩州县
东昌府	10	10	武定府	10	3
临清州	4	4	青州府	11	3
济宁州	4	3	莱州府	4	2
曹州府	11	9	胶州	3	1
以上合计	29	26	登州府	10	4
济南府	16	9	以上合计	38	13
泰安	7	4	—		
兖州	10	6	全省总计	107	63
沂州	7	5	—		
以上合计	40	24			

资料来源：①宣统《山东通志》卷七十九—八十一《田赋》。②东昌府属馆陶县，清时"二等地折成一例均输正供，诚不必剖上下而异。"可知已折亩，见（清）刘家善修《馆陶县志》卷六《田赋》。③武定府属商河县有折亩、定亩两种体系，清末数据与折亩数据系统一致，似已折亩，见正文分析。④登州所属文登、黄县、招远、福山四县折亩，见宣统《山东通志·田赋》；顺治《登州府表》卷九《田赋》；道光《招远县志》卷六《赋役》。

由表1—1可知，山东省折亩州县共63个，占所有州县数的58%，不过各地折亩比率并不是均衡的。东昌、临清、济宁、曹州四属共29州县，折亩者26，占90%，比率最高；其次为济南、泰安、兖州、沂州四府共40州县，折亩者24，占60%，而武定、青州、莱州、胶州、登州各属总州县38，折亩者13，占34.8%。如以明代行政区划统计，则东昌府折亩州县18，占所属州县的全部；兖州府折亩者19，占所属27州县的70%；济南府折亩者14，占所属30州县的47%；莱州府折亩者3，占所

① 顺治《登州府志》卷九《田赋》；道光《招远县志》卷六《赋役》。

属7州县的43%；青州府折亩者5，占所属15州县33.1%；登州府折亩者2，占所属10州县的20%。总体来看，无论明代还是清代山东省折亩现象都是鲁西沿运平原最为普遍，越向东折亩的州县比率越低。

山东各地折亩的原则标准则远不如其分布状况这样明确了，据张履祥《杨园见闻录》记载，张居正丈田时，山东省"赋以上田为准，中田上地一亩三分准一亩，下田中地一亩五分准一亩，下地二亩算一亩"，似乎全省实行了统一的折算比率。其实不是那么简单，一是因为各地折率也随时代的推移而改变。张居正死后，地方官皆"变通其意，分三等，上地视旧额，中地三亩而当一，下地四亩而当一"，折率变大了①；夏津县有白地910071亩，嘉靖时每1.95亩白地折粮地一亩，共科粮地46万余亩，而万历时折成不分等则一例地84万余亩，拿白地总数计算则1.08亩白地折粮地一亩，折算比率小了许多②；海丰县的折率也有变化，如表1—2。二是各地折率标准多样，并无统一尺度。如东昌府荏平县有三等地，曰上地，曰下地，曰下下地。下地一亩准上地六分二厘余；下下地一亩准上地三分一厘余，是以下地1.6亩，下下地3.2亩折上地即大粮地一亩③；济南府陵县"地与它县不同，县西境以二百四十步为一亩（一步为四尺，尺大小与他县亦异），每亩大半以一四承粮，即购地一亩四分一亩粮地也，间有一三承粮者，更有每亩承粮者即每购地一亩承粮一亩，凡宅基地多每亩承粮；东境以六百步为一亩，名曰六亩，购一亩承粮一亩七分或一亩八分"④。

山东省总共有十五卫州县可以计算出其实际耕地与载籍粮地之间的折率，统计列入表1—2。由表可知，各地折率有大有小，最大者超过5，最小者小于1，平均1.78。这样看来，像胶州那样因折亩使载籍耕地数据浮增的现象也许还会有一些，但一定是折亩州县中的极少部分，绝大多数州县折亩后会导致载籍数字低于实际耕地面积，虽然我们也不能利用上述平均折率去衡量全省。

---

① 道光《观城县志》卷五《田赋》。
② 嘉靖《夏津县志》卷二《土田》；宣统《山东通志》卷八十《田赋》。
③ 嘉庆《东昌府志》卷八《垦田》。
④ 民国《陵县续志》卷二《赋役志·粮地》，其尺大小与他县异，无法计算出税粮亩积。

表 1—2　　　　　　　　　山东各地折亩比率的计算

区别	原始资料	时代	比率	资料来源
济阳县	以 360 步为亩，将原均上地 551086 亩，每亩折征粮地五分九厘一毫六丝；中地 758199 亩，每亩折征粮地四分一毫六丝；下地 126721 亩，每亩折征粮地二分四厘一毫	万历	2.17	乾隆《济阳县志》卷三《田赋》
长清县	长清皆系中地，均以 360 步为亩，又折为大粮亩八二折，每亩折八分二厘，不知始于何时	—	1.83	民国《长清县志》卷五《食货志·田赋》引旧志
齐河县	民地中亩（360 步）一亩按六六成粮，官亩按四四成粮	—	2.27	民国《齐河县志》卷十三《赋役》
济南卫、青州卫屯地	部屯地 35047 亩，折成上等成粮地 17529 亩（每 2 亩屯地折一税亩），其中青州左卫则全照中地例以 1.5 亩作一亩，济南卫地有三等，折率 2.34	—	2 (1.5 或 2.34)	民国《齐河县志》卷十三《赋役》
滕县	万历年间均丈小亩地 2680807 亩，折成一例征粮地 2015845 亩	万历	1.33	《古今图书集成·职方典》卷二二五，万历《兖州府志》卷十四《田赋》
观城县	原额二等地共 318360 亩，内以中地 2176 亩折成上地 1088 亩，共折就不分等则一例地 317172 亩	—	1.0006	道光《观城县志》卷五《田赋》
夏津县	嘉靖八年均地量过白地 910071 亩，每白地一亩九分五厘一毫余科粮一亩	嘉靖	1.95	嘉靖《夏津县志》卷二《土田》
海丰县	二百四十弓步，上则税粮地一亩四分，中则二亩三分，下则四亩六分折大地一亩，"明万历上中下三则地 1169409 亩，折税粮地 224178 亩余；崇祯年间一则税粮地 340485 亩，清顺治四年清查如崇祯额"	万历、崇祯	5.22 3.65	民国《无棣县志》卷四《税法》

续表

区别	原始资料	时代	比率	资料来源
鱼台县	万历均丈时小亩地共1223624亩，折成一例征粮地1002898亩	万历	1.22	《古今图书集成·职方舆》卷二二五，万历《兖州府志》卷十四《田赋》
商河县	万历九年均丈征粮1021612亩，上地210670亩；中地406143亩，折征粮地300107亩；下地1021685亩，折征粮地510842亩	万历	1.60	民国《商河县志》卷四《田赋》
兰山县	万历九年清丈以240步为亩，计地30173顷，又开垦额外荒田206149亩，共计四等征粮地3223492亩，崇祯年间不分等则一例地2868584亩	崇祯	1.124	乾隆《沂州府志》卷八《田赋》；民国《临沂县志》卷五《地粮》
文登县	原额万历年间清丈共五等地1930147亩，而顺治年间田额为622042亩，查宣统《山东通志·田赋》谓其原额一例地共696495亩	明末	2.77	顺治《登州府志》卷九《田赋》
招远县	原额万历年间清丈过四等地共564199亩，崇祯间折成一例征粮地393052亩	崇祯	1.435	顺治《招远县志》卷六《赋役》
胶州	万历三年知州玉炎清丈地480000亩，十年改折地1235756亩（明田制648步为亩至此改240步为亩，故数如此），崇祯年间不分等则一例地1474598亩	崇祯	0.84	民国《增修胶志》卷十九《财赋》

各地折亩标准既不统一，要求出因实施折亩而影响载籍耕地数据的偏低程序就很困难，只有用山东省最有代表性的州县进行大致推算。一般认为山东历城县的折亩原则比较标准整齐，"民地之上者曰金地，以二百四十步为亩；次者曰银地，以二百八十步为亩；又次者曰铜地，以三百六十步为亩；下者曰锡地，以六百步为亩，最下者曰铁地，以七百二十步为亩，自银地以下皆递加其步以当金地，乃一例起科也。军屯地之上者视民田金地，亩二百四十步；中者视民田铜地，亩三百六十步；下者视民田铁地，亩七百二十步。杂项教场、坡、房基、宅基皆视民田金地，以地之肥硗定步之多寡，变《禹贡》九等定赋之遗意欤"①。因此它成为其他一些州县的榜样，如济阳县万历三十六年就是"照历（城）章（邱）起科"，折亩定税②；齐河县裁并卫地时上等者比照民田金地，每亩征粮，中等者比照铜地，下等者比照铁地折亩承粮③，也是遵循历城标准的。那么，我们参照张履祥所记万历初年比较苛刻的折亩标准，可以大致推定，山东省基本的折亩标准如下：上地每亩承粮，而中地1.5亩、下地2亩折上地一亩承粮。

下面来分析一下山东省上中下三等田地的比例，济阳县万历年间上等地占总耕地的38.4%，中地占52.8%，下地占8.8%④，而到20世纪20年代，根据卜凯的调查资料，北方小麦区一等地占了总耕地的42.3%，二、三等级的土地占47%，其余四五等级土地占了11.7%⑤，假如把二、三等级看作中等，四、五等级看作下等，则二者之间表现出一种趋同性。因此，我估计明万历年间山东省土地等级标准为上等地占总耕地40%，中地占50%，下地占10%。结合上述折亩分析，则可知载籍耕地仅相当于实际耕地总面积的74%，也就是说因为折亩，会导致载籍耕地数据偏低了26%⑥。这样，就可以求出明末因折亩而使山东载籍数字偏低的大致

---

① 乾隆《历城县志》卷四《田赋》。
② 乾隆《济阳县志》卷三《田赋》。
③ 民国《齐河县志》卷十三《赋役志》。
④ 民国《济阳县志》卷四《赋役志·田赋》。
⑤ 珀金斯：《中国农业的发展》，上海译文出版社1984年版，第312页。
⑥ 这个结果是建立在颇具代表性的典型分析基础上的，与珀金斯得出的载籍耕地仅为实际耕地的70%—80%的估计基本一致，有一定的准确性。但它仍然仅是一种大概的标准，假如把上述折率与土地等级标准稍作调查，就会得出另一种结果。

程度，明末山东省约有58%的州县实行折亩，受其影响全省载籍耕地较实际耕地将下降15%左右。

综上所述，山东省明末载籍耕地数字由于计入非耕地及减小步弓的影响而较实际之数偏高了约25%，而折亩的流行使其偏低了约15%，两相抵消，载籍耕地数仍高于实际垦殖之地约10%，则明末山东省实际耕地是万历丈田所得10947万亩的90%，即为9852万亩，折成9457.9万市亩[①]，相当于洪武末年山东实际耕垦地亩的1.79倍，也就是说明代中后期山东省耕地较明初增加了0.79倍。明末山东全省垦殖系数已达40%，开垦程度较高，说明其农业生产力发展达到了一个新的水平。

(本文原刊《史念海先生八十寿辰学术论文集》，
陕西师范大学出版社1996年2月)

二　明代山东省人口发展的时空特征

有明一代全国各省都有丰富的人口统计资料，不过，由于各个时期人口统计标准与质量的不同，人口数据的可靠程度也有很大的差异。本节在对明代山东省人口统计数据实质含义及误差程度考证的基础上，定量分析了明代山东省人口发展的时间与空间特征，以期对明代山东人口地理的研究有所裨益。

1. 明初的移民与人口的激增

元末战乱频仍，山东居民死于兵祸、流徙他乡者不可数计，至明朝

[①] 在万历初年的丈田活动中，山东省首先报完，共查出册外地3657万亩，接近原额的1/2，在全国仅次于湖广居第二位。河南省明末也有许多不起科之田，而仅清丈出80万亩，无法与山东相比，可见山东万历丈田之苛，同时，各州县志书也以万历初年田地溢额大大超过实有耕地数目而抱怨不休，有清一代都没有恢复到万历年间原额地数，由此可证万历初年载籍耕地的偏高。

统治完全确立时，山东已经"多是无人之处"①。在这种情况下，明初的统治者采取了多方移民、招抚流隐的政策，使山东人口迅速增加起来。

明朝建立不久，移民屯垦山东的活动就开始了。洪武三年，中书省言山东各府都有"官给牛种者"的屯民②。洪武二十一年，有人建议利用行政手段组织"狭乡"之民到"宽乡"去垦荒，得到了朱元璋的赞同，"于是迁山西泽、潞二州之无田者，到……临清诸处闲旷之地，令自便置屯耕种"③。鲁西北东昌府元末遭战乱影响最为严重，如府属清平县地当南北之冲，"兵马往来，被害甚巨，户口凋敝，招募户籍，城内只有三户"④。因此，从外省及本省东部各府迁民移垦于此。洪武二十五年，"监察御史张式奏徙山东登莱二府贫民无恒产者五千六百三十五户就耕于东昌"⑤。洪武二十八年，"青兖登莱济五府民五丁以上及小民无田可耕者起赴东昌编籍屯种，凡一千五十一户，四千六百六十六口"⑥。据官方统计，洪武二十八年，"东昌等三府屯田迁民五万八千一百十四户"⑦。除行政迁民外，还有以军事组织强令移民的，洪武三十一年，在胶东沿海设置四卫所，并令"世袭官员携带家眷驻于卫所，人口又有增加"⑧，这些官兵多来自东南各省。

洪武二十二年，朱元璋以山西地狭民稠，令其民分丁于北平、山东、河南旷土耕种，故"山西沁州民张从整等一百一十六户告愿应募屯田"⑨。这种自发的移民同样得到政府的照顾，拨地赐钞，免其赋役三年。洪武二十八年，朱元璋谕户部官曰：山东民人"二十七年以后新垦田地，不

---

① 顾炎武：《日知录》卷十《开垦荒地》。
② 宣统《山东通志》卷七八《田赋》。
③ 《明太祖实录》卷一九三，洪武二十一年八月癸丑。
④ 民国《续修清平县志·舆地·区治》引《旧志》。
⑤ 《明太祖实录》卷二一六，洪武二十五年二月庚辰。
⑥ 《明太祖实录》卷二三九，洪武二十八年七月乙未。
⑦ 《明太祖实录》卷二四二，洪武二十八年八月庚寅。
⑧ 新编《海阳县志》第三编《人口·人口变动》。
⑨ 《明太祖实录》卷一九七，洪武二十二年九月甲戌。

论多寡，俱不起科"①。在这种优惠政策的吸引下，志愿迁来山东的移民会持续稳定地增加，必然达到相当大的规模。

朱棣称帝后，仍然积极倡导移民，永乐二年"由直隶枣强迁移若干户分配于济、章、商、临之交，星罗棋布，比户而居，久之渐成村落"②。乐陵县"永乐之初，始多侨寓"，该县九支外来氏族有八支是永乐时迁入的③。永乐九年，因青登莱三府农民"多逃徙于东昌、兖州等府受雇苟活"，给事中王铎建议，"就地安置，官给牛具种子令其耕种"④。永乐十年济宁州同知潘叔言，"兖州东昌府定陶县地旷人稀，青登莱诸郡民多无田，宜择丁多者，分居就耕"，"永乐帝皆以为当，从之"⑤。

鲁西北平原部分州县清末乡土志对各属迁入氏族源地及迁入年代有详细记载，为综合分析明初山东移民来源、路线、时间等提供了宝贵资料。表1—3所列十四属共130支迁来氏族，按移入地区来分，源出北直隶（今河北省）及所属枣强者47，山西及所属洪洞县者34，外部其他省份者17，本省其他州县32。外省来源很广泛，涉及河北、山西、河南、江苏、安徽、浙江、江西、福建等省份，其中尤以山西、河北为多。两省比较而言，应以山西为主流，如清平县"户族大半自明代开始占籍于此，而自山西洪洞县迁来者十居八九，徙自本省登、莱等处者亦十居二三"⑥。徙自本省者有诸城8，曲阜与邹县各3，掖县、蒙阴、黄县、巨野各2，青州、文登、潍县各1。由此可知省内主要移出地为鲁东南地区，禹城县移入氏族14支，有7支来自诸城，陵县移入氏族8支，也有半数来自青州府。从移入时间来看，明以前6，明初及洪武时80，永乐朝25，明中后期19。可知移民山东的活动在洪武朝最活跃，规模最大，永乐朝次之，其余各时期则较少，明初洪永两朝是山东接纳移民最多的时期。

---

① 《明太祖实录》卷二四三，洪武二十八年十二月壬辰。
② 民国《济阳县志》卷十六《艺术志·碑记》。
③ 光绪《乐陵县乡土土·氏族》。
④ 《明太宗实录》卷七七，永乐九年六月甲辰。
⑤ 《明太宗实录》卷八一，永乐十年正月乙未。
⑥ 《续修清平县志·舆地·户口》。

表1—3　鲁西北与鲁西南平原部分州县迁入氏族来源及迁入年代　　单位：支

县别	迁入氏族数量	移入年代				移民来源				资料来源
		明以前	明初及洪武时	永乐时	明中后期	山西洪洞	北直隶枣强	其他外省	省内州县	
朝城	6	—	4	—	2	4	—	1	1	光绪《朝城县乡土志》卷一《氏族》
陵县	8	1	1	3	3	—	2	2	4	光绪《陵县乡土志·氏族》
禹城	14	—	2	7	5	3	2	1	8	光绪《禹城县乡土志·氏族》
肥城	13	1	8	3	1	6	3	3	1	光绪《肥城县乡土志》卷六《氏族》
平阴	15	3	8	2	2	5	1	3	6	光绪《平阴县乡土志·氏族》
冠县	3	—	3	—	—	2	—	1	—	光绪《冠县志》卷三
菏泽	8	—	4	—	4	2	—	3	3	光绪《菏泽县乡土志·氏族》
齐东	5	—	5	—	—	—	5	—	—	光绪《齐东县乡土志·氏族》
范县	5	—	5	—	—	5	—	—	—	光绪《范县乡土志·氏族》
章邱	6	1	5	—	—	—	5	—	1	光绪《章邱乡土志》卷下《氏族》
观城	7	—	6	1	—	2	—	—	5	光绪《观城县乡土志·氏族》
宁阳	5	—	4	1	—	4	1	—	—	光绪《宁阳县乡土志·氏族》
蒲台	26	—	25	—	1	—	23	1	2	光绪《蒲台县乡土志·氏族》
乐陵	9	—	—	8	1	1	5	2	1	光绪《乐陵县乡土志·氏族》
以上合计	130	6	80	25	19	34	47	17	32	

东昌府接纳移民最多,所属武城县明初有"乡三,屯十八……按乡为土民,屯为迁民,洪武初制则然"①,迁民所建农村基层单位是土著居民的六倍,可知迁民之多。夏津县洪武初仅有"土民三里","迨洪武二十五年徙二十七屯于此,编户三十一里,则生齿繁矣"②,迁民相当土著的九倍有余。似乎东昌府明初迁来居民远超过原有土著。济南与兖州两府北部的州县也迁入了一些移民,只是规模无法与东昌相比。除济南、兖州、东昌这西三府外,胶东半岛的登州府也有少量移入,明初设置的卫所主要在胶东沿海地方,以军事屯田的形式迁来了不少南省之民。同时,"明永乐年间,又自江浙等地移民山东。从民间谱书考察,本(海阳)县移民多是明初由山西、北直隶、湖广、南直、福建、四川等地迁来,逐渐繁衍"③。海阳、莱阳、宁海等地皆有不少族谱记其明初迁自云南或小云南者,并非今日的云南省,而是山西、河北交界地区,本区为古云中、云州、云冈之南,所以有了这样的称呼④。当然,迁往胶东的移民数量较少。

洪武十三年,朱元璋下令全国编制赋役黄册,以里甲为基础,以户为单位,详细登记各户的乡贯、田宅、资产以及家庭所有成员的姓名、年龄,其后十年编造一次⑤。明初黄册的人口基本包括了当时居民的全部,比较准确真实。据其统计,洪武十四年山东省有户752365,口5196715,人口已经超过500万。洪武二十四年,有户720282,口5672543,十年内口数增加了47万人。洪武二十六年有户753894,口5255876,人口较两年前还有下降,似有一定的遗漏⑥。永乐年间没有全省的人口资料,但山东人口继续较快地增长确是无疑。如有大量移民迁入的东昌府洪武二十四年有户2270,口24134,而到了永乐十年,户数达

---

① 嘉靖《武城县志》卷一《疆城志·乡屯》。
② 乾隆《夏津县志新编》卷四《食货志·户役》。
③ 新编《海阳县志》第三编《人口·人口变动》。
④ 民国《牟平县志》卷十《文献志·杂志》记"云南迁民"事。
⑤ 《明史》卷七七《食货志》。
⑥ 嘉靖《山东通志》卷八《田赋·户口》;梁方仲《中国历代户口田地田赋统计》第202页;《明史》卷四十一《地理志·山东》。

到24029，增加了近十倍，口数达到110291，也增加3倍有余①。兖州府属鱼台县洪武二十四年户1882，口15069，到永乐十年户为2876，口22689，户口增加也自不少②。

明初山东人口增长迅速，以洪武二十四年人口567.2万计算，已经相当于元朝至顺元年（1330）126.8万的四倍有余。六十一年间平均年增长56.9‰。人口增加如此之快，与元末明初因战乱人口严重损失的历史事实不相符合，而且单纯依靠自然增长绝对无法达到，虽然明初以法令形式规定男16岁、女14岁就要结婚，人口的自然增长率很高③。明初山东增多的人口除部分为自然增长与移自外省外，更多的是严刑峻法检括出来的逃隐户口。元代官册人口极为短少，主要是因为逃隐过多，明朝平定山东的当年即开始整顿户籍，"令各处漏口脱户之人许赴所在官司出首，与免本罪，收籍当差"④，这样清查出来的户口一定不少。

2. 明中后期人口统计数据的考证

赋役黄册原则上是必须登记全部人口的，这在明代前期几个强有力的君主统治时期基本可以达到。明中叶以后黄册制度依然存在，但其统计的重点和方法发生了重大变化，再加上人们的流徙隐报，结果是明中后期的载籍人口数字实际上仅仅包括一部分人口，与实际人口数量之间的差距越来越大。明代史志并没有对此变更做出明确的解释，这就要求对明代人口统计数据的实质含义及误差程度进行充分的讨论。

编完洪武二十四年的黄册以后，政府对人口的兴趣已经转移到赋役方面去了，规定以后编造黄册的重点应该是十岁以上的男子⑤，这必然给后来的人口统计带来很大影响。嘉靖四年，曲阜县有户1918，其中男子15910人，妇女仅4704人⑥，虽然统计中包括了妇女，但显然遗漏很多。

---

① 嘉庆《东昌府志》卷二《食货·户口》。
② 隆庆《兖州府志》卷二三《食货部·户口》。
③ 《中国人口·山东省》，中国财政经济出版社1988年版，第180页。
④ 隆庆《兖州府志》卷二三《食货部·户口》。
⑤ 何炳棣：《1368—1956年中国人口研究》，上海古籍出版社1989年版，第12页。
⑥ 隆庆《兖州府志》卷二三《户口》。

一般来说，男女人口数量的时空差异是不会太大的，清朝道光年间，济南府各州县 400 余万人的统计资料表明，100 个女子对应的男子数即性比率为 112①，明中后期的情形估计大致与此相近。以此标准计算则嘉靖四年曲阜应有妇女 14205 口，载籍数字仅是实际数量的 1/3，即是说本县仅有 1/3 的妇女进行了户口登记。隆庆五年兖州府有 14 个州县记载了是年的男妇数量，合计男子 523562 口，妇女仅有 396830 口。如以性比率为 112 计算，则漏报妇女 70636 口，相当于男女合计数的 7% 以上。由此可知仅是少报妇女一项，载籍人口数据即较实际偏低了 7%，这是十几个县份的资料，作为山东省各地的一般情形似无大谬。

大多数州县是以男妇当作人口总数的，不过有些地方进行统计时，仅是针对成年男女，并没有包括儿童。嘉靖末年至隆庆初年，兖州府单县实在人丁 29632，男妇共有 6 万余口，滋阳县人丁 14125，男女共有 30907 口，人丁与男妇合计数之比都在 1∶2 之谱，而邹平有人丁 18303，载籍人口 53262，则一丁几乎可带三口人。由此看来，有些地方男妇合计数与总人口也有一定差距，其偏差的部分可能是没有在男妇项目中体现出幼小儿童数量。明末汶上县男妇合计数为 78976，较同时期的人口（107806），偏低了 26%，相差如此之大，仅用漏报妇女的原因无法圆满解释。可以认为，如果统计男妇人口时没有包括不成年的儿童，则男妇合计的载籍人口数量又要产生二至三成的偏低。而这种现象虽不能说在明末山东各地特别普遍，但却是确实存在的。

明中后期山东省不仅有以成年男妇数作为人口总数的，而且还有用纳税丁口作为总人口的。万历《兖州府志·户役志》记定陶县隆庆五年有户 11040，口 23001，平均每户仅 2.08 人，口数明显偏低；而隆庆《兖州府志·户口》却记是年定陶有男子 30262 人，前记口数，似仅为纳税男丁数量。这种现象在万历年间尤其普遍，兖州府属邹、泗水、金乡、鱼台、城武、济宁、巨野、郯城、费等州县载籍口数与《古今图书集成·职方典·兖州府户役考》所载万历年间原额户丁数相差无几，说明都已是丁额。嘉靖以后，各史籍备载着户口数字，但从其实质来看，丁已

---

① 道光《济南府志》卷十五《户口》。

成为户口登记的基础和要素，户口统计完全失去了真正的意义。有些县份已不记口数而明确说明为人丁数，如滋阳县嘉靖四十四年至隆庆五年有户9513，丁14135，而多数州县为遵奉沿用多年的户口登记方法，还是按户口分列的。邹县万历十九年载籍户10535，口18303丁，即谓口数，又用丁作单位，可知作者对此现象的熟视无睹①。

除了标准混乱造成人口统计从内部产生不少误差外，大量的逃户与流民也降低了明代人口统计数据的质量。明中叶，随着土地兼并的剧烈和赋役的苛重，逃户和流民队伍日益庞大。"其人避徭役者曰逃户，年饥避兵他徙者曰流民"②，二者往往杂在一起无法截然分开，这些情况都能造成户口数的降低。明中期山东各地流徙现象逐渐增加，正统时"山东、陕西流民就食河南者二十余万"③。政府为防止户口流失赋役无着，积极采取措施加以遏制。正统六年编造"逃户周知册"，督其回籍，次年发布"挨勘流民令"，并在山东各地特设抚治流民之官④。尽管政策特别严厉，但也无法阻挡人们逃徙的步伐，正统十二年"诸城一县逃移者一万三千余户……续又逃亡二千五百余家，地亩税粮动以万计请暂停征"⑤。"兖州府沂州累年旱涝，民饥迁移者五千五百余户"⑥，一州一县逃户超过五千甚至一万足可造成该地十室九空。成化六年政府见严厉勒令还籍的措施成效不大，开始采用优惠条件招抚流民归籍，凡"流民愿归原籍者有司给印信文凭，沿途军卫有司每口给粮三升，其原籍无房者有司设法起盖草房四间，仍不分男妇每大口给与口粮三斗，小口一斗五升，每户给牛两只，量给种子，审验原业田地给与耕种，优免粮差五年，仍给下贴执照"⑦。各地方官把招民复籍作为主要事务，弘治间李擎知莱州府，"招徕流民数千人"⑧。尽管如此，正德以后，居民逃移现象仍然越来越严重，

---

① 以上两节所用人口数据资料皆源自隆庆《兖州府志》卷二三《食货部·户口》与万历《兖州府志》卷一五《户役志》。
② 《明史》卷七七《食货志》。
③ 《明史》卷一七〇《于谦传》。
④ 《古今图书集成·食货典》卷一六《户口部汇考·明》。
⑤ 《明英宗实录》卷一五二，正统十二年四月戊申。
⑥ 《明英宗实录》卷一五五，正统十二年六月丁卯。
⑦ 《古今图书集成·食货典》卷十六《户口部汇考·明》。
⑧ 乾隆《莱州府志》卷九《宦绩》。

嘉靖年间，赵锦见"直隶淮安府至于山东兖州府一带地方人民流窜，田地荒芜，千里萧条鞠为茂草，其官吏则相与咨嗟叹息，或遂弃职而逃"①。隆庆时山东等处"土旷民贫，流徙日众"②，万历四年刑科给事中郭四维言"山东百姓流移，有一邑而逃数十社者"③。虽然此时仍然实行优抚流民、借贷牛具种子的政策，各地方官也大力招集流民，充实户口以垦荒生产，但只能补救于一时，无法改变因居民流亡而造成的户籍混乱与户口严重失额的局面。同时，各地普遍流行隐丁与并户的做法以部分地减轻其赋役负担，嘉靖时，夏津县令于时中论当时情形说，"如即审户言之，其过于纵者，则以实在为逃亡，强壮为老幼，固不能察民之奸"④。虽然明政府于景泰二年严申"除丁换户之禁"⑤，但无论如何也无法完全堵塞户口统计中的隐瞒漏洞。

受以上各种因素的影响，明中后期的户口统计并没有包括当时的全部人口，都较实际户口数偏低，不过偏低的程度在中期和后期各有不同。明中期正统到正德年间，主要受逃户和流民的影响，在某些地方也有妇女与儿童统计不完全的现象，其载籍数据虽不足以作为定量分析的依据，但却能反映出人口增长的趋势。正德六年，刘六、刘七领导的农民军"自畿南达山东，倏忽来去，势如风雨"，战火波及济南、东昌、兖州、青州、莱州五府地区，日照、海丰、寿张、阳谷、丘县、宁阳、曲阜、泗水、黄县等十城被攻破⑥，对各地户籍统计带来很大影响。如青州府安邱县自正德遭此战乱，"户乃脱额，故嘉靖以来黄册户口率多伪增，非实数也"⑦。而且此后不久，各地也有以丁额代替口数者，更使载籍人口"有绝不可信者"，地方官吏统计人口"仅儿戏耳"⑧。因此，当时山东各地漏报人口很多，周楙万历间知曹州，"严行保甲，未几增户五百余"⑨，这当然仅是隐漏人口的

---

① 《明经世文编》卷三四〇《赵侍御文集·计处极重流移地方以固根本》。
② 《明穆宗实录》卷七，隆庆元年二月戊申。
③ 《明神宗实录》卷四七，万历四年二月壬午。
④ 嘉靖《夏津县志》卷二《食货志·户口》。
⑤ 《续文献通考》卷十三《户口考》。
⑥ 《明史记事本末》卷四五《平河北盗》。
⑦ 万历《安邱县志》卷八《赋役考》。
⑧ 王世贞：《弇州史料后集》卷六十。
⑨ 嘉庆《大清一统志》卷一八二《曹州府·名宦》。

小部分而已。《商河县志》作者论明代户口统计时说："国家承平二百余年，休养生息，户口之增视国初奚啻百倍，及按籍而较，（隆）庆（万）历之数无异宏（治）正（德）之间，非民不加多也，缘迩来赋役繁重，游惰逃入锱黄，末作窜入流寓，即土著之民亦有隐匿不上尺籍者。"若政府官员能严加查核，"商河一邑可得数万口"[①]，一县隐漏数万虽不足以代表山东全部州县，却可说明当时户口统计的严重失实。

表1—4　　　　　　　　明代山东省载籍人口数

年代	户数	口数	每户口数	较上年次增加口数	期间年增长率
洪武二十四年（1391）	720282	5672543	7.9	—	
弘治四年（1491）	770555	6759675	8.8	1087132	1.9‰
正德七年（1512）	878491	7618660	8.7	858985	6.1‰
嘉靖五年（1526）	826204	7442610	7.7	−176050	−1.7‰
嘉靖二十一年（1542）	837342	7718202	9.2	275592	2.3‰
万历六年（1578）	1372204	5664099	4.1	−2054103	−7.4‰

资料来源：洪武二十四年见梁方仲《中国历代户口·田地·田赋统计》第202页，其余见《古今图书集成·食货典》卷十六《户口部汇考·明》。

知道了明中后期山东人口统计可能产生的误差，再来分析其载籍人口数据，以期推测出明代山东人口的发展变化。表1—4开列了洪武二十四年、弘治四年、正德七年、嘉靖五年和二十一年、万历六年共六个年份关于山东全省人口的官方统计数据。明初洪武二十四年的数据基本准确，而明中期弘治、正德年间的数据虽然显示有一定程度的增长，如弘治、正德口数较洪武二十四年分别增加了108万和194万有余，其间年增长率分别为1.9‰与2.8‰。不过，如前所述明中期载籍人口并没有包括当时的全部人口，如以正德年间载籍人口较实际偏低10％计，则正德七年（1512）山东人口在838万左右，与洪武二十四年比较，121年间平均年增长4‰。明后期三年份的载籍口数除嘉靖二十一年口数较正德载籍数稍有增加外都是偏低的，尤其是

[①]　民国《商河县志》卷三《乡区志·户口》引明志。

万历六年口数竟下降了195万有余，五六十年不但没有增长，而且下降如此之多是与历史事实不符的。同时，此年每户平均仅有4.1口，与其他年份每户平均七八口相差悬殊，说明了是年数量尤其偏低。嘉靖二十一年口数是山东明代载籍人口数的最高峰，较洪武二十四年增加了204万人，151年间平均年增长2.4‰，这也是偏低的。明末期人口统计偏低程度较中期更大，以嘉靖二十一年口数偏低18%计，则是年山东省总人口约为910.7万，较洪武二十四年增加了348万口，其间每年平均增长4‰。有明一代近300年，除明末及建文正德时期的四五十年间，因饥荒战乱影响，人口出现负增长外，其余250年时间内人口基本是正增长的。故有明一代整个山东的人口似乎翻了一番，这和何炳棣先生认为明初"到万历二十九年（1601）中国北方人口至少已经翻了一番"的结论基本相近[1]。明朝初年的山东人口是个未知数，只知洪武二十四年的口数，按4‰的年增长率计算，到万历三十年（1602）的210年时间内，山东人口将增加0.84倍，达到10437479人。明代山东最高人口数字似乎已经突破一千万大关。

3. 人口增长与分布的区域特征

有明一代，山东全省人口在各个时期基本上都有一定程度的增长，具体到各个地区来说，因为历史基础与自然经济条件的不同，其增长速度却又或高或低，从而导致明代山东人口分布重心的转移。

（1）人口增长的区域差异

明代初期，鲁西北广大地区地广人稀，不仅接收了大量的外省移民，还要从东南青、登、莱三府迁民移垦。不过，此区地形以冲积平原为主，可耕地较多而且土壤肥沃，发展农业的自然条件在山东省较为优越，故在社会秩序相对稳定的有明三百余年时间内，人口的增长速度较鲁东南丘陵山区为快。

东昌府明代人口增长速度在山东省最大。该府所属夏津、恩、武城三县明代载籍人口数据统计如表1—5所示。

---

[1] 何炳棣：《1368—1956年中国人口研究》，上海古籍出版社1989年版，第261页。

表1—5　　　东昌府属夏津、恩、武城三县明代户口统计

年代	夏津县 户	夏津县 口	恩县 户	恩县 口	武城县 户	武城县 口
洪武二十四年（1391）	687	4279	3135	14284	522	3020
永乐十年（1412）	3683	22597	3839	25419	2470	13788
天顺五年（1461）	3300	26379	—	—	2499	26082
天顺六年（1462）	—	—	4327	32035		
正德十年（1515）	3676	37431	—	—	2861	27470
嘉靖元年（1522）	3679	39287	5837	43794		
嘉靖二十一年（1542）	—	—	—	—	2884	28230
万历十五年（1587）			6231	57324		
万历二十五年（1597）	—	—	22817	42667		
万历二十七年（1599）	3579	26397	—	—		

资料来源：夏津县见嘉靖《夏津县志》卷二《食货志·户口》与乾隆《夏津县志新编》卷四《食货志·户役》；恩县见万历《恩县志》卷三《贡赋·丁赋》；武城县见嘉靖《武城县志》卷二《户赋志·户口》。

由表可知，夏津县永乐十年人口较洪武二十四年增多4倍有余，增长如此之快，主要是接纳了外来移民。其后该县人口继续增长，到嘉靖元年达到39287人，比明初增加了3.5万人，一百三十年年间平均年增长62.9‰。即从永乐九年到嘉靖元年的119年计算，人口也增长1.6万，年均增长6.2‰。恩县与武城县的情况也差相仿佛，由于迁入移民，永乐年间的人口都相对洪武二十四年显示了猛烈的增长，而且有明一代人口的自然增长速度较大。恩县从洪武到万历十五年约200年时间内增加人口4.3万，年均增长15‰，即以永乐十年到万历十五年的175年计算，人口增长3.1万，年均增长仍可达7.1‰[①]。武城县从洪武二十四年到正德十年的124年间，人口增加了2.4万，年均增长65‰，即从永乐至正德年

---

① 万历《恩县志》卷三《贡赋·丁赋》，没有注明洪武年间人口数统计的确切年代，这里只能用约数。

间计算，年均增长仍高达9.6‰。总起来看，东昌府在明初洪永时期因接纳了大量移民，人口有成倍的增长；明中后期因有大量荒地可以垦殖，人口自然增长速度仍然很快，一般仍在6‰—10‰，以平均数8‰计算，仍然较全省年均增长率4‰高出一倍，即除去明初的机械增长，明代东昌府的人口自然增长速度仍相当于全省平均的二倍。表1—6列出了东昌全府明朝各代人口的载籍数据，由表可知，洪武二十四年该府人口仅有2.4万，永乐年间增长到11万人，增多3.5倍有余。其后到正统年间已达57.9万人，不到130年时间人口增加23倍。其后载籍人口略有下降，而且多年不变，因此不够准确，据后文的估计，东昌府明末最高人口数量似达到了155万人。

表1—6　　　　　　　　东昌府明代户口统计

年代	户数	口数	口数相对洪武二十四年
洪武二十四年	2270	24134	1
永乐年间	240229	110291	4.57
天顺年间	54239	424494	17.59
正德年间	65774	579540	24.01
嘉靖年间	67536	578804	23.98
隆庆年间	67536	578804	23.98

资料来源：嘉庆《东昌府志》卷二《食货·户口》。

明朝时兖州与济南二府的人口也有较快的增长，它们都在明初接收了一定的外来移民，而且明中后期人口自然增长速度也大。如兖州属济宁州，洪武二十四年人口为34166，至隆庆五年增到125803人，180年间增加了9.1万人，年均增长14.9‰。而且这个增长率较实际还是偏低的，因为隆庆五年该州载籍人口中男子77647人，妇女仅48156人，妇女数量明显偏低。巨野县人口也有成倍的增长，据载该县人口洪武时1.4万，成化时增至5.0万人，弘治时高达5.6万人，百余年增加到原有人口的4倍[①]。洪武年间兖

---

① 隆庆《兖州府志》卷二三《食货部·户口》。

州府原编里862，其后增至1110里，共增248里，占同时期全省增加372里的2/3，可知兖州府明代人口增长速度超过了一般水平①。从其内部来看，曹州、沂州、滕县、曹县、阳谷、费县、郯城等属里数比原编增加较多，增加数都在14里以上，其中曹州增加了45个，是原编29里的1.5倍，说明了这些州县人口有较大的增长②。

表1—7　　　　　　　　明中后期商河县户口统计

年代	户数	口数	较以上统计年份增加口数	其间年增长
弘治五年（1492）	8111	79890	—	—
弘治十五年（1502）	9896	99896	20006	25‰
正德七年（1512）	9634	110090	10194	10.2‰
嘉靖元年（1522）	9936	115835	5745	5.2‰
万历十五年（1587）	11314	123986	8151	1.1‰

资料来源：民国《商河县志》卷三《乡区志·户口》。

济南府属德州洪武二十四年人口为28899，永乐十年增至42259人，21年间增长1.3万人，年均增长22‰，所增人口应有一定的外来移民。其后载籍人口虽有增加，至万历元年增至50130口，但其间平均年增长仅1.1‰，估计偏低不少③，因为明代中后期济南府人口持续增长，年均增长一般在5‰以上。如表1—7所示，商河县弘治五年人口为7.9万，而十年后达9.9万人，净增2万人，可能有清查出来的部分隐漏人口，故其年均增长率高达25‰。其后到嘉靖元年年增长均在5‰—10‰，嘉靖至万历年间增长仅为1.1‰。但这是据载籍人口计算而得，实际万历时商河县隐民很多，据说当时官吏若能严加查核"商河一邑可得数万口"。即以隐民3万计算，则嘉靖万历年间商河年增长仍达5.5‰。由此可知，明后期商河县人口的自然增长率也应与中期相

---

① 梁方仲：《中国历代户口田地田赋统计》。
② 万历《兖州府志》卷一《沿革》。
③ 民国《德县志》卷五《政治志·户口》。

近，多在5‰以上。

鲁东南青登莱三府的人口增长速度相对缓慢，登州府属宁海州，明初人口76871，弘治年间仅增11口，正德年间又增12口，嘉靖时却减至76863口，明中后期载籍人口变化不大[1]。莱州府洪武时载籍人口76万，而万历时78万，二百余年仅增长2万[2]，即以嘉靖《山东通志·户口》所载88万口计也仅增12万，增长也不太明显。青州府洪武二十四年人口168万，嘉靖三十一年载籍人口减少了16万，仅有152万[3]。从载籍人口数量分析，登州、莱州、青州东三府有明一代人口增长甚微，且有日渐减少者。这是不确切的，应该看到明中后期户口登记标准和方法的改变以及流民的增多，使载籍人口较实际偏低，当时也有人说其户口"不应减耗若是"[4]。实际上，东三府人口在明代也是有一定程度增加的，如莱州府平度州，洪武时人口10.9万，到万历时达19.6万，增长了8.6万，是洪武朝人口的79.5%。而且莱州全府的户数万历时为13.3万，相当于洪武期9.9万户的1.34倍，假如前后户均口数相同，则人口将增长34%[5]。而明末期载籍户数较实际仍有不少隐漏，如以东三府人口在明中后期200年间增加40%计算，则平均年增长率为2‰，与西三府相比，人口增长速度缓慢许多。

有明一代，位于鲁西北平原的东昌、兖州、济南三府人口增长较快，而鲁东南丘陵山区的青、登、莱三府人口增长速度相对缓慢，这也可以从各府所编里数的变化中得到证明。表1—8所示，明初山东六府原编5618里，其后增加到5990里，净增372里，全为西三府增加，而东三府却有降低。虽然明中后期逃徙日众，里甲制度遭到破坏，此统计不足以进行定量分析，但反映了明代人口地理变化的趋势。

---

[1] 嘉靖《宁海州志》卷上《民赋·户口》。
[2] 万历《莱阳府志》卷三《乡社·户口附》。
[3] 嘉靖《青州府志》卷七《户口》。
[4] 嘉靖《宁海州志》卷上《民赋·户口》。
[5] 万历《莱州府志》卷三《乡社·户口三附》

表1—8　　　　　　　　山东各府明代里数变化

区别	《明一统志》里数	《读史方舆纪要》里数	后者较前增减
济南府	1414	1513	+99
兖州府	862	1110	+248
东昌府	400	462	+62
青州府	1726	1716	−10
莱州府	673	664	−9
登州府	543	525	−18
山东省合计	5618	5990	+372

资料来源：梁方仲《中国历代户口田地田赋统计》。

(2) 人口分布的区域差异

明初山东人口稠密地区为鲁中南山地东北麓及胶莱平原地区，即青州府东北大部及整个莱州府，这里人口相对过剩有西迁者。而鲁西北平原广大地区人口密度却很小，尤其是东昌府及其附近的济南、兖州两府部分地区，是移民垦殖的重心区域。经过有明二百余年的发展，鲁西北平原地区得到大规模开发，人口增长速度很快，相反，鲁东南地区人口发展却相对缓慢，到明代末年，山东省人口分布的地理格局发生了重大变化。

笔者运用了两种方法来计算山东省明末各地人口的分布：第一是根据嘉靖《山东通志》所载各府人口数，假设载籍人口较实际人口偏低程度相同，则明末修正数较载籍人口数 740 万大 0.41 倍，各府明末实际人口数较原有数字增加 0.41 倍即可求得；第二是根据各府实际耕地数，假设各府每口平均拥有的耕地数量相等，则全省 1043 万人总共拥有耕地 9852 万亩，平均每人 9.44 亩①，以此标准去衡量各府明末修正耕地数所能承载的人口即可求得。两种方法求得的结果却大相径庭，具体见表1—9。根据载籍人口数所求人口密度最高的为济南府，其次为

---

① 据笔者博士学位论文《明清山东农业地理》考证，明末山东省耕地约为9852万市亩。

青州、莱州两府，较低者为兖州、东昌两府，最低者为登州府，人口分布的中心偏于东部，仍带有明初的人口地理特征。仔细考察即可知道，嘉靖载籍人口数据并不是统一标准与时间下统计得出的，如青州府户口数即为洪武二十四年的统计[①]，据其求出的人口分布状况不能反映明末实际。在正德年间，因为东三府"地无穷而人力有限"，已有抚院某人建议徙西三府贫民来为土著，开垦荒田以尽地利，说明此时人口的分布重心已经发生了逆转[②]。明末耕地修正数量是建立在万历年初土地丈量的基础上，偏差相对较小，所得结果是鲁西北平原人口密度较大，也与明代二百余年人口发展的区域性一致。因此，第二种方法计算出的结果比较可靠一些。

表1—9　　　　用两种方法求得山东各府明末人口修正数

府别＼类别	据嘉靖《通志》口数所求结果			据明末耕地修正数所求结果		
	载籍口数	修正口数	人口密度	修正耕地顷数	修正人口数	人口密度
济南	2102935	2965138	87.9	202350	2143538	63.5
兖州	1702376	2400350	59.1	308191	3264735	80.5
东昌	578804	816113	56.8	146715	1554184	108.1
青州	1689946	2382823	79.4	137910	1460911	48.7
莱州	447142	630470	36.7	62580	662923	38.5
登州	881371	1242733	72.3	96023	1021521	59.4
山东省	7402574	10437479	68.2	985264	10437478	68.2

据明末耕地修正数求得的结果可知，明末山东省人口分布格局发生了重大变化，明初人口数量最稀少的东昌府到明末期发展成为人口最稠密的地区，鲁西南的兖州府、鲁北平原的济南府处于中等水平，而东三府人口密度已经落于最后，人口分布重心西移到沿运平原地带。

通过以上对明代山东人口发展的时代与区域特征的详细分析，可以

[①] 嘉靖《青州府志》卷七《户口》。
[②] 顾炎武：《天下郡国利病书》原编第十六册《山东下》。

得出如下基本结论。

据赋役黄册的统计，洪武十四年山东省人口519万人，十年后为567万人。这两个数据比较准确，与实际人口相差不会太大。把它与元朝至顺年间山东载籍人口126万相比，则元末明初五六十年时间内山东人口竟增长了二三倍，这不符合历史实际，因为当时因战乱频仍出现了较长的人口负增长过程。明初山东人口统计数的急剧增加主要是由于元代逃隐人口多，载籍户口严重失实，而明初通过严刑峻法检括了众多的逃隐流民所造成的，自然增长与外省移民带来的人口机械增长仅是次要原因。

明初山东移民形式多样，有行政、军事迁民与自发性移民之分。外省移民来源主要为山西洪洞与河北枣强，省内来源主要是鲁东南地区。主要接纳移民区域为元末明初遭战乱破坏严重的鲁西北平原。

明中后期户籍统计标准混乱，既有忽略登记儿童的现象，又有女口不完全登记的遗漏，后来又仅把男丁或纳税人丁作为统计对象；同时大量的逃隐并户与流民也降低了人口统计数据的质量，使载籍口数严重失实，都较实际人口数量偏低。不过，偏低的程度在明中期与后期又有不同，明中期正统至正德年间，全省人口数据较实际偏低一成左右，而正德以后至少偏低二成左右。

有明一代近三百年，除建文、正德年间及明末的四五十年人口出现负增长外，其余约250年时间内山东人口基本上是正增长的，而且明代正常增长年份山东全省人口增长率为4‰，则明代山东省的人口基本上翻了一番。万历三十年，山东人口已经突破一千万人大关。

由于社会历史与自然条件的影响，明代山东省人口的增长速度在各地差异很大。东昌府的人口增长最快，明初因接纳了大量的外来移民，人口成倍地机械增长，明中后期由于有大量荒地可垦，人口自然年增长率仍有8‰，相当于全省平均数的2倍；兖州与济南二府的人口也有较快的增长，它们在明初接收了一定的移民，而且中后期人口自然增长率也超过全省平均数，约为5‰；鲁东南丘陵山区的青州、兖州、莱州三府人口增长速度相对缓慢，平均年增长率约为2‰，仅为全省平均数的一半，人口增长速度相对缓慢。

由于增长速度的地区差异，明代山东人口分布地理格局发生了重大变化。明初人口最为稀少需大量移民的东昌府到明末发展成为人口最稠密的地区，而明初人口稠密有移民西迁的鲁东南地区到明末人口密度已经落于最后。人口分布重心由鲁中南山地东北麓及胶莱平原逐渐西移于沿运平原地带。

（本文原刊《中国历史地理论丛》1994 年第 3 辑）

三　清代山东盐碱土的分布及其改良利用

土壤盐碱化自古就是限制山东农业生产发展的自然因素之一，《汉书·地理志》称，"齐地负海泻卤，少五谷而人民寡"。清代鲁西北平原的土壤盐碱化十分严重，很多地方无法耕种，甚至由于盐渍化危害，不少良田也被抛荒。乾隆二十一年（1756）一次海潮浸灌，海丰、利津、沾化三县碱废耕地 6858 亩[①]，乾隆三十二年陵县因盐碱废弃了三万八千多亩耕地[②]。据不完全统计，1880—1910 年的 30 年间，山东省发生了较重的盐碱化灾害 15 年次，平均二年一次［见李文治先生编《中国近代农业史资料》第一辑（三联书店 1957 年版），第 733—736 页］。清朝时山东人民利用和改造盐碱地取得了较大成就，本文拟简要论述清代山东省盐碱土的分布及其改良利用成就。

1. 盐碱土的分布

山东省盐碱土可分为内陆盐碱土与滨海盐土两种类型。

内陆盐碱土主要分布于鲁西北黄河冲积平原的洼地边缘、河间洼地及黄运沿岸。清朝时期，大运河南北横亘，阻塞了西部平原的下泄水道，造成运河沿线以及运西广大地区的土壤盐渍化现象特别严重。德州、聊城、东平、菏泽四州县由于盐碱地广布以至成为山东主要的产硝地区[③]，

[①]　《清高宗实录》卷五百七，乾隆二十一年二月十七日。
[②]　民国《陵县志》卷七《赋役志·田赋》。
[③]　《清高宗实录》卷二一九，乾隆九年元月二十八日。

曹县、濮州、阳谷、堂邑、冠县①、临清②等地因土壤盐碱化危害加重，不断有耕地的豁除。武城、寿张、定陶③、观城④、济宁等属也是"地多泻卤"⑤。本区所有州县几乎都受到土壤盐渍化的危害，是山东省内陆盐碱地危害最严重的地方。这是因为本区为平原地形，坡度低缓，加上运堤的阻塞，黄河与运河的泛滥，使各州县洼地积水排水不畅，水分蒸发后盐分积聚，"逆水之处，水已泻去而地为碱卤也"⑥。

　　运河以东的鲁北平原上，马颊、徒骇、大清等河从西南向东北通向大海，它们都曾是黄河泛滥的通道，清朝时也常遭受黄河浊流的浸灌，因此，河道迁浅衍漫，流水不畅，沿岸低洼区受其浸渍浮盐泛碱，惨白如霜，形成条带状分布的盐碱土地区。马颊河北岸的夏津县，"堤下污下，三年两淹，渍成盐碱，不产五谷，国赋不出，民多逃亡"⑦。南岸的陵县也地多斥卤，民不堪赋，乾隆年间知县赵玉槐"履亩堪盐场地三万六千八百余亩，请之大府，得旨允免"⑧。徒骇河北岸的高唐州、商河县乾隆年间也因盐碱除豁大粮耕地，而且数额不少⑨，南岸的"茌平多泻卤，百姓煮盐糊口"。大、小清河流域的东阿⑩、齐河⑪、济阳⑫、高苑⑬、博兴⑭等地受大小清河与黄河的日渗月渍，盐碱化现象也较普遍，以致齐河与博兴分别成为山东省煮小盐、熬火硝的著名地区。在这些河流下游

---

① 宣统《山东通志》卷八十《田赋志第五·田赋三》。
② 《清高宗实录》卷八九六，乾隆三十六年十一月初一，豁除临清州沙压盐碱地101322亩有奇额赋。
③ 万历《兖州府志》卷四《风土志》。
④ 光绪《观城县乡土志·物产》"荫柳，地多斥卤，故此物易生"。
⑤ 乾隆《济宁直隶州志》卷二《物产》附有治碱之法。
⑥ 顾炎武：《天下郡国利病书》原编第十六册，《山东下·知县葛臣济水清河图论略》。
⑦ 乾隆《夏津县续编》卷四《食货志·田赋》。
⑧ 光绪《陵县乡土志·政绩》。
⑨ 《清高宗实录》卷四一，乾隆二年四月二十三日；《清高宗实录》卷五十七，乾隆二年十一月十日，除商河县官庄碱卤不毛下地21055亩。
⑩ 《古今图书集成·职方典》卷二三八《兖州府物产考》。
⑪ 民国《齐河县志》卷十一《土壤》，记城西五庄，"约十六方里，尽斥卤不毛之地，不利生殖，农力无所施，仅可淋碱煮盐以自给"。
⑫ 民国《济阳县志·水利志·文告》。
⑬ 顾炎武：《天下郡国利病书》原编第十六册，《山东下·知县葛臣济水清河图论略》。
⑭ 《清高宗实录》卷二一九，乾隆九年元年二十八日，谓博兴为山东五大产硝州县之一。

地区兼受海洋咸水的浸灌，盐碱化危害更加严重，"武定府属地土素称碱薄"①，除去滨海各县不计外，武定府属乐陵、惠民、蒲台、滨州各地盐碱广布，"那井泉都是盐卤一般的咸苦"②，连饮用淡水都产生了问题，已经带有滨海盐土的性质。

总之，清朝时期，大运河以西与大清河以北的冲积平原地区内陆盐碱土分布最为广泛，由于水利不兴，导致河流频繁决溢，低洼地区大量积水，本地区大约有1/6的土地受到不同程度的盐碱化危害③。其他内陆地区盐碱地较少，只有位于沂河下游谷地的郯城县及胶莱平原的高密县有零星分布④。

山东省海岸线绵长，渤海沿岸多沙质平原，河流平缓注入，为海水倒灌内浸提供了方便，所以本省滨海盐土主要分布在渤海沿岸的武定、青州、莱州三府。黄海沿岸多岩基，海水无法内浸，只有登、莱二府的某些港湾岬角有小片盐地的分布。具体说来，武定府的海丰、沾化（今利津），青州府的乐安（今广饶）、寿光，莱州府的潍县、昌邑、平度、掖县等地是滨海盐土分布的主要地区，其距海五十至百里之间因咸水浸灌，多为盐土，一望白茅，古所谓广斥泻卤之地。著名的永利、永阜、富国盐场坐落其间，所产海盐行销内陆各省⑤。高家港镇位于淄河海口五十里以上，而"高家港以往耶，其地都无所生，妇人有白首而不识五稼，岁时荐盘，惟鱼餐尔"⑥。离海稍远地区，井水苦咸，耕作艰难，即勉强垦殖之地也常遭海潮的浸袭盐化，被迫抛荒，有清一代，这些地区不断有遭受潮灾豁除其潮淹盐废地亩的记载⑦。

---

① 《清高宗实录》卷二三八，乾隆十年四月初三日。
② 西周生：《醒世姻缘传》第二十八回《关大帝捏土显圣，许真君撒土救人》。此虽为小说家言，却不为无据，如顺治《乐陵县志》卷一《舆地志·古迹》记，易源井"水多卤浊"，琉璃井"岁久苦碱"。
③ [美]黄宗智：《华北的小农经济与社会变迁》，中华书局1986年版，第三章：生态环境；又据山东农科院赵传集先生见教，中华人民共和国成立前山东约有内陆盐碱地25万亩，相当于1.6万平方千米，与上估计数及比例基本相符。
④ 《清高宗实录》卷四十一，乾隆二年四月二十三日；民国《高密县志》卷二《地舆志·货属》："碱，出县北斥卤田中。"
⑤ 谭其骧主编《中国历史地图集》第八册·山东幅（地图出版社1987年），三盐场治所距海约在50—100里上下。
⑥ 顾炎武：《天下郡国利病书》原编第十六册《山东下·青州府志叙》。
⑦ 宣统《山东通志》卷七九—八〇《田赋》。

2. 盐碱地的改良利用

盐碱地含盐成分较多，能抑制植物生长，它的广泛分布极大地危害了山东农业生产的发展。不过，经过综合改良，盐碱地也能够得到较好的利用。清朝时候，山东农民在农业生产实践中逐步提高了对盐碱土壤的认识，总结出一套行之有效的改良盐碱土的技术措施。

土壤中的盐分是随水体移动的，在降水或淡水大量增加时，会发生自然脱盐现象。人们利用这种原理，在一些盐碱含量较低的土地上乘夏季降水集中之自然洗盐机会，抢时播种，"或乘多雨之年耕种，往往有收"，对于"无生意，平衍光腻若镜面"的死碱地①，农民仍然可以运用各种各样的方法进行改良耕种。

第一，水利改良法。

具体有二。一为引水洗盐种稻法。自古就有西门豹史起先后引漳溉田，"终古斥卤生之稻粱"的成功案例②。明代山东高苑知县葛臣，曾劝农民兴建稻田，以改沮洳斥卤之墟③。崇祯时，郑安国为博兴县丞，于小清河置闸引水灌田种稻，"斥卤皆变为膏腴"④。清中后期，山东农民在大小清河流域开辟出不少稻田，实现了先人设计的蓝图。当然，明清时最成功的则是滨海盐土地上引流淡水种植水稻，"海上斥卤，原隰之地皆宜稻，播种苗出，芸过四五遍，即坐而待获，但雨旸以时，每亩可收五六石，次田五石"，这就是清代钦定《授时通考》艳称的青州稻田。所产之米，"雪白，气香味甘滑，可比周至线棱、无锡之秔"⑤。

二为沟洫台田法。乾隆时济阳县令胡德琳在其《劝谕开挑河沟示》中指出，荒碱地在铲除表层盐土之后，"仍照谕定宽深丈尺，开沟洩水，并即将碱地四周犁深为沟，以泄积水。如不能四面尽犁，即就最低之一隅挑挖成沟，或将碱地多开沟湾为泄水之区，以卫承粮地亩，是以无用

---

① 乾隆《济宁直隶州志》卷二《物产·附治碱法》；道光《观城县志》卷十《杂事志·治碱》都有同样的记载："活碱地，乘暑雨种穄可食。"
② 《吕氏春秋·先识览·乐成篇》。
③ 顾炎武：《天下郡国利病书》原编第十六册《山东下·知县葛臣济水清河图论略》。
④ 嘉庆《大清一统志》卷一七一《青州府·名宦》。
⑤ 顾炎武：《天下郡国利病书》原编第十六册《山东下·种稻》。

抛荒而为永远之利益矣"①，对所开排盐沟洫位置、宽度都有具体规定。光绪年间博兴县受盐碱危害严重，地方官在低洼盐碱地上，"率众掘为台地，民众始得粒食"。台田法是在耕地中间掘深沟，土覆左右两边，使田块高出原来地面，从而相对降低地下水位，减少地面返盐。每块耕地约2亩，以小沟相隔，其外有中沟、大沟以通淡水灌溉，又可以排水洗盐，一个改良单元可多至万亩②。开沟引水灌田可以洗碱脱盐，排水又能排碱防盐，因此，水利是改良盐碱地的最基本方法，无论是内陆盐碱还是滨海盐碱都一样。

第二，生物改良法。

具体方法有三。一为种植耐碱作物以抗碱。北方传统旱地作物如谷子、黍、稷、高粱等都有一定的耐碱抗盐性能，而山东农民更培育出一种踵子谷，"性甚耐碱，虽极重碱地，也可收成"，据老农说前清开始，登、莱二府沿海滩、掖、黄县等地多种此③。二为种植苜蓿治碱。"碱地寒苦，惟苜蓿能暖地不畏碱，先种苜蓿，岁夷其苗食之，三年或四年后犁去其根，改种五谷蔬菜无不发矣"④。苜蓿耐碱养地，是我国首先用来治盐的一种绿肥作物。清朝时，在内陆盐碱土分布地区，此法十分普遍，效果也很灵验。三为种树治盐。所栽树种为耐碱的柳、杨、桑树与荫柳等。明朝万历时吕坤在总结山东农民治碱经验时说："那卤碱之地，三二尺下不是碱土，你将此地掘沟，深二尺，宽三尺，将那柳橛粗如鸡卵的砍三尺长，头剥尖，五尺远一科（棵）……柳橛插下，九分入地，外留一分，后将湿土填空，封个小堆，待一两个月间，芽发出…不消十年，都成材料；其次，正月后二月前，或五、六月大雨时行，将柳枝杨枝截一尺长，也掘一沟，密密地压在沟里，入七八分，外留二分。伏天压桑，亦照此法，十压九活……天雨，沟中聚水，又不费浇，根入三尺，又不

---

① 民国《济阳县志》卷五《水利志·文告》。
② 民国《重修博兴县志》卷十三《人物志》。
③ 笔者赴胶东考察，承潍县、海阳的老人告知。
④ 乾隆《济宁直隶州志》卷二《物产·附治碱法》；又道光《观城县志》卷十《杂事志·治碱》引《观录》同。

怕碱，地如麻林一般，至薄之地一亩也有一两银的利息。"① 对树种选择、栽植方法、管理技术、如何躲盐等都有详细说明，是多年实际生产经验的结晶。明代既有这样成熟的技术，清代也应有广泛使用。

第三，耕作改良法。

具体方法有两种。一为刮盐起碱后深耕。内陆盐碱土地积盐期盐分大量集中耕作层表面，越向下盐分越少，人们认识到这种"斥卤者，一尺之下不碱"的特征②，先把表层碱土铲除，其法为去土五寸，所起碱土培作田埂，或培垫路基③。然后深耕，破坏盐碱地的盐根层，提高淋盐效果。这是在传统深耕技术基础上发展起来的刮盐窝碱法。二为铺垫客土。"山东之民掘碱地一方，径尺深尺，换以好土，种以瓜瓠，往往收成，明年再换"再种，碱气渐退，不几年可以正常耕作④；"又一法掘地方数尺，深四五尺，换好土以接引地气，二三年后则周围方丈地皆变为好土矣，闻之济阳农家云，其法甚验"⑤。此法虽费功而效果最佳，山东清代劳力相对充足，所以，此法在各地也较流行。

山东各地农民在改碱治盐具体实践中，并非孤立地运用一种方法，而是因地制宜，把各种方法结合起来，刮取表层盐土，深耕窝盐，或铺垫客土，开沟洗盐防碱，相辅相成，形成了一套完整的综合改良盐碱土的传统技术体系。中华人民共和国成立后使用的改良盐碱技术，多数已为清代山东劳动人民掌握运用。

清代山东各地盐碱土改良利用取得了较大的成就，内陆平原盐碱化程度较轻的土地基本得以有效利用，"苜蓿，平原一带碱地所在皆是"⑥。

---

① 吕坤：《实政录》民务卷二《小民生计》；道光《观城县志》卷十《杂事志·治碱》所引《观录》也有类似方法。

② 吕坤：《实政录》民务卷二《小民生计》。

③ 民国《济阳县志》卷五《水利志·文告》，记乾隆时知县令农民治"荒碱之地，法当去土五寸方可犁种，所去土居民但知培著田埂……嗣后所起碱土俱著培垫大道两旁"。

④ 吕坤：《实政录》民务卷二《小民生计》；又道光《观城县志》卷十《杂事志·治碱》引《观录》同。

⑤ 乾隆《济宁直隶州志》卷二《物产·附治碱法》；又道光《观城县志》卷十《杂事志·治碱》及道光《巨野县志》也载有此法，只深广尺度略有差异。

⑥ 宣统《山东通志》卷四十一《疆域志·物产》。

乾隆初年，冠县陆续开垦沙碱荒地4282亩[①]，乾隆三十六年（1771）高密县农民主动认垦盐碱地888亩余[②]，说明了农民对盐碱地的改良非常成功。观城、济阳、济宁、巨野、寿光、博兴等州县在地方官员的主持劝导下，改盐治碱卓有成效。据笔者估计，山东内陆盐碱地约有半数以上得到合理改良，其中绝大多数田地种植了粮食作物，产生了巨大的增产效益。

治理滨海盐土必要有两大条件：一是筑堤捍海，防止潮浸；二是引灌淡水，洗盐排盐。乾隆四十三年（1778）因昌邑海堤久废，新修沿海堤工56里余，工程稳固[③]。堤内盐地1328顷，居民垦种了1227顷，垦复率较高，虽系旱田，但要引水改造盐碱，请照水田例六年起科[④]。明代所开青州稻田规模不会太大，清代前期逐渐消失无存，政府虽竭力提倡，未闻能有力行者，故清代滨海盐土的改良成效无法与内陆地区相比，除距海较远的轻度盐土得到治理外，大部分仍为不毛之地或晒盐之场。咸丰五年（1855），黄河改夺大清河东入渤海，给滨海盐土地区带来了大量的淤泥与淡水，冲淡了土体中的盐分，盐场相继废弃，逐渐有大片淤地能够耕殖。不过，这是自然的塑造，并非人为之努力。

（本文原刊《中国历史地理论丛》1994年第4辑）

[①] 道光《冠县志》卷三《田赋》。
[②] 《清高宗实录》卷八九六，乾隆三十六年十一月十一日。
[③] 《清高宗实录》卷一〇七三，乾隆四十三年十二月二十九日。
[④] 《清高宗实录》卷一〇五九，乾隆四十三年元月三十日。

第 二 章

山东经济作物

一 明清山东省棉花种植业的发展与主要产区的变化

棉花在明代初年引种山东，而且得到迅速的推广和发展，其根本原因在于政府的强制与奖励政策。明中期以后，由于赋役折银等因素的影响，山东省逐渐形成了鲁西北与鲁西南的商品棉产区。清代中期鲁西南产区衰落下去，而鲁北平原却发展成为重要的棉产区。探讨明清山东棉花的发展与主要产区的演变，分析其原因，对今天山东棉花生产的发展有借鉴意义。

1. 明前期的迅速发展与普及

朱元璋在平定北方的洪武元年（1368）下令，凡农民田五至十亩者，栽木棉半亩，"十亩以上者倍之，其田多者率以是为差"，不植棉，使出棉布一匹，有司亲临督劝，不如令者罚①。山东省栽培棉花似始乎此，因目前仍没有发现元代山东省引种棉花的确切记载。

明初朱元璋的植棉政策，含有强制成分，已如上述；同时，还包括一些奖励的措施。当时规定种植棉花的土地每亩征收四两棉花，其地单称棉花地，其税称地亩花绒或地亩净花。兖州府共有棉花地59377亩，征收花绒17064斤，平均每亩4.6两，多出的部分作耗花，应该说与上述规定基本一致②。所收花绒乃是皮棉，乾隆皇帝所著《御题棉花图·轧核之

---

① 《明太祖实录》卷一七，洪武元年六月乙卯。
② 隆庆《兖州府志》卷二四《田赋》。

图》解释说"有核曰子花,核去曰瓤花,瓤之精者曰净花……子花三得瓤花一"。一般年景每亩棉花的收获量为籽棉六七十斤,今以平均亩产65斤计①,可轧成皮棉 21 斤,每亩缴纳四两仅为产量的 1/84,这个税率与种粮纳税率相比是极低的,含有大力奖励棉植的性质②。而且洪武二十七年(1394)又令,此后"益种棉花,率豁其税"③,对新扩种棉地全免其税。

扩种棉花不仅可以满足自己的衣被之需,还可用来代纳税粮。洪武九年,因政府赏赐军士及官吏所需要棉花与布匹数量很大,准天下郡县税粮以棉花与布代输。有明一代北方蒙元残余势力未清,明廷派大批军队驻守,每岁赏赐军士的布花数额巨大,据吴晗先生估计,洪武朝每年所需棉布至少一百多万匹,棉花四五十万斤④。同时在边疆与少数民族互市中也要一定量的棉花来换取马匹。这些布花多由北方各省征收,如辽东诸卫士卒十万余人,"衣裳则令山东州县发运布钞棉花"⑤。辽东饷额基本如下,"旧例取给山东税棉折布三十二万匹,本色钞一百八十万锭,花绒一十三万二千斤,由海运自登州新河海口运至旅顺口,再由辽河直抵开原"⑥。山东全省总共才征地亩花绒五万余斤,无法满足上述需求,因此多把税粮折成棉花或布。这种折征布花的方法,在明代已形成制度。山东省夏税小麦与秋粮粟米除存留外有近 1/3 征收折色布花,转运京库或边库以供军需⑦。莱州府折征辽东秋衣布花,成化十四年(1478)议定折银征收,每粮一石收银四钱,净花一斤收银二钱,按此兑价,每四斤净花可折粟米一石⑧。当时种棉一亩可获净花 21 斤,粮食亩产不过净米一石,故每亩棉花的价值差不多相当于种五亩粮食。植棉经济效率极高,

---

① 此数系清末对山东棉花亩产调查的中间数,详见本文第三节。
② 据《明史》卷七八《食货志》明代税粮地:"凡官田亩税五升三合五勺,民田减二升。"以明代亩产粟米一石计,则民田税率约为 1/30。
③ 《明太祖实录》卷二三二,洪武二十七年三月庚戌。
④ 吴晗:《朱元璋》,三联书店 1965 年版,第 234 页。
⑤ 《辽东志》卷八《杂志》。
⑥ 万历《明会典》卷二八《户部·会计四》。
⑦ 嘉靖《山东通志》卷八《田赋》。
⑧ 《明宪宗实录》卷一七八,成化十四年五月甲申;《明宪宗实录》卷二〇五,成化十六年七月丁未。

有利可图，刺激了农民扩种的积极性。可以认为，大量地用布花代输税粮是促使山东省棉花种植在明代初期迅速普及和发展的重要原因之一。

明初棉花引种山东省后得到迅速发展，明中期产额很大，除满足当地人民需要外，还有大量的输出，主要以赋税的形式提供给国家。全省每年向国家提供地亩花绒52448斤，主要运纳京库；而税粮折征的布花数量巨大，弘治十五年（1502）此项起运总数计棉布296418匹，棉花13.9万斤①。据隆庆《兖州府志·田赋》记载，其府实在折布93383匹，如其折布比例与其地亩花绒占全省的比例相同，则全省折征布匹数应为28.7万匹。此数与弘治十五年数接近，足证弘治十五年的起运数不是临时性的，大致可看作山东税粮折征布花的通常数额。不过，实际折征的数量有时也许大得很多，如洪武二十九年"北平都司布六十万匹，棉花三十四万斤，辽东都司布五十五万匹，棉花二十万斤，俱以山东布政司所征给之"，一年起运棉布115万匹，棉花54万斤，相当于河南、山西此年起运的2倍②。万历《明会典·户部·会计二》记万历六年（1578）山东运往京库、边库的棉布达60万匹、棉花39万斤。由山东征解棉布棉花数额在北方各省名列第一来看，山东省在明中期已发展成为北方最重要的棉产区。

表2—1　　　　　　山东省明代各府缴纳地亩花绒数　　　单位：斤、个

府别	地亩花绒	州县数	每州县平均
济南府	14066	30	468.9
兖州府	17064	27	632.0
东昌府	15701	18	872.3
青州府	2794	14	199.6
登州府	858	8	107.3
莱州府	1962	7	280.3
山东省	52448	104	504.3

资料来源：嘉靖《山东通志》卷八《田赋》。

---

① 正德《明会典》卷二四《户部》。
② 《明太祖实录》卷二四四，洪武二十九年二月庚子。

山东省明代前期棉花的分布情形可以利用各地地亩花绒征派的数额进行说明，因花绒俱系本色，定额于棉花地上，在当时较少贸易的情况下，只有种植才能完纳。由表 2—1 可知，山东省六府都有棉花的分布，而且从兖州、青州、莱州三府每个州县都有花绒之征来看①，棉花已经普及推广到山东所有地区。棉花种植的这种广泛性是与明初强制植棉政策分不开的，也是明初自给自足自然经济的表现。当然，各地棉花生产也有一定差异，西部平原地区的兖州、东昌、济南三府的地亩花绒占全省的 89% 以上，尤其是东昌府与兖州府各州县平均数高于全省平均数很多，可知西三府是山东省棉花的主要产区。东三府棉花种植面积不大，其中登州府多丘陵山地，植棉最少，每州县平均仅缴花绒百余斤。

2. 明中叶以后商品棉产区的形成与演变

明代中期以后，受赋役折银的影响，山东的棉花棉布也开始改纳银两，万历《明会典·户部·会计》记载，辽东军士冬衣布花"成化、弘治间本折兼收……嘉靖七年始，山东布运折银一十四万七千一百十九两余"，是嘉靖初已完全折银。布花折银势必导致棉花与棉布到市场上去流通，崇祯时历城县所产小布"多为边塞所市，刘子诗'但凭机上穿梭手，换得边庭市贡钱'"②。山东省棉花大量进入流通领域，导致棉花在市场上的竞争，从而促使棉花生产专业化，集中种植于那些自然条件适宜的地区以获取较大的经济效益。鲁西北与鲁西南平原系黄河泛滥堆积而成，沙质土壤分布广，特别适宜棉花的生长，如清平县"田野多沙土，人多种木棉"③，冠县"邑多沙地，土性与木棉宜"④。本区有京杭运河贯通南北，对外贸易极为便利，于是明中期以后逐渐扩种棉花，发展成为山东的商品棉产地。

明末山东的棉花，"六府皆有之，东昌尤多，商人贸易四方，其利甚

---

① 万历《兖州府志》卷一四《田赋》；嘉靖《青州府志》卷七《田赋》；万历《莱州府志》卷三《田赋》。
② 崇祯《历乘》卷一二《方产考》。
③ 嘉庆《清平县志》卷八《户书》。
④ 道光《冠县志》卷五《物产》。

薄"①。东昌府棉产量特大,江淮商人来此贸易,"高唐、夏津、恩县、范县宜木棉,江淮贾客列肆赍收,居人以此致富"②。其中高唐州与恩县贸易最盛,恩县"岁富木棉,四女树、雷家集有商,四女树以滨河颇辐辏"③,乾隆《大清一统志·东昌府·土产》引万历府志时仅举上属二地。兖州府也成为主要的商品棉产区,史称兖州"多木棉……转鬻四方,其利颇盛","其地亩供输与商贾贸易甲于诸省(府)"④。其中郓城县"土宜木棉,贾人转鬻江南,为市肆居焉,五谷之利不及其半",贸易特盛⑤。济南府临邑县"木棉之产独甲他所,充赋治生倚办为最"⑥。东昌、兖州、济南三府位于大运河沿岸的州县,因土壤适宜且转运便利而逐步发展成为棉花的生产中心,"收获之时以数千万计,狼藉与仓城衡矣,贩者四方至"⑦,诗人王世贞描述曰:"短短钗银压鬓鸦,围腰群捉木棉花,莫嫌村坞行人少,夫婿经商不在家⑧。"鲁西北与鲁西南平原产棉甚多,大量运往南方纺织中心松江府,"北土吉贝(即棉花)贱而布贵,南方反是,吉贝则泛舟而鬻诸南,布则泛舟鬻诸北"⑨。

清代山东棉花受商品经济的影响更大,呈现出新的分布特征,首先,棉花种植更趋集中,鲁西北明代东昌府地区棉产地位得以加强,成为全省最重要的商品棉产区,而与此相反的是鲁西南丘陵山区因地不宜棉效益较差,以致棉花在种植业中地位式微,在不少州县渐遭淘汰。

明代东昌府清代分划出临清州,有清一代东昌府与临清州的棉花种植一直兴旺发达。"临清等处地皆白土,农产统以木棉为大宗"⑩,夏津县棉花贸易特盛,"自丁字街又北直抵北门皆棉花市,秋成后花绒纷集,望

---

① 嘉靖《山东通志》卷八《物产·东昌府》。
② 万历《东昌府志》卷二《物产》。
③ 万历《恩县志》卷一《市街》,又卷一《物产》记有白、紫二色木棉,并谓"恩之木棉、麦丝,民用所需,顺天时以生殖,利可无穷"。
④ 隆庆《兖州府志》卷二五《物产》。
⑤ 万历《兖州府志》卷四《风土志》。
⑥ 同治《临邑县志》卷二《风俗》引万历《县志》。
⑦ 邢侗:《来禽馆集》卷一八《先侍御府君行状》,记天启二年(1622)事。
⑧ 《古今图书集成·职方典》卷二三八《兖州府物产考》。
⑨ 徐光启:《农政全书》卷三五《蚕桑广类·木棉》。
⑩ 李文实:《中国近代农业史资料》第一辑,三联书店1957年版,第424页。

之如荼，否则百货不通，年之丰歉率以为验"①。武城县棉花产多质优，是山东出口棉的重要基地②。东昌府各州县棉花种植与贸易颇盛，高唐州道光时"种花地多，种谷地少"③，光绪《高唐州乡土志·物产》也说："本境上田皆种之，为出产第一大宗。"恩县"棉绒细软洁白，为近州县之冠"④。清平县"人多种木棉，连顷遍塍，大约所种之地多于豆麦"⑤。冠县"河北清水各庄种棉者多，夙称富庶"⑥。堂邑、馆陶两县棉产地位也很重要。总体来看，临清与东昌府各州县都有棉花的种植，且多以棉花为主要经济作物，种植比率特高。1870年有人从临清到东昌的旅途中看到周围田地上种植着大量的棉花，农家不论老少，特别是妇女都在地里采摘棉花⑦。志家认为"种棉地多"，"占十之六七"，有些夸张，据光绪三十四年《山东省实业统计表》，清末临清与东昌各州县棉田总面积123万余亩，占其区耕地面积的10%左右；据日本人清末调查，东昌府棉田80万亩，也不到全府耕地的10%⑧。尽管如此，东昌与临清地区的棉田仍占到山东全省的近三分之二，各州县植棉面积广，产量与商品输出量很大，是山东省最大最重要的商品棉基地。

鲁西南丘陵山区多山地，土壤以棕壤褐土为主，不太宜棉，虽然山东人民培育出在岗地栽培的棉花品种——山花⑨，但植棉总不如养柞或栽培水果省工获利，更能发挥丘陵山区资源优势。清代前中期随着柞蚕养殖技术的提高，鲁东南丘陵山区出现了大量的养蚕山场，范围包括沂州、登州二府全境及莱州、青州两府南部州县，柞蚕业成为当地人民的重要

---

① 乾隆《夏津县志》卷二《街市志》。
② 宣统《山东通志》卷四一《疆域志·物产》，又道光《武城县志·物产》也说："棉花……此武邑生产之最大者"。
③ 徐宗平：《斯未信斋文编》卷一《劝捐义谷约》。
④ 光绪《恩县乡土志·物产》。
⑤ 嘉庆《清平县志》卷八《户书》，同时还说："俗例，本家三拾之后，听旁人自行拾取，不顾不问，故土人望木棉成熟过于黍稷，盖有力种者固可得利，既无力种者，亦可沾余惠也。"
⑥ 道光《冠县志》卷三《物产》。
⑦ 李文实：《中国近代农业史资料》第一辑，三联书店1957年版，第323页。
⑧ ［日］《支那省别全志·山东省》第七编《生产业及主要物产》。
⑨ 邹县"所产棉花名山花"，顾名思义，应为山地种植，见《邹县旧志汇编》第十五章：工商业引光绪《胡志》；光绪《峄县志·物产略》直说："棉，山地处处有之，花长质细，尤甲他产"；而临朐县、益都县也在山区植棉。可知品种多为山花。

经济来源①，而棉花在本区经济效益明显不如柞蚕业，故种植逐步减少，如同治《黄县志·物产》谓黄县今不产木棉，而旧志有载，询之土人，云"土性不宜，今无种者"，最好地说明了本区明初受强制命令植棉，而后因商品经济发展，棉花因土性不宜，比较效益差而渐遭淘汰的过程。沂州、登州二府各地均较少植棉，是山东的主要缺棉区，沂州府各属种植甚少，因而妇女往往不务纺织，布匹甚贵②。登州府属宁海、海阳、黄县等地清中后期方志皆无棉产。莱州府属高密、平度位于胶莱平原上，清中后期有一定的棉花种植，高密县"多获者，北鄙为棉花"，每年所产可达 200 万斤③。其余胶州、潍县、掖县均不产棉，方志物产无载。其次，由于供销地理的变化与其他经济产业的兴起，鲁西南平原棉产地位下降，原来商品棉产区范围日渐缩小，到清后期大部分地区因植棉不多而大量缺棉。而鲁北平原的济南、武定、青州三府棉花种植却逐渐发展，成为新兴的商品棉产地。

  清代曹州、兖州、泰安与济宁三府一州继承有明兖州府的绝大部分辖地，却没能保持住其商品棉生产的规模。清代初期，本区棉花生产仍有一定规模，但到清代中期，其棉花种植日渐减少，以至由棉花输出区变成了输入区。造成这种变化的原因很多：首先，通过运河向江南大规模输出棉花的现象到清中期已趋于消失，乾隆时诸华所著《木棉谱》谈到北棉南运时说："然江北绝无至者，岂时会之不同欤。"这种变化对靠近运河的鲁西南植棉业影响很大。其次新兴的产业排挤了棉花的种植。清初发展起来的烟草种植业在济宁、滋阳一带兴旺发达，花生也于清中期推广到各地，花生，烟草逐渐成为鲁西南的重要经济作物④。在曹州府部分地区发展起来的麦草辫业，由于其产品供应外贸而经济效益极佳，吸引了大批农村妇女劳力，也妨碍了棉纺织业与棉花种植业的发展，如

---

  ① 李令福：《明清山东柞蚕业发展的时空特征》，《山东师大学报》1995 年第 2 期。
  ② 光绪《费县志·风俗》认为本县不产棉花，"妇女往往坐食"；而《沂水桑麻话》记沂水县："沙地亦有宜种木棉者，沂不务纺织，布匹甚贵，以种棉者甚少也。"
  ③ 光绪《高密县乡土志·物产》，光绪《平度州乡土志》卷一四《物产》。
  ④ 李令福：《清代花生在山东省的引种与发展》，《中国农史》1994 年第 12 期；李令福：《烟草、罂粟在清代山东的扩种及影响》，《中国历史地理论丛》1997 年第 3 期。

观城县"贫家妇女皆以麦茎制辫为业，不事纺织"①，朝城县"销行于外境者以五谷草辫为大宗，外境销于本境者以棉花为大宗"②。在这诸多因素的综合影响下，清中后期鲁西南平原已植棉无多，乾嘉两修《大清一统志》所记曹州、兖州、泰安、济宁四属土产时都无棉花。清末，本区仍有部分州县种植棉花，如峄县"种植者甚少，惟北境山地略有种植"③，阳谷、郓城、邹县、滕县、曲阜、定陶、宁阳等县清末方志也有棉产，但从其简略的记载语气上看，各地仅是零星种植，自给自足尚且不及。同时，还出现了根本没有棉花种植的地区，如东平、平阴、朝城、观城等地清末方志物产皆无棉花之名，都要从东昌、临清输入大量的棉花。菏泽县棉花"本境出产无多，不足供本境之用，每借资于邻封"。肥城县"棉则种植最少，全境以纺织制布者，大都贩售于高唐、临清诸处"，每岁约出银二万两。东平州"棉花自高唐、临清、堂邑等州县贩来，岁售约十数万斤"。观城县"外境销行于本境者以棉花为大宗"。邹县产棉"不足给本境之用，故棉花及棉绒专恃高唐、郓城诸商出售"。泰安县"本境产棉不多，棉花布匹自黄河之西临清一带运售本境"。平阴县"惟棉花非本地产，自临清、高唐运入"。连原来棉产颇丰的范县，清末也要靠外来棉花接济了，"陆运自临清、莘县等处，每岁销行四万余斤"④。

济南府明代已有商品棉出售，清代规模继续增大。在清代中叶，齐东县"大清河上的地多半是棉花地，一亩地总要值一百多吊钱呢"⑤，"富者积花粮，俟时籴粜……一切公赋终岁经费，多取办于布棉"⑥。陵县棉花的输出也很多，"草棉、蜂蜜运之济南、德州、齐河、章邱、直隶河

---

① 道光《观城县志》卷二《风俗》。
② 光绪《朝城县乡土志》卷一《商务》。
③ 光绪《峄县乡土志·农业》。
④ 以上分别见光绪《菏泽县乡土志·物产》；光绪《肥城县乡土志》卷八《物产》；光绪《东平州乡土志·商务》；光绪《观城县乡土志》卷一《商务》；《邹县旧志汇编》第十五章：工商业引光绪志；光绪《泰安县乡土志·商务》；光绪《平阴县乡土志·物产》；光绪《范县乡土志·商务》。
⑤ 刘鹗：《老残游记》第十三回"娓娓青灯女儿酸语，滔滔黄河观察嘉谟"。
⑥ 康熙《齐东县志》卷一《风俗》。

间，贸易茶纸南物"①。历城县棉花"处处有之，东北乡独多"②。长清县"西多木棉，勤纺绩"③。道光《章邱县志·风俗》记："下三乡地宜木棉，秋夏之交，木棉发生，不减夜雪时。"乾隆《平原县志·物产》叙曰："邑之所产甚微，谷属之外惟恃棉花耳。"这些州县棉花种植相对集中，成为商品棉供应地。其余济阳、淄川、新城、德平、禹城等县也有棉花的种植，只是所产仅供自给。

武定府是清中叶以后新发展的商品棉产区，清末胶州海关税务司阿理统计山东物产时记输出原棉者仅武定一府，可见其地位颇不一般④。其中蒲台县贸易额最大，为山东五大棉产县之一，"棉花运出本境，由陆运至淮县等处"⑤。滨州物产也以棉花为大宗，咸丰《滨州志·风俗》谓其"地产木棉，种者十八九"。沾化县"通县所赖惟小麦、棉花二种"⑥。商河县"大布为出境物品，运输平津及承沽一带，进款甚巨"，知其棉产甚丰⑦。光绪《利津县志·风俗》谓利津"土产木棉最多，与五谷等"，邑无通商大贾，"盐商典商而外，诸业以棉花与布为其大端"。光绪《惠民县志·民俗志》也记"商贾之业以棉花为大宗"，是武定府成为仅次于临清、东昌的山东省重要的商品棉基地。

青州府北部位于小清河两岸平原的各州县，清中叶开始棉花播种面积逐渐增加，所产除自给外尚有一定的输出。嘉庆时，寿光县种植者尤多，"新旧洰河之侧，村民大抵以植棉为业"⑧。博兴县"其货物广为民赖者尤以棉花、白酒为最……城以北土兼沙壤，故宜棉，商贾之家籍是致

---

① 道光《陵县志》卷九《风俗》。
② 乾隆《历城县志》卷五《地域志·物产》。
③ 宣统《山东通志》卷四《疆域志·风俗》。
④ 《最近十年各埠海关报告》，转引自《青岛海港史》，人民交通出版社1986年版，第5页。
⑤ 宣统《山东通志》卷四一《物产》。
⑥ 光绪《沾化县志》卷一二《艺文》。
⑦ 民国《商河县志》卷二《物产》，又同卷《商务》记民国初年，"全县种棉之地北西两乡可占十分之六，南东两乡占十分之一，土壤不同之故"。即使植棉如此之多，仍有商河大布销行日减，今不如昔之感慨，可见清末棉花与棉布生产颇盛。
⑧ 嘉庆《寿光县志·物产》，又康熙《青州府志·物产》记棉花"多产寿光境"，知寿光为本区发展最早的棉产地。

小康"①。乐安县"新清河北地多斥卤，五谷稀少，宜棉之田占耕地十分之七"，产额一千多万斤②。南部各县因位于丘陵谷地植棉较少，"益都山区（占该县总亩数百分之五）大量种着棉花和水果……但是，尽管一亩棉花的商业价值大于一亩谷物，农民还是宁愿让土地栽种谷物"③。光绪《临朐县志·风俗志》记其县，"诘曲万山，十九皆石田……即宜木棉，山田亦不能十之一"。而博山与诸城则不产棉，故《颜山杂识·物产》与光绪《诸城县乡土志·物产》均无载。

鲁北平原为河流冲积而成，多沙壤，自然条件适宜植棉，此外，清前中期山东棉花与布匹向北方输出的势头仍然很盛，辽东、承德、京津甚至远到大同府都有山东棉花与布的销行。济南、武定、青州三府位于鲁北，又滨河临海，陆路交通也很便利，向东北运销尤为便捷，故清中叶以后发展成为新兴的商品棉基地。

3. 清末期长绒棉的引进与总面积总产量的推求

清代末期，山东植棉业的发展受外来因素的影响呈现出新特征，外国列强大肆向中国倾销廉价的棉纺织品，沿海的山东在北方首当其冲，洋绒洋布的大量输入夺去了山东棉花土布的部分消费市场，损害了棉农的经济利益，以致棉花种植面积有下降趋向。如平度州"自光绪中叶洋纱输入，织工乐其匀适，相率用之，手织线遂废，驯至种植棉者亦锐减"④。昌乐县农民植棉"旧时所产仅供本境服用，自洋纱兴，种者渐少矣"⑤。不过，外来因素并不总是负面作用，也对山东棉产近代化带来一定的助力。现代纱厂所用棉花要求绒长质高，促使山东人民对原有棉花品种进行改良，引进了美国种长绒棉，试种推广并获得了较大的成就，使山东棉花种植业走向了新的发展阶段。

光绪二十三年（1897）杨士骧任山东巡抚时，曾令农人改种美国棉

---

① 民国《重修博兴县志》卷七《风土·物产》引道光《县志》。
② 民国《续修广饶县志》卷七《政教志·农业》，此为民国七年所记，反映清末情形不致太远。
③ 李文实：《中国近代农业史资料》第一辑，三联书店1957年版，第645页。
④ 民国《续平度州志》卷一〇《民社志·工商业》。
⑤ 民国《昌乐县续志》卷一二《物产志·草棉》。

种，第一年所得颇未能如人意，秋令骤寒成熟不易，第一次引种没有成功。其后道员赵荫昌经过多次试验，总结出适合山东栽培美棉的方法，必须"早播种，勤灌溉"①。光绪三十二年（1906），东昌知府魏家骅由商务局请领美国棉种，按上述方法试种获得成功。据查"美国棉种高大三倍于本地之棉，每亩地本地棉约种七千棵，美国棉至多不过一千棵。本地棉结桃多则二十余，美国棉可结七八十桃。以今年收成计之，本地棉约七八十斤，美国棉可收百余斤至二百斤不等，且丝长光细，利于纺织"②。因此，次年又购到美国棉种六十包，分送东昌府各属及临清、夏津、滨州、邹平、平度、海丰、定陶等州县扩大种植③。同时，"试种上海棉种，成绩甚佳，在张店区试种的成绩甚至超越了长江流域"④。至清灭亡，美棉推广很快，临清与东昌棉区"从前所种土产，现已悉改美种，收成有十倍之望，去年棉花出市即悉被购尽"。济南东北的黄河与小清河流域滨州、利津、蒲台、博兴一带美棉、土棉参半⑤。美棉单产高，质量也佳，适宜现代工业纺织，故经济效益较佳，美棉的推广又促进了山东棉田面积的发展。

　　棉花是明清两代山东省最重要的经济作物，但其总种植面积却缺乏准确的统计数据，今以光绪三十四年（1908）《山东实业统计表》为基础，参照日本人的调查资料及方志记载，推求清末山东植棉的总面积。据《山东实业统计表》，鲁西北各主要产棉州县棉田面积：夏津县356700亩，临清州264098亩，高唐州279800亩，馆陶县115000亩，邱县80920亩，冠县71000亩，清平县32000亩，堂邑20000亩，恩县11000亩，全省共植棉约2000680亩。笔者认为这个数字稍微偏低：一是从上述各州县细数中可以计算出东昌府属高唐、馆陶、邱县、冠县、清平、堂邑、恩县共有棉田60余万亩。这个数字严重偏低，从上节所述可知，清平、堂邑、恩县皆为重要商品棉产地，产量和外销量很大，每县棉花种植面积

---

① 《东方杂志》第七卷第三期《中国调查录·山东种植美国木棉之成效》。
② 李文实：《中国近代农业史资料》第一辑，三联书店1957年版，第893页。
③ 《山东省劝业公所报告书·农务科文书牍》第14—16页，《详抚院东省购种美棉情形文》。
④ 李文实：《中国近代农业史资料》第一辑，三联书店1957年版，第423页。
⑤ 《东方杂志》第七卷第三期《中国调查录·山东种植美棉之成效》。

绝非本统计所谓的二十万亩。按照日本人清末的调查资料，东昌府棉田总共约有80万亩，这个数字似乎更为接近实际①；二是临清州所属仅统计了临清与夏津两地，实际上其属武城县产棉颇多，据《中国现代化的区域研究——山东省》所引1911年的资料，临清各属棉花产额分别为武城县500万斤，临清州300万斤，夏津县100万斤②，武城县产棉最多，故它能成为宣统《山东通志·物产》所记棉花五个重要生产县之一。笔者以为武城县棉田也不会少于20万亩，则临清州各地棉田面积应在80万亩以上。按照上述东昌府、临清州棉田统计数量占全省总面积的61.7%计算，清末山东全省共有棉田260万亩上下，约占全省耕地面积的2.1%③。

明清两代山东棉花总产和商品棉总量很大，但没有相关记载，现仅能通过考证求出单位亩产，再大致匡算出清代末年的棉花总产量。据《农政全书》，明末"齐鲁人种棉者，即壅田下种，率三尺留一科（棵），苗长后笼干粪，视苗之瘠者辄壅之，亩收二三百斤以为常"。虽然当时山东植棉技术极佳，有山东人张五典出巡南方，见其植棉颇不得法，特介绍家乡植棉方法，但亩产二三百斤确实太高，这可能是亩积偏大造成的④。乾隆皇帝《御题棉花图》也提到棉花单产，"稔岁亩收子花百二十斤，次亦八九十斤"。但这是不分南北泛泛而谈的，而且还是丰年的产量，无法用以代表山东省的实际。清代末年记载山东棉花单产的资料多了起来，据某传教士的调查，"益都山区大量种植着棉花和水果，每亩地可收棉花150—200斤"⑤。这看起来单产很高，实际上是用当地的大亩计算的，当时益都以720弓为一亩，等于标准亩240弓的3倍⑥。可知益都

---

① ［日］《支那省别全志·山东省》第七编《生产业及主要物产·山东的棉花》。
② 张玉法：《中国现代化的区域研究——山东省》，台湾中研院近史所1982年出版，第613页。
③ 据许道夫《中国近代农业生产及贸易统计资料》，1914年山东棉田159万亩，这个数字严重偏低；又据《中国实业志·山东省》第五编《农林畜牧》，民国八年（1919）山东省棉田321万亩，可与本文推求数互相对比。
④ 徐光启：《农政全书》卷三五《蚕桑广类·木棉》。按山东省棉产区明初为移民垦殖重点区，当时授田多以大亩计，每大亩约等于三标准亩。
⑤ 李文实：《中国近代农业史资料》第一辑，三联书店1957年版，第645页。
⑥ 李文实：《中国近代农业史资料》第一辑，三联书店1957年版，第464页。

的棉花每标准清亩可产籽棉为50—60斤，这个产量基本接近相对贫瘠的山区实际。1906年东昌知府魏家骅调查说："以今年收成计之，本地棉约七八十斤。"还有一些中国调查者也持此观点①。而清末日本人经过详细调查后指出，东昌府平均每亩生产籽棉六七十斤②。是可知清末有不少人对山东棉花单产进行了调查研究，形成了亩产籽棉五六十斤、六七十斤与七八十斤三种主要观点，结论虽然不同，却极为相近，可靠性较强。今取中以亩产籽棉65斤为山东省平均水平，应该基本接近实际。如此，则山东全省所种260万亩棉花，总产籽棉169万担，可轧成皮棉56万担③。

随着清代山东棉花种植的趋向集中，棉花的商品率也有一定提高。清中叶鲁西北沿运河各县木棉专业集市很多，如清平县"木棉市集向来新集最盛，近来王家、康家庄、仓上等处亦多买卖，四方贾客云集，每日交易以数千金计"④。到清末，鲁西北临清与东昌府二属约种棉花160万亩，年产籽棉104万担，轧成皮棉也在34万担以上。如此巨量的棉花当然要向外销售，其消费市场主要有鲁东南、鲁西南缺棉地区以及青岛、上海、日本的一些纱厂。省内流通多为陆运，对外输出多是水陆联运，清末还有铁路运输。光绪时，高唐州所产棉花"北运往济南、章邱、潍县，南运到济宁、滕县等处销售，俱系陆运，每岁约二千余万勒，为出境第一大宗"⑤。恩县棉花"运至周村、潍县等处销售，系陆运，每岁约几千万斤，为本境之大宗"⑥。据一旅行者观察，由济南到高唐的一日半时间内，见到运棉花的小车36辆，大车6辆，共196担；从济南到临清的二日旅途中，见到26辆大车，11辆小车，共377担，由此可知两地每

---

① 《东方杂志》第七卷第三期《中国调查录·山东种植美国木棉之成效》，又《东方杂志》1907年第四期《各省农桑汇志·山东省》也以为山东棉花通常亩产七八十斤。

② ［日］《支那省别全志·山东省》第七编《生产业及主要物产·山东的棉花》。

③ 据《中国实业志·山东省》第五编《农林畜牧》，1919年山东省棉田321万亩，生产皮棉89万担，以三籽棉折一皮棉计，每亩约产籽棉83斤，考虑到后来美棉的普及所带来的单产增加成分，本文以每亩65斤籽棉作为清末引种美棉阶段的平均亩产应是中允的。

④ 嘉庆《清平县志》卷八《户书》。

⑤ 光绪《高唐州乡土志·商务》。

⑥ 光绪《恩县乡土志·商务》。

日约有 300 担棉花向济南运输①。1912 年经青岛向外输出皮棉 6.9 万担②，经大运河北运天津与烟台、龙口等地的也不少，估计山东输出省外的皮棉可达十余万担，而本省内部由鲁北棉区向东南与西南缺棉区的贸易额绝不会少于此数。这样看来，清末除府内州县的短距离贸易外，山东省所产棉花约有 20 万担皮棉通过长距离贩运供应省内外市场，其商品率接近 40%。日本人清末调查山东棉花时所说除下等品外约有皮棉 20 万担，就是指可供长距离贸易的商品棉产额③。

明初山东省引种棉花后，在政府强制性与奖励性政策作用下得以较快的推广，山东省迅速发展成北方最重要的棉产区。明代中叶以后，随着商品经济因素的增强，临河滨海的山东省其棉花生产在北方率先走向专业化与商品化的轨道，清中叶以后鲁西北与鲁北平原成为重要的商品棉基地，在北方的地位仅次于河北省。清末山东全省植棉 260 万亩，生产皮棉 56 万担，其中有 20 万担通过长距离贩运以供应省内外市场。行政措施和商品经济因素构成了山东省棉花引种发展、布局演变的主要限制因子，这要求为保证今天仍为全国重要棉产基地的山东省的棉花生产的持续发展，必须注重政府扶持与经济效益两个方面。

（本文原刊《中国历史地理论丛》1998 年第 1 期）

二　明清山东省柞蚕业发展的时空特征

1. 明代柞蚕业的形成及主要产地

中国人工饲养桑蚕已有 4000 多年的悠久历史，而人工放养柞蚕却晚得多。晋代的《古今注》记汉"元帝永光四年（公元前 40 年）东莱郡东牟山有野蚕成茧……收得万余石，民以为蚕絮"④。所谓野蚕即是柞蚕，晋代郭义恭《广志》最早开始使用"柞蚕"这一名词。虽然登莱柞蚕自

---

①　李文实：《中国近代农业史资料》第一辑，三联书店 1957 年版，第 323 页。
②　张玉法：《中国现代化的区域研究——山东省》，第 613 页。
③　[日]《支那省别全志·山东省》第七编《生产业及主要物产·山东的棉花》。
④　王元廷：《野蚕录》卷一《考证》。

古有之，但都是收集其自然结成之茧加以利用。元朝官修《农桑辑要》与王祯私著《农书》对当时农桑树艺技术事无巨细都有描述，却没有载柞蚕放养之法，直到明初似乎都无人工放养的柞蚕，因为当时史志中仍以"野蚕成茧"作为祥端之事。到明末孙廷铨《止亭文集·山蚕说》记载："野蚕成茧，昔人谓之上端，乃今东齐山谷，在在有之"，野蚕成茧现象已很普遍，应是人工培育的现象，说明人们已经掌握了放养柞蚕之法，故诗人吴伟业夜宿蒙阴，能够吟出"野蚕养就都成茧，村酒沽来不费钱"的诗句①。大概明代中叶，山东人民在长期采集利用野茧的实践中，总结出留柞蚕种、出蛾、移蚕、赶鸟、捉虫等放养技术，开始了人工放养柞蚕的新阶段。

鲁东南丘陵山区多柞树，放养柞蚕得天独厚，"有野茧食樗叶，但蓄之树杪无铺眠劳，……然亦勤于看视，防诸鸟雀所伤"②；不浴不饲，费力少而成茧多；而且缫丝作绸，朴而坚密，"居民取之制为绸，久而不敝"③；用项既广，价格也高，安邱西南山区所产山茧绸"色赫而直倍白绸"④，清人谓"在前朝价如绒等，用亦如之"⑤。因此，促进了山东柞蚕业的发展。青、登、莱三府位居鲁东南丘陵地区，柞蚕养殖较为普遍，其中登州府栖霞县最为突出⑥，海阳所辖地有村庄名柞岚，"明万历年间，建村于柞树岚（即养殖柞蚕的山场）附近，故名"⑦，招远县也产"山茧绸"⑧。山茧也是明代莱州府通产⑨。各地贸易较多，胶州甚有当作行贿馈赠物品者⑩，青州府产柞州县除前述蒙阴、安邱外，临朐县也是"山居

---

① 吴伟业：《夜宿蒙阴》，转引自章楷《我国柞蚕业的起源传播考略》，刊于《农史研究》第四辑。
② 顺治《登州府志》卷八《风俗·蚕桑》。
③ 嘉靖《山东通志》卷八《物产》。
④ 万历《安邱县志》卷一《方氏考》。
⑤ 叶梦珠：《阅世编》卷上。
⑥ 嘉靖《山东通志》卷八《物产》："登州府，柞丝出栖霞，青莱亦有之。"
⑦ 新编《海阳县志》第一编，建置，第四章《县城·乡镇·村庄》。
⑧ 顺治《招远县志》卷四《风俗》。
⑨ 万历《莱州府志》卷三《物产》。
⑩ 乾隆《莱州府志》卷九《宦绩》载："陈尧辅，万历间以举人知胶州……有以山茧绸者，却之不得，悬之库中。"

者或拾山茧作纳绸"①,同时,兖州、济南两府坐落山区的州县也有山茧的生产,兖州府山邑以野茧为绸,"沂(州)、费(县)二处有之"②,济南府则"出青城、莱芜,取山柘野蚕乱丝而理之者也"③,与青州接界的淄川县也有出产④。

由上可知,明末鲁东南丘陵山区柞蚕的分布已很普遍,但从鲁中南山地北麓地区多"取山柘野蚕乱丝而理之","或拾山茧作绸"的记载看,尚多利用自然茧,说明明代仍处于人工放养的初步阶段,相对而言,登莱二府的发展水平较高,产额也大。

2. 清中期柞蚕养殖技术的发展与外传

清代前中期,山东柞蚕养殖技术进一步提高,从植柞、饲蚕、选留蚕蛾,到防虫驱兽各个环节都对明代技术进行改进,逐渐形成一整套完备成熟的柞蚕放养技术。首先,选种方法臻于完善,"于蚕头眠起时即留心察看,剔其硕大无病、通体明亮者另树饲养,其背腹现斑点及颜色晦暗者去之;从此,眠起一次则剔一次,下茧后乃剔其坚实者"⑤,这种方法至今仍然通用。其次,对于鸟兽害虫的危害,除了辛勤看护"昼则持竿张网,夜则执木鸣金,号叫呼喊之声,殷殷盈山谷"外,已可用白砒掺入米饭置草中,药杀害虫,而且特别注意冬季的灭蚁活动⑥。再次,开始人工大量种植柞树,据《野蚕录》记载,康熙三十年(1691)作为明代山蚕中心的栖霞县才由"诸城人教之植柞树",康熙四十五年,宁海州学正王汝岩"始自青州募人来教民蚕,并督民植柞"。天然生长的柞树虽多,但树龄参差,很难有效地利用,而且数载后,树叶既小又硬,不中蚕食,人工植柞技术发明后,柞蚕山场的培育、管理与砍伐再造才能得心应手,这是大规模发展柞蚕生产的基础。最后,开发了多种饲蚕资源,除柞树叶外,人们还发现樗、柳、椿、椒等树叶也可饲蚕,而且所成之

---

① 嘉靖《临朐县志》卷一《风土志·民业》。
② 隆庆《兖州府志》卷二十五《物产》。
③ 嘉靖《山东通志》卷八《物产》。
④ 嘉靖《淄川县志》卷三《封域志·物产》。
⑤ 王元廷:《野蚕录》卷三。
⑥ 《中国古代农业科技》,中国农业出版社1980年版,第540页。

茧各有特点。于是，柞蚕因成茧时间与饲源不同"有春茧、秋茧之分，以秋为胜。又有饲以椿叶者为椿茧，饲以椒叶者为椒茧，或得野茧于土中者为小茧，品较珍贵"①。宣统《山东通志·物产》则以为："山茧有椿、樗、柳、柞之目，而柞蚕为最盛。"由于椿、椒、樗、柳等蚕种与柞蚕同出一源，放养技术也基本雷同，所以人们一般仍把它们归于柞蚕一类。

柞蚕放养技术的完备推动了山东柞蚕生产的发展，据康熙《邹平县志·物产》记载，"柘绸，山中野茧织成，大峪中，柘树遍峪……栽树数千株，收茧数万，先杀蚁，亿万万矣"。山东养蚕山场不断增多，面积逐渐扩大，民间柞蚕养殖渐具规模。登州府仍是山东柞丝的主要产地，生产中心仍在栖霞县，其余文登、招远、海阳、莱阳产额也多②，半岛顶端的宁海州自乾隆初知州李湖教民植柞育蚕后，柞树几遍全境，据同治《宁海州志·土产》记载："春茧成于五月，秋茧成于八月，俱有茧市，饲蚕有柞、有槲、有橺、有栲，其类甚繁。"沂州府也发展成为山东柞蚕生产的重要地区，据吴树声《沂水桑麻话》记载："沂多山，山必有场，种梓橼以养山蚕。"大约在乾嘉之际，"岁出山茧山绸无算，西客皆来贩卖，设经纪以抽税，岁入数千金焉"。府属兰山、郯城、蒙阴各县所产在质量与数量方面也不逊色③。青州府各地也普遍养殖柞蚕，其中诸城县山场最多，产量颇丰。乾隆《诸城县志·方物考》载："其利久而且大者曰山蚕，蚕养于槲与柞，皆名不落树，树生于山，春秋两次，蚕老吐丝……织为山绸，虽不如椿绸之贵，而衣被南北为一方之贵。"又据咸丰所修《青州府志·物产》所记，"博山，茧绸有椿、椒、槲（樗）三种，惟槲绸颇多……寿光货之属……山茧次之，虽少山，而椒、椿、樗、柘所在有之。蚕不待饲，食叶成茧，各以其名，与桑蚕同功"，它若益都、临朐、安邱等地也有多量出产。其余位于鲁东南丘陵山地的州县也多养殖

---

① 乾隆《山东通志》卷二十四《物产志》。
② 乾隆《大清一统志》卷一三七《登州府·土产》："柞蚕，登州府志出栖霞县，文登、招远等县亦有之"，嘉庆《大清一统志》同。新编《海阳县志》第五编《林蚕果业·蚕业》；谈迁《枣林杂俎》中集，"今莱阳之山茧绸，盖樗茧也"。
③ 乾隆《大清一统志》卷一四一《沂州府·土产》，"蚕绸，兰山、郯城、蒙阴、沂水四县俱出"，沂水位置殿后，嘉庆《一统》同。

柞蚕，如莱州府的即墨、胶州、高密、济南府的历城等地，但其生产水平远较上述三府为低。

总体来看，清中期，山东柞蚕养殖为自然条件所限，分布范围仍与明代相同，并没有超出鲁东南丘陵山区，但各地养殖规模扩大，尤其是登、沂、青三府所产柞丝产量与质量都比明代有了大的提高。

清代中期，山东省的柞蚕养殖技术逐步外传，促进了全国各地柞蚕生产的全面发展。明朝时期，全国仅有山东一省人工放养柞蚕，其他各省虽有漫山遍岭的柞树，苦于没有蚕种和技术，只能供居民炭薪之用。入清，随着养殖技术的完善，山东柞蚕业逐渐繁荣起来，外省官吏特别重视。乾隆八年，四川按察使姜顺龙呈请皇帝谕令山东巡抚，"将前项椿蚕山蚕二种作何喂养之法，详细移咨各省，如各省现有椿树、青杠树，即可如法喂养，以收蚕利"。这条建议立即被采纳。次年，山东省政府根据柞农的经验编成《养蚕成法》分发各省[①]。陕西省的柞蚕业即是在此书的指导下发展起来的。其实在此以前，山东人民流亡关外已经在辽东及承德塔子沟一带开辟山场，进行柞蚕养殖活动了。同时，山东籍人在安徽、四川、贵州等地做官，也积极提倡植柞养蚕。通过这些途径，山东省的柞蚕种及养柞技术逐渐传播到全国多数适宜养柞的地区，为中国的蚕业发展做出了巨大贡献。

3. 清末柞蚕业的繁荣

清代山东柞蚕生产也不是直线上升的，约在道咸之际，一度出现了衰落的现象。如吴树声在咸丰四年所记沂水县的情形，"近则小民贪目前之利，伐其树以助薪，刨其根以为炭，无山不童，而山蚕之利在官在民皆不及昔之十一二"[②]。似乎这种现象并非沂水一县所有，个中缘由据我考察当与山茧绸价格下跌有关。先时山东一地出产，全国皆是销售市场，于是价格颇高，乾隆初年的资料表明，丝类织物中"山绸为最，椒茧、槲茧谓之小茧，其价贵；柞茧谓之大茧，价次之；桑谓之绵，又次之"。

---

① 《清高宗实录》卷二〇四，乾隆八年十一月初八日。
② 吴树声：《沂水桑麻话》。

柞丝价值远高于桑丝，更高于棉花绒①，这刺激了山东柞农的生产积极性。不过到了道光末年，"山东茧绸，集蚕茧为之，出于山东椒树者为最佳…年来价日贱，而此种亦绝。今最上者价不过钱许一尺，甚而有三四分一尺者"②。由于各地普遍出产，价格甚贱，柞农养蚕利薄，故有毁坏山场种植粮食作物者，市场的需求决定了山东柞蚕业的兴衰变化，表明其受商品经济的影响很深。

由于欧洲人喜欢中国的丝织品，国际市场上中国丝及织物需求量增大，山东生丝的出口显著增加，1876年，山东出口柞蚕丝1597担，1880年上半年即出口1361担（见表2—2）。到清代末年，山东每年约出口柞蚕丝11405担，约占全国输出量的1/3（见表2—3）。与此同时，柞丝制品的输出量也逐年提高，同治初年，鲁绸"始通洋庄时，销路极微，每年不过数万金，其所销丝匹种类亦甚少。至光绪十年左右，逐渐发达，销路日增，每年约四五十万金，迫至光绪二十年后益形发达"，通过上海一埠的销数每年增至百余万金，至清末已达二百余万，其中贸易最盛之时，出口总数约有六七百万金③。

表2—2　　　　　19世纪70年代山东出口生丝统计　　　　　单位：担

年代	桑蚕丝	柞蚕丝	总计
1875	34	283	317
1876	1629	1597	3226
1877	124	161	285
1878	1115	425	1540
1879	1034	475	1509
1880年上半年	—	1361	1361

资料来源：《山东省近代化的区域研究》，第552页。

---

① 乾隆九年《威海卫志》卷四《食货·物产》。
② 叶梦珠：《阅世编》卷七。
③ 彭泽益：《中国近代手工业史资料》第二卷第95页，《鲁绸》据清末胶州海关税务司统计山东物产时谓莱州府出口柞蚕绸，见《最近十年各埠海关报告》，似鲁绸为柞蚕丝织就。

表2—3　　　　　　　　清末山东生丝输出统计　　　　　　　单位：担

类别	烟台	青岛	山东省	全国
手工柞蚕丝	10923	2	10925	33848
机械柞蚕丝	525	—	525	535
柞蚕丝总计	11448	2	11450	34433
手工桑蚕丝	221	5325	5546	22949

资料来源：（1）日人编《支那省别全志·山东省》第三编《山东省的贸易·概况》；（2）手工柞蚕丝是1912—1914年三年输出的平均数，手工桑蚕丝是1912—1913年两年输出的平均数。

清末，在国际市场需求的刺激下，山东省柞蚕生产获得了较快的发展，达到了一个新的繁荣时期。全省柞蚕产额增加很快，1870年前后，年产柞蚕丝7125担，樗蚕丝6担，其余椒、椿茧丝尤为有限[1]。其后山东柞蚕丝产量直线上升。1900年前后，猛增到32万担[2]，1912年，高达50万担以上，仍是全国最大的柞蚕产地。由于东北的柞蚕多运到烟台等地缫丝、织绸，故山东海关输出量不能全部看作山东的出产[3]。清末，山东省柞蚕丝的产量与输出量都远超过桑蚕丝，故宣统《山东通志·物产》谓，"本省桑茧较少，山茧较多"。

清末，山东省各地出现了专以养柞为生的专业柞农。栖霞县牙山周围的居民，"均以养蚕业，种柞为本，依此山茧，以为养生之源"[4]，宁海州"产柞之处俗名蚕场，亦名蚕岚，其价格比普遍山林为昂，问富者至数蚕场以对。育蚕系农家副业，本无所谓专户，惟业主（即蚕场所有人）招人育蚕，始称蚕户，实则自行育蚕者，亦未尝非蚕户也"[5]。峄县也有

---

[1] 《山东省近代化的区域研究》第52页，又根据彭泽益《中国近代手工业史资料》第一卷第59页记载，1870年山东产丝6625担，与此相差不多。

[2] 《中国古代农业科技》，中国农业出版社1980年版，第445页。

[3] 据日人1911—1912年的调查资料，清末山东与东北的柞蚕，茧产量在100万担左右，其中山东所产50—55万担，东北所产45—50万担，在调查者心目中，山东所产仍高于东北，见［日］《支那省别全志·山东省》第七编《生产业及其主要物产·山东省与南满的柞蚕》。

[4] 孙钟豳：《山蚕辑略》序。

[5] 民国《牟平县志》卷五《实业·蚕业》。

饲养椿蚕的专业户百余①。鲁东南各地"凡有山谷之处，无不种植（柞树），不论顷亩，以一个所饲为一把手，有多至千手之家，不供赋税，坐享千金之富"，柞蚕生产成为清末山东人民的重要经济来源。

（本文原刊《山东师范大学学报》1995 年第 2 期）

三　清代花生在山东的引种和发展

清代中期花生引种山东后很快就超过了传统油料作物菜籽与芝麻的种植地位，至清末叶，山东省已发展成为我国花生种植面积最大、输出额最高的省份。本节论述花生在清代山东省引种和发展的历史过程，并简要分析其发展原因。

1. 清中期花生的引种

花生原产南美，明末传入中国，直到清朝雍正年间，山东省未闻有花生的种植。乾隆十四年（1749）新修《临清州志·物产》记有"落花生"，说明是年以前当地已经引种，临清成为山东种植花生最早的地方②。临清为大运河上的重要商埠，南北经济交流频繁，成为最早引种花生之地并非偶然。其后花生在鲁西沿运河平原缓慢传播，百年以后仅有邱县③、冠县④、观城⑤等地逐渐种植。这仅限于文献资料范围，实际传播区域可能较大，但从当时"落花生颇少"的记载来看，各地种植面积不大。

嘉庆年间东部沿海的海阳、平度两地通过海路从南方引进种子，也开始有了花生的种植，"嘉庆十年（1805）夏，闽商庄慕陶自福建带来长

---

① 光绪《峄县乡土志·农业之农产》。
② 民国二十三年版《中国实业志·山东省》第五编《农林畜牧》认为："山东省之有花生，始于一百年前英国安穆哈司特卿之宣传"，把山东推广种植的年代当作试种年代，从而使山东省试种花生的年代推迟了近百年。
③ 乾隆《邱县志》卷一《物产》："落花生，颇少。"
④ 道光《冠县志》卷三《物产》。
⑤ 何炳棣：《美洲作物的引进、传播及其对中国粮食生产的影响》，《历史论丛》第五辑。

生果（花生）一袋，献给归省知府李宜升为寿礼，李家植于黄金洼，为本县（海阳县）花生种植之始"[1]。嘉庆二十二年（1817）平度州知州周云凤始教民试种花生[2]，道光二十五年（1845）花生在胶州的种植面积已经不小，志称："落花生……东鄙种者尤广[3]。"咸丰初年，沂蒙山区"沙地宜种长生果，蒙阴种者甚多，沂水尚少"[4]。咸丰九年，郭嵩焘在金家口港"见小车运载豆饼花生上船，以数百辆计，填塞行道"[5]。由此可见，鲁东南地区引种花生虽较鲁西为晚，但传播发展却比较迅速，从其产量之大来看，实际种植区远非上述州县所能概括。

2. 清末期花生的迅速扩种

清代末年，花生在山东省迅速推广普及，全省多数州县开始种植花生，而且播种面积也在急剧增大，在一些自然条件适宜、对外贸易便利地区逐步形成了集中种植区域。

位于鲁中山地西南麓的泰安、兖州两府是清末山东花生的主要产区，这里多沙质土，尤宜花生，而且有大运河转运方便，史称泰安"居民以能辨土宜之宜，种植花生获大利"，以至穷乡僻谷都变得较为富饶[6]。据光绪三十四年（1908）《山东省实业统计表》，新泰县种花生48000亩，年产140000担，销量可达92%以上。新泰县除输出大量花生果外，还有"花生果油，岁可收数万斛，由陆路用手车运至清口销售"[7]。据光绪三十四年《山东省实业统计表》，莱芜县种植花生35000亩年产388500担，全部用于销售（其亩产平均11担以上，如果不是统计有误，即可能是用大亩统计造成的）。肥城县花生等物亦皆随地种植，可获厚利者也，每年也有输出，"番薯、长生果每界冬春以手车肩挑贩运于济南、东昌等处，

---

[1] 新编《海阳县志·大事记》；又见第四编《农业》第六章《种植业之品种引进》。
[2] 道光《平度州志》卷一《物产》，"长生果，知州周云凤教民种之"，查本志卷四周为嘉庆二十二年知州。《民国续平度县志》卷十《民社志·工商》记为"道光初年知州……教民种花生"，与上略有不同，不取。
[3] 道光《胶州志》卷十四《物产》。
[4] 吴树声：《沂水桑麻话》。
[5] 《郭嵩焘日记》，引自《青岛海港史》，人民交通出版社1986年版，第18页。
[6] 民国《泰安县志》卷四，道光以后泰安未有志书之修。
[7] 光绪《新泰县乡土志·商务》。

约亦岁进银万余两"①。东平州"大、小清河、汶河沿岸淤沙地多种之"②。兖州府属各州县所产也多，光绪末年《邹县志》记载"花生一项，十年前鲜有种者，近来邑东乡、东北乡与南乡沙土之区遍行种植，旱涝皆可有秋，每岁所出以斤计约数十万，有洋庄收买。田舍骤增此利，可谓耕稼外之余资矣"③。峄县"花生每年生产约一万二千余斤"④，是指可供输出的数量。曲阜、济宁州也以花生为输出农产大宗⑤。本区所产花生，除北部少数地区陆运济南、清口，转运出省或供应北边缺花生地区外，大部分集运滕县，靠运河水运供应国内外客商，如清末滕县"销售本境及华洋各商贩运出口岁约八百余万斤"⑥。总之，本区花生产额巨大，有人以为"几占全山东省产量之一半"⑦。

胶东平原多沙壤，受海洋性气候影响大，适于花生栽培，而且靠近山东第一良港青岛，外运条件最佳，各地普遍种植花生，形成清末山东省另一主要花生产区。胶州花生扩种较早，清末种植更多，为出口大宗⑧，安邱县"自青岛通商以来，舟车便利，落花生始成为出洋大宗"⑨，高密县"多获者……南鄙为花生，利倍五谷"，每年输出花生油五万余斤⑩，此外，即墨、平度、诸城、潍县、掖县、昌邑等地也都有多量的花生供应出口⑪。

沂州府兰山县花生有"大小两种……用以榨油，销行极广"⑫，它若蒙阴、沂水、日照等县生产也很可观。清末，费县花生连阡累陌，产量

---

① 光绪《肥城县乡土志》卷十一《物产》、卷九《商务》。
② 民国《东平县志》卷四《物产志》。
③ 《邹县旧志汇编》第十五章《工商业》。
④ 光绪《峄县乡土志·商业状况》。
⑤ ［日］《支那省别全志·山东省》第四编《都会》。济宁不属兖州府，但位当此区。据民国《济宁县志·农业》记载，"民国初年每年产一百余万斤"，而民国《曲阜县志·物产》也记曲阜所产花生"榨油剥米销上海、青岛，为本县出口货之大宗"。
⑥ 光绪《滕县乡土志·商务》。
⑦ ［日］《支那省别全志·山东省》第四编《都会·泰安府城》。
⑧ 民国《增修胶志》卷九《物产》："花生，农民多种之，为出口大宗。"
⑨ 民国9年《续安邱新志》卷九《方产考》。
⑩ 光绪《高密县乡土志·物产与商务》。
⑪ ［日］《支那省别全志·山东省》第七编《生产业及主要物产·山东省的花生及花生油》。
⑫ 民国6年修《临沂县志》卷三《物产》。

甚半口①。据光绪三十四年《山东省实业统计表》，兰山县花生种植面积为140000亩，年产165000担，全部外销，而费县种植花生210000亩，年产602000担，其中2/3销往外地。故日本人也认为沂州府的沙质地带是清末山东花生重要产地之一。

济南与东昌府交接地带在清末也形成较大的花生产区，高唐、夏津、禹城、平原、聊城等地的沙土地上多植花生②，清平、茌平、博平等地在外国调查者眼中是鲁西北平原生产花生最多的地区③，而德州④、恩县⑤、陵县⑥，每年都由卫河水路，把大量花生运到天津销售。

登州府与青州府北部各州县也普遍种有花生，且有一定数量的花生集运青岛、烟台以供出口，不过数额较前几区少，是山东的次要花生产地。曹州与武定两府为山东出产量最少的地区，仅个别州县如曹州府北端的朝城县花生种植面积较大，年产50万斤以上，除本境消费外，尚可外销十余万斤⑦。

清末山东省花生种植发展迅猛异常，很快成为全国产量与出口量最大的省份。有人根据1908年的海关贸易情况推测，"山东花生产量，每年约有四百万担"⑧，大致为这十年平均年产量。因此本文估计，清末山东全省花生产量约在450万担。以亩产250斤计则清末山东花生播种面积在180万亩左右，约占全省总耕地的1.5%，发展成为山东省第二大经济作物⑨。山东省花生及其制成品花生油饼大量输出，除部分供应中国沿海

---

① 光绪《费县志》卷一《物产》。
② 光绪《高唐州乡土志·商务》记："花生为本境行销之物"；民国《夏津县志续编》卷四《物产》记："花生为出口大宗"，可知清末出产不少。光绪《禹城县乡土志·物产》；[日]《支那省别全志·山东省》第四编《都会·平原县城》；光绪《聊城县乡土志·物产》都有关于花生种植的记载。
③ [日]《支那省别全志·山东省》第七编《生产业及主要物产·山东省的花生及花生油》记述花生产地时鲁西北平原仅有上述三县。
④ 光绪《德州乡土志·商务》"花生水运至天津销行，岁计十三万斤"。
⑤ 光绪《恩县乡土志·商务》"花生由卫河水运天津，每岁数百万斤"。
⑥ 光绪《陵县乡土志·商务》"花生销售本境及天津客商岁约十五六万斤"。
⑦ 光绪《朝城县乡土志》卷一《商务》记所产花生，"本境销行每岁三四十万斤，外境销行每岁十余万斤"。
⑧ 李文治：《中国近代农业史资料》第一辑，三联书店1957年版，第424页。
⑨ 《中国实业志·山东省》第五编《农林畜牧》记民国二十二年（1933）山东花生播种面积379万余亩，产量1082万担，可验证本文估计数。

省份外，大多出口国外，成为山东农产品中较大的输出物，下表列出了1912—1914年山东省与全国平均每年输出总量，无论是花生还是花生油，山东一省的输出量都差不多为全国的1/2，可见山东在全国花生生产中具有举足轻重的地位。

表2—4　　山东省与全国1912—1914年平均年输出花生总量　　单位：担

类别＼区别	烟台输出额	青岛输出额	山东省总计	全国总计
花生米	46186	693164	739350	1544106
带壳花生	150959	246696	397655	637855
花生油	—	—	151499	383318

资料来源：[日]《支那省别全志·山东省》第三编《山东省的贸易》。

山东省清末每年从烟台、青岛两地输出花生米、带壳花生与花生油折成花生米在150万担左右，实际上从山东输出的花生总数还应加上卫河水运至天津与大运河南运的花生，这两处输出的数额相对较小，以其占青岛、烟台两地输出的1/2计，则全省每年输出的花生达到225万担，是总产量450万担的一半，可见其商品率之高①。

3. 清末花生扩种的原因

清代末期山东省花生迅速扩种有下列历史、地理因素的刺激。首先，出口需求大增与价格上升。道光年间英国安穆哈司特卿盛言花生宜于中土栽培，唤起了中外商人到北方购买花生的热情；而山东省东靠大海，又多良港，西有大运河，对外贸易尤其便利。咸丰时胶东的金家口港已经大量向南方转运花生，沂水县所产花生也可由沂水入运河南销②。当时主要供应国内市场，从19世纪80年代开始进入国际市场，大量地向日本、香港输出。1908年直接输往欧洲市场，而且出口量直线上升，三年

---

① 以带壳花生1担折花生米0.7担，花生油1担折3担花生米计算，总共两地输出花生米147万余担，又《中国实业志·山东省》第五编《农林畜牧》记民国二十二年山东省花生外销额占总产的55.8%，可证本文估计。

② 吴树声：《沂水桑麻话》。

之间"以马赛为主要目的地的花生输出已经从九万五千担上升到一九一一年的七十九万七千担"。由于当时国际市场上花生价格上涨,农民种植花生获利特丰。宣统二年(1910),"青岛一处出口已将及一万四千余吨,价值约在一千五百万元左右,其台儿庄运往江南、德州运往津沽及零星运销各处者尚不在此数,其利益之厚概可想见"①,国际市场需求量的扩大刺激了农民扩种的积极性。其次,花生特别适宜山东各地的自然条件,因而单产既高,质量也佳。全省各地的光热水土条件一般能满足花生正常生长的需要,尤其是鲁东南丘陵区,热量充足、土质沙性、排水良好,为花生最适宜种植区。鲁西北冲积平原沙质土壤较多,也很适宜种植花生。清末花生单产没有精确的统计数据,有人认为"每亩产量从前曾经达到一千二百斤,而一九〇二年平均产量降为八百斤,有些地方甚至少到五百斤。减产原因,据说由于虫害"②。这是偏高的估计,可能利用的是各地私亩即大亩的产量数据。日本人经过调查得出"平均一亩收获三四担,丰年五担"的结论③,如以三四担花生仁计算,仍然偏高。本文以带壳花生计,折成花生仁平均亩产250斤左右,高于当时全省粮食平均亩产100斤左右④。山东花生不仅单产较高,而且质量好,深受国内外消费者的喜爱,主要是因为它含油成分大,并有香甜脆的特点。最后,积极引进推广美国大花生种。有人认为花生"大者其种来自外国,荣成种之最早"⑤,但没有说明引进时间。记载年代最早的是平度州"同治十三年(1874),州人袁克仁从美教士梅里士乞种数枚,十年始试种,今则连阡陌矣"⑥。新品种大约是同治末年由美国传教士带来,首先在胶东半岛试

---

① 李文治:《中国近代农业史资料》第一辑,三联书店1957年版,第424页。
② 李文治:《中国近代农业史资料》第一辑,三联书店1957年版,第424页。
③ [日]《支那省别全志·山东省》第七编《生产业及主要物产·山东省的花生及花生油》。
④ 据《中国实业志·山东省》第五编《农林畜牧》记载,1934年山东省花生平均亩产2.85担,由于当时花生品种较优,多为改良后的高产大花生,故必较清末为高,即今日山东花生平均亩产在250—500斤。综上所述,可知本文亩产250斤的估计基本接近清末实际。
⑤ 《邹县旧志汇编》第十四章《物产》。
⑥ 光绪《平度州乡土志》卷十四《物产》;又民国《续平度县志》卷二《物产》"光绪十三年邑教民袁克仁从美教士乞大种落花生,与人试种,后逐繁滋,旧种几绝"。与前记不同。

种，然后很快传播到山东主要种植区，莱阳[1]、兰山[2]、东平[3]、新泰、邹县、滕县等地清末志书都有引进大种花生的记载。美国种花生与原种花生比，虽含油量稍逊，但颗粒巨大，产量特高，它的推广有利于提高经济效益，后来美种独盛，发展成为驰名中外的山东大花生。

（本文原刊《中国农史》1994 年第 2 辑）

四 烟草与罂粟在清代山东的扩种及影响

烟草是清初引种山东的，由于其利甚丰而很快得到推广；罂粟在山东早有栽培，但先前仅系观赏或药用，需求量少，种植甚微，清末期才在山东扩大种植。烟草与罂粟的种植不仅给广大吸食者带来严重的身心危害，也对粮棉生产造成了一定影响。

1. 清中后期烟草的引种及其主要产地

明中叶传入中国南方的烟草，因天启初调用南兵征辽而逐渐北传，"二十年来，北土亦多种之"[4]。不过，此说太笼统，山东省明时种烟与否并不清楚。最早明确记载山东引种烟草的是清朝顺治四年（1647），兖州府滋阳县（今兖州市）"城西三十里颜村店史家庄创种"烟草，其后相习渐广，迅速发展起来。至康熙中叶，滋阳县已是"遍地栽焉（烟），每岁京客来贩，收卖者不绝，各处因添设焉行"，沿运河向北输出数量颇大，为当地一大利源[5]。其附近的济宁州也很早就广为种植，清中叶发展成全省最大的烟产地。据记载，"若淡巴菇（烟草）……济州之产，甲于诸郡，齐民趋利若鹜"，济宁"环城四五里皆种烟草"，当地农民把种烟当作最重要的工作[6]。与此同时，鲁西南曲阜、鱼台、巨野、菏泽、城武、

---

① 民国《莱阳县志》卷二《物产》："光绪末又有自外洋来者，颗粒较大，种植尤多。"
② 民国元年修《临沂县志》卷三《物产》："落花生……自光绪时大者盛行，小者几废。"
③ 民国《东平县志》卷四《物产》："落花生大者光绪年间由西洋传来，俗名洋花生"。
④ 杨士聪：《玉堂荟记》卷四。
⑤ 康熙《滋阳县志》卷二《物产》。
⑥ 乾隆《济宁直隶州志》卷二《物产》；王培荀《乡园忆旧》卷三。

东阿、泰安等州县也相继引种了烟草，而且产量不少，如泰安县四乡"处处有之"，尤以"西南乡独盛"①。至清中期，以济宁、滋阳为中心的鲁西南运河沿岸成为山东烟草种植最广、产量最多的地区。

康熙年间，烟草种植逐渐由济宁州向东传播，鲁中南山地东北地带的烟草就是通过济宁人的引种而发展起来的。青州府寿光县本不产烟，"自康熙时有济宁人家于邑西购种种之，获利甚赢，其后居人转相慕效，不数年而乡村遍植，负贩者往来如织"，遂成邑产大宗②。乾隆时，莱州府潍县也已引种烟草，城内"烟行"应运而生③。济宁人东去寿光走的是鲁中南山地北麓的大道，其间所经的章丘、长山、淄川等县在清中叶开始种植烟草应该顺理成章，怪不得蒲松龄撰著的《农桑经残稿》记载有烟草从播种到收获、制作全过程的管理和加工技术。鲁西北平原的冠县、馆陶、阳信、乐陵、德平、商河等县在清中叶也有烟草的种植，而且冠县、阳信两县种植烟草在康熙时已见于方志记载，只是各县产额较少，未闻有多量的输出。

胶东半岛烟草的栽培也很早，康熙时黄县出产的烟叶已颇负盛名，远输各地，康熙《延绥镇志》的作者把它与崇德（今浙江石门县）烟、美源（今陕西富平县属镇）烟、曲沃（今山西同名县）烟相提并论④，其种子似乎是由海路传播而来的。沂蒙山区烟草的种植同样很早，康熙《蒙阴县志·物产》即有烟草，咸丰四年吴树声所著《沂水桑麻话》谓沂水县各地"俗竞种烟草"，东里店居民技术尤好，收入也高。

如上所述，烟草在清初传入山东后，得到了较快的传播，至道光年间，全省至少已有24州县开始种植，占全省州县总数的五分之一以上，而且在鲁西南的济宁、滋阳，鲁中南山地东北地带的寿光及胶东半岛的黄县等地发展成具有一定规模的烟草生产基地。

清代末期，山东烟草种植的发展更加迅速，很多州县引种了烟草，其分布范围更加广泛，而且以中期产烟基地为基础形成了较大规模的烟

---

① 乾隆《泰安县志》卷八《风土·物产》。
② 嘉庆《寿光县志》卷九《物产》。
③ 《潍县永禁烟行经纪碑文》，《郑板桥集》（补遗）。
④ 陈树平：《烟草在中国的传播与发展》，《农史研究》第五辑。

草种植区。鲁西南仍以济宁、滋阳为中心，形成了包括兖州府、济宁州、泰安府几乎所有州县在内的广大种植区。其产烟数额巨大，除本区消费外，还大量地通过运河水运向北销售，供应北直（今河北省）与京津市场，也有部分向西向北通过陆运或卫河水运供应北直南部各地及鲁北地区。宁阳所产"烟质柔润，都门大贾恒辇资购取于滋阳北乡，辗末运去以供鼻烟之用"，"岁约一百二十万斤"①。邹县"石墙一带种烟者多，邻境年年收买，直隶商贩亦来运购"，每岁外销都在百万斤上下②。滋阳县贸易更盛，每年运往济南与河北大名等地的烟叶分别达到百万余斤，转销北京者约在五六十万斤③。滋阳为兖州府附郭，为本区烟草最大集散地。上述外销数并非滋阳一县所产，却可说明清末兖州府烟草种植业的兴旺发达。泰安府属肥城、东平二地"亦皆随地种植"烟草，所产主要供应黄河以西少烟之区④。兖州、济宁与泰安产烟州县连成一片，成为清末山东最大的烟草输出地。其西邻曹州府的烟草种植较中期大为普及，但多数州县产额较少，只有个别交通便利之地自给有余，能够向外输出。据清末地方志与乡土志记载，府属菏泽、巨野、单县、城武、郯城、观城、范县、朝城并植烟草，只有菏泽县能够向外输出，"每年销售本境约有七十万之谱"外，"兼为东明、长垣烟客采买"⑤。

鲁中南山地东北地带的烟草种植区在清末也有扩大，昌邑、安邱、昌乐、寿光、临朐、益都、临淄等县种植面积不少，据说一般约"有十分之一（的耕地）种植烟草，收入甚丰"⑥。这些地方生产的烟草主要集运潍县，然后通过铁道运至胶州（青岛）转销出境，使潍县发展成山东东部最大的烟草集散地。清末德国人、日本人对山东农产的调查资料都有类似记载。其西邻博山、淄川、章丘、长山等县也有多量的生产，却无能力大量供应省外市场，仅有部分销往鲁北平原缺烟地区。鲁西北平

---

① 光绪《宁阳县乡土志·物产》；同上书《商务》。
② 《邹县旧志汇编》第十四章物产与第十五章工商业，引光绪《胡志》。
③ 光绪《滋阳县乡土志·商务》。
④ 光绪《肥城县乡土志》卷八《物产》；同书卷九《商务》谓"烟叶之运于河西。"又光绪《聊城县乡土志·商务》记聊城县所用烟叶多由东平州贩来。
⑤ 光绪《菏泽县乡土志·物产》。
⑥ 李文实：《中国近代农业史资料》第一辑，三联书店1957年版，第646页。

原是山东产烟最少地区，除个别州县基本自给外多数州县很少种植或根本没有引种。东昌府与临清州是山东传统的棉产区，种烟较少，虽有不少州县如聊城、茌平、馆陶、冠县、临清、夏津引种了烟草，但大多不能自给，所需要从鲁西南输入。聊城县所需烟叶即多自东平州贩来①。济南府大清河以北与武定府广大地区清中叶已有德平、商河、乐陵、阳信四县引种烟草，但在清末期，不仅上属各县产烟较少，而且未闻有新的州县引种烟草，这是因为本区在清中叶以来普遍扩种棉花的缘故。

清末期胶东半岛的产烟中心随烟台的开港通商由黄县东移到离烟台较近的福山、栖霞一带，宣统《山东通志·物产》把栖霞、福山与兖州、潍县并列，而日本人清末调查也认为此二县为山东省主要烟草产地②。其余宁海、莱阳、黄县、掖县等地也有大量出产。鲁中南山地的沂水、蒙阴、兰山、费县、莱芜、新泰等地烟草生产也很可观，光绪年间各县方志与乡土志皆有记载，如兰山"以种烟制烟为业者甚多"③。只因对外交通不便，各地虽普遍种植但输出额较少。

清代末期，山东传统烟草产地种植面积加大，向外省输出数量渐有增加，同时，烟草的种植区域也迅速向周围扩展。据不完全统计，清末全省已有56州县种有烟草，占全省州县总数的半数以上。直至清末，山东烟草业虽然受"洋纸烟盛行，土烟之利渐为所夺"的影响④，出现了暂短停滞的现象，但同时又开始引种美国烤烟品种，改变了过去全部是晒烟的局面，其烟草种植跨入一个新的发展阶段。

2. 清末期罂粟的急剧扩种与分布

道光以后，由于英国的走私贩卖，人们吸食鸦片现象日益严重，为此中国进行了两次失败的战争，结果却不仅没能禁止鸦片的走私，反而被迫签订屈辱条约，使鸦片贸易合法化，外国鸦片源源不断地进入中国，导致白银大量外流。为改变这种局面，中国各地开始扩种罂粟，生产土

---

① 光绪《聊城县乡土志·商务》。
② [日]《支那省别全志·山东省》第七编《生产业及主要物产·山东省的烟草》。
③ 民国6年《临沂县志》卷三《物产》。
④ 宣统《山东通志》卷四一《疆域志·物产》。

药自给，因获利特大而畸形地发展起来。

　　山东省为收集鸦片售卖获利而种植罂粟开始于光绪初年。光绪七年，上谕称："栽种罂粟之有妨民食，始于甘肃，延及陕西、山西，近复江苏、河南、山东等省亦有渐行栽种者。"① 至清末山东省罂粟种植面积急剧扩大，1905 年及其后两年山东生产鸦片数目分别为 5717 担、5863 担与 3155 担，如以每亩产量 50 两计算，则各年占用耕地面积分别是 18 万亩、21 万亩与十万余亩②。不过，这仅是官方的登记数，实际种植面积远较此为大。1904 年开办鸦片亩捐每亩捐京钱一千，为少交亩捐，种烟者会想方设法少报，"种烟者虽已领照，仍恐偷漏甚多"③。有人考虑到这种因素，估计 1906 年山东生产鸦片一万八千担，是登记数的 2.6 倍④。此数字在北方各省低于山西，而略高于直隶（河北）、江苏与河南，笔者认为还是比较接近实际的。如此，则清末山东罂粟种植面积在 57 万亩上下。下列事实可以印证这个估计数基本接近实际，据《山东巡抚袁树勋奏东省办理禁烟情形摺并单》⑤，1908 年在禁种罂粟的情形下，济宁州所属金乡县与曹州府单县仍分别种有 8299 与 6842 亩。1906 年未禁时的播种面积绝对不会低于此数，考虑到禁种后减少及漏报等因素，罂粟种植集中的泰安、兖州、济宁、曹州、沂州五属每州县均应在 10000 亩上下，如此，五属 38 州县已种罂粟 38 万亩。而山东全省共有 84 州县种有罂粟（见表 2—5），上述五属以外种植相对较少，折半以 5000 亩计，则其余 46 州县种有 23 万亩，全省共种罂粟 61 万亩，与上述数字大致相近。

　　山东省罂粟种植范围广泛，除武定府滨海斥卤，土性不宜，各州县向无所产外，其余府州分布较广，"虽登州枕海环山，砂石相错，亦复多有种者"，尤其是鲁西平原各地习染相从，相率私种，几于无地蔑有，成为著名的鸦片产区⑥。1906 年，清政府明令各地禁种罂粟，山东省也设立

---

① 光绪《大清会典事例》卷一六八《户部·田赋》。
② 《东方杂志》第五卷第十期《光绪三十一、二、三等年各省出产土药数目》。
③ 《东方杂志》第五卷第三期《内务》第 288 页；又《东方杂志》第二卷第七期《财政》第 128 页。
④ 李文实：《中国近代农业史资料》第一辑，三联书店 1957 年版，第 457 页。
⑤ 宣统元年四月二十日《政治官报》。
⑥ 李文实：《中国近代农业史资料》第一辑，三联书店 1957 年版，第 464 页。

禁烟总局，实行按年递减的渐禁方法，"予限十年，一律断绝"，但效果不大。1908年袁树勋巡抚山东，实行严厉措施，通饬一律于次年禁绝，调查全省百余州县，当年种烟者76州县，共占耕地86937亩，委员52人分赴各地查禁。据称这次禁种活动成效显著，除济宁等四州县外，罂粟毒草全在大田中消失了[①]。不过，1910年却有人反映这次办理禁烟事多蒙混，谓泰安、曹州、青州等府，新城、齐东、金乡、淮州、曹县等地凡旧日种烟地亩，仍旧种烟，并未闻一律认真遵减[②]。故袁树勋报告附单所开各州县罂粟禁净亩数很不可靠，但我们用以分析罂粟在山东各县的分

表2—5   1908年冬至1909年春山东各府州禁种罂粟地亩统计

	县数	禁八百亩以上者	禁一百至八百亩者	禁一百亩以下者	上年未种者	向无烟地	总禁地亩	每县平均	差别
济南府	16	—	5	3	3	5	1009	63	10
东昌府	10	—	3	6	1	—	836	84	9
武定府	9	—	—	—	—	9	0	0	13
兖州府	9	4	2	3	—	—	12717	1413	2
沂州府	7	2	5	—	—	—	3589	513	5
曹州府	11	3	4	2	1	1	6183	562	4
登州府	10	—	1	4	—	5	292	29	11
莱州府	4	1	—	2	1	—	1089	272	8
青州府	11	3	6	—	1	—	4662	426	6
济宁州	4	2	1	—	1	—	3899	975	3
胶州	3	—	3	—	—	—	1117	372	7
泰安府	7	3	4	—	—	—	10815	1545	1
临清州	4	—	—	3	—	1	113	28	12
全省	105	18	34	23	8	22	46327	437	

资料来源：宣统元年四月二十日《政治官报》，山东巡抚袁树勋奏东省办理禁烟情形折并单。

[①] 《政治官报》宣统元年四月二十日，山东巡抚袁树勋奏东省办理禁烟情形摺。
[②] 《政治官报》宣统元年一月二十九日，林院待读荣光奏山东办理禁烟事多蒙混，请饬查办折。

布差异似无不可。表2—5分等级开列了各府州县禁种罂粟的亩数，然后算出各府州每县的平均数。由表可知，山东除22州县向无罂粟外，其余地方总禁烟地为46327亩，平均每县551亩①。每县净禁地亩超过平均数的有五属，即泰安、兖州、济宁、曹州、沂州四府一州，共有38州县，其中仅朝城县向无种植，其余各县栽种数量很大，平均每县979亩，禁种二千亩以上的七县全部坐落本区，泰安与兖州府各县平均禁烟地亩都超过一千亩。这五属位于山东西南部，连成一片，是山东省罂粟的主要种植区。青州、莱州、胶州三属共18州县，罂粟分布也很广泛，只有青州府博山县向无烟地，不过，每县栽种数量较前区为小，平均只有381亩。此三属位于鲁东胶莱平原地区，连成一片，是山东省罂粟的次要种植区。东昌、济南、登州与临清这三府一州有不少州县向无种植，且各种烟县份的罂粟面积相对很小，是山东省罂粟的零星种植区。而鲁北滨海平原上的武定府无一县有罂粟的分布，总算为山东省保留有一片净土。由上可知，山东省罂粟的种植有由西南向东北逐渐减少的趋势。

3. 烟草、罂粟扩种的影响

烟草所晒制成的烟叶与罂粟果浆熬制的鸦片，皆可供吸食，故专业书上多称其为嗜食作物。它们在清代山东各地的推广，尤其是罂粟的急剧扩种是种植业不良分支的畸形发展，虽然带来了一定的经济收益，但在社会风习与种植经济方面负面效应更大，应该认真地分析总结。

种植烟草有利的影响是给地方与烟农带来较高的经济收益。光绪十四年有一美国牧师对山东栽烟与种谷植桑的收益作过具体的调查和比较，临朐一带每亩耕地种植粮食每年可收益12元，植桑养蚕每年收益21元，种烟则收益高达50元②。每亩地的收入栽烟竟分别相当于种粮与植桑的四倍和二倍还多，故道光《巨野县志·方舆》一针见血地指出，烟农"种烟者，其功力与区田等，而不畏其难者，为利也"。确实，烟草的种

---

① 此为各县细数合计而得，与原报告所说全省8万余亩不同。
② 李文治：《中国近代农业史资料》第一辑，三联书店1957年版，第648页。原资料为"每种烟一亩，每年可获约六十元的收益，但每亩烟也须上十元的肥料"，为比较计，均折成纯收益。

植可以使农民的收入大幅度增加,咸丰时沂水县"东里店居民善种烟叶,地方亦颇殷实"①。当时的一首《乡村竹枝词》吟济宁农村曰:"瓜园夏潦梦全枯,不怕东君秋索租,连日牙人连叩户,满村丰打淡巴菰。"② 因清代农村商品经济已较为发达,农民可用卖烟草得来的银钱纳租缴税,籴粮置衣,故只要烟草丰收了,就不怕谷物瓜果失收,不怕没钱缴租纳税。州县官员在烟草的大宗交易中抬高税率,所收烟税也成为地方一大利源。

但种烟的正面效应似乎仅限于此,而其带来的负面影响却是无法估量的,也是上述经济收益无法弥补的。从社会文化意义上说,推广种植烟草迎合了人们的不良嗜好,迅速造就了一支庞大的烟民队伍,严重地污染了社会风气。烟草传入中国北方后,吸烟者日众,嘉庆时山东不少地方已是"一家男妇无虑数口,尽解吃烟"③,后来竟发展成"男子吸者十属八九,女子亦三四"的局面,乡俗不重敬茶,客至奉烟以进,以至成人几乎都有旱烟袋④。虽然吸烟有一定的御寒驱虫醒神功用,但那是暂短的,从长远看,吸烟会对身体造成极大的损害,故今人有"吸烟无异于慢性自杀"之说。鸦片是众所周知的麻醉毒品,吸食后易上瘾,对人们心身造成的危害更大。

烟草与罂粟的扩种不仅严重地污染了社会风气,危害了人民的身心健康,而且也给山东的种植业带来较大的不良影响。首先,种烟占用了大量耕地,而且多是较肥沃的良田。根据上节的推算,罂粟种植最盛时,山东全省有50多万亩良田被占,而此时期烟草占用的耕地绝不会少于此数,二者合计种植面积应在120万亩上下。这个数目相当于清末山东省棉花种植面积的近1/2,相当于山东特产花生种植面积的2/3⑤,而棉花是人们的衣被之源,花生则为山东省出口创汇的大宗。在清末山东人多地少粮食缺乏的特殊情况下,更显其对粮棉生产危害之巨。而且烟草种植

---

① 吴树声:《沂水桑麻话》。
② 咸丰《济宁直隶州志》卷九《艺文志》。
③ 郝懿行:《证俗文》卷一。
④ 民国《莱阳县志》卷二《礼俗·嗜好》。
⑤ 根据李令福博士学位论文《明清山东农业地理》有关章节的考证,清末山东全省棉花种植面积约在260万亩,花生种植面积则在180万亩上下。

多择肥地，据《沂水桑麻话》记载，沂水县有条件灌溉的水浇地原来多栽植其他经济作物，咸丰以来"竞种落叶"。产烟中心济宁州"大约膏腴尽为烟所占，而五谷反皆瘠土"①，很多人为之感叹"良田滋毒草"，"无异弃膏腴以树粮莠"。此种情形雍正皇帝都已知晓，他指出："烟叶一种于生人日用毫无裨益，而种植必择肥饶善地，尤为妨农之甚者。"谕令限种②。其次，烟草种植又与粮棉生产争劳力，夺粪肥。种烟要汲水灌溉，精耕细作，所需劳力特多，在农忙季节，烟农宁愿抛弃其他农活也要照顾烟草，正如刘汶《种烟行》诗中描述的那样："新谷在场欲糜烂，小麦未播播已晚，问何不敛复不耕，汲水磨刀烟上版。"③ 种烟是烟农最重要的工作，连打谷子、播小麦也置之不顾。种烟又需上十成粪，据美国牧师的调查，每种烟一亩"须上十元的肥料"④。这样，种烟在劳力与肥料等方面也极大地妨碍了种植业生产。

　　清末有约120万亩良田种植了烟草与罂粟，而且多分布在山东传统的粮食产区，严重地危害了各地的粮食生产。鲁西南平原是明中叶以来的棉花输出区，清中叶以后棉产式微，到清末这个传统棉产区变成了缺棉区。促成这种变化的原因很多，而烟草在本区的扩种也应算作一个因素。在鲁西北棉产区，清代末年的调查资料显示，由于棉花利少，鲁西北的棉农"遂改种罂粟"⑤。故罂粟的扩种对棉花栽培所造成的危害也不容低估。有识之士有鉴于此，早已建议禁种烟草，改种玉米，清中叶的雍正皇帝也有明令限种的谕示。而清末大规模的禁种罂粟，虽非令行禁止，也有一定的成效。

（本文原刊《中国历史地理论丛》1997年第3期）

---

① 王培荀：《乡园忆旧》卷三。
② 乾隆《山东通志》卷一《典谟》。
③ 乾隆《济宁直隶州志》卷二《物产》。
④ 李文实：《中国近代农业史资料》第一辑，三联书店1957年版，第648页。
⑤ 《东方杂志》第七卷第三期《中国调查录·山东种植美国木棉之成效》。

第二章　山东经济作物　81

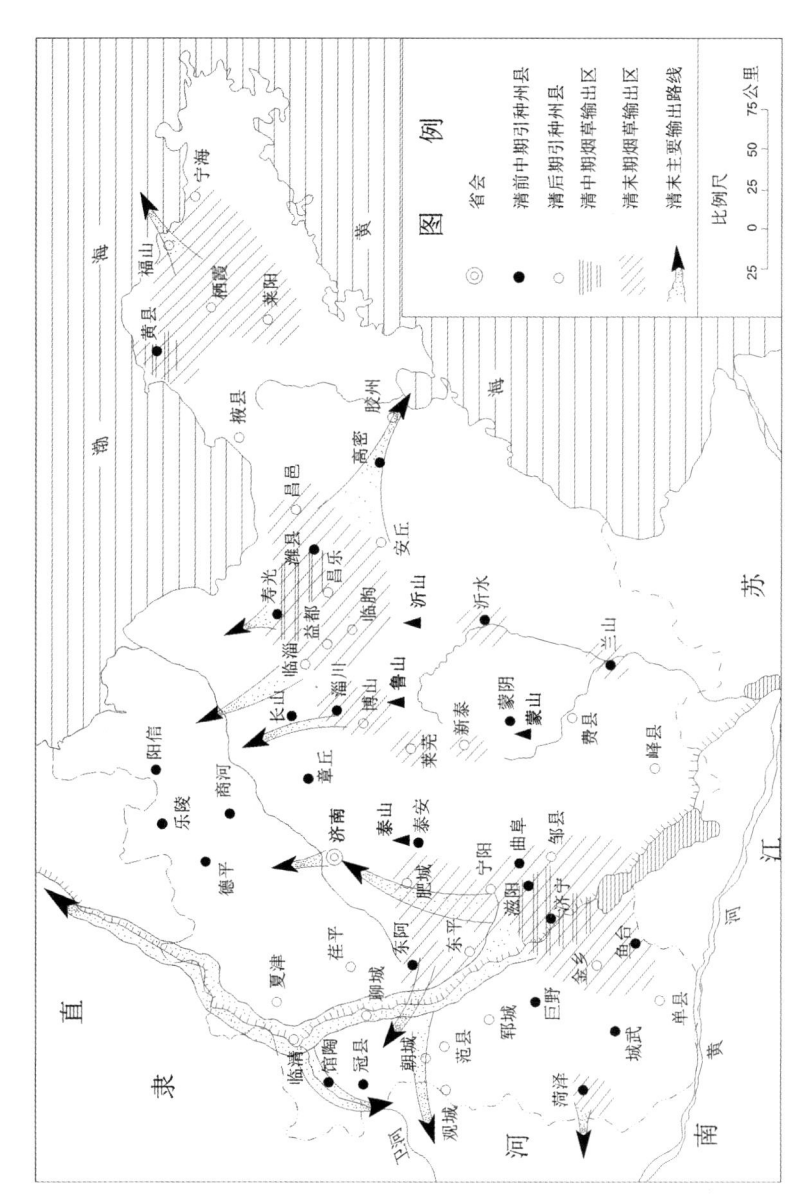

图2—1　清代山东烟草种植区域扩展及输出路线示意图

第三章

东北农区形成与作物布局

一 清代前期东北农耕区的恢复和扩展

东北是满清贵族的发祥地,清朝定鼎北京以后,有意识地迁移各族人民出关耕垦,促进了东北农业经济的迅速发展。从顺治元年到雍正末年的清代前期,南部传统农耕地区种植业得到恢复发展,北部渔猎畜牧地区也相继建立了不少农垦据点。

本节所论东北地区主要包括辽河流域与黑龙江中下游地区,从清代行政区划来讲是盛京、吉林、黑龙江三将军辖地与蒙古哲里木盟地。大体相当于现在的东北三省、内蒙古东北及俄罗斯远东的一部分地区。

1. 清初东北各地农业开发的基本状况

东北地区沃野千里,具备着发展农业的富饶资源和优越条件,但其农业开发的历史进程却特别曲折缓慢。直到清代初年,除南部辽河中下游地区有一定农业基础外,北部黑龙江流域广大地区仍处于草莽未开的落后局面。由于各族人民传统经济生活方式的差异,清初东北地区明显地形成三大经济类型区。

辽河下游即明代边墙以内的广大地区有悠久的农业耕作文明,由先秦经秦汉到唐宋时期都有一定规模的农业经营。尤其是明代的屯田,使辽东地方良田万顷,人烟稠密,与中原内地经济生活十分相近。明朝洪武二十八年(1395),政府拨给辽东、定辽等21卫士兵一定数量的农具、耕牛与种子，令其耕垦生产自给，以解海运之劳①。不到三年，屯田垦殖土地达到二万五千三百顷，其后增至三万一千六百二十顷，每年征收租粮三十六万四千九百石②，辽河下游平原农业种植经济达到了前所未有的水平。

明末，满族人占领了辽沈地区，受汉族农耕文化的影响，开始计口授田，种粮植棉③。八旗子弟出则为兵，入则为民，他们的耕地多是强迫俘获或投充的汉族农民为其耕种，也有一部分是其亲自开垦耕种的，满族人的进入并没有改变辽东地区以农为主的经济形态。只是到了顺治初年，满清贵族率领大批旗人及其奴仆入关，男女相踵，不绝于道，据后人推测约有九十万人，致使辽东地区人口减少了十分之九④，农业经济发展的劳动力基础瓦解了。直到顺治末年，奉天府尹张尚贤称，辽河以东只有奉天、辽阳、海城三处稍成府县规制，其他如盖平、凤凰城、金州不过数百人，铁岭、抚顺两地只有流徙诸人。辽西情形也差相仿佛，"合河东、河西之腹里以观之，荒城废墟，败瓦残垣，沃野千里，有土无人"⑤。由于满人的倾族入关，使辽东地方变得地旷人稀，满目荒凉。

西北部草原地区是蒙古人民畜牧生息的牧场。散居其间的科尔沁、郭尔罗斯、杜尔伯特、扎赉特诸部民，有些已经懂得种植谷物，但播种方法特别粗放，懒于耕耨，听其自生⑥，基本上没有改变自己传统的游牧生活方式，仍然是以畜牧经济为主的"游牧部落"⑦。

黑龙江中下游森林草原地区则以采集渔猎经济为主。当地居住的主要是东海诸部与索伦部民，其中东海诸部属于女真族，散处于长白山东北以至库页岛的黑龙江下游地区，少事耕作，以擒渔打猎为生。索伦部是清初对居住于黑龙江中游地区的鄂伦春、达呼尔、索伦等族的统称⑧，各部居民不谙农事，经济状况与东海各部相似，也以采集渔猎为生，同

---

① 《明太祖实录》卷二三三，洪武二十七年六月戊寅。
② 《辽东志》卷三《兵食·财赋》。
③ 《满洲老档秘录》天命七年。
④ 石方：《黑龙江地区少数民族的内迁》，《黑龙江史志》1987年第3期。
⑤ 《东华录》顺治十八年五月丁巳。
⑥ [朝鲜] 申忠一：《书启》。
⑦ 魏源：《圣武记》卷一《开国龙兴记》。
⑧ 何秋涛：《朔方备乘》卷一《索伦诸部内属述略》。

属于"打牲部落"①。

总体来看，清初东北各地的农业经济非常落后，北部黑龙江流域的广大地区为畜牧渔猎所在，根本没有种植业可言，就是南部传统的农耕区也因为清初八旗举族迁移变得田园荒废，有土无人。

2. 辽河下游传统农耕区的恢复与扩展

（1）八旗的增防与旗地的扩大

努尔哈赤占领辽沈以后，将圈占的大量耕地分给八旗兵丁，"每丁给地六日，一日种棉，五日种粮"②。这种土地称为旗田，入关前主要分布于辽河以东，入关后扩展到辽河以西。顺治五年（1648），"沙河所之外，锦州以内，八旗官员家丁每名拨给地六日"③。这样，辽河东西已垦田地大都被八旗官兵圈占。顺治年间，盛京地方旗田总共2652582亩，主要分布于奉天、兴京、盖平、牛庄、开原、金州、凤凰城、锦州、广宁、义州等驻防据点附近④。但当时奉天境内仅驻有满洲、汉军八旗三十二佐领，六千四百多兵丁⑤，劳动力人数很少，这么多土地并不能全部耕种，当有不少弃置抛荒⑥。

康熙初年，为抗击沙俄哥萨克匪徒对黑龙江中下游地区的入侵，朝廷陆续调集大批八旗兵丁增防东北各地。至康熙三十一年（1692），奉天将军所辖八旗佐领增至七十四员，约有一万一千一百兵丁⑦，比顺治时增加了五千余兵丁。与此同时，清廷也鼓励在京旗人迁往盛京地区，康熙十二年（1673）定"在京旗人欲住奉天领地设庄守护坟墓者，若将在京所分地退出准拨熟地，不愿退出者，以荒地拨给⑧"。当有部分旗人迁回

---

① 魏源：《圣武记》卷一《开国龙兴记》。
② 《满洲老档秘录》天命七年。日是东北地区特殊的土地计量单位，也写作"晌"或"垧"。每日一般等于六亩。
③ 《八旗通志》卷六六《土田志五》。
④ 乾隆元年《盛京通志》卷二四《田赋》。本文所引《盛京通志》皆此版本。
⑤ 《盛京通志》卷一九《职官》。以太宗时每佐领200丁计算。
⑥ 《八旗通志初集》卷一八《土田志一》："顺治十一年正月乙卯，都察院言：'满洲兵丁虽分土地，每年并未收成，穷兵出征必需随带之人，致失耕种之业，往往地土空闲。'"
⑦ 《盛京通志》卷一九《职官》。以康熙时每佐领150丁计算。
⑧ 《八旗通志初集》卷一八《土田志一》。

故土。

清政府不仅鼓励旗人迁居东北，而且积极号召他们垦荒种地。康熙二十五年（1686），"锦州、凤城等八处荒地分拨旗丁名下，给牛屯种。每一丁承种，柒丁助给口粮、农器，共垦地二万四千六十五晌"[1]。八旗兵丁所拨的旗地基本得到开垦，更有不少旗人早已在原拨地之外私开官荒。康熙十九年（1680），户部郎中鄂齐礼踏勘盛京新开旗地后奏称，东至抚顺，西至山海关，南至盖平，北至开原，都有旗人私垦，计田万顷有奇[2]。随着自开旗地的增多，清政府开始丈量奉天旗地以征草豆，康熙三十二年（1693），"丈量奉天所属旗地，每晌征豆一升，草一束"，当时各城旗地共有7005269亩[3]。相当于顺治年间的2.64倍，其中奉天府约增加了一倍，达到了4065791亩，锦州府发展速度更快，增加了三倍多，达到了2939478亩。奉天各城旗地面积其后仍然继续扩大，至雍正五年（1727）重新勘丈共计14206824亩[4]，比康熙中叶几乎翻了一番，其间奉天府发展速度较快。各城旗地具体分布及增加情形见表3—1。

表3—1　　　　　清前期奉天各城旗地增加量　　　　单位：亩

时间 地区	顺治年间	康熙三十二年（1693）		雍正五年（1727）	
		实在旗田	相对顺治（%）	实在旗田	相对康熙（%）
奉天	1553622	1304692	84.0	2176290	166.8
兴京	14646	376706	2572.1	697440	185.1
辽阳	—	880805	全系增加	2119368	240.6
盖平	97644	172002	176.2	447108	259.9
旗岳	—	131829	全系增加	340326	258.2
牛庄	168684	352826	209.2	845387	239.6
开原	70002	482508	689.3	1245820	258.2
复州	—	84159	全系增加	167916	199.5
金州	30900	97215	314.6	330986	340.5

---

[1] 《盛京通志》卷二四《田赋》。
[2] 《八旗通志初集》卷一八《土田志》。
[3] 《盛京通志》卷二四《田赋》。其中"每晌"误作"每亩"。
[4] 《盛京通志》卷二四《田赋》。

续表

时间 地区	顺治年间	康熙三十二年（1693）		雍正五年（1727）	
		实在旗田	相对顺治（%）	实在旗田	相对康熙（%）
岫岩	—	73336	全系增加	214647	292.7
凤凰城	45540	109710	240.9	214129	195.2
奉天府合计	1981038	4065788	205.2	8799417	216.4
锦州	179628	678927	378.0	1099997	162.0
宁远	—	758707	全系增加	1170590	154.3
广宁	132468	981403	740.9	2256385	229.9
义州	198312	520441	262.4	880439	169.2
山海关	161136	—	全部减少	—	
锦州府合计	671544	2939478	437.7	5407411	184.0
总计	2652582	7005266	264.1	14206828	202.8

资料来源：乾隆元年版《盛京通志》卷二四《田赋》。

（2）移民招垦与民地的扩大

明朝末年，女真人统治的辽东地方没有汉族自由农民，清朝初年屡次下令盛京地方官吏招徕流民，劝垦荒地并永准为业。顺治八年（1651），"覆准山海关外荒地甚多，有愿出关垦地者，令山海道造册报部，分地居住①"。顺治十年（1653）开始设置府县机构，正式颁布"辽东招民开垦条例"，用优惠的方法鼓励农民出关垦地。当时规定凡向辽东招民至百名者，文授知县，武授守备，六十名以上者，文授州同，武授千总，招民多者，每百名加一级。所招之民，每人每月给口粮一斗，每百名给牛二十头，垦地一响给种子六升②。这种积极政策推动了移民事业的发展，顺治十二年（1655），"有广鹿、长山等岛民丁家口七百余名，俱回金州卫原籍③"，到顺治十八年（1661），奉天府招民3952丁，锦州府招民1605丁，共计5557丁。康熙七年（1668），奉天府增至7788丁，

---

① 《八旗通志初集》卷一八《土田志一》。
② 《盛京通志》卷二三《户口》。参见《静晤日记》戊集四。
③ 《清世祖实录》卷九三顺治十二年八月丁亥。

锦州府增至9280丁，共计17068丁①。其间平均每年移民1100余丁，锦州府增加速度较快。

康熙七年（1668），李宗孔上疏论招民出卖官爵会导致官吏数目膨胀，从而危害吏治，因罢招民授官之例②，但这并非禁止民人迁徙东北。康熙二十六年（1687），仍有自行出关越边汉民被安插在辽阳等处③。康熙三十年（1691）规定，流民出关去东北必须事先"起票"，过关时记档验放④。这就限制了民人的自由出入，但基本没有影响流民东来。故康熙七年（1668）以后奉天汉民仍增加很快。康熙八年（1669）新增1190丁，九年（1670）新增2568丁，二十年（1681）新增仍超过千丁。康熙二十年奉天府丁额达到13258，锦州府丁额14528，共计27786丁⑤。其后汉族农民增加速度稍慢，至雍正末年，奉天府16402丁，锦州府23587丁，合计39989丁⑥。

清政府不仅积极招徕汉民，而且多方鼓励其耕垦土地。"凡招徕新民，于城中每丁给地基二绳（合二日，作者注），于野每丁给地五绳，永为民业。"⑦ 康熙十八年（1679）因奉天锦州等处旗下荒地甚多，特令"除旗下额地之外具退与州县官员，劝民耕种"⑧。次年丈得奉天地方荒地1520200晌，有民愿开垦者，给地耕种纳粮⑨。而且起科期限较长，一般熟地三年后起科，垦辟荒地长至十年，税则也很低，"每亩止征银三分"⑩。这种政策推动了荒地的开垦，顺治十年（1653）以前，奉天地方无民地可言，康熙七年（1668）奉天起科民地已达81567亩，至康熙二十二年（1683），增加到306342亩。其中奉天府182973亩，锦州府123369亩。⑪ 其后民地数量不断扩大，特别是雍正后期随着直鲁破产农民

---

① 《盛京通志》卷二三《户口》。
② 唐启宇：《中国的垦殖》第1章，上海承祥印书馆1951年版。
③ 《奉天通志》卷二九《大事二九》。
④ 杨宾：《柳边纪略》卷一。
⑤ 《盛京通志》卷二三《户口》。
⑥ 《盛京通志》卷二三《户口》。奉天府民丁数系除去吉林境内永吉州、长宁县所得。
⑦ 咸丰《开原县志》卷五《户口》。
⑧ 《奉天通志》卷二九《大事二九》。
⑨ 《八旗通志初集》卷一八《土田志一》。
⑩ 《清世祖实录》卷一一五顺治十五年二月己丑。
⑪ 《盛京通志》卷二四《田赋》。

的逐步大量移入更迅速增加。据不完全统计，奉天、锦州各州县雍正六年（1728）升科熟地 25000 亩，雍正八年（1730）13000 亩，雍正十年（1732）8300 亩，雍正十一年（1733）11000 亩，雍正十二年（1734）18800 亩，雍正十三年（1735）28410 亩，此六年平均每年垦地 17418 亩[1]。辽东半岛也渐开辟。雍正五年（1727），复、金二州共地 29609 亩。雍正末年，奉天府民地增至 1174683 亩，锦州府加上八旗圈占而退还民人的退圈地亩猛增至 1420870 亩，合达到 2595553 亩[2]。比康熙二十二年（1683）翻了两番，其间平均每年垦地 4 万亩以上。各州县居地具体分布及增长情形见表 3—2。

(3) 官地的垦殖

官地单指清王朝及皇族宗室直接占有的土地，除大量闲荒、围场地外，主要包括各种类型的官庄地、驿站边台丁地、公田、义仓地、水手学田地等。

官庄地 清初盛京地方陆续设置了不少内务府皇庄、宗室王庄与部属官庄。

表 3—2　　　　　　　　清前期奉天民地增加量　　　　　　　单位：亩

地区 \ 时间		康熙二十二年（1683）民地数	雍正十三年（1735）	
			民地数	相对康熙（%）
承德县		34156	152504	446.5
辽阳州		29995	230029	766.9
海城县		30881	184886	598.7
盖平县		16364	124995	763.8
开原县		33407	96170	287.9
铁岭县		38209	87933	230.1
复州、宁海县		—	29609	全系增加
奉天府合计	A	182973	1174683	642.0
	B	183012	906126	495.1
锦县		60619	692572	1142.5

[1]《清实录经济史资料·农业编》第一分册，第 382—384 页。
[2]《盛京通志》卷二四《田赋》。

续表

地区 \ 时间		康熙二十二年（1683）民地数	雍正十三年（1735）	
			民地数	相对康熙（%）
广宁县		20098	176203	876.7
宁远州		48586	546465	1124.7
义州		—	216912	全系增加
锦州府合计	A	123369	1420870	1151.7
	B	129303	1632152	1262.3
奉天总计	A	306343	2595553	847.3
	B	312315	2538278	812.7

资料来源：乾隆元年《盛京通志》卷二四《田赋》。亩后余数全部舍去；合计总计中的 A 项为原书数据，B 项为各州县细数相加数据，二者略有差异，下同。

奉天各地的内务府皇庄至雍正末年共有大粮庄 81 处，壮丁 2134 名，河西有粮庄 220 处，庄头壮丁 11585 名，占有土地 1210170 亩余，此外尚有棉花庄 46 处，靛庄 11 处，庄头丁 400 余名[1]。总计经营种植业的官庄 358 个，除河西粮庄地数已知外，其余官庄按最低给地标准 650 晌即 3900 亩计算，共占地 538200 亩，内务府皇庄地总计为 1748370 亩。这只是占有土地面积，实际耕种田地数量不详，当远较此为小。今借八旗兵丁每人垦种五晌即 30 亩这个标准计算，则内务府皇庄当时壮丁 14119 名，可以垦种田地 423570 亩[2]，占其所有土地面积的 24% 左右。

顺治元年（1644）规定："诸王贝勒贝子公等准于锦州各设庄一所，盖州各设庄一所。"[3] 王公贵族利用权势圈占了大量田地，设庄经营。如亲王福全占有锦州庄田 21143 亩，亲王允祐占有辽阳、海城等地庄田 10430 亩[4]。雍正末年八旗王庄地在兴京界内 120236 亩，抚顺界内 129899 亩余，锦州界内 271707 亩余，总计达到 521843 亩余[5]。实际并非全部垦

---

[1] 《盛京通志》卷九《苑囿》。
[2] 八旗兵丁先是每人六晌，后改为五晌合三十亩。一般来说，一个劳力可耕种三十亩地，至于吉林黑龙江官庄下的壮丁每丁十二晌，分量太重。
[3] 《大清会典事例》卷一五九《户部·田赋》。
[4] 《满洲旧惯调查报告·内务府官庄》，第 43—45 页。
[5] 《八旗通志初集》卷二一《土田志四》。

成熟地，以内务府皇庄垦殖标准计算，当垦成耕地 114805 亩左右。

盛京户部官庄至雍正七年（1729）奉天（今沈阳）东西南北外三百余里共官庄 127 处，其中分四等报粮官庄 118 处，棉花庄 5 处，现有壮丁 786 名，共占地 276221 亩余①，雍正末年占地数稍有增加，达到 322411 亩②。以每丁耕地 30 亩计算，可开垦田地 23580 亩。

盛京礼部官庄是为供应陵寝寺庙祭品所设，康熙三年（1664）给孝陵庄头地 2460 亩，续增 918 亩。雍正十年（1732）又增拨附近膏腴之地 1650 亩，使之达到了 5028 亩③。雍正末年盛京礼部庄头壮丁地 4705 亩，礼部六品官所属壮丁地在盛京、兴京、辽阳、铁岭、岫岩界内共 50099 亩余，合计 54804 亩余④，以内务府皇庄垦殖标准计算约垦成田地 13152 亩。

盛京工部官庄是为供应营缮盛京宫殿、坊庙、陵寝、公署等建筑而设。雍正末年，工部庄头地 7656 亩，六品官与五品官所属壮丁地在盛京、辽阳、开原、岫岩界内共 75100 亩⑤，合计达到 82756 亩，以内务府皇庄垦殖标准计算，约垦成熟地 19861 亩。

以上各类官庄在雍正末年占地 2730185 亩，耕种土地约有 594968 亩。其实上述统计尚不完全，而且官庄项下还有其他名目的耕地开垦，如庄头养赡地等，所以官庄耕地面积较此数略大。

表 3—3　　　　　　　　清前期奉天各地区耕地面积　　　　　单位：亩

类别 区别	旗地	民地	官地⑥	合计
承德	2176290	152504	140854	2469648
兴京	697440	—	42183	739623
辽阳	2119368	230029	142100	2491497
盖平	447108	124995	34603	606706
牛庄	845387	184886	62315	1092588

---

① 《盛京通志》卷二四《田赋》。
② 《八旗通志初集》卷二一《土田志四》。
③ 《清世宗实录》卷八四雍正七年闰七月己卯。
④ 《八旗通志初集》卷二一《土田志四》。
⑤ 《八旗通志初集》卷二一《土田志四》。
⑥ 官地无具体分布地区，按旗民地比例均摊入各州县。

续表

区别＼类别	旗地	民地	官地	合计
复州	167916	29609	11947	209472
金州	330986	—	2055	333041
岫岩	214647	—	12982	227629
熊岳	340326	—	20584	360910
凤凰城	214129	—	12951	227080
开原	1245820	96170	81168	1423158
铁岭	—	87933	5318	93251
奉天府合计	8799417	906126	569060	10274603
锦州	1099997	692572	108421	1900990
宁远	1170590	546465	103854	1820909
广宁	2256385	176203	147132	2579720
义州	880439	216912	66372	1163723
锦州府合计	5407411	1632152	425779	7465342
总计	14206828	2538278	994839	17739945

驿站边台丁地 清前期东北驿站交通建置制度逐渐完备，各站额设一定的壮丁，而且配给部分土地，令其垦种自给，此地称为驿站丁地。康熙年间，盛京地区以盛京城为中心设置驿站24处[①]，雍正末年增至29站，其后基本稳定不变。当时额设壮丁1285名，共耕垦田地193537亩余，加上盛京兵部驿站丁种田6272亩余[②]，统计199812亩。

盛京北部设有柳条边墙，为修壕补边随其走向设有不少边台、边门。各边台壮丁由汉人入旗籍人充当，他们和驿站丁一样垦种一部分官地以供衣食所需。雍正末年，盛京所辖台丁地221495亩，其中盐场、旺清二边门32804亩，威远堡边门22887亩，法库边门67858亩，英额边门12672亩，叆河边门2474亩，清河边门53423亩，四台回屯地6159亩，

---

① 杨宾：《柳边纪略》卷二。
② 《八旗通志初集》卷二一《土田志四》。

九关台边门23281亩[①]。

水手地与学田　盛京各河交通路口皆设渡口，有水手船只专职摆渡。如铁岭县有渡口三个，"撑船人夫皆系流徙犯人所充，有清之世每渡口拨地八十三日二亩（折合五百亩，作者注），以作养赡，名曰水手地"[②]。奉天各州县学府为养赡贫士各设学田一千亩，得租银以作束修膏火之费[③]。只是这两项田地数量微不足道。

综上所述，随着清初八旗兵丁的回防与汉族农民的移垦，辽河下游平原地区的荒地得到大面积的垦殖。康熙三十二年（1693），奉天将军境内旗地与民地合计已达7311611亩，超过了历史上耕地最多的明代水平，辽东地方传统的农业种植经济迅速恢复发展起来。到了雍正末年，奉天属下耕地面积更加扩大，总计旗田、民地与官地达到17810960亩，农业种植区域进一步扩展。

当然，由于自然与社会条件的影响，各地区垦殖水平差异很大。表3—3是雍正末期各州县城耕地面积的统计，由表可知辽河以西的锦州府是明代屯田的主要地区，种植业基础较好，再加上距离中原较近，移民首先落户于此地区，垦殖事业发展较快，全府总共耕种土地6220151亩，平均每州县耕种一百五十万亩有余。特别是其民地及退圈地合计达到1415240亩，超过了面积大其二倍的奉天府该项地亩。可以说，锦州府除官设牧厂区外，大部分地区已为农作物覆盖，成为重要的农业区。

辽河以东的奉天府整体垦殖水平较低，而各地区发展极不平衡。开原、承德、辽阳、牛庄四州县位于辽河中下游冲积平原地区，土地肥沃，自然条件宜于耕作又有一定的农垦基础，垦殖水平最高，各州县耕地面积均超过一百万亩，它们与西部锦州府连成一片，成为盛京将军辖地内农耕区的主体。东南部兴京、岫岩、凤凰城、熊岳、金州等城区位于长白山近边，山地较多，森林茂密，草莽未开，而且满清贵族视长白山为其祖宗发祥地，严厉禁止汉族农民移入垦种，故根本没有民地可言，只有少量的旗田与官地。但每城区平均垦殖田地也在三十万亩以上，各自

[①] 《八旗通志初集》卷二一《土田志四》。
[②] 民国《铁岭县志》卷九《交通》。
[③] 《清高宗实录》卷七七一，乾隆三十一年十月。

独立形成一个小范围的种植区,是辽河下游传统农耕区向东南山区的扩展与延伸部分。

3. 黑龙江流域渔猎畜牧区农垦点的建立
(1) 八旗驻防与旗地的扩大

顺治年间,黑龙江流域除宁古塔城外再没有八旗兵的驻防据点,而宁古塔也仅驻佐领八员,兵力不足二千[①]。康熙初年,陆续招集大量八旗兵前往镇守。康熙二十二年(1683)远征雅克萨的军队自吉林、宁古塔调来三千人,自北京调来上三旗兵一百七十余人,自山东调来五百余人,更远从福建调来藤牌兵三百余人,后来这些士兵都接来家眷分驻黑龙江各城成为黑龙江人[②]。至康熙三十一年(1692),吉林、黑龙江地区驻防城镇基本建立,驻守兵力也大大加强。吉林属下八旗佐领增至四十八员,兵力达到七千二百名,黑龙江将军辖八旗佐领四十员,兵力达到六千员[③]。大量八旗兵丁的驻防改变了黑龙江流域人口稀少的局面,他们建城市,耕田垦荒,促进了各地农业经济的发展。

宁古塔是黑龙江流域最早的军事据点,顺治年间即有八旗驻兵开垦官荒,实行军事屯田,"宁古官长、兵伍皆仰南亩而食,是并耕也[④]"。据说当时开垦荒地数量很大[⑤]。康熙十五年(1676),清政府令宁古塔将军移驻松花江畔的吉林乌拉,"建木为城,所统新旧满洲二千名,并徙直隶各省流人数千户居此"[⑥]。开辟屯田274500亩,其中吉林水师营耕种26556亩。其后在水陆交通的重要地点陆续增设伯都讷、三姓、珲春、阿勒楚喀、拉林等城镇,遣兵戍守,屯田垦荒。各城士兵耕种土地随之迅速增加,而且相继分拨旗丁名下令其垦种,屯田转化为旗田。雍正末年,吉林各城旗兵垦殖田地共有781830亩,其中吉林249294亩,宁古塔260988亩,伯都讷111180亩,三姓77556亩,珲春53364亩,阿勒楚喀

---

① 《盛京通志》卷一九《职官》。
② 张博泉编:《东北地方史稿》第424页。
③ 《盛京通志》卷一九《职官》。
④ 张缙彦:《宁古塔山水记》。
⑤ 《八旗通志初集》卷二一《土田志四》。
⑥ 高士奇:《扈从东巡日录》卷下。

与拉林29448亩①。

黑龙江开垦荒地始于康熙二十二年（1683）永成瑷珲而实行的军事屯田，清廷令宁古塔副都统萨布素率领舟师由松花江溯黑龙江讨伐沙俄，永驻瑷珲，耕地屯田，从征军士迁妇子居此②。康熙二十四年（1685），瑷珲官兵开赴雅克萨，令盛京选八旗兵丁六百名，"代黑龙江（即瑷珲）兵守城种地"，同时命令达呼尔、索伦官兵在位置居中扼要的墨尔根地方驻守屯田，并从户部派官员前往监督耕种，郎中博奇监种田地较诸处收获为多，足供驿站人役之口粮外仍有剩余，颁旨嘉奖③。黑龙江将军原驻瑷珲城，后将军萨布素因"墨尔根居两镇间，首尾易制，奏请移节，而艾珲（即瑷珲）改驻副都统。康熙二十八年（1689），复以墨尔根地瘠不可容众，奏移卜魁（即齐齐哈尔），而墨尔根增置副都统④"。康熙二十九年（1670），议准墨尔根居住的索伦等"每年耕种官田二千余晌，今官兵移扎墨尔根，即以此项成熟之田分给耕种⑤"，黑龙江各城屯田此后相继转化为旗田。雍正末年，黑龙江全区旗地合计683412亩，其中齐齐哈尔210000亩，瑷珲城108594亩，墨尔根174158亩，布特哈城190620亩⑥。

（2）流人发遣与官地的垦殖

清初，满清贵族为了移民实边与增加八旗军人的劳动力，把东北各地作为流放犯人及其家属的地方。清代前期发往东北的流人数量规模很大，有人推测至少也在数十万以上⑦，直到乾隆年间厉行封禁东北，发遣流人才逐渐减少。

东北地区接收流人的地点前后稍有变化，"初发尚阳堡、宁古塔或乌拉地方安插，后并发齐齐哈尔、黑龙江（即瑷珲）、三姓"等地⑧，由南部逐渐向东北边远城市推移，连拉林这样的偏僻小邑与达呼尔、索伦等

---

① 《八旗通志初集》卷二一《土田志四》。
② 方式济：《龙沙纪略·方隅》。
③ 《黑龙江志稿》卷八《经政·垦丈》。
④ 方式济：《龙沙纪略·方隅》。
⑤ 《八旗通志初集》卷一八《土田志一》。
⑥ 《八旗通志初集》卷二一《土田志四》。
⑦ 谢国祯：《清初流人开发东北史》。
⑧ 《清史稿》卷一四三《刑法志二》。

少数民族居住地区都可看到流人①。

谪戍东北的流人是东北的拓荒者,"凡流人至者,或生理耕种,各就本人所长"②。他们有丰富的农业种植经验和技术,大多从事开荒种地的生产活动,给旗兵做奴仆者为其主子耕种份地,官庄下的壮丁主要职责即是种地纳粮,在大量贫苦农民闯关东以前的黑龙江流域,主要是处于农奴地位的流放犯人充当官庄屯田上的生产劳动者。就是充当各项夫役或编入水师营的流人,为了自己的衣食之需也都从事耕垦生产,流人对东北黑龙江流域的早期开发贡献很大。

黑龙江流域官地的垦殖形式多种多样,清前期主要情形如下。

官庄 吉林将军所辖宁古塔地方早在康熙三年(1664)即已设置官庄,当时共有十处③,其后吉林、伯都讷陆续添置。雍正年间,三城共设官庄 69 个,耕种土地 49680 亩,其中吉林城最多,达到 48000 亩,宁古塔次之,有 9360 亩,伯都讷只有 4320 亩。此外打牲乌拉设内务府官庄五处,雍正末年设庄头 5 名、壮丁 140 名,耕种田地 32424 亩,生产粮食供应打牲诸人自给,并不纳粮④。当时各庄头尚私自开垦地亩,吉林城庄头自开地 25206 亩,宁古塔 33342 亩,伯都讷 2232 亩⑤,以上合计 142884 亩。

黑龙江的官庄是在士兵屯田的基础上建立的,主要设置于瑷珲、墨尔根与齐齐哈尔三城,康熙末年共有 51 处⑥,雍正年间增至 61 处,共耕垦土地 36600 亩,其中齐齐哈尔 20 庄耕地 12000 亩,墨尔根 11 庄耕地 6600 亩,瑷珲 30 庄耕地 18000 亩⑦。

义仓地与公田 雍正五年(1727),清政府于宁古塔设置义仓地,由各佐领拨兵分种,生产粮食收储义仓以备凶年,耕地面积不详。

黑龙江地方无义仓地,却有驻防公田。康熙末年为防岁歉于齐齐哈尔开始设置,"康熙五十年(1711)署将军玛喀礼请拨旗营兵三十五

---

① 《读例存疑》卷六《名例下》:"谨按尔时之流徒即后来之外遣也,嗣则有三姓、索伦、达呼尔即黑龙江等处也,闻亦有发遣拉林者。"
② 吴振臣:《宁古塔纪略》。
③ 萨英额:《吉林外记》卷八。
④ 《盛京通志》卷二四《田赋》。
⑤ 《八旗通志初集》卷二一《土田志四》。
⑥ 方式济:《龙沙纪略·经制》。
⑦ 《盛京通志》卷二四《田赋》。

名……屯田以偿积欠"①。其后布特哈、墨尔根、瑷珲各城援例设立。"凡公田系八旗水手打牲人等公种防歉，例不销算，地数多寡不详。"故《盛京通志》只记四城公田十三处，没有具体耕地面积②。《八旗通志》详细列出各城公田数目，似为雍正某年具体耕种的情况，据其所载，黑龙江四城公田数为53406亩。并且雍正六年（1728），官侍卫内大臣富尔丹题准齐齐哈尔兵丁水手种官田12000亩，瑷珲城9000亩，布特哈12000亩，合计86406亩③。

驿站、边台丁地 吉林地区驿站以吉林乌拉为中心向四周延伸，康熙年间设22站④，雍正年间达到26站，额定壮丁830名，其中吉林乌拉等9站壮丁耕种田地47760亩，舒兰等17站壮丁种地63858亩，总共111618亩⑤。

黑龙江驿站以齐齐哈尔为中心，康熙年间设有20处，其中"墨尔根材等十驿于各驿十里内驿夫种地共四零三零日，茂欣连素等处十驿于各驿十里内驿夫种地三零六八日"⑥。总计驿站丁地7098晌，合42588亩。雍正末年又先后设置齐齐哈尔西至呼伦贝尔东至呼兰驿站十六处，耕地面积不详。

吉林沿新边设置不少边台，有"上十台下九台"之称，雍正年间台丁耕地36486亩。其中巴彦俄佛洛边门种地14436亩，伊通边门六台种地8736亩，沙尔苏八台种地5580亩，布尔图库苏巴尔汉边门七台种地7788亩⑦。

（3）汉民移居与民地的开垦

清前期移向东北的汉族农民多数留居辽河流域，也有极少部分越过老边进入吉林地区。雍正四年（1726），由于吉林、伯都讷、宁古塔三城附近都有一定的汉民移居与民地的垦辟，故分别设置了永吉州、泰宁县与长宁县，以治理民政。其中设于吉林城的永吉州汉民最多，耕地面积

---

① 西清：《黑龙江外记》卷三。
② 《盛京通志》卷二四《田赋》。
③ 《八旗通志》卷七三《土田志一二》。
④ 杨宾：《柳边纪略》卷二。
⑤ 《八旗通志初集》卷二一《土田志四》。
⑥ 《八旗通志初集》卷二一《土田志四》。
⑦ 《八旗通志初集》卷二一《土田志四》。

最大，"凡民人报垦熟地三年起科……荒地十年起科，……自雍正四年（1726）至十年（1732）共计已征未征49602亩，……十一年（1733）起科地24012亩"。雍正十二年（1734）起科民地达到29104亩①。

（4）蒙古游牧区的糜田与屯田

游牧经济为主的蒙古人明代中叶即懂得农业种植，但直到清初，其播种耕作方法仍很简单粗放，"蒙古耕作，岁易其地，待雨而播，不雨则终不破土，故饥岁恒多。雨后相水坎处，携妇子牛羊以往，毡庐孤立，布种辄去不复顾，逮秋复来，草莠杂获，计一亩所得不及民田之半"，俗称靠天田，又叫糜田②。蒙古人以肉乳为主食，所需粮食较少，是以所产谷物有时尚可接济外地。齐齐哈尔初建时期，"城中数万人咸资食于蒙古糜田③"。康熙年间议令哲里木盟各旗设置仓库，秋收之际，"各佐领每一壮丁输粮一斗储存以备歉岁赈济"，后来各旗仓库额存谷物数量较大，总计达到107195石3斗④。其中除由外地采买来的外，多为当地糜田生产。

清入关前在哲里木盟即有屯田，天聪六年（1632）征察哈尔时令喀喇沁人在科左后旗法库山附近耕种助饷⑤。崇德五年（1640）谕理藩院："令索伦来归之众同郭尔罗斯众于乌库玛勒，格棱额勒苏昂阿察喀地方驻札耕种⑥。"蒙古各地陆续添置了一些官屯，康熙初年调兵驻守黑龙江呼玛尔时，"所需军粮取诸科尔沁十旗及库北乌喇之宫屯，约可得一万二千石，可支三年"⑦。康熙时期呼伦贝尔地区士兵就有屯田种地之举，因士兵屯田有误训练，雍正十年（1732）改由齐齐哈尔、瑷珲、墨尔根三处"台丁及水手屯丁内拨派五百名，动用彼处存贮正项钱粮，酌量给予盘

---

① 《盛京通志》卷二四《田赋》。
② 方式济：《龙沙纪略·饮食》。
③ 方式济：《龙沙纪略·饮食》。
④ 张穆：《蒙古游牧记》卷一《哲里木盟游牧所在》。各旗额存谷石数如下：科右中旗12408石，科左中旗18465石，科右前旗5504石5斗，科左前旗2302石6斗，科左后旗18972石7斗，科右后旗14石3斗，扎赉特旗10786石5斗，杜尔伯特旗13095石4斗。
⑤ 张穆：《蒙古游牧记》卷一《哲里木盟游牧所在》。
⑥ 《八旗通志》卷六二《土田志》。
⑦ 《吉林通志》卷一《圣训》。

费，并置办犁具籽种等项，令其前往呼伦贝尔地方于明年春间，及时耕种"①。蒙古各地的屯田多军人临时耕种，具体亩数不详。

经过清初期的努力经营，原来纯粹为渔猎畜牧经济的北部黑龙江流域开垦出不少耕地。雍正末年，吉林省旗地、民地、官地总共达到1101922亩，超过一百万亩，黑龙江省旗田与官地共计849006亩，蒙古传统游牧区也有零星的种植经济。

清代前期，黑龙江流域广大地区的种植业刚开始发展，受自然条件和人口因素的影响特别大。迁来的满汉族人民主要居住于各驻防城镇及驿站旁边，他们开垦荒地，种植生产，耕地主要分布于城镇与驿站的附近。黑龙江流域的驻防城镇又多建筑在河谷地带，如吉林城、伯都讷位于松花江畔，宁古塔、三姓位于牡丹江边，黑龙江的齐齐哈尔、布特哈、墨尔根与瑷珲四城分别建于嫩江与黑龙江的冲积平原上。这些地区不仅水源充足，土地平坦肥沃，农耕条件优越，而且各驿站道路也多沿着河流走向延伸，水陆交通条件极其便利。河流谷地把各个农垦点连接起来，使耕地呈现出点线结合的局面。

表3—4　　　　　　　　清前期吉林黑龙江各城耕地　　　　　　单位：亩

城别	旗地	官地	民地	合计	城别	旗地	官地	民地	合计
吉林	249294	61206	29104	339604	齐齐哈尔	210000	39000	—	249000
宁古塔	260988	42702	—	303690	墨尔根	174198	17160	—	191358
伯都讷	111180	6562	—	117742	瑷珲	108594	35250	—	143844
三姓	77556	—	—	77556	布特哈	190620	31596	—	222216
阿城、拉林	29448	—	—	29448	黑龙江总计	683412	123006	—	806418
珲春	53364	—	—	53364					
打牲乌拉	—	32424	—	32424					
吉林总计	781830	142894	29104	953828					

---

① 《清世宗实录》卷一二三雍正十年九月乙巳。呼伦贝尔地属黑龙江因系蒙古族游牧区域，故于此叙述。

表3—4是吉林、黑龙江两地方各驻防城市的耕地统计表。由表可知，吉林将军辖区各城虽都处于河谷平原，但耕地面积差异很大。吉林、宁古塔耕地较多，均超过30万亩，达到一定规模，这是因为它们农垦开发较早，而且距离辽河流域较近，已有少量汉族农民移入垦殖的缘故。其他城镇因地处偏远，耕地不多，拉林与阿勒楚喀城总共不足3万亩耕地。吉林全境平均每城只有耕地136259亩，不能说形成了广大的农垦区，只是一些较大的农垦点。吉林各边台门壮丁开垦了一些耕地，各驿站"壮丁自为聚落，每站不下百十家[①]"，发展成为较小的农村居民点。沿着河谷的驿站交通线把分散的城镇农垦点连接起来，形成吉林耕地点线结合的分布状况。

黑龙江辖区齐齐哈尔、墨尔根、布特哈与瑷珲四城镇各有10万至20万亩田地的垦殖，构成此区较大的农垦点。各驿站壮丁自为聚落从事少量农业生产，成为较小的农村居民点。从南部松花江沿嫩江谷地上溯到黑龙江的交通路线是黑龙江地区驿站交通的主干，其线各驿站把上述四城全部连接起来。这样，清前期黑龙江省区耕地集中分布于一线四点之上。

清代前期，东北农业种植区域有了较大的扩展，但是，也应看到其农耕区的扩展尚有很大局限。北部黑龙江流域新扩展的耕地面积不大，且散布于河流谷地上的驻防城镇与驿站周围，没有连接成片形成较大的农垦区。辽河下游传统农耕区也因清政府所设牧厂、围场的侵占，出现了大片的畜牧、狩猎地区，形成农牧猎相间分布的局面。位于盛京城西南的大凌河牧厂南北六十里，东西八九十里，坐落于广宁县南的盘蛇驿牧厂占地百万亩以上，是清政府专门牧养军马的地方[②]。各驻防城镇周围也普遍设置八旗马场，如开原牧马场在城外辽河岸至朔罗阿林地方，复州牧马场占地19436晌[③]，同时，盛京东边附近还设有范围广大的围场。各牧厂、围场划界设限，禁业农民移入垦殖，使农垦地区的扩展受到了很大限制。

（本文原刊《中国历史地理论丛》1991年第2期）

---

① 《八旗通志》卷七一《土田志》。
② 《奉天通志》卷一二〇《实业八·牧畜·前代官办牧畜》。
③ 《八旗通志》卷七五《土田志一四·八旗牧场》。

二 清代黑龙江流域农耕区的形成与扩展

清代前期，黑龙江流域广大地区以畜牧、渔猎经济为主，只在大河谷地建立了一些分散的农垦据点。乾隆以后，第二松花江平原农耕区逐渐形成而且不断扩展，至清代末年，农业种植经济在松嫩平原占据了主导地位，为近现代黑龙江流域社会经济的发展奠定了基础。

1. 第二松花江平原农耕区的形成与扩展

第二松花江是连接辽河流域与黑龙江流域的水陆交通要道，清初经营黑龙江地区时调兵运粮就走这条水道，其后修建的驿路交通线也大致沿其河谷走向。其流经地区平原广阔，土地肥美，农垦条件很好，乾隆初年，大量关内贫苦农民冲破封禁，越过柳条边移垦这个地区，逐渐形成了第二松花江中游平原农垦区。

（1）第二松花江中游农耕区的形成。位于第二松花江中游的吉林地区首先得到迅速开发。乾隆八年（1743），设于吉林城的永吉州等地汉族农民开垦官荒85400亩[1]，乾隆十四年（1749）又丈出流民私垦地13898亩，俱照奉天例纳粮[2]。至乾隆四十三年（1778），永吉州在册民地934096亩，乾隆以后平均每年民垦荒2万余亩[3]。嘉庆年间，民地达到115万亩左右[4]。由于汉民与耕地数量的不断增加，永吉州升格为吉林府。同时，吉林地区旗丁与官庄壮丁耕地面积也有扩大，乾隆四十三年，旗地达到584160亩[5]。嘉庆年间吉林官庄个数与雍正末期相同，仍是50个，所耕土地却由36000亩增加到914887亩[6]。合计吉林地区耕地乾隆四十三年共有150余万亩，嘉庆年间达到180余万亩，已经发展成范围较

---

[1]《清高宗实录》卷一八四，乾隆八年二月己亥。
[2]《清高宗实录》卷三五一，乾隆十四年十月壬辰。
[3] 乾隆四十四年《盛京通志》卷三八《田赋》。以下除注明外皆此版本。
[4] 嘉庆《大清一统志》卷五七《盛京统部》谓吉林区民地1439577亩，吉林民地按乾隆四十三年所占比例核算得1157250亩。
[5] 乾隆《盛京通志》卷三八《田赋》。
[6] 嘉庆《大清一统志》卷五七《盛京统部》。

大的农耕区。吉林城西北角的打牲乌拉是采参捕珠捉貂旗丁驻地，旗丁也耕田自给，乾隆年间共有旗地242028亩，官庄地32424亩[①]，道光十三年（1833）为津贴补助总管署与官庄差役，出租凉水泉子等地官庄94200亩[②]。于是，打牲乌拉地方总共耕地36万余亩，成为吉林农垦区的一部分。第二松花江支流伊通河流域因系蒙古郭尔罗斯前旗游牧地区，向例严禁私人垦种，由于此地区平旷肥沃，交通便利，乾隆以后渐有民人移居垦殖。乾隆五十六年（1791），蒙旗王公为谋地租之利私招汉民开垦。清政府遣员调查发现已有居民2330户，垦成熟地265648亩，因不便勒令还籍，且蒙古得牧租银于生计亦有裨益，是以仍令其照旧耕种纳租，"添设长春厅治理民事[③]。蒙人"初不知有履亩绳丈之制，地多租秒（应为'少'字更合适，作者注），流民利之，故至者日多"。嘉庆十六年（1811），长春厅汉民已达11781户，61755人[④]。开垦荒地面积也急剧增加起来，据不完全统计，嘉庆年间长春地方放垦牧场400万亩，道光八年（1828）农安县地方放垦草地241万余亩，总共达到了641万亩[⑤]。这样就在伊通河流域开辟出一个新兴的农业种植区，东与吉林农区连成一片，形成了范围广大的第二松花江中游农耕区。

（2）农耕区向第二松花江下游的扩展。乾嘉之际，流民沿第二松花江河谷继续向北迁移，不久就到达了松花江边拉林河畔[⑥]。加上此时期清政府经营伯都讷（今吉林省扶余）、双城堡（今吉林省双城县）、拉林（今黑龙江省阿城县南）地方京旗屯田，更加速了农耕区向北扩展的过程。伯都讷位于第二松花江下游谷地，水陆交通便利，移民较多。乾隆四十三年（1778）有民地174027亩[⑦]，嘉庆年间达到21万亩以上[⑧]。道

[①] 《盛京通志》卷三八〇《田赋》。
[②] 《吉林通志》卷三〇《食货志·田赋下》。
[③] 《吉林通志》卷二九《田赋上》，卷二《圣训》。
[④] 乾隆《盛京通志》卷三八《田赋》。
[⑤] 徐世昌：《东三省政略》卷二《蒙务下·筹蒙篇》。清中期以后，黑龙江流域放垦荒地皆用大晌，一晌等于十亩，后丈量熟地时也用大晌，与原来旗民官地一晌等于六亩不同。
[⑥] 《清仁宗实录》卷一九〇，嘉庆十二年十二月丙戌："查出拉林西岸新来流民一千户。"
[⑦] 乾隆《盛京通志》卷三八《田赋》。
[⑧] 嘉庆《大清一统志》卷五七《盛京统部》谓嘉庆年间吉林全区有民地1439577亩。按乾隆四十三年比例计算伯都讷当有民地215601亩。

光元年（1821），富俊筹办伯都讷京旗移屯，拟先招募民丁，每人拨给荒地3顷，令其垦殖，京旗到日交出熟地2顷。实施三年即招汉民佃户3600户，分设120屯。按规定准许开垦荒地108万亩。可待地垦辟后，京旗一户也没移来，遂沦为民地①。伯都讷当时还有旗地414066亩，官庄地4320亩②，总共伯都讷地方乾隆末期耕地59万余亩，道光年间167万余亩。伯都讷以东的双城堡、拉林与阿勒楚喀（今黑龙江省阿城县）地方位于拉林河冲积平原上，黑土层厚，土壤特肥，农垦条件较好。清政府为抵制日益增多的汉族入垦农民屡次迁移在京闲散苏拉来此屯垦。乾隆初年，移在京满洲旗人一千名至阿城、拉林地方驻屯开垦，每户给地3顷，并先派吉林等城兵夫为其开垦荒地③。乾隆中叶又迁京旗二千户至拉林，按前例令其屯垦，"每户给地三顷，外有闲荒听其招民开垦，其不谙力作者，唯（准，作者注）其契买奴仆代耕"。④嘉庆中期，创办双城堡移屯，先由盛京、吉林拨来二千户旗丁开垦了90万亩荒地，计划移来京旗三千户。而实际上京旗移垦者寥寥，道光二年（1822）后的六年时间内总共只移486户，大部分耕地划归原垦户耕种纳租⑤。在三城京旗移屯过程中，总共开垦荒地180万亩。加上乾隆年间阿城、拉林旗地217668亩，官庄地4320亩⑥。三城垦地面积达到200万亩以上，在拉林河流域开辟出较大范围的农垦区。拉林等地区的大规模垦殖促进第二松花江下游农耕区的形成与扩大，它与南部吉林、长春垦区大致连接起来，形成了辽阔完整的第二松花江平原农耕区，种植区界线向北推进到松花江边。

（3）其他分散的农垦区（点）。清代中期，其他驻防城镇的农业经济也有发展。位于牡丹江中游的宁古塔（今黑龙江宁安县）是黑龙江流域最早的农垦点，乾隆四十三年八旗兵丁耕地391740亩，汉族农民耕地53738亩，官庄地42702亩，总计达到48万余亩⑦，形成了小范围的农耕

---

① 萨英额：《吉林外记》卷一〇《伯都讷屯田》。
② 乾隆《盛京通志》卷三八《田赋》。
③ 《清高宗实录》卷七八，乾隆七年十一月辛丑。
④ 《大清会典事例》卷二八九《盛京户部·田宅》。
⑤ 《吉林通志》卷三一《屯垦》。
⑥ 乾隆《盛京通志》卷三八《田赋》。
⑦ 乾隆《盛京通志》卷三八《田赋》。

区。位于牡丹江与松花江交汇处的三姓（今黑龙江依兰）地方仍是一个较小的农垦点，总共耕地不到 6 万亩①。

黑龙江将军辖下的各驻防城镇，地处偏北，很少有流民到达，根本没有民地，耕地增加相对较慢，至嘉庆中叶总计全区旗地、官地 167 万余亩，比雍正年间翻了一番。其中位于嫩江下游平原的齐齐哈尔系将军驻地，耕地最多，合计超过了 60 万亩，形成了一定规模的农垦区。嫩江中游的墨尔根、布特哈与黑龙江中游谷地的瑷珲三城耕地都在 30 万亩以下，仍是较大的农垦点。呼兰位于松花江北岸支流呼兰河平原，乾隆初年移盛京八旗开户人居此设庄垦殖，设官庄 51 处，耕种田地 3 万余亩，嘉庆年间呼兰地亩总数只有 15 万左右，但因土地肥沃，每年所产粮食都有大量剩余转运其他各城，成为黑龙江地区的粮仓。

2. 第二松花江平原农耕区的扩展与呼兰河、牡丹江、洮儿河流域的放垦

咸丰十年（1860）以后，清政府在东北驰禁放垦，迁向黑龙江流域的移民不仅数量巨大，分布区域也更广，至光绪三十年（1904）向北越过松花江进入了呼兰平原，向西向东分别进入了洮儿河与牡丹江平原，进行大规模的垦殖，促使黑龙江流域农耕区迅速扩展。

（1）第二松花江平原农耕地区的扩展。第二松花江流域农耕区内原来封禁的围场官荒及周围边荒陆续丈放开垦。吉林府咸丰十一年（1861）开始丈放城东及城西围场边荒，至同治年间共放生荒 1692340 亩，同时勘丈城南流民私垦地 116737 亩，合计 180 余万亩②。伊通州光绪初年放垦生荒 612943 亩，熟地 182933 亩，余计 79 万余亩。敦化县光绪年间共放生荒 473900 亩，查出熟地 113370 亩，合计 58 万余亩③。伯都讷厅咸丰末年丈放生荒 157474 亩，同治年间放垦珠尔山等处生荒 656688 亩，光绪十三年（1887）勘丈出流民陆续开垦地 1946701 亩，总计 276 万余亩④。五

---

① 乾隆《盛京通志》卷三八《田赋》记载三姓城旗地 48696 亩，官庄地 7200 亩，民地 120 亩，合计 56016 亩。
② 《吉林通志》卷三一《屯垦》。
③ 孔经伟主编：《清代东北地区经济史》，黑龙江人民出版社 1990 年版，第 255 页。
④ 《吉林通志》卷三一《屯垦》。

常厅咸丰末年开垦夹信沟、凉水泉子荒地 250 余万亩①，至光绪中期垦成熟地 1174094 亩。双城厅咸丰末年奏请开垦双城堡余荒 698433 亩，光绪中期又勘明丈放民人开垦地 606958 亩，合计 130 万余亩②。宾州厅光绪初年丈放玛蜒河地方生荒闲荒 521284 亩，光绪十一年（1885）勘明原放蜇克图围场纳租地 840358 亩，其后又放生荒 324358 亩，总共放垦 168 万余亩③。西部郭尔罗斯前旗王公在光绪中期放垦伏龙泉地方游牧地 1688600 亩，斯安镇地方蒙荒 503500 亩，合计 219 万余亩④。以上总计第二松花江流域广大地区放垦土地达到 1363 万余亩以上，与原有耕地 973 万亩合计，达到 2336 万亩，占本区可垦土地总面积的 57% 左右⑤，第二松花江中下游平原大部分荒地得到开垦，垦殖水平已经很高。

（2）呼兰平原的放垦。松花江北部的呼兰平原是呼兰河及其支流通肯河冲积而成，土壤甚是肥沃，西部与北部绵亘的山岭阻挡了寒流的侵袭，气温较同纬度其他地区温暖，农业生产的自然条件在松花江以北最为优越。咸丰以后直鲁贫民涌入，私垦土地大量出现。咸丰十年（1860），黑龙江将军特普钦奏于蒙古尔山等处建设旗丁屯田，开始弛禁放垦，首先丈放南部呼兰地段，其后开放了北部通肯、克音、柞树冈等地段。呼兰地段相当于今天黑龙江省呼兰、巴彦、木兰及绥化部分地区。咸丰十一年（1861）开放，八年后共放出毛荒 200 余万亩⑥，光绪初年，陆续丈放余荒 4706170 亩，总计 6706170 亩。同时清查旗招民垦、京旗代垦及民人私垦地亩，共升科各项熟地 11261520 亩，总计丈放生熟土地 1796 余万亩⑦，设置呼兰厅、绥化厅管理。通肯、克音、柞树冈地段相当于今黑龙江省海伦、绥化、青冈地方，光绪二十二年（1896）开禁放垦

---

① 《清穆宗实录》卷二四。
② 《吉林通志》卷三一《屯垦》。
③ [日]《满洲旧惯调查报告一般民地》下卷附录。
④ 徐世昌：《东三省政略》卷二《蒙务下·筹蒙篇》。
⑤ [日]《满洲地方志》第二编《吉林省》记载第二松花江中下游的吉林磐石、伊通、双城、新城、五常、宾州、榆树、长春、农安等底厅县可垦土地总面积为 4042 万亩。上述比例是放垦面积比例。实际垦成熟地以放荒 10 亩、垦熟 6 亩计算，大约本区共有耕地 180 万亩，占可垦土地总面积的 45% 左右。
⑥ 《黑龙江志稿》卷八《行政·垦丈》。
⑦ 《呼兰府志》卷三《财赋略·田赋》。

通肯地区，两年后即放出荒地140井，合224万亩，其后通肯、克音、柞树冈三段全部开放，又丈放荒地3006606亩，合计达5246606亩①。统计呼兰、通肯等地段共丈放生熟各地2321万亩以上，在呼兰河平原地区形成了范围广大的农耕区，它与松花江以南农耕区连接成片，标志着松花江平原农垦的基本完成。

（3）牡丹江、洮儿河流域的放垦。自光绪初年开始，第二松花江下游农垦区沿松花江河谷向东扩展到牡丹江流域，向西扩展到洮儿河流域。位于牡丹江下游的三姓地方，自光绪六年（1880）开始放垦，先放出倭肯河东南至八胡力、奇胡力河之间生荒200余万亩②，其后又放出各驿站荒地198800亩③，合计219800亩。位于牡丹江中游的宁古塔地区因交通不太便利，且宜垦的平原地较少，因此放垦只有8万余亩④。下游三姓地区农垦土地范围超过了中游的宁古塔地区，牡丹江流域种植业重心向下游转移。

光绪十七年（1891），科尔沁右翼前旗郡王乌泰私招蒙民1260户，出放洮儿河夹荒42万亩，由蒙古人民自己在洮儿河流域首先开辟出一个农垦区来⑤。光绪末年，为防俄罗斯人筑铁路侵占地亩，黑龙江将军恩泽奏请官为丈放蒙荒，位于洮儿河与嫩江交汇处的扎赉特旗王公情愿将其属荒地放垦，光绪二十八年（1902）设局，两年后丈放南接郭尔罗斯前旗，东滨嫩江的四家子、二棱口等处生荒熟地1869286亩。郭尔罗斯后旗于光绪二十七年（1901）丈放洮儿河与嫩江交汇地区蒙荒2951377亩⑥。科尔沁右翼前旗光绪二十八年（1902）政府委员丈放，两年共放荒地625万余亩⑦。总计洮儿河平原及嫩江下游地区放垦荒地1149万亩，农业垦殖区域迅速扩大。此外，光绪初年穆棱河上游地方（今黑龙江省穆棱县）招民垦地6000余亩⑧，是乌苏里江流域农业开发的最早据点。

---

① 《黑龙江志稿》卷八《行政·垦丈》。
② 孔占文：《黑龙江省史探索》，黑龙江人民出版社1983年版，第259页。
③ 〔日〕《满洲旧惯调查报告一般民地》下卷附录。
④ 孔占文：《黑龙江省史探索》，黑龙江人民出版社1983年版，第265页。
⑤ 田志和：《清代科尔沁蒙地开发述略》，《社会科学战线》1982年第2期。
⑥ 《黑龙江志稿》卷八《行政·垦丈》。
⑦ 《奉天通志》卷一〇八《田亩下·垦丈》。
⑧ 《吉林通志》卷三一《屯垦》。

3. 农耕区向嫩江平原、三江平原及其他边远地区的扩展

光绪三十年（1904）以后，黑龙江流域广大地区全面开禁，进入大规模的放垦阶段。至清室逊位短短八年的时间中，西南部松嫩平原大部分地区放垦完毕，东南部山前台地与三江平原也有少量的放垦，农垦区范围向周边地区发展。

（1）松花江平原农耕区的扩大。光绪末年，继续丈放松花江两岸原垦区内余荒，计吉林府续放余荒112570亩，伊通州22094亩，敦化州103327亩，五常厅13250亩，双城厅134321亩①。北岸的通肯段续放荒地3974610亩，克音段201150亩，柞树冈段2312080亩②。同时，放垦区域也向四周扩展。南面放垦了辉发河以南的七江州地区（今吉林省靖宇县附近）共放生荒518470亩，熟地61250亩，计579720亩。农垦区发展到第二松花江上游③。东面农耕区向东沿松花江推进到三江平原边缘，方正县宣统年间放出荒地432510亩，牡丹江下游的三姓地方续放倭肯河一带余荒1097250亩④。松花江北岸设汤旺河招垦局丈放小兴安岭山前台地与汤旺河冲积平原地区，至光绪末年总共丈放生荒熟地余荒6405088亩，后设通河县与汤原县管理⑤。北面呼兰平原周边也陆续丈放。光绪三十二年（1906），在呼兰河东支白杨木河（今木兰县）设局放垦，一两年后计放出白杨木河流域熟地生荒980448亩，铁山包大碯子段（今庆安县）生荒640125亩。通肯河西岸的巴拜与明水泉子地段（今拜泉、明水）于光绪末年丈放完毕，共丈放出荒地607万余亩⑥。松花江与嫩江交汇处的郭尔罗斯后旗光绪三十一年（1905）开放，四年内共丈放出中东铁路迤西连花泡、老虎背、马蹬泡及沿松花江与嫩江荒地6325410亩，设肇源县管

---

① 徐世昌：《东三省政略》卷七《财政·附吉林省垦务》。
② 《黑龙江志稿》卷八《行政垦丈》。
③ 孔经纬主编：《清代东北区经济史》，黑龙江人民出版社1990年版，第258页，位于第二松花江上游的东流水与海龙围场（今吉省、东丰、海龙等地）也早已放垦，因清时属奉天省所辖，不计。
④ 孔占文：《黑龙江省史探索》，黑龙江人民出版社1983年版，第264页。
⑤ 《黑龙江志稿》卷八《行政·垦丈》。
⑥ 《黑龙江志稿》卷八《经政·垦丈》。巴拜行局总放生荒820921亩，除其代放依克明安荒地巴俭社一段2131245亩外，共放6078986亩。

理①。由上可知，松花江平原农耕区向四周都有程度不同的发展。

（2）嫩江与洮儿河平原的放垦。洮儿河流域前已开辟出大片耕地，光绪三十年（1904）以后继续放垦。扎赉特旗光绪末年续丈生荒2946225亩，熟地51205亩，又丈放景星镇荒熟土地4999430亩②，计799万余亩。科尔沁右翼后旗光绪三十年（1904）开放，不到两年共放出洮儿河南岸荒地400万亩，光绪末年又续放洮儿河北岸荒地，至宣统年间迄未放竣，已丈荒地数目为200多万亩。科尔沁右翼前旗（今吉林省白城市、洮安县）于光绪三十二年（1906）设局，展放洮儿河北岸荒地890634亩。科尔沁右翼中旗（今内蒙古突泉）于光绪三十二年丈放西北边界东段南北长360里、宽40里的闲荒，共计丈放13100余方，约589万亩③，加上光绪三十三年放出东南境生荒815580亩，共放荒地671万余亩。清代末年洮儿河流域适宜农垦的荒地基本放竣，大片畜牧草原向农业种植区转化。嫩江下游的杜尔伯特旗光绪三十年开禁放垦，两年共放中东铁路以西段生荒2084179亩，同时丈放铁路以东夹荒1221369亩，沿江地段生荒514000亩，总计达到581万亩以上。嫩江下游西岸支流绰勒河地段（今内蒙古扎赉特旗）山荒于光绪末年丈放43万亩。依克明安旗（今黑龙江省依安县）位于嫩江下游东岸支流呼雨哩河流域，光绪三十二年（1906）放出荒地1578030亩，次年放出913500亩，加上巴拜行局原放2131245亩，总计放出462万余亩。甘井子地段（今黑龙江省甘南县）在嫩江西岸支流阿里玛河以南，光绪三十一年（1905）放出大段生荒3137365亩，其后又续放余荒熟地319540亩，共计345万余亩。齐齐哈尔附近荒地于光绪三十二年（1906）设局招民开垦，至清末共放旗民屯站毛荒1122741亩，熟地1707141亩，共计282万余亩。讷漠尔河南北段（今黑龙江省讷河县）于光绪三十二年（1906）设局，先后放出南段荒地6048494亩，北段生荒熟地831994亩，合计688万余亩。墨尔根（今黑龙江省嫩江县）附近生荒自光绪三十二年设局行丈，至清末共放垦762250亩，查丈熟地179100亩④。至

---

① 孔占文：《黑龙江省史探索》，黑龙江人民出版社1983年版，第264页。
② 孔经纬主编：《清代东北地区经济史》，黑龙江人民出版社1990年版，第273页。
③ 《黑龙江志稿》卷八《经政·垦丈》及徐世昌《东三省政略》卷二《蒙务下·筹蒙篇》，卷七《财政附奉天省垦务》。
④ 《黑龙江志稿》卷八《经政·垦丈》；徐世昌《东三省政略》卷七《财政·附黑龙江垦务》，卷二《蒙务下·筹蒙篇》。

此，嫩江中下游平原地区大段生荒基本放垦完毕。

（3）边远地区的放垦。光绪末年，黑龙江流域西南部松嫩平原大片肥腴地段基本放尽，唯东北部三江平原及黑龙江、乌苏里江沿岸边远地区很少放垦。其后，清政府在沿边各地设治招垦，放荒不收荒价，而且迁移减免车船票价，鼓励移民垦边，放垦了一部分荒地，但因为位置偏僻，交通不便，加上山谷森林密布，平原水泡沼泽众多，气温低湿，农垦条件较差，故前往的垦户相对较少，垦殖土地不多。乌苏里江西岸的广大地方，先设蜂蜜山招垦局丈放，后改置蜜山府、虎林厅、穆棱县、饶河县招垦。至宣统三年（1911）蜜山府已放生荒5999390亩，熟荒53800亩，耕垦熟地16万亩以上，虎林厅放生荒464000亩，穆棱县放生荒55240亩，饶河县放生荒217340亩，总计放荒694余亩[①]。本区放垦的土地大多位于山地向平原过渡的山前台地，南半部是完达山、老爷岭山地与穆棱河冲积平原的交接地带，北半部越过完达山的挠力河下游地区相当于三江平原的东南边缘。三江平原内部高岗地区与北部边缘也有少量放垦。设于松花江南岸的临江府（今黑龙江省同江）丈放生荒4395180亩，垦成熟地已接近20万亩，富锦县放生荒1409210亩，桦川县丈放生荒78250亩[②]。设于松花江北部的兴东道招垦局（今黑龙江省萝北）共放出小兴安岭山麓荒地203030亩[③]。瑷珲招垦局所辖黑龙江沿边地带原有大片农垦土地，宣统年间丈瑷珲43屯熟地共有145190亩。但因谷地狭小，交通不便，移民寥寥，故本区放垦土地不多，只有84800亩[④]。呼伦贝尔垦局丈放大兴安岭以西地段，至清朝鼎革，出放很少，没有呈报数字。总之，在边远的三江平原及黑龙江、乌苏里江沿岸地区放垦了部分荒地，在高岗与山前台地地带出现了小范围的农垦区域，但这些地区大规模的农业开发要到后来才能进行。

综上所述，黑龙江流域广大地区在清初很少有农业开发，大致以嫩江与第二松花江为界，此界东北的森林草原地区以渔猎采集经济为主，

[①] 孔经伟：《清代东北地区经济史》，黑龙江人民出版社1990年版，第258页；又孔占文：《黑龙江省史探索》认为此区至清末共放垦992万余亩。

[②] 孔经伟：《清代东北地区经济史》，黑龙江人民出版社1990年版，第258页。

[③] 《黑龙江志稿》卷八《行政·垦丈》。

[④] 《黑龙江志稿》卷八《行政·垦丈》。

此界以西的草原草甸地区则是蒙古人民世代生息的地方，以畜牧经济为主。康熙中叶以后，清政府在黑龙江流域各地筑城驻兵，至雍正末年，逐渐在一些大河谷地开辟出小范围的农垦据点[①]。乾隆年间开始，中原贫苦农民冲破封禁大量迁入黑龙江流域，首先在第二松花江中游开辟出广大的农耕区域，其后沿河北进，开垦了下游及拉林河平原，道光末年农耕区界限推移到松花江边。咸丰末年，黑龙江地区驰禁放垦，农垦区急剧扩展，向北越过松花江到达呼兰平原，向西到达洮儿河与嫩江流域，向东沿松花江谷地推进到牡丹江与汤旺河交汇地区。农业种植区不仅包括了中西部广大的松嫩平原，而且开始向边远的三江平原及黑龙江乌苏里江沿岸地区扩展，渔猎、畜牧地区大幅度减少。

清中叶以后，黑龙江流域农垦区的形成与逐次向北发展深受移民、交通与自然地理条件的制约。黑龙江地区原住居民多属畜牧、渔猎民族，不事农耕，而且人口稀少，缺乏必要的生产劳动力。因此，大量的汉族移民成为农业开发的决定因素，具有丰富耕作经验的直鲁破产农民进入黑龙江流域后，移垦区域逐渐由南向北推进，农耕区的扩展与此趋向一致，进程同步。黑龙江流域中部是辽阔的大平原，系黑龙江支流松花江及嫩江冲积而成，地势平坦，大部分地区在海拔200米以下，其上覆盖着肥沃的黑土，适宜耕殖。清代就有人指出吉林城以北土地"色黑均肥，宜种植"[②]，松嫩平原成为广大流民移垦最理想的地区，而且南面的松辽分水岭地势平缓，并不太阻碍交通。第二松花江支流伊通河与东辽河上游相距很近，成为辽河流域汉族农民向北移垦的通道。第二松花江与嫩江南北纵跨大平原，不仅水路交通方便，而且清朝所设驿站陆路交通线也大致沿其河谷走向。清末修筑的中东铁路横贯东西，其支线南通辽河流域并同中原内地连接起来，促进了移民放垦的发展。越过松辽分水岭的移民最先落户于第二松花江中游平原，其后来者沿河谷及官道向北逐渐推进。清末又可沿铁路线向北迁移，所以，松嫩平原的垦殖特别迅速。东部的三江平原与兴凯湖平原土地低洼潮湿，冻土层厚，农垦条件较差，而且地处偏远，山岭森林阻隔，迁移极其艰难，尽管政府给了诸多优惠

[①] 参见李令福《清代前期东北地区农耕区的恢复和扩展》，《中国历史地理论丛》1991年第2辑。

[②] （佚名）《游宁古塔记》，见《小方壶舆地丛钞》第一轶。

待遇，但农垦范围仍然不大。

(本文原刊《黑龙江民族丛刊》1999 年第 3 期)

三 清代东北粮食作物的地域分布

清代东北地区农业生产力得到迅速提高，除玉米、水稻与马铃薯等高产作物得以引种推广外，高粱、大豆、粟、麦类等传统作物的种植范围也急剧扩展。本文分谷类、豆类、麦类、稻与薯类四大部分论述了清代东北各种粮食作物的地域分布特征及形成原因。

1. 谷类

谷类作物品种很多，其中高粱、粟与玉米的地位比较重要，黍、稷、稗与薏苡的种植较少。

(1) 高粱

即蜀秫，为东北传统粮作之一，俗称红粮。可做饭及糕，又可酿酒、饲畜，秸秆用于建房，利于民生者最溥；而且高粱特别适宜东北地区的自然条件，其根系深固，可以有效地吸收土壤深层养分以抗干旱倒伏，其株节高大，成熟期间又不怕洪涝灾害，因此能够稳产高产，一般每响收获四至六石，超过其他常种作物。故有清一代高粱在东北的种植范围不断扩大，在粮食作物中的地位逐渐提高，至清末成为东北重要的种植作物，与大豆一样闻名于世。

清初期，奉天辽阳[①]、盖平[②]、锦县[③]、开原[④]、铁岭[⑤]、广宁[⑥]、宁远[⑦]

---

① 康熙《辽阳州志》卷十九《物产》。
② 康熙《盖平县志》卷下《物产志》。
③ 康熙《锦县志》卷三《田赋志·物产》。
④ 康熙《开原县志》卷下《物产》。
⑤ 康熙《铁岭县志》卷上《物产》。
⑥ 康熙《广宁县志》卷三《物产》。
⑦ 康熙《宁远州志》卷三《田赋志·物产》。以上七州县志俱见《辽海丛书》，后文引用时同注为《辽海丛书》载康熙各县志。

等州县普遍有高粱的种植。雍正以后，因其出产较丰而开始征调外运①。当时吉林②、黑龙江③也有高粱的引进种植，只是数量不多。

清末，高粱在东北三省农区都有大量种植，但其地位却因地而异。

奉天省的粮食作物结构中高粱占了绝对优势，1908年奉天全省高粱播种面积占了总播种面积的29.9%，远远超过了大豆的22.9%与谷子的17.8%④。辽河下游低洼平原的抚顺、辽阳、盖平、海城等州县高粱的种植比率都在37%以上，海城、盖平甚至达到了50%；沈阳以东边外海龙府及东平、西丰两县广大新垦地区高粱的播种比率都在25%以上，岫岩达到了30%；沈阳西北的新民府、法库厅分别达到了40%、30%⑤。高粱成为奉天全省最主要的粮食作物，故清末调查奉天省农业情形的报告上，以沈阳为中心，西经锦州至广宁，南经辽阳至海城，北经铁岭至昌图广大地区的粮产大宗，高粱总是名列前茅⑥（见表3—5）。

表3—5　　　清末奉天省部分地区粮食播种面积比率　　　单位：%

区别 \ 种类	高粱	黄豆	粟	二麦	玉米	其他
奉天府	30	33	26	3	—	8
抚顺县	40	44	15	—	—	1
辽阳州	37	29	10	18	—	6
海城县	53	21	9	8	—	9
盖平县	50	20	10	—	—	20
本溪县	25	30	20	—	10	15
岫岩厅	30	20	—	—	35	15
海龙府	27	25	33	7	—	8
东平县	25	21	24	3	12	15
西丰县	33	33	24	2	—	8

① 《奉天通志》卷三一《大事》载雍正三年采买辽东红粮十万石运至天津。
② 杨宾：《柳边纪略》卷三，又见姚元之《竹叶亭杂记》卷一。
③ 西清：《黑龙江外记》卷八。
④ ［日］《满蒙の大势》第二卷，第163页。
⑤ 见表1清末奉天省部分地区粮食作物播种比率。
⑥ 徐世昌：《东三省政略·实业·奉天省》。

续表

区别\种类	高粱	黄豆	粟	二麦	玉米	其他
新民府	40	25	14	—	—	21
法库厅	30	35	25	—	—	10
奉化厅	35	40	15	—	—	10

资料来源：①［日］《满洲地方志》第一编《奉天省》与［日］《南满洲经济调查资料》第1—5集。因其调查单位及年份不同，数据略有差异，故奉天府、海龙府、辽阳州、海城县系二者平均而得。

②抚顺县数据系由各种作物产量求得。

高粱在吉林全省各地皆有种植①，现在依据播种比率划出高粱的主要种植地区。今以某种作物播种面积占总播种面积的20%以上这个指标作为衡量它是其区主要作物的标准，即某作物在一个地区播种比率超过20%，则可称其为此区的主要作物，那么这个地区也是这种作物的主要种植区。如表3—6光绪末年吉林省各州县粮食作物播种比率所示，吉林府、伊通州、磐石县、长春府、农安县、榆树县、五常府、双城府、新城府、濛江州、珲春厅等地区高粱的播种比率超过20%，是高粱的主要种植区。上述各地除珲春一厅外全部位于第二松花江及其支流伊通河冲积平原上的原垦新垦农业区，此区农业种植条件优越，开发历史较早，耕地面积占全省总耕地的80%以上。高粱在吉林省主要农耕区内占据了五分之一到三分之一的播种面积，可知其在吉林粮食作物中的重要地位。

黑龙江省除北部瑷珲、嫩江、讷河等地外，绝大多数州县有高粱的播种，但高粱称不上黑龙江省的主粮作物，因其播种面积比率除呼兰、兰西两地达到20%外，其余地区全部在此标准以下，其中种植较多的巴彦、海伦、绥化、木兰、青冈、肇州、大赉等州县只在10%—15%②。1912年黑龙江全省出产高粱232万石，低于粟、大豆、小麦的产量③，可知高粱在黑龙江省的粮食作物结构中地位较低。

---

① ［日］《满洲地方志》第二编《吉林省·概况》。

② ［日］《北满洲经济调查资料》。

③ 《黑龙江垦殖说略》，民国二年版。

第三章 东北农区形成与作物布局　113

表3—6　光绪末年吉林省各州县粮食作物播种面积比率

单位:%

种类区别	大豆			麦类	高粱	粟		玉米	其他
		②	③						
桦甸县	15①			10	10	15	—	—	30
磐石县	20	30	25	15	20	20	—	—	2.5
伊通州	29	30.3	29.7	—	30	23.2	30	13.1	—	20	11
吉林府	27	15.3	21.2	3.4	20.9	17	26.6	28	21.3	16.6	1.5	4.6	3.1	26
长春府	25	30.6	27.8	5	12.2	36.4	23.5	25	27	24.7	2.5	1.5	2	6
农安县	10			10	30	33.2	30	26	5.3	—	1414.7
长岭县	6			—	30	—	40	—	30	—	—	14
榆树县	20			24	27.5	—	25	—	—	—	3.5
五常府	15			15	20	—	20	—	10	—	20
双城府	20	13.7	16.9	22	27.5	20	27.5	15	27.5	21.8	4.9	7.8
新城府	20			25	—	20	—	20	—	—	—	15
宾州府	20	3	11.5	35	35.4	35.2	20	18.5	19.3	10	27.7	18.9	—	11.7	—	3.4

① 本栏数据来源于日本人所编的《满洲地方志》第二编《吉林省》及《北满洲经济调查资料》,系日本南满铁路株式会社调查光绪末年的资料。其后各项同。

② 本栏数据来源于吉林行省档案,1(6—1)—216;及同上档案,(6—1)—306,系吉林省政府调查1908年的资料。

③ 清末吉林主要粮食产品均有较高的商品率,尤其是大豆,小麦的商品率可达70%—80%,各种作物播种比率受市场价格的影响,年际变化较大,同时资料调查者对各种作物种植比率也多推测,并不十分精确,今以两者平均数代表清末一般情形。

续表

种类区别	大豆			麦类			高粱			粟			玉米			其他
方正县	10	—	—	45	—	—	5	—	—	25	—	—	—	—	—	15
长寿县	30	—	—	25	—	—	10	—	—	20	—	—	3.9	—	—	11.1
漾江州	10	—	—	—	—	—	20	—	—	40	—	—	20	—	—	10
敦化县	15	13.6	14.3	20	40.6	30.3	15	—	—	20	37.1	28.6	20	3.3	11.7	1
延吉府	10	—	—	25	—	—	15	—	—	20	—	—	20	—	—	10
珲春府	10	—	—	25	—	—	25	—	—	20	—	—	5	—	—	15
宁安府	18	—	—	28.6	—	—	15	—	—	14	—	—	10	—	—	24.4
东宁府	20	19.4	19.7	25	47.3	36.2	10	2.7	6.4	15	21.2	18.1	10	—	—	9.3
密山府	15	13.6	14.3	29	40.4	34.7	10	5.1	7.6	20	21.5	20.8	14.9	16.6	13.3	9.3
依兰府	20	20.1	20.1	30	50.9	40.5	10	4.8	7.4	20	14	17	8	4.5	9.8	5.2
临江府	11.5	—	—	9.2	—	—	11.5	—	—	40.2	—	—	—	—	—	19.6

总之，高粱是清末东北重要的粮食作物，辽阔肥沃的松辽平原到处可见百亩成片种植的高粱①。当然，由于各地自然条件及开发历史的差异，高粱的分布明显地存在着地域不平衡的特征。南部辽河平原地区地势低洼，夏秋之交多水灾，高秆抗涝的高粱就成为绝对优势的粮作品种②。而松花江以北地区大多新垦，不宜种植高粱，又受当地商品性强的麦豆扩种的排挤，高粱的播种面积相对较少。故以整个东北地区来看，高粱的播种比重有由南部辽河平原向北部松嫩平原逐渐递减的趋势。

（2）粟

北方直名粟曰谷，脱壳则谓之小米，奉天锦州两府以此充赋，秸秆为上好饲料，旗地缴纳之马草即此③。清前中期，粟为东北最重要粮食作物，各地普遍种植。奉天地方除东部岫岩④、凤城⑤新垦山荒种植较少外，辽阳、开原、铁岭、盖平、锦县、广宁、宁远等州县皆以粟为出产大宗⑥。康熙中叶为救济直鲁饥荒开始大量外调，动辄十万石⑦，可知出产甚丰。吉林宁古塔普通居民以粟米为主食⑧，吉林乌喇地方培育的优良品种——乌喇白粟，米色纯洁，味甘性腻，曾引种承德等地⑨，可知吉林农垦区种粟较多。而黑龙江各城屯田者多种麦类作物，较少种粟，唯瑷珲城有之⑩。

清末，粟在东北三省皆有种植，唯其在粮食作物中的地位与前相比略有降低。据1908年的统计，奉天省粟米播种面积只占总播种面积的17.8%，按20%的标准衡量，粟已算不上奉天省的主要粮食作物⑪。辽阳、海城、盖平等州县位于辽河下游低洼平原，粟米种植最少，播种面

---

① 徐世昌：《东三省政略·实业·奉天省》附奉省调查北路情形。
② 《清太宗实录》卷十三载清太宗语："树艺之法，洼地当种粱稻。"
③ 乾隆《盛京通志》卷二七《物产》。
④ 咸丰《岫岩志略》卷五《物产》。
⑤ 博明希哲撰：《凤城琐录》。
⑥ 《辽海丛书》载康熙诸州县志物产皆以粟为先。
⑦ 《奉天通志》卷三一《大事》载雍正元、三、四各年均运辽粟十万余石。
⑧ 方拱乾：《绝域纪略》谓宁古塔土著"贱则食粟"。
⑨ 乾隆《承德府志》卷二八《物产》。
⑩ 方式济：《龙沙纪略·饮食》。
⑪ [日]《满蒙の大势》第2卷第163页。

积不超过总播种面积的一成，新民、奉天、抚顺等地播种比率也没有达到20%。尽管粟米在奉天中部地方种植较少，但周边各地粟仍为主粮作物，东边新垦的海龙、东平、西丰三地的播种比率都超过了20%[①]。沈阳以北铁岭、开原、昌图、法库以及沈阳以西北镇、锦州、广宁等地粟为出产大宗[②]，估计播种比例多在20%以上。辽河下游平原粟米种植地位下降除与自然条件有关外，显然还受到其他作物如黄豆、高粱急剧扩种的影响。

表3—7　　光绪末年黑龙江省部分地区粮食作物播种面积比率　　单位：%

种类＼区别	呼兰府	巴彦州	木兰县	兰西县	海伦府	绥化府
大豆	18	22	20	15	20	15
麦类	34	33	30	35	30	30
高粱	20	15	10	22	15	15
粟	20	27	20	22	25	35
玉米	—	—	15	—	—	—
其他	8	3	5	6	10	5

资料来源：《北满洲经济调查资料》。

吉林省是粟米的主要产区，除南部桦甸县、伊通州与东北部宁安、东宁、宾州、依兰等地外，其余地区粟的播种比率都在二成以上。从全省分布区域上分析，似乎带有由东向西逐渐递增的趋势，如果在吉林省中部划一条大致东西方向的直线，所经过的宁安、吉林、长春、长岭依次由东向西，粟的播种比率分别是14%、24.7%、26%、40%[③]，基本上是逐渐增加的。这也许是受东西地区气候干湿差异的影响。

---

① 见表3—5。
② 徐世昌：《东三省政略·实业·奉天省》附奉省调查北路农业情形。
③ 见表3—6。

表 3—8　　　　　　　　1912 年黑龙江省各地粮食产量　　　　　　单位：石

区别\种类	粟	高粱	稷	玉米	小麦	大麦	荞麦	黄豆	小豆
龙江县	75573	170	279913	60900	98776	120449	50387	5035	377
呼兰县	255322	274096	230070	127600	488700	—	24675	14038	139431
绥化县	960000	399000	8200	125000	435000	193000	8900	950000	187000
海伦县	850000	10000	97000	150000	430000	255000	24000	245000	15800
瑷珲县	1000	—	—	—	900	1000	2000	—	
巴彦县	260000	400000	12020	22000	380000	70000	—	600000	40000
兰西县	500000	550000	150000	—	160000	210000	—	—	16800
木兰县	197000	—	59590	43500	5300	200000	5250	50000	
余庆县	241000	124878	43500	300000	15200	130000	8000	77250	80500
青冈县	150750	45400	70424	25012	122420	68034	4800	74012	3301
肇州县	380000	262000	99000	100000	100000	2000	3000	520000	1135
讷河县	44225	—	34619	—	18560	—	2833		
大赉县	154000	89500	90990		48000	5500	9400	—	
安达县	25000	25000	30000	20000	45000	35000		33000	1500
拜泉县	386366	99700	118500	—	226592	38768	253100	227188	597
汤原县	36200	27400	10807	10510	6930	11500		15040	170
大通县	108500	440	—	1240	76840	1350	680	35600	1580
萝北设治局	300	140	—	—	360	300	—	44	
肇东设治局	75000	15000	75000	—	50000	15000	15000	50000	
嫩江县	23000	—	40000	15000	22000	40000	2123	1200	
龙门镇	13000		13100		8000	8000	—	6000	
札杜屯垦局	277060	6915	18846	1893	2246	—	4778	7685	
西布特哈	3100	—	3249	—	3359	—	5135	290	100
合计	5016396	2329639	1484828	1002655	2744183	1404901	424061	2911382	488291

资料来源：《黑龙江垦殖说略》附黑龙江农产物比较表，1912 年是清朝灭亡后一年，用以代表清末大致情形也无不可。

粟的适应性强，不仅在传统农区广泛种植，而且新垦地区二荒种粟者居多，故黑龙江省各地都有粟的播种，而且收获特多。据《北满洲经济调查资料》记载，呼兰平原的呼兰、巴彦、木兰、兰西、绥化、海伦等地粟的播种比率均在20%以上①。1912年全省粟产量为501万石，位居全省单项农作物出产首位，其中呼兰、绥化、海伦、巴彦、兰西、肇州、拜泉等地为主要产区②。

清末南部奉天省粟的播种比率下降，北部吉林、黑龙江两省大部分地区粟米播种比率却超过了二成，尽管粟的重要地位已为大豆、高粱所夺，但仍不失为东北主粮作物之一。在地域分布上粟米主要种植区域由清中期的南部辽河流域转移到北部松嫩平原。

(3) 玉米

明代东北没有玉米，清前期才逐渐引种奉天③、吉林④，直至道光年间，仍被视为鲜品，由官府沤粉充贡，可见当时种植很少。

清末，随着关内直鲁农民的移入垦殖，玉米的推广速度极快，因为移民熟悉玉米种植技术，而且吃惯了玉米食品，故多种之。奉天省东边新垦的长白、临江⑤、东平、岫岩等地是山东移民区，玉米种植较多。光绪末年东平县播种玉米93968亩，占总播种面积的12%⑥，岫岩玉米的播种比率更高达35%，超过大豆、高粱成为最重要粮食作物⑦。传统农区也有培育推广，如辽阳州城以东种有大片玉米，奉天省的农业调查报告中特别提出⑧，奉天、抚顺、本溪等地也有一定的播种⑨。

吉林省玉米的分布较广，全省大部分州县都有栽培，且桦甸、濛江、长岭、延吉等地区玉米播种比率达到20%，成为这些地区的主粮作物，

---

① 见表3—7。
② 见表3—8。
③ 乾隆《盛京通志》卷二七《物产》。
④ 姚元之：《竹叶亭杂记》卷一。
⑤ 徐世昌：《东三省政略》卷一《边务·长临篇》。
⑥ [日]《满洲地方志》第一编《奉天省·东平县》。
⑦ [日]《南满洲经济调查资料》。
⑧ 徐世昌：《东三省政略》卷十一《实业·奉天省》。
⑨ 《南满洲经济调查资料》载本溪县玉米播种比率为1%；《满洲地方志》第一编《奉天省》载奉天府玉米播种面积为34356亩，抚顺县年产玉米300石。

盘石、五常、东宁、密山、宾州等地玉米种植比率均超过一成①。黑龙江省极北地区天寒，积温不够玉米生长，其余大部分州县有玉米的栽培，木兰县玉米播种比率为15%②，1912年余庆一县出产玉米30万石，位居本地单项粮产首位，呼兰、绥化、海伦、肇州等地年产均超过10万石，种植各自不少③。

玉米是清代引种的作物，清末因其产量较高、移民喜食而逐渐推广普及，发展成为东北五大粮食作物之一，而且在某些地区已经显示出后来居上的趋势。从地域分布上看，新垦地区较传统农耕区栽培比重相对较大。

（4）黍与稷

黍 俗称大黄米，耐旱耐碱，适应土壤贫瘠的地方，所以，清中叶种植地区较广。奉天东部凤凰城一带边门地多沙碱，生殖殊薄，所种唯黍豆数种而已④，岫岩厅也是多黍而少粟粱之地⑤。辽河下游辽阳、盖平、铁岭、锦县、广宁、宁远各州县都有黍的出产⑥。吉林、黑龙江也有栽植，高士奇扈从东巡时亲见吉林人用大黄米所作黏糕⑦，方式济《龙沙纪略》记瑷珲饭食有黍。

清代末年，肥沃的松辽大平原黍的种植已很稀少，只有少数土壤贫瘠或山区新垦地方仍有种植，如奉天东边外的长白、临江地区⑧与新民府等地⑨。吉林省吉林、伊通、桦甸、宁安、密山、临江、方正等地⑩。黑龙江呼兰府有黍的种植，《呼兰府志》物产属有载，但估计面积不大，产量亦少，民国元年统计全省粮食产量，分类甚详而无黍，可知也⑪。

---

① 见表3—6。
② [日]《北满洲经济调查资料》。
③ 见表3—8。
④ 博明希哲撰《凤城琐录》。
⑤ 咸丰《岫岩志略》卷五《物产》。
⑥ 《辽海丛书》载康熙各州县志物产。
⑦ 高士奇：《扈从东巡日录》卷下；又见张缙彦《宁古塔山水记·石城》。
⑧ 徐世昌：《东三省政略》卷一《边务·长临篇》。
⑨ 宣统《新民府志·实业·农业》。
⑩ [日]《满洲地方志》第二编《吉林省》记载，黍的播种面积为：吉林府14567亩，伊通州3274亩，宁安府994亩，密山府45亩，临江府150亩，方正县450亩，桦甸县4840亩。
⑪ 民国《黑龙江垦殖说略》附黑龙江农产物比较表。

稷 俗"呼糜子米，晚种早熟，边地尤宜"①，而且稷最适宜新开荒地头茬种植，每晌均收三石以上，粟豆之类远不如之②。清中期东北人均耕地多，生产粗放，耕作不及时或为错开农忙季节，多种晚茬的稷子，新垦之田则普遍种稷。奉天的开原、辽阳、铁岭、盖平、锦县、广宁、宁远等州县等有种植③。吉林宁古塔④、黑龙江⑤土脉均宜稷，种植较多。哲里木盟蒙古境内的糜田与屯田则以种稷为主。所谓糜田即是"蒙古耕作，岁易其地，待雨而播"，俗称靠天田，齐齐哈尔初建时，"城中数万人咸资食于蒙古糜田"⑥，可知生产规模不小。糜田之糜即稷之别称，可知所种作物以稷为主。康熙时令士兵在西喇木伦河等地屯田，明确指出垦辟耕种之时，"稷宜多种，春麦宜少种"⑦。

清末，奉天、吉林两省很少种稷，可说基本淘汰，但稷在黑龙江省种植范围较广，出产颇丰。稷最宜初垦头荒种植，黑龙江全面放垦，每年新垦荒地都在20万晌以上，绝大多数种稷。民国元年全省多数地方有稷的出产，龙江、呼兰二属产量合计已超过50万石，海伦、兰西、青冈、肇州、大赉、拜泉、肇东等地方年产也都在5万石以上，总计全省年产148万石，成为出产大宗⑧。

黍、稷是北方旱地传统农作物，清初因生产粗放，种植较多，清末在传统农耕区因其产量低而很少栽培，只在贫瘠山地及新垦地区有一定的分布。

（5）稗子与薏苡

稗子 适宜低湿地区，清太宗尝告谕臣民"树艺所宜，各因地利，卑湿者可种稗、稻、高粱"⑨。清初期，辽河中下游平原有稗，但地位不

---

① 乾隆《盛京通志》卷二七《物产》。
② 民国《黑龙江垦殖说略》，第三章：开垦耕种。
③ 《辽海丛书》载康熙各州县志物产。
④ 杨宾：《柳边纪略》卷三。
⑤ 西清：《黑龙江外记》卷八。
⑥ 方式济：《龙沙纪略·饮食》。
⑦ 乾隆《八旗通志》卷七六《土田志》。
⑧ 见表3—8。
⑨ 《清太宗实录》卷三一。

显，北部宁古塔①、瑷珲②所产稗子米甘滑宜人，质量颇高，为岁供方物中的佳品。

清末，辽河下游新民③、奉天、抚顺、辽阳、海城等地有稗子的种植，东边西丰④临江⑤等地也有少数栽培。1908年奉天全省稗子播种比率为3.4%，紧随五大主粮之后居第六⑥。吉林省出产稗米的地方主要有吉林、伊通、珲春、宁安、密山、长岭等地，除长岭县外，多偏处东部，播种面积较小⑦。松花江以北的黑龙江各地很难见到稗的种植。

薏苡　俗称薏米，清初奉天盖平⑧、铁岭⑨有种，故乾隆《盛京通志》物产类有其名。清末东北仍仅少量种植，"吉林诸城多有之，伊通州所产洁白而粒大尤佳"⑩。

2. 豆类

豆类品种很多，凡豆均可仓储济饥、制酱充蔬、饲养牲畜，用途广泛，其中黄豆、黑豆在明屯田辽东时即已大量种植⑪，清代出产更富，地位最重要。

（1）黄豆

黄豆以其高产兼能榨油造豆腐而成为豆家族的首席成员，但清初东北各地黄豆的地位并不突出，奉天省的辽阳、盖平、铁岭、开原、锦县、广宁、宁远等州县虽有种植⑫，但因旗地用黑豆充赋而受到极大限制。宁

---

① 方拱乾：《绝域纪略》；又见姚元之《竹叶亭杂记》卷一。
② 乾隆《盛京通志》卷二七《物产》。
③ ［日］《南满洲经济调查资料》记新民府稗子的播种比率为15%。
④ ［日］《满洲地方志》第一编《奉天省》记种稗面积：奉天府57236亩，辽阳州28514亩，海城县33065亩，抚顺500亩，西丰县15836亩。
⑤ 徐世昌：《东三省政略》卷一《边务·长临篇》。
⑥ ［日］《满蒙の大势》第二卷，第163页。
⑦ ［日］《满洲地方志》第二编《吉林省》载种稗面积：吉林府14571亩，伊通州3274亩，长岭县14000亩，珲春厅3600亩，宁安府993亩，密山府90亩，临江府60亩。
⑧ 康熙《盖平县志》卷下《物产志》。
⑨ 康熙《铁岭县志》卷上《物产》。
⑩ 光绪《吉林通志》卷三三《物产上》。
⑪ 嘉靖《辽东志》卷一《地理·物产》。
⑫ 《辽海丛书》载康熙各州县志物产。

古塔地方农作物品种至康熙末年已增到十类却没有豆①。嘉庆年间，齐齐哈尔仅有黑豆与豇豆的引种，而黄豆无闻焉②。乾隆以后随着民地的增加和对外经济联系的加强，黄豆及制品豆油、豆饼大量南运，豆饼成为江南蔗田的最好基肥，东北每年运至上海的豆麦多达千万石③，这就刺激了黄豆的扩种。再加上人们认识到黄豆的固氮肥田作用，是轮作的最好前茬作物，故黄豆的种植在奉天地方得到大规模的扩展，逐步排挤了黑豆，确立了在豆类作物中的优势地位④。

咸丰十年（1860）营口开埠通商以后，东北大豆、豆饼向华南的输出量急剧增加，1904年，运出大豆81万石，豆饼84万石。1889年清政府解除对外国出口的禁令，东北大豆及其制成品开始转运日本等地，1882年大豆、豆饼出口量超过200万石⑤。中东铁路及其支线通车后，外国资本主义疯狂掠夺东北农副产品，运出的大豆每年都成倍地增加，1906年输出9万多吨，1908年输出28万吨，1909年达到87万吨，东北大豆及制品豆饼、豆油合称"大豆三品"，大量供应世界贸易市场，享有很高声誉⑥。东北大豆的出口剧增刺激了农民扩种的热情，于是，黄豆的播种比重越来越大，而且在交通发达地区逐渐形成了相对集中的商品粮基地。

奉天全省都是黄豆的主要种植区，1908年调查表明全省黄豆的播种面积占总播种面积的22.9%⑦。沈阳以西新民、锦州、广宁等地黄豆为出产大宗，每年集运营口供输出的豆饼就有14万吨⑧。法库、昌图、开原、奉天、抚顺、辽阳、海城等地位于中东铁路支线附近，外运条件优越，播种面积都不少于总播种面积的20%，法库厅与抚顺县更分别高达35%与44%，就是远离铁道的东边各地如海龙、东平、西丰等黄豆的播种比

---

① 杨宾：《柳边纪略》卷三。
② 西清：《黑龙江外记》卷八。
③ 包世臣：《安吴四种》卷一《海运南漕议》。
④ 民国《奉天通志》卷三三—三八《大事记》载乾隆以前清政府多调辽东黑豆入津仓，嘉庆以后始有黄豆外运。
⑤ 满铁《满洲经济年报》，1934年版，第82页。
⑥ 满铁调查课《大豆在世界经济的地位》昭和五年版。
⑦ ［日］《满蒙の大势》第二卷，第163页。
⑧ 徐世昌：《东三省政略·实业·奉天省》。

率都超过二成，仍为主粮作物①。

吉林省各地都有黄豆的种植，播种比率超过20%的地方有吉林、长春、延吉、伊通、盘石、新城、榆树、长寿、依兰府②，大多位于中东铁路及其支线附近，所产黄豆用火车运至大连或海参崴，然后装船转运世界各地。

黑龙江省呼兰平原巴彦、木兰、海伦等地黄豆的播种比率达到了二成，成为当地主粮作物，其他地区种植比率多在10%—15%③。据1912年的资料统计，全省绝大多数县份有黄豆出产，绥化县年产95万石、巴彦60万石、肇州52万石，出产特多，其他如海伦、拜泉、余庆、青冈、木兰、肇东等县年产均超过5万石，全省总产高达290万石，位居单项粮食产量的第二位④。按留种及本地消费三成的标准计算，黑龙江省每年平均有200万石黄豆供应世界市场，与该省物产小麦的输出量相当⑤。

清末，东北各地有黄豆的栽培，奉天全省各地黄豆的播种比率都在20%以上，显得尤为突出，北部由于麦类作物播种比重较高，黄豆的地位略低。从整个东北地区来看，黄豆的分布有南重北轻的特征，同时还有向中东铁路及其支线附近地区集中的趋势，铁路沿线百里以内到处可见黄豆几百亩乃至上千亩成片种植的景象⑥。

（2）黑豆

黑豆的蛋白质含量高，宜饲养牛马，东北为有骑射传统的满族故乡，清初期八旗驻防及官营牧厂的牛马繁衍很盛，对黑豆的需求量较大。于是，东北"旗地及民丁赋用黑豆"⑦，旗地又名草豆米地，即源于交纳谷草及黑豆，这促使黑豆在东北各地种植比率的提高。当时奉天的辽阳、

---

① 徐世昌：《东三省政略·实业·奉天省》及表3—5。
② 见表表3—6。
③ 见表表3—7。
④ 见表表3—8。
⑤ ［日］《北满洲经济调查资料》。
⑥ 徐世昌：《东三省政略·实业·奉天省》。
⑦ 乾隆《盛京通志》卷二七《物产》。

盖平、铁岭、开原、锦县、广宁、宁远等州县种植黑豆较多①，所纳黑豆除拨往各牧厂外尚有大量海运京师，甚至有因黑豆仓储太多以至不得不改征银两者②，乾隆初年，义州仓"尚余黑豆一万三千石，递年积累，霉变堪虞"③，北部齐齐哈尔嘉庆时也已引种黑豆④。

黑豆在清初的地位不亚于黄豆，但其油脂含量低，榨油不如黄豆，而且嘉道以后东北牧马不繁，饲料用项减少，黑豆的播种比率也就逐渐下降，至清末黑豆在东北已经微不足道，奉吉两省种植较少，只黑龙江新垦地区如龙江、呼兰、兰西、肇州、西布特哈、札杜两旗屯垦局有一定种植⑤。

（3）小豆

除黄豆、黑豆外，绿豆、豌豆、小豆、蚕豆、豇豆之类在明代都已经引种辽东⑥。有清一代随着农耕区的向北扩展，播种范围也不断向北推进，只是它们多充菜蔬，播种面积特小，唯有小豆在清末表现出播种面积扩大的特征，尤其是在东北北部。吉林省的伊通、长春、长岭、宾州、濛江等地皆有一定的生产⑦，黑龙江省小豆的出产更旺，1912年呼兰、绥化、余庆三地年产合计超过30万石，加上齐齐哈尔、海伦、巴彦、兰西、青冈、肇州、安达、拜泉、汤原、大通、西布特哈各地所获，全省产量已达48万石⑧。小豆播种面积扩大的原因似与它能和大麦一起做酿酒的酵母这种特殊用途有关。

3. 麦类

东北地区麦类作物品种特多，除大麦、小麦外，尚有荞麦、苓珰麦

---

① 《辽海丛书》载康熙各州县志物产。既旗地缴纳黑豆，则当时占东北耕地绝大部分的旗地上会种植，可见其地位之重。
② 民国《奉天通志》卷三〇《大事》。
③ 民国《奉天通志》卷三〇《大事》。
④ 西清：《黑龙江外记》卷八。
⑤ 据民国《黑龙江垦殖说略》记载，1912年黑龙江省各地黑豆产量：龙江县2308石，呼兰县14038石，兰西县10000石，肇州县5500石，西布特哈80石，札杜两旗屯垦局553石。
⑥ 嘉靖《辽东志》卷一《地理·物产》。
⑦ [日]《满洲地方志》第二编《吉林省》记载小豆播种面积：伊通州32745亩，长岭县105000亩，宾州241720亩，长春、濛江少量。
⑧ 见表3—8。

诸种。只塞外地寒，二麦不能越冬，所播全为春麦。

（1）小麦

小麦宜种于寒冷干燥的地方，辽河下游开口朝海，有些年份夏季出现雾雨影响小麦收成，小麦面细质清，人们目为细粮，又是清中期远销内地的商品粮作物，每年大量海运南方，因而农民种植的积极性增强，故清中期奉锦属下辽阳、盖平、平原、铁岭、岫岩、锦县、广宁、宁远等州县都保持了一定比例的小麦播种①。宁古塔地方康熙初年引种小麦②，很快成为当地主要粮食作物③。《吉林外记》谓吉林"各处雨雪调匀，二麦滋长"④，常以麦类作物的收成来衡量年岁好坏，可知小麦在吉林的重要。

小麦是黑龙江地区种植的先锋作物，清初于瑷珲建立第一个农业基地时，康熙皇帝亲自指令："我兵亦多钟春麦及大麦、油麦。"⑤ 其中春麦当系春小麦。后来齐齐哈尔、墨尔根、呼兰各城陆续开垦，也以小麦种植为主，而且质量颇佳，"黑龙江（即瑷珲）所产色最洁白，性复宜人，面可充贡"⑥，尤为著名。

清末，南部辽河流域小麦的种植比重逐渐减少，而其在北部松嫩平原的种植地位却极为重要，长春以北广大地区平均播种比例已达三成⑦，在种植结构中名列前茅，而且开始在水陆交通线形成相对集中的商品粮基地。

奉天省各地基本上有小麦的种植，但其在粮作结构中的比重却很小，1908年全省小麦播种比率为6.8%，被新兴作物玉米超过，位于五大主粮作物之末⑧。由于清末新式面粉业的发展，某些地方开始培育小麦优良品种，有扩种小麦的趋势，如辽阳州麦子的播种比率高达17.7%⑨，海龙府

---

① 《辽海丛书》载康熙诸州县志物产。
② 方拱乾：《绝域纪略》。
③ 杨宾：《柳边纪略》卷三谓宁古塔谷物凡十种，小麦排名第二。
④ 萨英额：《吉林外记》卷五《仓储事宜》。
⑤ 何秋涛：《朔方备乘》卷首六《平定罗刹方略》。
⑥ 西清：《黑龙江外记》卷八。
⑦ [日]《北满洲经济调查资料》。
⑧ [日]《满蒙の大势》第二卷，第163页。
⑨ [日]《南满洲经济调查资料》。

的小麦种植业较多,产品供应铁岭的面粉加工厂①。

吉林全省各地普遍种植小麦,播种比率超过 20% 的十三个府州县大多位于对外交通便利地区,东南部延吉、珲春、敦化地方距离俄属海参崴最近,陆路运输方便;方正、宾州、依兰顺松花江水路直达俄领伯力等城,播种比率均高于 35%;安宁、东宁、密山、长寿、双城、新城、榆树等府县则位于中东铁路及支路附近②。

小麦是黑龙江省第一位重要的商品粮作物,播种范围遍及全省每一个农业垦殖地区,一般说来,各地均有 30% 的耕地播种小麦为主的麦类作物③,这是特别突出的。1912 年全省生产小麦 260 余万石④,除留储种子及本地消费约用两成外,尚余 200 万石可供输往外部市场。年产超过 10 万石的县份有呼兰、绥化、海伦、巴彦、兰西、青冈、肇州、拜泉等,主要位于松花江支流呼兰河流域及中东铁路沿线,外运条件良好⑤。

从小麦在东北的整个布局来看,明显地带有一种愈向北愈集中的特征。中东铁路以南有三个小范围的小麦种植区:一是辽河下游的辽阳、海城等地,所产主要供应沈阳与大连的消费;二是海龙府与怀德县地方,每年向铁岭新式磨坊提供 9 万余石小麦;三是吉林东南部敦化、延吉、珲春等地,主要由陆路输往俄属海参崴。长春以北的广大东北地区普遍种植小麦,而且连成一片,形成范围最大的小麦产区,自东边绥芬河一带到西边洮儿河流域各地所产小麦由中东铁路转运,而呼兰河流域所产则由松花江水运输出,水陆运输的交点哈尔滨成为小麦及面粉输出最重要的城市。

清末东北北部小麦种植剧增有着深刻的历史地理基础。沙俄控制了中东铁路及松花江水运,疯狂掠夺东北农产品小麦及面粉,大量转运西伯利亚滨海三省,小麦成为东北仅次于黄豆的出口粮作物,而在北部其输出量更是凌驾于大豆之上。外部的需求刺激了小麦大面积的扩种,而

---

① 徐世昌:《东三省政略·实业·奉天省》。
② 见表 3—6。
③ [日]《北满洲经济调查资料》。
④ 民国《黑龙江垦殖说略》。按总产量比较,小麦不及黄豆,但小麦单产较低,播种面积还是超过黄豆,如把年产 140 万石的大麦加上,则麦类播种面积约超过黄豆的 50%。
⑤ 见表 3—8。

此时期北部荒地得到大规模垦殖,耕地不断增加,保证了小麦扩种的耕地条件。当然,松花江平原的气候、土壤条件适宜小麦生长及种植小麦的工费较为节省,也是北部小麦播种剧增的重要原因[①]。

(2) 大麦、荞麦与苓珰麦

大麦 可做炒面充饥,但更多的是充当酿酒的酵母和喂马的饲料。清中期东北各地都有少量的种植,如奉天的辽阳、盖平、开原、铁岭、岫岩、锦县、广宁、宁远等州县[②],吉林的宁古塔[③]、吉林、伯都讷[④],黑龙江的齐齐哈尔、呼兰、瑷珲等城[⑤]均有少量种植。

清末东北制酒业发达,大麦的种植不可或缺,其分布与小麦基本一致,重心偏于北部。1908年奉天省大麦的播种面积只占全省粮食作物总播种面积的1.7%[⑥],已是微不足道。吉林东北及黑龙江广大地区大麦播种相对较多,吉林省吉林、宁安、宾州、双城四府大麦播种面积均超过5000亩,五常、东宁、密山、临江、方正、长寿等地也有生产[⑦]。1912年黑龙江全省各地都有大麦的种植,其中龙江、绥化、海伦、兰西、木兰、余庆等地年产皆在10万石以上,全省产量高达134万石,出产颇富[⑧]。也有部分输往俄国,供其养马[⑨]。

荞麦 也叫油麦或莜麦,抗寒耐瘠,适应性较强。清代中期,黑龙江北部各城种植较多而且质量颇佳,史称齐齐哈尔、墨尔根、瑷珲"三城并产荞麦,甘香如雪,宜糕饼,中土所未得有"[⑩],其面为土贡佳品[⑪]。

清末,荞麦在奉吉两省仍只在土壤贫瘠或新垦山区有少量种植,如

---

① 据日本人所编写的《北满洲经济调查资料》载,各种农作物每晌所需工时与工费如下:小麦工时18,工费30吊;大豆工时28,工费51吊;高粱工时36,工费62.7吊;玉米工时31,工费55吊。可知种麦在工时与工费上较种其他作物省不少。
② 《辽海丛书》在康熙诸州县志物产。
③ 方拱乾:《绝域纪略》。
④ 萨英额:《吉林外记》卷五《仓储事宜》。
⑤ 西清:《黑龙江外记》卷八。
⑥ [日]《满蒙の大势》第二卷,第163页。
⑦ [日]《满洲地方志》第二编《吉林省》。
⑧ 见表3—8。
⑨ [日]《北满洲经济调查资料》。
⑩ 方式济:《龙沙纪略·饮食》。
⑪ 西清:《黑龙江外记》卷八。

奉天省临江①、西丰②，吉林省长春、桦甸、东宁、密山、方正等地③。因荞麦晚种早熟，宜于开荒晚茬种植，故新放垦的黑龙江各地种植较多，拜泉一县1912年出产荞麦25万石，可知播种面积不会很少，年产万石以上的县份还有龙江、呼兰、海伦、肇东，总计黑龙江省是年出产荞麦42万余石④。至于徐宗亮所谓黑龙江荞麦"近产破少，不解其何故也"⑤，当可解释为其时（光绪十七年）只有呼兰局部地区放垦，其区地肥水饶，种荞麦者较少，而后来全面开放，垦荒规模迅速扩大，宜于晚作新荒的荞麦播种面积又有增加。

苓珰麦 即穬麦，"麸厚而粗，即燕麦也，其实下垂如铃"，清中期黑龙江各城多种之，呼苓珰麦，面亦充贡⑥，因收获量大，墨尔根、瑷珲以之饲马，有时也配谷储仓⑦。吉林宁古塔所产苓珰麦与稗米混合作饭，滑润宜人，贵人常餐，同时也充贡⑧。南部锦县⑨、盖平⑩等地也有零星种植。

清末，苓珰麦的种植范围大大缩小了，奉吉两省鲜有种植，只黑龙江西北嫩江两岸出产不少，1912年龙江县产168970石，讷河县18617石，大赉县20000石，西布特哈12900石⑪，尤其是瑷珲地区"燕麦（俗名苓珰麦）则居十之六七"⑫，成为最主要作物。

4. 稻类与薯类

7世纪兴起的渤海国已经开始在东北植稻⑬，明代辽东屯田也有稻⑭。

---

① 徐世昌：《东三省政略》卷一《边务·长临篇》。

② [日]《满洲地方志》第一编《奉天省·西丰县》载播种荞麦18884亩。

③ [日]《满洲地方志》第二编《吉林省》载荞麦播种面积：长春府10000亩，东宁府329亩，密山府45亩，临江府90亩，方正县180亩，桦甸县4840亩。

④ 见表3—8 1912年黑龙江省各地粮食产量。

⑤ 徐宗亮：《黑龙江述略》卷六·丛录。

⑥ 方式济：《龙沙纪略·饮食》，（乾隆）《盛京通志》卷二七《物产》。

⑦ 西清：《黑龙江外记》卷八。

⑧ 高士奇：《扈从东巡日录》卷下及姚元之《竹叶亭杂记》卷一。

⑨ 康熙《锦县志》卷三《田赋志·物产》。

⑩ 康熙《盖平县志》卷下《物产志》。

⑪ 民国《黑龙江垦殖说略》附黑龙江农产物比较表。

⑫ 黑龙江全省垦务局档案，22—1—52。

⑬ 《新唐书》卷二一九《北狄考》。

⑭ 嘉靖《辽东志》卷一《地理·物产》。

笔者认为这些都是旱稻。清后期随着朝鲜族人民的移入,东北才开始有水稻的栽培。

(1) 旱稻

旱稻也叫陆稻,是耐涝力极强并可旱作的稻类品种。清前期,奉天府开原、盖平、铁岭、辽阳各州县有种[1],其中辽河下游低洼地区种植较多,质量也佳,"出辽阳者,色微青,味尤香美,号辽阳青",取以上贡[2]。陆稻中的糯米曰黏稻,开原县出产[3],而吉林地方所产质量最佳,色黄如玉,味腻如脂,颇香洁,为祭神之品[4]。黑龙江各地不产稻,所食贩自奉天[5]。

清末,旱稻在东北三省都有种植,只是其在粮产中的地位仍然很轻,奉天省沈阳以西新民府[6]、沈阳东边长白府[7]、海龙府、东平、西丰县、辽河下游奉天府、辽阳州、海城县[8]等地,以及吉林省伊通州、长春府[9]、吉林府、宾州府[10]、密山府、临江府[11]等地都有一定面积的旱稻栽培,黑龙江省也已引种,"呼兰河西岸有之,色味亚于奉吉产"[12]。

(2) 水稻

19世纪中叶,朝鲜族农民开始越境迁入奉吉东南边区,他们有丰富的水稻栽培技术和经验,在移民的各河流谷地修堰引水,培植水稻,因收获颇多,有利可图,一些汉族地主开始招雇鲜民租地垦荒,改种水稻,后来鲜民取得土地所有权,更普遍开辟水田[13]。可以说朝鲜农民迁到哪

---

[1]《辽海丛书》载康熙各州县志物产。
[2] 乾隆《盛京通志》卷二七《物产》。
[3] 康熙《开原县志》卷下《物产》。
[4] 高士奇:《扈从东巡日录》卷下。
[5] 方式济:《龙沙纪略·饮食》。
[6] 宣统《新民府志·实业二·农业》。
[7] 宣统《长白征存录》卷五《物产》。
[8] [日]《满洲地方志》第一编《奉天省》记各地旱稻栽培面积:海龙府22811亩,西丰县4269亩,东平县1811亩,奉天府48275亩,辽阳州60574亩,海城县39701亩。
[9] 吉林行省档案,1(6-1)-216,载伊通粳米种植比率为11.1%,地位很高,长春府粳米占1.2%。据奉天省调查资料水稻单列一项,可知并列的粳米为旱稻。
[10] 吉林行省档案,1(6-1)-306,载吉林府粳米种植比率7%,宾州府2%。
[11] [日]《满洲地方志》第二编《吉林省》。
[12] 宣统《呼兰府志》卷一一《物产略》。
[13]《黑龙江省朝鲜民族》引《饶河县志》。

里，哪里就有水稻的栽培。清末朝鲜农民成群结队地向东北内地迁移，大致沿三条路线，一路越鸭绿江迁居通化、临江、辑安、宽甸、安东、庄河、桓仁，其后向西北的兴京、凤城、柳河等地发展，最北已经到达铁岭、新民府；一路渡图门江聚居和龙、延吉、珲春，然后向北部敦化、东宁、宁安、海林等地迁移①；一路经俄属沿海州溯黑龙江或松花江迁向东北北部，如吉林的阿城、五常与黑龙江的瑷珲等地②。他们对于"向来荒弃之草甸子及洼地无不求而得之"，耕垦而栽培水稻，于是开始了上述各地区的水稻种植历史。奉天省"兴京、旺清边门、柳河县、三源浦等地方进步最速"③，总计全省水田面积 25469 亩，兴京最多达 14565 亩④。吉林省延吉地方是鲜民集居区，水稻栽培最多，仅间岛一地即已开发水田千亩⑤。吉林北部五常、阿城及黑龙江省呼兰⑥、瑷珲等地水稻的零星栽培，是清代东北水稻分布的极北界限。

水稻由东南向西北的引种推广，不仅给东北传统的旱地农作物结构增添了水田灌溉作物的内容，而且有力地促进了农田水利事业的发展，有利于对历来荒废的低湿沼泽地的开发。

（3）马铃薯

清末东北开始引种薯类作物中的马铃薯，因其适宜当地自然条件，故出产颇多。据日本人编写的《满洲地方志》记载奉天省南部滨海各地多有栽培，东边外新垦地区也种植不少，如西安县（今辽源）栽培面积达到 7 万亩⑦。吉林省宾州府 1908 年出产马铃薯 100 万斤⑧，农安县 1909 年产 8 万担⑨。虽然记载缺略而无法知其具体栽培范围，但以上数例已经显出马铃薯在东北扩种的趋势。

---

① 《黑龙江民族》第一节：迁入和定居，1988 年 12 月出版。
② 徐兆奎：《清代黑龙江流域经济的发展》，商务印书馆 1959 年版。
③ 黄越川：《东三省之水田志》民国版，第 2 页。
④ 奉天农业试验场《奉天省农业统计调查报告书》第二期之第二册。
⑤ ［日］《间岛产业调查书》记间岛共开发水田约一百町步，一町步等于一晌，即十亩，故约千亩。
⑥ 宣统《呼兰府志》卷一一《物产》。
⑦ 宣统《西安县志略》卷一《实业》。
⑧ 吉林行省档案，1（6—1）—168。
⑨ 吉林行省档案，1（6—1）—216。

综上所述，经过有清二百余年的农业开发，东北传统农作物如高粱、大豆、粟、小麦等的种植区域由辽河中下游平原向北逐渐扩展到了松嫩平原，即清代新引种的玉米、水稻、马铃薯等也是从南向北推广种植的，这一特征与清代东北的人口移动及土地开发方向一致并进程同步。清末，除主要农产大豆各地分布都很普遍外，高粱、小麦、粟、玉米、水稻这些主要粮食作物在东北的分布明显具有不太平衡的特征，高粱在南部辽河流域播种比率特高，越向北越少，而小麦则成为北部松嫩平原的大宗农产，呈向南递减的趋势，粟受干湿气候的影响，播种比率由东南向西北逐步增加，而玉米的分布受汉族移民的影响，在新垦地区种植较多，水稻是朝鲜移民引种东北地区的，发展上与移民进程同步，分布上则是由东南向西北逐步递减。另一值得注意的分布特征是由于对外贸易的影响，商品率较高的黄豆、小麦在水陆交通便利地区形成了相对集中的商品产区。

（本文原刊《中国历史地理论丛》1998 年第 4 期）

四　清代东北地区经济作物与蚕丝生产的区域特征

明朝在东北地区屯田兴垦，主要种植粮食以保障兵食，很少栽培商品交换性质的经济作物。有清一代，东北地区棉、麻、烟、靛等经济作物与蚕丝生产得到了较大的发展，本文旨在探讨其地域分布及扩展的特征与形成原因。

1. 棉、麻与靛的地域分布及扩展
（1）棉花

早在太祖天命元年（1616），女真人即开始"为织布而种植棉花"[①]，进入辽沈地区后，努尔哈赤规定每一旗丁授田六晌，其中必须植棉一晌[②]，棉花在种植业中比例较高。清中期，辽河下游"辽阳、盖平、海城

---

① 《满文老档》太祖朝，卷五。
② 《满洲老档秘录》天命七年，晌为东北特殊的土地计量单位，1 晌等于 6 亩。

亦多植棉，……收时尚行远省"，识者以为教民纺织，棉布足以自给①。除满汉农民栽培棉花外，清政府还设有不少棉庄，清初盛京内务府棉庄15处，其中辽阳界4处，海城界7处，盖平界3处，熊岳界1处，岁纳棉花12000斤②。至清中叶纳棉额增加到26200斤，又加盛京户部棉庄5处收棉3500斤③，计棉庄一项每年即可收获棉花近3万斤。

清中期，东北棉产区以奉天府辽阳、海城、盖平为中心，北抵柳条边界的铁岭县④，随着农耕区的东渐，东部岫岩厅棉花的"种植渐多，收成亦佳"⑤。西部锦州府属的锦县、广宁、宁远各地也有棉花的生产⑥。棉产区十分广大，几乎遍及奉天（今辽宁）全部农垦地区。

清代末年，东北棉产区仍仅局限于奉天一省（请参阅清代棉、麻、靛的地域分布及扩展示意图）。沈阳以南海城、辽阳、盖平等州县普遍植棉，"因适于地味，色泽颇良，近以需要愈多而产额亦加"⑦，辽阳州每年播种棉花4万余亩⑧。沈阳以西新民府、镇安县、锦州、义州、广宁等地所产棉花多用火车装运新民或营口转输出境⑨。1908年营口输出的630万斤长绒棉仅是奉天生产的一部分⑩。总之，清末东北棉花生产仍以辽河下游平原为中心，较之中期，栽培区域没有扩大，但产量有一定增加。

（2）麻

东北所产之麻有两种，一为苘麻，通称青麻，其纤维供纺织用；一为线麻，籽可榨油，皮沤为麻，坚实耐用。

东北植麻历史悠久，据《明代辽东档案汇编》记载，十六世纪中叶开始，女真人生产的麻与麻布就经常进入关市。清代中期，奉天、吉林

---

① 乾隆元年《盛京通志》卷二十七《物产》。
② 《大清会典事例》卷一一九六；乾隆四十四年《盛京通志》卷三八《田赋》（误作盖平13处）。
③ 乾隆四十四年《盛京通志》卷三八田赋。
④ 康熙《铁岭县志》卷上物产。
⑤ 咸丰《岫岩志略》卷五物产。
⑥ 康熙《锦县志》卷三《田赋志·物产》；康熙《广宁县志》卷三《物产》；康熙《宁远州志》卷三《田赋志·物产》。
⑦ 日本参谋本部编《满洲地志》。
⑧ [日]《满洲地方志》第一编，奉天省·辽阳州。
⑨ 徐世昌：《东三省政略》卷十一《实业·奉天省》，附调查南路农业情形。
⑩ 营口县公署档案，卷五八九——九四七〇。

两地种麻较为普遍，奉天省锦州府属广宁、宁远，奉天府属辽阳州与盖平、铁岭等州县皆产麻①。奉天内务府官庄以其所产上官备用②。吉林各处种麻普遍，尤其是吉林城北一带种麻特多，每岁所收不减于烟，为吉林出产大宗之一，烟麻商人贩运内地，每岁卖银百余万两③。

清代末年，麻的种植区域不断扩展，奉天省上等线麻的产地以"兴京所属地为最，总名东山，均在沈阳之东南"，海龙府属山城子、朝阳镇也以盛产线麻著称④。清末海龙府每年产麻约400万斤，其中八成销往外境⑤，西丰县种麻6267亩，年产100余万斤，东平县（今东丰）种麻4184亩，岁收3万斤⑥，柳河县年产麻6万余斤⑦，怀仁县（今桓仁）一年出口线麻191440斤、绳麻25656斤、苘麻65716斤⑧，西安县（今辽源）每年种麻5万亩，平均亩产线麻35斤、苘麻55斤⑨。总之，沈阳以东新放垦的兴京、海龙所属诸县在清末麻的种植面积广、输出数量大，都以线麻为主，成为新兴的麻产中心。奉天省其他地方也有相当产值，沈阳西南辽阳、镇安、广宁一带以生产苘麻为主，如辽阳州小北河以产上等苘麻著称，岁出150万斤，镇安县年产苘麻20余万斤⑩。海城、金州与复州沿海地方织鱼网需麻甚多，故种植不少，海城县年均植麻4530亩⑪。此外，奉天、康平、铁岭等地也有麻的种植⑫。

清末，吉林省植麻极其普遍，由表3—9可知全省播种面积超过

---

① 康熙《广宁县志》卷三《物产》；康熙《宁远州志》卷三《物产》；康熙《辽阳州志》卷一九《物产》；康熙《盖平县志》卷下《物产志》；康熙《铁岭县志》卷上《物产》。
② 乾隆元年《盛京通志》卷二十七《物产》。
③ 萨英额：《吉林外记》卷七。
④ 徐世昌：《东三省政略·实业·奉天省》。
⑤ 光绪《海龙府乡土志·商务》。
⑥ [日]《满洲地方志》第一编，奉天省。
⑦ 光绪《柳河县乡土志·商务》。
⑧ 光绪《怀仁县乡土志·商务·出口》统计表。
⑨ 光绪《西安县乡土志》卷一一《实业》。
⑩ 徐世昌：《东三省政略实业·奉天省》。
⑪ 日本参谋本部编《满洲地志》，又日本人所编《满洲地方志》第一编，奉天府·海城县。
⑫ 奉天一带年产线麻93万余斤，见徐世昌《东三省政略·实业·奉天省》；康平县岁出麻子12万余斤，见光绪《康平县乡土志·商务》；铁岭则"多植烟麻"，见（佚名）《游宁古塔记》。

46万亩，年产量3049万斤以上，平均亩产65斤。从区域分布上看，南部吉林、伊通、盘石、桦甸等府州县与奉天东山产地连成一片，形成了较大的麻类生产区；北部松花江沿岸新城、宾州与五常三府种麻面积都在3万亩以上，年产均超过200万斤，是一重要产区；东部新垦农区如珲春、宁安、东宁、临江各地植麻绝对面积虽小，但其区耕地无多，相对比例较大，据说东宁府麻与烟草的播种面积占其总耕地的二三成之多①。

黑龙江省新垦农区种植罂粟较多，限制了麻类作物的发展，唯呼兰平原产麻自给有余，供应周边各地②。

表3—9　　　　　　　　1908年吉林省各地麻产统计

地区别	种植亩数	收获斤数	地区别	种植亩数	收获斤数
吉林府	4827	733700	桦甸县	10000	4900000
依兰府	510	11200	五常州	78801	6304000
新城府	35800	3580000	安宁府	(6538)	425000
密山府	271	12000	东宁府	650	78000
宾州府	128700	4210800	临江府	600	45000
农安县	20000	2800000	珲春厅	36000	2880000
敦化县	300	15000	伊通州	32741	(2128200)
磐石县	15900	676200	—	—	—
长春府	127000	5969000	合计	498638	34768100

资料来源：吉林府至桦甸县见吉林行省档案，1（6—1）—306；伊通州至珲春厅见日本人所编《满洲地方志》第二编，吉林省各章节。原资料所缺之项用平均产量推求，用括号标示。

（3）靛青

清初盛京内务府设有靛庄6处，其中承德县（今沈阳）界3处，辽阳州界3处，每年纳靛22200斤，专供三旗织造库染布之用③。嘉庆时期靛庄增至11处，岁纳靛23090斤④。除官庄外奉天府承德、辽阳、盖平、

---

① 吉林行省档案。1（6—1）—342。
② 徐宗亮：《黑龙江述略》卷六·丛录；《呼兰府志》卷一一《物产》。
③ 乾隆四十四年《盛京通志》卷三八《田赋》。
④ 嘉庆《大清一统志》卷五七《盛京统部·田赋》。

铁岭及锦州府锦县、广宁、宁远等州县的满汉农民也种植靛草①，所产同烟麻一起转售关内。

表3—10　　　　　　清末奉天与吉林靛青生产统计

地区别	种植亩数	年产斤数	资料来源
海龙府	20893	(1155383)②	日本人编著《满洲地方志》第一编奉天省
东平县	18320	50000	同上
西丰县	15836	666168	同上
西安县	4000	220000	（宣统）《西安县志略》卷一一实业
柳河县	(452)	25000	（光绪）《柳河县乡土志·商务》
伊通州	(7233)	400000	《吉林通览》第182页
磐石县	35700	2856000	日本人编著《满洲地方志》第二编吉林省
桦甸县	4842	(267763)	同上
东宁府	327	49050	同上
密山府	450	45000	同上
临江府	600	(33180)	同上
方正县	900	54000	同上
双城县	50230	3013800	同上
宾州县	(1772)	98000	吉林行省档案，1（6—1）—168
榆树县	(45208)	2500000	吉林行省档案，1（6—1）—168
合计	206763	11433344	

清末，东北蓝靛种植获得较大发展，据表3—10的不完全统计。奉天、吉林两省种靛面积20余万亩，年产量可达1100万斤，平均亩产55斤左右。蓝靛产地也由辽河下游传统农区向新放垦地区转移，奉天省东部新放围荒及吉林省、黑龙江省呼兰平原为主要种植地区，大致可分为三个区域（请参阅示意图），沈阳东北部吉林城以南包括开原、铁岭③、

---

① 康熙《盖平县志》卷下《物产》；康熙《铁岭县志》卷上《物产》；康熙《锦县志》卷三《田赋志·物产》；康熙《宁远州志》卷三《田赋志·物产》；康熙《广宁县志》卷三《物产》。

② 原资料所缺之项用平均产量推求，用括号标示。

③ 日本参谋本部编《满洲地志》。

海龙、西丰、东平、西安、柳河、伊通、盘石、桦甸等州县播种面积愈 8 万亩，年产 480 余万斤。北部松花江两岸双城、榆树、方正、宾州及呼兰①等地每年种靛超过 9 万亩，收获 500 万斤以上，生产规模最大。吉林东部边远地区东宁、密山、临江各地也是一产区，只是播种面积较小。

2. 烟草与罂粟的地域分布及扩展

（1）烟草

1621 年，烟草由吕宋、琉求经朝鲜半岛传入辽东地区，因其颇有御寒驱虫功用，故东北居民吸食者日众。清太宗以烟草非土产，银钱外流，实行严禁进口、鼓励民间自种的政策，此后东北各地烟烟种植逐渐扩大起来②，成为东北重要的经济作物。

清中期，东北三省皆产烟草，而且质量上佳，各地名贵产品不少。奉天烟草"出辽阳者佳"③。吉林地区"吉林城南一带名为南山烟，味艳而香；江东一带名东山烟，味艳而醇；城北边台烟为次。宁古塔烟名台片，独汤头沟有地四、五晌，所生烟止有一掌，与别处所产不同，味浓而厚，清香入鼻，人多争买。此南山、东山、台片、汤头之所分也，通名黄烟"④。黑龙江地方多数人家隙地栽烟用以自给，而达呼尔人则以种烟为"一岁生计也，自插秧至晒叶，胼胝之劳妇女任之，皆自鬻于城市……其烟以庹计，流人改一庹为数束零售，谓之把儿烟"⑤，出现了烟草的专业生产者。当时边外各城烟草贸易兴旺发达，吉林与宁古塔城住有不少商人，收购大量烟叶运往关内发售，大获其利，时称"烟麻客"，烟烟之税也成为税课第一大宗⑥。黑龙江各城烟草销售量颇大，甚或在物物交换中用烟叶作为一般等价物，齐齐哈尔等地尚有输出俄罗斯者⑦。

清末，东北烟草种植范围不断扩大，播种面积与产量已达相当数额

---

① 徐宗亮：《黑龙江述略》卷六·丛录；《呼兰府志》卷一一《物产》。
② 《皇朝通志》昆虫草木略；何秋涛：《朔方备乘》卷二九《北徼方物考》。
③ 嘉庆《大清一统志》卷五八《奉天府·土产》。
④ 萨英额：《吉林外记》卷四。
⑤ 西清：《黑龙江外记》卷八。
⑥ 萨英额：《吉林外记》卷四。
⑦ 方式济：《龙沙纪略》经制。

（请参照清代烟草和罂粟的地域分布与扩展示意图）。奉天省主要产于东部新垦围荒地区，全省每年平均产烟900万斤[1]，海龙府加西丰、西安二县共计年产超过668万斤[2]，占全省总产量的74%，所以奉天所产黄烟被统称作"东山烟"。同时，奉天其他地方也有一定出产，东平县植烟40192亩，奉天府植烟5540亩[3]，怀仁县每年输出黄烟21万余斤[4]，柳河县年产烟65万斤[5]，新民府每年输出27万余斤[6]，铁岭县"地则荒熟参半，多植烟麻"[7]，这些地方的烟草生产各自不小。

表3—11　　　　　　　　清末吉林省烟草生产统计

地区别	种植亩数	年产斤数	地区别	种植亩数	年产斤数
磐石县	23000	700000	富锦县	100	（5550）
桦甸县	11000	940000	延吉府	700	（38850）
敦化县	44500	（2469750）[8]	密山府	450	27000
榆树县	（27027）	1500000	五常府	78801	7880100
农安县	136000	（7548000）	宁安府	64590	2906550
宾州厅	42700	（2369850）	东宁府	370	55500
临江府	150	（8325）	合计	429388	26449475

资料来源：吉林行省档案，1（6—1）—216与1（6—1）342；日本人所编《满洲地方志》第二编，吉林省各章。

清末，烟草仍是吉林省最重要的经济作物，据表3—11的不完全统计，全省栽培面积超过42万亩，年产2383万斤以上，平均亩产55斤左

---

[1] 日本辽东兵站部编《满洲要览》第188页。
[2] 海龙府年产烟300万斤，见光绪《海龙府乡土志·商务》；西安县种烟18900亩，年产175万斤，见宣统《西安县志略》卷一一实业；西丰县种烟84536亩，年产1935034斤，侮龙府种烟24124亩，见日本人所编《满洲地方志》第一编，奉天省。合计三区种烟127560亩，年产6685034斤。
[3] ［日］《满洲地方志》第一编，奉天省。
[4] 光绪《怀仁县乡土志·商务·出口》统计表。
[5] 光绪《柳河县乡土志·商务》。
[6] 宣统《新民府志·实业1·商务》。
[7] （佚名）《游宁古塔记》，见《小方壶斋舆地丛钞》第一轶。
[8] 原资料所缺之项用平均产量推求，用括号标示。

右。吉林省产烟区域很广，绝大多数地方有烟的种植，以吉林城为中心，南部包括吉林、盘石、桦甸、敦化、伊通等府州县所产烟通称"南山烟"①。此区与奉天东山产区连接成片，形成东北最大的烟草商品生产基地。西北部五常、宾州、农安、榆树各属烟草所占耕地均在2万亩以上，也是重要产地。东部宁安一府种烟6万余亩，年产近300万斤，规模不小。吉林省烟产丰富，贸易也繁盛，每年烟税征钱76万余吊，为地方财政一大收入②，营口港每年输出大量黄烟，其中十分之七来自吉林省③。

表3—12　　　　　1912年黑龙江省烟草生产销售情况

地区别	生产斤数	销售斤数	地区别	生产斤数	销售斤数
龙江县	270000	270000	余庆县	490000	490000
绥化县	2174000	2174000	兰西县	250000	210000
呼兰县	2985220	2897552	青冈县	360000	349900
海伦县	1994852	1789945	讷河县	213000	201000
大赉县	1121534	987345	巴彦县	206720	110000
肇州县	325600	251000	—	—	—
拜泉县	560000	500000	合计	10950926	10230742

资料来源：黑龙江行政公署档案，卷二三三一〇。

黑龙江土著不重饮茶，"客至则吸袋烟，手捧以进"④，烟草为日常生活必需品，消费量很大，故各地种植普遍。表3—12所列为1912年黑龙江省各地烟草产销情况，用来说明清末的烟草种植似无大碍，由表可知清末黑龙江全省年产烟约100万斤，以吉林平均亩产55斤计算需要耕地接近20万亩。从地区分布上讲，呼兰平原是主要产区，因为位于平原上的呼兰、绥化、海伦三县产烟总额超过715万斤，占全省的70%。

(2) 罂粟

罂粟结子有浆，收集晒干即为鸦片，俗称大烟土。清初东北即有零

---

① 吉林船厂所产烟草质量特佳，称为"厂烟"，见《满洲要览》第5章·商业；伊通州每年销往外地烟草4万余斤，见《吉林要览》第182页。
② 徐世昌：《东三省政略·财政·吉林省》。
③ 《满洲要览》第5章，商业。
④ 徐宗亮：《黑龙江述略》卷六·丛录。

星种植，当时只用于配药或观赏，故志书多入药属或花属。咸丰以后，东北各地开始大量种植，不到三十年，三省大部分地区都有鸦片的生产。所产除供给本境消费外，尚可大量外销，时与云土并称①。

奉天省各地罂粟大量种植较早，至光绪十七年遂成为重要经济作物，地方政府开始设税征课，其中土药亩捐规定种土之地每亩征银二钱。奉天省土药亩捐收入为1906年37067两，1907年24655两，1908年13701两②，由此可算出这三年罂粟种植面积分别为185335亩、123275亩与68505亩。各府州县具体分布情形不太清楚，大概奉天省东边新垦地区土地肥沃，人少地多，加之政府管辖力相对薄弱，鸦片的种植可能较多，如1908年东平一县种植鸦片5000余亩③。

吉林省罂粟栽培范围较广，表3—13所反映1908年各地产销情况，可知吉林绝大多数府县有鸦片的生产，其栽培面积超过万亩的有新城府、宾州厅、延吉厅、绥芬厅、双城厅、敦化县与榆树县七属。全省罂粟种植地亩超过20万，年产烟土近100万两，除本境自给外，尚可输出58万余两，其中敦化一县就外销35万两，数量惊人。

表3—13　　　　　1908年吉林省罂粟（烟土）产销统计

地区	种植亩数	收土两数	外销两数	地区	种植亩数	收土两数	外销两数
吉林府	1180	23128	—	伊通州	287	3400	
长春府	3553	28575	14125	临江州	1173	17000	
新城府	42298	28575	18629	敦化县	41199	400000	35000
依兰府	3297	7144	1568	磐石县	3972	45000	25000
宾州厅	15163	100000	—	农安县	6901	28651	669
五常厅	1902	19000	—	榆树县	42298	28575	18629
延吉厅	16695	133500	105500	方正县	442	3666	
绥芬厅	12616	63081	34081	长寿县	1791	6000	3200
双城厅	10162	44299	13776	合计	204929	979594	270177

资料来源：徐世昌《东三省政略·》"民政·吉林省"。

---

① 《吉林通志》卷三三《食货志·物产》。
② 徐世昌：《东三省政略·财政·奉天省》。
③ 日本人所编《满洲地方志》第一编，奉天省·东平县。

黑龙江省罂粟种植较奉吉为晚，却因客民开垦，地旷而肥，发展异常迅速，"不过二十年，日旺一日，可叹也"①。1907年将军程德全仿照奉天亩捐办法规定每种罂粟一亩征银二钱，由1908年各属所收亩捐数额可知其播种面积，详见表3—14。黑龙江罂粟的种植面积在东北三省中最大，总共超过43万亩，等于吉林省的二倍、奉天省的七倍。当时黑龙江耕地约2000万亩，鸦片竟占2%，且多肥沃之田。罂粟的畸形发展，不仅妨碍了传统经济作物的正常发展，而且开始与粮食作物争地，鸦片流毒之烈至此。

表3—14　　　　　　1908年黑龙江省各地罂粟播种面积

地区别	捐银钱两数	种植亩数	地区别	捐银钱两数	种植亩数
绥化府	345794	172897	海伦厅	91351	45676
呼兰府	40462	20231	木兰县	39978	19989
巴彦州	226668	113334	兰西县	26749	13374
余庆县	101715	50858	青冈县	1879	940
肇州厅	518	259	合计	875114	437558

资料来源：徐世昌：《东三省政略·民政·黑龙江省》。

清末，清政府开始实行限种禁种鸦片的政策，东北各地罂粟栽植才逐渐减少。

3. 蚕丝生产的区域发展

蚕丝生产分桑、柞两种，清代东北蚕业主要是柞蚕的养殖，桑蚕的地位很低。

（1）桑蚕

有清一代，奉天各地罕闻桑蚕的养殖，仅南部沿海复州、宁海、海城、锦州、宁远等地有妇女利用野生桑树叶养蚕织绢，但数量很少，未足以言蚕业②。值得注意的是清末吉林省各地的桑蚕培育。1908年吉林设

---

① 徐世昌：《黑龙江述略》卷六·丛录。
② 乾隆四十四年《盛京通志》卷一〇六《物产》；《奉天通志》卷一二一《实业·蚕业》。

立桑蚕局，委员从浙皖采办湖桑 10 万株进行栽培试验，1910 年共收家养桑蚕茧 13601 两，缫丝 885 两。1911 年共收家养桑蚕茧 13601 两，缫丝 885 两。1912 年收茧 13932 两，缫丝 832 两。此外，宁安、农安、依兰、伊通、宾州、长春、延吉、新城、双城、榆树、舒兰、长岭、桦甸、富锦等府州县都从吉林桑蚕局领取桑苗，栽培养蚕①。吉林省还培育出用柳叶养蚕的方法，许鹏翊将其技术编成《柳蚕报告书》及《柳蚕新编》②，这是养蚕业的一大突破，惜乎没有继承下来。今天若能重新开发利用这项技术，在柳树资源丰富的中国定能发扬光大。

（2）柞蚕

东北地区漫山遍岭生长槲椤树，叶大如掌，可以饲养山蚕。各族人民早就掌握了营造蚕林和养蚕收茧抽丝的技术，唐代渤海国土产龙州之绸即为山茧丝织成，清代中期，传统的山蚕养殖在南部奉天省得到恢复发展。清初主要集中于沈阳以南海城、盖平、复州、宁海各州县，所产蚕丝不亚于山东③。其后向东部千山地区发展，岫岩、凤城地区逐渐开辟了不少养蚕山场④。18 世纪中期，因蚕丝生产贸易规模较大设官征税，每年税银都在八千两之上⑤。西部锦州属养蚕者少，只宁远州土产有蚕⑥。

清代末年，东北柞蚕业兴旺发达，除南部传统蚕区生产规模继续扩大外，奉天东边及北部吉林、黑龙江各地新兴养蚕地区也不断涌现（见清代东北柞蚕业的分布与扩展示意图）。

奉天省清末柞蚕生产分布情况见表 3—14，沈阳东南辽阳、金州、海城、复州、盖平、凤城、岫岩等老蚕区，养蚕山场大量增加，复州有专业养蚕者千户，岫岩更超过三千户，蚕业人口都在万人以上，盖平年产蚕丝竟达 17 万斤。沈阳以北开原、铁岭，以西绥中地区也开始发展起来，尤其是东边新垦地区蚕业蓬勃发展，日盛一日，西安县 1908 年仅有

---

① 《清代吉林档案史料选编》蚕业，第 250—254 页。
② 通化县档案馆藏《吉林发明柳蚕报告书》。
③ 乾隆元年《盛京通志》卷二七《物产》。
④ 咸丰《岫岩志略》卷五《物产》；博明希哲撰《凤城琐录》。
⑤ 《满族简史》编写组《满族简史》，中华书局 1979 年版，第 73 页。
⑥ 康熙《宁远州志》卷三《田赋·物产》。

养蚕山场1处，次年增至35处，第三年更猛增至489处①，发展速度惊人。清末安东、本溪、庄河、西丰、怀仁、通化、辑安、临江、柳河、东平等州县都有不少养蚕山场，其中安东县蚕区20处，蚕户912家，宽甸县蚕区19处，蚕户1525家，每年产丝3万余斤，生产规模较大，有后来居上之势。清末奉天全省蚕茧产量很大，据1905年估计，当时平年可产1000万捆（每捆1000粒茧），丰年1500万捆②。所产蚕丝除销往中国内地外，清末开始向国外大量输出，1908年经营口埠输出的蚕丝共140万斤③。又据吉林省档案，宣统元年二月二十一日宾州直隶厅同知李树恩禀称，奉天省每年出产蚕丝值银600万两，通过海关输出总值不下158万两，可知生产量与出口量都很大。

表3—14　　　　　　　1908年奉天省柞蚕生产情况

地区	蚕区	蚕户	蚕业人数	生产量
辽阳	南路2区	55	194	3150斤丝
复州	共7社	1454	10436	1136千粒茧
开原	城东南路	23	46	480斤丝
盖平	—	424	2886	172625斤丝
本溪	东南2区	57	172	10200千粒茧
绥中	8处	2108	7935	3457斤丝
凤城	41区	467	1662	
岫岩	48区	3343	7708	
安东	20处	912	2284	
宽甸	19处	1525	4959	305600两丝
庄河	22处	2386	7962	
西丰	2区	209	2577	200斤丝

资料来源：《奉天通志》卷一二一《实业·蚕业》。

北部吉林、黑龙江广大山地也有各种柞树生长，惜乎养蚕技术传入

---

① 《奉天通志》卷一二一实业·蚕业。
② 辽东兵站部编《满洲要览》，第107页。
③ 营口县公署档案，卷589—19470。

很晚，清中期尚无蚕场开辟出来，抽丝多用野茧①。清末期，北部很多地方开始了柞蚕养殖。1907年昌黎绅商许鹏翊考察了吉林养殖资源以后，在吉林城附近"椴树蕃茂之处布放山蚕，雇觅奉天海、盖等处熟悉蚕务工师"开始试养山蚕，翌年设立山蚕局，于吉林、伊通、盘石等地开辟山蚕场16处，逐步推广柞蚕养殖，1909年宾州收茧106万粒，1910年双阳、盘石两县共收茧100万粒，桦甸收茧10万余粒，成效颇为显著②。黑龙江柞蚕养殖始于1908年，其后甘南、绥化、呼兰、海伦、木兰、汤原各地陆续试养，终因当地霜降早、雨雪多，收效不大③。

4. 经济作物与蚕丝生产的区域扩展特征及限制因素

通过以上论述，可知清代东北地区经济作物与蚕业生产在地域分布及扩展上具有以下特点。

(1) 从东北地区整体来看，除棉花栽培区有清一代没有大变化外，其他经济作物及蚕丝生产区域在清代大致从南部辽河流域向北部黑龙江流域推移，呈现一种由南向北扩展的大趋势。清代初期，烟、麻、靛仅在辽河平原传统农区内种植，清中期，北部吉林、宁古塔、齐齐哈尔等地才形成小范围的烟麻生产区，至清末，北部绝大多数地方有烟麻的种植。柞蚕业也是先在辽东半岛发展，后来向吉林黑龙江各地传播的。

(2) 具体进行分析，东北地区南北两部分又各有特殊性。南部奉天省经济作物及蚕业生产逐渐由辽河下游传统农区向沈阳东南长白山区扩展。清末，除棉产中心仍位于辽河下游平原外，麻、烟、靛及柞蚕生产中心都转移到东部新垦山区，呈现出自西向东或由平原向山区扩展的趋势。北部黑龙江流域，清初草莽未开，至清中叶在第二松花江与嫩江河谷平原出现了小范围的烟麻生产区，清末，烟麻种植区不断向四周扩展，北抵呼兰平原，西达洮儿河流域，东进三江平原，有一种由中部向周边扩展的趋势。

---

① 张缙彦：《宁古塔山水记》载宁古塔近山"生野茧，抽之成丝"。
② 徐世昌：《东北三省政略》卷一一实业·吉林省；《清代吉林档案史料选编》蚕业第250—254页。
③ 孔经纬主编：《清代东北地区经济史》，黑龙江人民出版社1990年版，第337—338页。

（3）经济作物是为进行贸易交换而种植的商品性作物，一般应分布在交通便利的地方，而东北清代经济作物生产中心却多在交通落后的山区或偏远新垦地区。比如，清代中期烟麻商业生产区并不在与直鲁隔海相望水运方便的辽河中下游农耕区，而在偏远的北部吉林各城。清末烟麻商业生产区域又转移到奉天东边及吉林南部的新垦山区，那里转运多用驴驮骡拉，运输条件也无法与松辽平原新建的铁路进行比较。

清代东北经济作物与蚕丝生产区域扩展特征的形成主要是受下列因素的制约。

（1）自然条件

东北地区位置偏北，气温相对低寒，只南部辽河中下游平原每年活动积温大于3000℃，能够满足喜温作物棉花生长的需要。这种自然条件决定了棉产区只能局限于南部奉天一省，不可能向北扩展到黑龙江流域。柞蚕（山蚕）产区多在山区，平原地带缺少柞树资源，蚕业也就不会发达。

（2）人口移入与农业开发程度

自然条件提供了种植业发展的可能，但一个地区如果土地荒芜未辟，又缺少生产劳动力，即使其自然条件很优越也不会有经济作物的栽培。只有这个地区耕地逐渐增加，农业劳动力大量移入，该地经济作物的种植才能大规模展开，也就是说，经济作物种植的地域扩展与人口移入及农业开发进程同步。清代东北农业开发表现为南部传统农耕区向北部渔猎畜牧区的逐步扩展，这与经济作物及蚕业生产区域由南向北扩展的大趋势一致。同时，这也是经济作物区在奉天省自西向东、在黑龙江流域由中部向周边扩展的根本原因。

（3）东北农业的开放性及经济作物自身特点

清代东北农副产品对外贸易发达，中期东北豆麦每年贩运至上海者数千万石，后期除继续扩大与国内经贸关系外，农作物大量进入国际市场，"大豆三品"在国际市场上地位很高。东北农业的这种开放外向性决定了其粮食商品率很高，一般在75%左右[①]，这就刺激了豆麦等粮食作物

[①] 据日本人编《北满洲经济调查资料》，东北北部地区大豆商品输出率为70%，小麦为80%。

在交通发达地区如铁路沿线与河谷平原形成相对集中的商品粮产地，经济作物因为技术要求高，劳力资金花费大而在此受到排挤。在交通不太便利的山区或新垦边远地区情形就大不相同了，这里耕地已经大量垦殖，但生产粮食得不到实惠，因粮食价低而笨重，长距离运输费用特高，而烟麻靛等经济作物价高质轻，容易储存，能够转运销售远方，于是，经济作物在交通落后的山区或新垦边远地区得以普遍种植。这是东北经济作物与粮食作物商品生产中心出现差异的主因之一。

(4) 外国资本主义倾销鸦片

清末罂粟作为嗜食品在东北畸形发展是受外国资本主义倾销鸦片的毒害。洋药进口导致白银外流，于是各地大量自种罂粟，因获利甚巨，发展尤为迅速，给农业经济及社会风气带来极其不良的影响。

（本文原刊《中国历史地理论丛》1992年第2辑）

第四章

粮食亩产、作物结构与种植制度

一　清代山东省粮食亩产研究

1. 粮食亩产研究的薄弱及其原因

粮食亩产与耕地面积同是衡量一个地区农业生产水平的主要标志，不过，学术界对历代耕地面积的考证比较深入细致，而对历代粮食亩产量的研究却相对薄弱。这种情况的出现除历史文献有关作物产量的资料笼统稀少以外，更多的还是受到下列复杂问题的困扰。

（1）耕地亩积标准的紊乱及地力的差异

中国亩制向以尺计步，以步定亩，周制六尺为步，一百步为一亩；秦汉时改为二百四十步为一亩；唐以后改为五尺为步，亩仍二百四十步，各个朝代都有标准定量的地亩面积。但这仅是政府规定的亩积，一般称作"官亩"或"标准亩"。而各地实际运用的亩积与其相差很大。由于耕地的肥沃贫瘠不同，按官亩交纳等量的赋税就会负担不匀，唐两税法后虽有三等九则的大原则，多数人民仍然强烈要求折亩定税。山东实行折亩始于王安石的方田均税，到明万历年间大规模清丈土地时推广到全省大部分州县。据统计，明清时山东省有62个州县进行了折亩，占全省州县总数的58%，其中鲁西南平原地区折亩尤其普遍，州县折亩率达到80%[①]。各地折亩比率很不一致，有以二百八十步为亩者，有以三百六十

[①]　宣统《山东通志》卷七九—八○《田赋》。东昌府的馆陶与登州府的蓬莱、黄县、荣成、福山五县原资料不明确，据（清）刘家善修《馆陶县志》卷三《田赋》，道光《荣城县志》卷三《田赋》及顺治《登州府志》卷九《田赋》可知馆陶、荣成、福山三县已折亩。

步为亩者，有以六百步为亩者，有以七百二十步为亩者①，甚而还有"约计一千二百步作一亩，名之曰上，以当他邑二百四十步之一亩"者②。所以，虽同称亩，折亩后载于赋役全书的地亩与标准的官亩之间，每亩面积有相差三四倍者，而其间折算比率又没有统一的标准。中国土地统计上的这种混乱，造成无法准确进行地亩单位的统一，给计算粮食亩产造成了极大的困难。

山东省地貌形态多样，农垦历史悠久，因而造成了土地类型的多样化，除平原农田外，还有低洼的涝地、湖地与高亢的石田、岭地。由于自然肥力的差异，不同类型的耕地单位面积产值也不可能相同。涝地一旦"雨水微多，颗粒无收"，而山田"虽出粮食，收成甚薄"，都无法与土厚水肥的平原大田相提并论③。即使同是平原地区的耕地，由于土质或沙或淤或碱，粮食单产也有多寡之别。而且外部的自然与人为因素也会造成同一块地收成的年际变化，如风调雨顺之年，所获必高于先旱后涝之年。因此，如何判明土地的类型、等级及外界偶发因素影响，也是我们考察历史时期粮食亩产量的难题。

（2）粮食量器标准的紊乱及其品色的差异

古人缴租纳税计算粮食产额恒用升斗之量器，历代统治者为征收赋税的方便，都曾统一量制，颁行官斗于天下。但实际上各地仍是官斗和私斗同时并用。明末清初，"北方之量，乡异而邑不同，至有以五斗为一斗者，一哄之市，两斗并行"④。康熙年间，淄川县斛斗（即官斗）、市斗、大斗三器兼行，市斗"每斗较官斛（斗）出二升五合"。而"一斛斗止大斗之二升七八合耳"⑤。以官斗每斗小麦 16 斤计，则每市斗为 20 斤，每大斗 58 斤左右。清末，烟台一市斗小麦重 38 斤，兖州每市斗小麦重 100 斤⑥。滕县人视斤半为筒，十筒一升，则一升 15 斤，几近一官斗

---

① 乾隆《历城县志》卷四《田赋》。
② 道光《荣成县志》卷三《田赋》。
③ （清）吴树声：《沂水桑麻话》，《山东史志丛刊》1991 年第 4 期。
④ 顾炎武：《日知录》卷一〇《斗斛大小》。
⑤ 蒲松龄：《聊斋佚文辑注》，齐鲁书社 1986 年版，第 15—18 页。
⑥ ［日］《支那省别全志·山东省》第十编《度量衡·量》。

的16斤，俗语所谓"南人适北，视升为斗"是真有实例的①。量器如此混乱，则古人所谓"斗""石"的容量就很模糊，从而极大地制约了计算粮食亩产量的正确性。

同样标准的一斗，由于粮色不同其重量亦有不少差异。谷黍樱带壳原粮与其去壳后的净粮每斗重量相差三分之一。乾隆四十一年，户部议定北方的小麦、粟米、黄豆一官石抵算南方白米一石，重160斤，而北方的杂粮包括高粱、谷子、黍、大麦等一官石折120斤②。其实这仅是笼统的分法，因为同是无壳的粟米、麦、豆，每斗的重量也不相同。如烟台一市斗小麦38斤，粟米40斤，小豆38斤，绿豆39斤，高粱35斤；而在兖州一市斗小麦10斤，绿豆108斤，高粱80斤③。山东盛产各种杂粮，由斗折算成斤既有不同的比率，在计算粮食产量时就不得不弄清。

（3）接茬作物与复种指数的使用

亩产量是总产与亩数之比，正确计算亩产量，弄清楚总产与亩数是必要的，但并不是充分的。有时亩数仅是播种面积，则所求只为单季作物亩产，要求得每亩耕地的年产量则应该正确的考证出接茬作物与复种指数。

黄冕堂先生利用孔府档案资料研究曲阜农田的标准亩产量时，"按一年两收的惯例"，把麦粟两季的单产累加起来，得出雍正三年齐王庄农田亩产171.7斤的结论④。这种方法值得商榷，结论也不准确。首先，一年两收并非惯例，原引档案记载是年齐王庄分收租耕地共54亩，总播种面积80亩，复种指数实乃144%，而不是一年两季的200%。此处所谓惯例可能是指孔府的麦地一般收麦豆两季地租，实际上，麦地不一定能全部复种，是年麦地321亩，只复种248亩，麦地复种率为78%，而且除麦豆地外，尚有大量春地一年只能一收。清代山东大部分农田两年可收三季，因有部分麦地来不及复种或晒垡以养地，实际复种指数一直徘徊在130%—140%。其次，麦后接种的主要作物不是粟，而是豆类，这不仅

---

① ［日］《支那省别全志·山东省》第十编《度量衡·量》；吴承洛：《中国度量衡史》，中国文化史丛书本，第57页。
② 光绪《大清会典事例》卷一八九《户部·积储》。
③ ［日］《支那省别全志·山东省》第十编《度量衡·量》。
④ 黄冕堂：《清史治要》，齐鲁书社1990年12月版，第90页。

从孔府麦地租收取麦豆得到证明，而且查档案原件，在种豆的 38 人中全为种麦者，其中 2 家豆地与麦地数量完全相等，其余都少于麦地，这绝不是偶然的巧合①。再查乾隆年间汶上县美化庄春秋总账，特别说明了每年的麦茬复种作物，其中豆类占 80% 以上，荞麦、粟、黍三种作物合计不到 20%，而且晚粟亩产多年平均只有 91 斤，不及早粟的半数②。早粟亩产不仅高于晚粟，而且高于豆类，以之与麦合计核算全年亩产量，当然会使其结论虚增了。最后，黄先生认为"曲阜的斗桶如顾炎武所说是以五斗为一斗的，一斗麦子合七十斤，一斗谷子合六十斤"③。其实并不准确。孔府收租之斗自成体系，与官斗、市斗都有区别，姑且称之为府斗，档案中也有自称"收斗"者。档案中明确记载府斗数量："麦子每斗数量老称六十四斤，谷子每斗数量老称五十六斤。"④

总之，黄先生把复种指数 144% 的农田全看作一年一两收按 200% 的复种指数计算；又把单季种植较为高产的谷子当作麦茬复种作物，一季的单产又算大了；加上府斗折算数量估计稍高。所得结论必然误差很大，他认为齐王庄亩产 171.7 斤，较实际亩产的 114 斤增大了 50%⑤。由此可知接茬作物及复种指数的运用对正确计算粮食亩产影响不小。

要准确地计算古代粮食亩产必须摆脱上述因素的制约，也就不得不弄清某个地方的亩积、斗量大小、土地等级及作物种植制度等。山东曲阜孔府在清代拥有数十万亩农田，其农田亩积、收租之斗自成体系，而且还保存有大量的交租纳粮档案，给我们提供了计算清代粮食亩产的典型材料。

孔府土地多为历代王朝钦赐官拨而来，"至明洪武元二年清查旧地拨足祭田二千大顷。因系荒田创垦，俱照旧例，以七百二十步为一亩"⑥。清代基本沿袭下来，孔府的大亩是 240 步之官亩的三倍，因系通用单位，多数档案并不特别注明。不过，并不是有清一代孔府土地全用大亩计算，

---

① 《曲阜孔府档案史料选编》第三编·第九册，齐鲁书社 1980 年版，第 243—257 页。
② 《曲阜孔府档案史料选编》第三编·第十一册，齐鲁书社 1980 年版，第 289—460 页。
③ 黄冕堂：《清史治要》，齐鲁书社 1990 年 12 月版，第 89 页。
④ 《孔府档案选编》上册，中华书局 1982 年版，第 353 页。
⑤ 雍正三年曲阜县齐王庄平均每市亩产粮 119 斤，见后文，折成与黄先生一致的清代标准亩产则为每亩 114 斤。
⑥ 《孔府档案选编》上册，中华书局 1982 年版，第 103 页。

乾隆末年，孔府通咨查丈各庄祭田，齐王坡、胡二窑与颜孟庄的亩积改为"三尺五寸杆，六百步成亩,"较原大亩缩小了一些①；同时，孔府自置大量土地，因来源民间也有用官亩计算的，这时候档案一般会明确注明。

孔府收租之斗，笼统地说其容量"完米一斗计重六十余斤"②，按粮食品色具体分析，每斗重量为：小麦64斤，谷子56斤，黄豆60斤，黑豆62斤③。没有明确记载的高粱比照黄豆，每斗60斤；黍、稷比照谷子，每斗56斤；荞麦、大麦估算每斗50斤，后文就以此标准折算。

清前中期孔府的土地流行对半分成的实物租制，佃户必须将收获粮食的半数交给孔府。因此知道了种植的农田及分租数量即可算出每季作物的单产，也为准确地计算每亩耕地的年产量提供了方便。

孔府的土地主要是五屯、四厂与十八官庄，分布于曲阜、汶上、邹县、菏泽、鱼台等县，局限于鲁西南平原。不过，先用这个材料进行鲁西南平原的典型分析，然后结合其他资料推求山东全省各地的清代粮食亩产量，这种解剖麻雀式的方法比较稳妥。

2. 清代鲁西南平原的典型分析

孔府分收地租，年底由庄头、小甲开列各村总耕地面积以及春秋两季粮食作物播种面积、分收数量，上报孔府以备查核。因此能计算出各种作物的产量，其相加之和就是所有耕地当年的总产，用总产量除以耕地面积即是此庄农田的当年亩产量。当然，总产量包括细粮小麦与粗粮高粱、谷、豆类等多种杂粮在内，耕地面积又没有区别等级，上述方法得出的亩产量是通上中下地平均每亩年产粗细原粮之数。表4—1开列了按上述方法计算的十三村庄18年次的粮食亩产量，由表可知，由于各村庄土地肥力不同，同一年的粮食单产相差很大。顺治十年，汶上县马村与菏泽县平阳厂每市亩产190量都超过200斤④。而汶上县高家庄、鹿家

---

① 《孔府档案选编》上册，中华书局1982年版，第343、355、356页。
② 《孔府档案选编》上册，中华书局1982年版，第549页。
③ 《孔府档案选编》上册，中华书局1982年版，第353、358页。
④ 清代官方标准亩与今市亩都是以240步为亩，5尺为1步，不过，清一代量地尺度与今有一定差异，从而使清亩与今市亩面积有一定差异。一般认为1市尺等于1.042清量地尺，则1市亩等于1.042清亩，即1清亩等于0.960市亩，见吴承洛《中国度量衡史》，本文即以此计算。

庄与曲阜齐王庄都低于100斤，相差一倍有余。同时因年代不同，同一庄的粮食亩产量也有不小高低起伏，顺治十年与十一年，汶上县马村与西平原庄的亩产量相差五六十斤，而高家庄甚至悬殊一倍以上，且这种差异并不仅单向同一年倾斜。造成上述村庄和年代之间粮食单产丰歉的原因是多方面的，很难一一厘清，抛开这种随机误差不计，把表中18年次的粮食亩产数据纯粹按大小分成三个等级。

表4—1　　　　　　　　清初鲁西南各地粮食亩产统计

时间	村庄	分种地大亩数	总产斤数	每大亩产量	折每市亩产量
顺治十年	汶上县高家庄	179.4	39442	220	76
顺治十一年	汶上县高家庄	155.2	75198	485	169
顺治十年	汶上县所庄	73	34766	478	166
顺治十一年	汶上县所庄	81	33207	410	143
顺治十年	汶上县马村	115.4	72624	629	219
顺治十一年	汶上县马村	129.2	57256	443	154
顺治十年	汶上县鹿家庄	115	31625	276	96
顺治十一年	汶上县鹿家庄	100.2	35328	354	123
顺治十年	汶上县西平原庄	50	22466	449	156
顺治十一年	汶上县西平原庄	46.4	28494	614	214
顺治九年	邹县土旺庄	91.2	52582	577	200
顺治十年	邹县岗上庄	214.1	92372	431	150
顺治十年	邹县双村庄	64	19116	299	104
顺治八年	曲阜县南池庄	159.6	63682	399	139
顺治十年	曲阜县齐王庄	121.2	31122	257	90
顺治十年	菏泽县平阳厂	199.6	40425	—	211
康熙十八年	邹县毛家堂庄	97.4	22651	233	81
康熙四十年	鱼台县独山屯权家铺	79.4	31358	397	138

资料来源：①《曲阜孔府档案史料选编》第三编·第十一册，第44—282页；《孔府档案选编》上册，第277—372页。

②同时上属资料还可计算出顺治十一年汶上县下列官庄的每市亩产量分别为：陈家闸庄127斤，胡城口庄233斤，罗庄94斤，瞳里庄178斤，植家庄234斤，游村149斤，东平原庄140斤。

③菏泽县平阳厂耕地原档案注明系小亩即清代标准亩。

第一级为高产的6年次，每市亩产量在166—219斤，平均为197斤；

第二级为中产的6年次，每市亩产量在135—156斤，平均为144斤；

第三级为低产的6年次，每市亩产量在76—104斤，平均为95斤。

以这三级的平均亩产分别作为上中下三等土地普通年景的平均亩产量，则可以得出基本的结论：清前期，鲁西南平原地区正常年份每市亩耕地年产粗细粮大致是上等地200斤，中等地150斤，下等地100斤，通上中下地计算在150斤左右。当然，由于自然条件的影响，实际亩产量会在此标准上下浮动二三十斤。

上述结论建立在表列数据的分类假设基础之上，其可靠性令人怀疑，不过下列实际例证必定能消除疑惑。档案保存有汶上县美化庄乾隆前期二十余年的分收资料，今随机选出其中的十年，计算其各种作物的亩产量及年平均亩产量列成表4—2。由表可知，美化庄每年粮食亩产多在170—210斤，多年平均亩产189斤。

"汶上县，地多膏壤，树艺丰朊，甲于他邑"，是自古有名的良田沃壤，号汶阳田[①]。

美化庄位于汶上县城北15里的汶河谷地上[②]，在鲁西南地区属于上等田地，其多年平均亩产也与上述结论中的上等田产量基本一致。同时，表4—3统计了邹县毛家堂、下涧铺二庄康熙中叶13个年头的粮食生产情况，毛家堂庄每市亩年产粮食多在110—160斤，多年平均为133斤；下涧铺庄每亩年产多在80—110斤，多年平均为89斤。邹县半属峄山山地，地力相对低下，尤其是下涧铺的耕地据原档记载多系岗地，土质硗薄，一年多为一收，显示了下等地的特征，而毛家堂的耕地肥力相对较高，大约属中等偏下的类型。它们的多年平均亩产也分别与上述结论的中等、

---

① 万历《兖州府志》卷四《风土志》。
② 《山东省地图册·汶上县》，山东省地图出版社1988年版，第36页。

下等平均亩产量相近。这三个典型村庄长时期平均粮产水平充分证明了上述估计基本准确。

表4—2　　　　　乾隆年间汶上美化庄粮食亩产统计　　　　单位：斤/市亩

时间\种类	元年	五年	九年	十五年	十九年	廿一年	卅一年	卅五年	卅八年	四十年	以上各年平均
小麦	234	165	142	143	96	116（瞎）	118	84	113	94	130
大麦	213	146	172	65	71	59（瞎）	—	—	—	—	121
高粱	267	200（水）	222	189	125（水）	118	103	155	171	168	172
早粟	376	213（水）	216	156	145（水）	124	139	197（水）	241	232	204
晚粟	206	59（水）	217	31	—	淹讫	—	74	—	74	95
黄黑豆	141	125	146	117	22（雹）	20（虫水）	8（虫水）	102（水）	77	27（虫）	79
绿豆	70	淹讫	—	19	淹讫	淹讫	—	—	—	—	18
早黍	229	145（水）	—	—	171	139	59	157	坏讫	118	127
晚黍	107	6（雹）	140	—	—	—	雹打	淹讫	—	淹讫	44
荞麦	29	165	110	30	24（露）	17（水）	—	21	—	17	51
年平均	303	242	265	217	122	128	125	167	177	144	189

资料来源：《曲阜孔府档案史料选编》第三编，第十一册，第289—458页。①各括号内所注为自然灾害情形。

表4—3　　康熙中叶邹县毛家堂、下涧铺二庄粮食亩产统计　单位：斤/市亩

年代\类\庄别	毛家堂						下涧铺				
	小麦	大麦	高粱	谷子	豆	年总平均	小麦	高粱	谷子	豆	年总平均
21年	126	107	150	152	—	132	51	117	124	—	78
22年	68	73	91	97	—	73	48	—	81	—	68
26年	124	104	119（虫）	—	—	121	57	63	51	39（虫）	78
27年	35（病）	52	50（水）	—	—	41	40（病）	58	51	—	41
28年	90（病）	70（瞎）	125（露）	88（水）	96（水）	93	51	52（露）	50（旱）	64	83
29年	183	96（虫）	175	65	50（水）	177	47（旱）	85	79	54	82
31年	201	118	167	—	51（水）	191	89	24（雾）	117	49	114
32年	134（病）	156	168	175	淹讫	111	60	63（虫）	蝗吃净	83	78
33年	178	70（虫）	171	195	104	186	67	21（虫）	蝗吃净	92	76
34年	111	52（虫）	188	—	旱死讫	125	49	—	150	旱死讫	97
35年	189	111	125	—	46	178	69	83	121	—	89
36年	67（病）	—	217	245	42（水）	134	45（病）	125	124（水）	42（水）	99
38年	165（水）	—	141（水）	178（水）	35（水）	177	89	70	11	54	69
以上各年平均	128	92	145	149	47	133	58	69	74	53	89

资料来源：《曲阜孔府档案史料选编》第三编·第十一册，第207—288页。括号内系自然灾害种类。

表4—2与表4—3还分别开列了小麦、高粱、谷、豆类等粮食作物的单季产量,分析对比可得出以下结论。

(1) 麦类作物亩产量于粮食作物中属中等水平,水旱灾害较少,稍有病虫侵蚀,产量比较稳定,上中等耕地每市亩收获量在130斤以上,下等的岗地上产量偏低,说明小麦适生于低洼的肥沃土地。而且小麦面细质清,人们视为细粮;冬季播种次夏收获后又可接种杂粮,故各地小麦的播种比率特高,一般在50%以上。

(2) 春播杂粮中,谷子的产量最高,美化庄多年平均亩产超过了200斤,乾隆元年甚至创造了每市亩产谷376斤的高纪录。但它容易受水淹与虫害,产量波动较大,多次遭蝗虫吃净无收。高粱的亩产较谷子稍低,但却远高于其他杂粮作物,假若考虑到谷子是带壳计算的话,高粱的单产似在谷子以上,而且高粱秆长,成熟期不怕洪涝危害,其秫秸又是农民建房原料,故其种植地位超过谷子,位于各种杂粮之首。黍及荞麦的单产最低,种植亦少。

(3) 豆类多黄豆、黑豆、绿豆,全为麦茬后复种作物,容易水淹旱枯,又常遭豆虫侵蚀,故产量不高,黄豆与黑豆一般每年亩产六七十斤,绿豆亩产更低,多为二十余斤。

(4) 麦收后复种作物除豆类外还有黍、谷、荞麦,这三种夏播作物产量特低,如美化庄乾隆时多年平均亩产早谷为204斤,夏播的晚谷只有95斤,相差一倍有余。因此,在复种作物中黍、谷、荞麦的地位低微,无法与豆类作物抗衡,其播种面积很少,而且很多年份并无播种。

(5) 鲁西南平原地区自然灾害严重,水、旱、雹、霜、病、虫等灾害几乎每年都有发生,或一种或多种并发,造成粮食的减产。由表可知,所谓正常年份并非指完全没有自然灾害,而是指灾害影响轻微的年份。对作物危害最大发生频率最高的是洪涝灾害,经常有谷子、高粱、豆类等被水减产的记载,有时是几百亩地全被淹讫无收。虫害主要是春季的蝗虫与秋季的豆虫,分别蚕食谷子、高粱与豆类的幼苗。

总之,在各种粮食作物单季产量中,以亩产高低顺序排列依次为早谷、高粱、小麦、黍、大麦、黄豆与黑豆、绿豆等,不过由于复种季节的要求,其种植地位却与上述排列并不一致。

下面讨论一下粮食单产在长时期是否有增减变化,表4—2和表4—3

分别开列了同一地方的多年亩产量,但时间跨度仅及 30 年,看不出长期的变迁。表 4—2 反映美化庄乾隆初年的单产较高,表列前四年亩产都超过了 210 斤,其后就很少有此种高产,这是自然灾害趋于频繁的特殊原因所致,并不能说明粮食单产有逐渐降低的趋势。

曲阜县齐王庄保存了较长时期的分收档案,只是嘉庆年间收租系用市斗,曲阜地方一市斗等于二府斗,按此计算出每市亩粮食产量分列如表 4—4。在此表 4—4 所列齐王庄五年的亩产量中,顺治十一年最高,小麦与高粱单产位于各年代之首,黄黑豆亩产超过了 220 斤,创造了豆类作物亩产的最高纪录,这是特别丰收的年成。因为就在其前一年,该庄每市亩年产粮食仅有 90 斤,不及顺治十一年亩产的半数,见表 4—1。嘉庆九年,秋庄稼遭冰雹危害普遍减产,造成全年亩产偏低。除去这两个非正常年份,可知由清初到清中期,粮食单产基本没有大的变化。

表 4—4　　　　　清代曲阜县齐王庄粮食亩产统计　　　　单位：斤/市亩

时间	小麦	高粱	谷子	黄黑豆	年均亩产量
顺治十一年	102	163	—	225	209
雍正三年	67	103	98	70	119
乾隆五十三年	36	133	116	51	107
嘉庆九年	94	94	48	11	96（雹）
嘉庆十年	79	139	80	50	130
以上多年平均	79	126	85	81	132
光绪十八年齐王坡	91	109	186	53	155

资料来源:《孔府档案选编》上册,中华书局 1982 年版,第 277 页。

《曲阜孔府档案史料选编》第三编·第九册,第 243—271 页。

《曲阜孔府档案史料选编》第三编·第十一册,第 546—715 页。

清后期,孔府土地很少实行分收租制,较准确的资料难以找到,今选出光绪十八年曲阜县齐王坡的粮食生产情况附表 4—4 后,对比可知齐王坡是年单产较齐王庄清前中期平均稍高。当然,仅凭这一点是无法说明清末粮食单产有了增加的,因为时空造成的随机误差并不清楚。不过,民国时代曲阜县第三区评定各村产量的结论为上等地亩产 250 斤,中等地

200斤，下等地150斤，各村上等地比例特少，基本是中下等地，则民国时代曲阜县普通田地每市亩年产粮食可高于清中叶二三十斤①。粮食单产的增加是一个缓慢的过程，因此，如果说鲁西南平原清代末期的粮食亩产较前中期提高十余斤似乎不无道理。

也许有人会问，鲁西南地区近代以来天灾人祸频仍，粮食亩产怎会比太平盛世的乾嘉时代增加呢？我以为原因主要有以下几点：一是就孔府土地而言，定额地租取代分成地租有利于农民提高粮食单产，分成地租之所以在清前中期流行即是因为当时粮食产量低且极不稳定的缘故，而改用定额地租说明了这种现象有所改变；二是清中期以来的人口增长带来了大量的农业生产劳动力，农业的集约化程度加强了，"凡治田无论水旱，加粪一遍，则溢谷二斗；加做一工，亦溢谷二斗"②，劳力的多量投入可促使亩产量缓慢提高；三是外来的高产作物番薯、玉米等在清末期已经相对普及，番薯适宜山地生长而且产量较高，一般亩产可达千斤，折原粮20斤，较前种植粟、黍、稷等增产不少。春播玉米产量也很高，在上等田中精耕细作，"以中数计之……亩得六石"③。以每石150斤计，亩产900斤，即亩为大亩，折每市亩也在300斤以上，这就提高了农业生产力水平。

3. 清代山东各地的全面评估

上节考察了鲁西南地区的各种粮食作物单季亩产及全年平均亩产量，主要涉及曲阜、汶上、邹县、菏泽、鱼台等县。这几县的农田受黄运的影响水涝频繁，但从总体上看，本区属黄泗冲积平原，土壤肥力在山东省属偏上的水平，以其粮食亩产量为标准，结合土壤肥力、作物种植技术等因素，分析笔者所掌握的山东其他地区的笼统单产数据，可以大致推测出全省各地的粮食亩产。

沂蒙泰山区 此区地形复杂，沭沂河谷上的耕地肥力较高，但比例特少，又常遭洪涝危害。在丘陵山坡上开辟的石田、岭地，地力硗薄，

---

① 《孔府档案选编》上册，中华书局1982年版，第212—218页。
② 包世臣：《郡县农政》，中国农业出版社1962年重刊本，第52页。
③ 臧咸：《种蜀黍记》，见乾隆《济宁直隶州志》卷三《物产》。

虽出粮食，收成甚薄。乾隆初年，沂州府郯城县农民马永公"种了半亩稷子，收了一斗"①，虽不知地亩与斗量的确切标准，但每亩产粮二斗的产量一定不会很高。咸丰时沂水县令吴树声估计当地农业生产力情形，以为"一夫辄耕四五十亩，人力既不能精，粪力又薄，就使岁岁丰稔，不过亩收数斗，仅敷食用"②，从上下文含义来看，吴树声所谓地亩与容量似为官方标准，以每斗粗细粮 15 斤计，"亩收数斗"至多在 100—130 斤，而这还是丰稔之岁的亩产量。因此，笔者认为沂蒙泰山区一般年景下每市亩耕地年产粮食上等地 140 斤，中等地 110 斤，下等地 80 斤，通上中下地平均每亩产粮约为 110 斤。与鲁西南平原地区相比，亩产偏低 40 斤左右，应该基本符合本区地力贫瘠、广种薄收的实际情况。

胶东丘陵区 本区耕地主要分布于丘陵及山间盆地内部，土壤类型多为棕壤，肥力不高。由于缺乏资料，清前中期本区粮食亩产量只能大致估计，似应低于鲁西南平原区。清末期本区资料较详，对其粮食亩产似可得出较准确的结论，光绪末年，烟台附近"兄弟二人，有中地四十亩"，春季种高粱及谷子 20 亩，其余 20 亩种麦子与大豆，把 40 亩地分作两份每年轮换耕作。正常年景每年收获量如下：麦 3 石余，折 1140 斤。豆 2.5 石，折 925 斤；谷 7 石，折 2310 斤；高粱 4 石，折 1400 斤；总计生产粗细粮 5775 斤，平均每亩年产 144 斤，折每市亩年产 150 斤③。这是中等土地的一般水平，因此我估计胶东丘陵地区每市亩耕地年产粮食上等地 200 斤，中等地 160 斤，下等地 120 斤，通上中下平均 160 斤，似不会出现大的误差。验证以其他县份的资料，如海阳县农民房毅在宣统时有地 7 亩，"风调雨顺时一年收小麦八斗（每斗 42 斤），谷子五斗（折净粮 105 斤），糁子一石五斗（折净粮 293 斤），小杂粮二斗（每斗 4 斤），地瓜二千四百余斤"。地瓜即番薯，按五斤折一斤计，共折原粮 480 斤，总共 7 亩地一年收粗细原粮约 1302 斤，亩产 186 斤，折每市亩产粮 194 斤，产量很高，似有扩种番薯造成的单产增加。本县地主王海秋清末

---

① 《刑科题本》乾隆十七年正月二十四日，山东巡抚鄂容安题。
② 吴树声：《沂水桑麻话》，《山东史志丛刊》1991 年第 4 期。
③ 日本外务省著《清国事情》上册，1907 年版，第 332—333 页；又 [日]《支那省别全志·山东省》第十编《度量衡·量》载清末烟台地区每市石麦子 580 斤，黄豆 370 斤，谷子 330 斤，高粱 350 斤。

"有良田三千余亩，每年收租约二十一万斤"①，按照租率50%计，每亩要产粮140斤。不过海阳县并不都是这么高的产量，有些年份收成也偏低，如民国8年（1919）海阳全县耕地67.2万亩，总产粮食64449.4万斤②，亩产只有95斤。

这样看来，胶东丘陵地区的粮食亩产在清末期较前有二三十斤的提高，基本与鲁西南平原清末亩产持平。本区粮食单产增加的原因除扩种番薯等高产作物以外，还有增加施用豆饼等肥料的影响，有人认为清末烟台地区"农田上如单用小粪，每亩只收获三斗，如兼用豆饼，其产量据说可以增至四斗五升以上"③，使用饼肥后可以增产50%。

胶东丘陵地区各种作物的单季亩产量也可以用烟台附近的资料作代表，清末日本人的调查结果如表4—5所示，其中粟与玉米的单产较高，中等田每亩产量多在160—180斤；高粱次之，多在120—160斤；大豆、小麦殿后，一般亩产80—110斤。在麦豆杂秋二年三收的情况下，每市亩耕地年产粮也在150—170，正相当于上述中等土地的平均产量。

表4—5　　　　　　清末烟台地区各种作物亩产统计

作物别	田地等级	亩收获斗量	每斗重量（斤）	每亩产量（斤）	每市亩产量（斤）
玉米	中等	3—5	37	111—185	116—193
粟	中等	5—8	33	165—224	172—233
大豆	中等	2—3	37	72—111	75—116
小麦	上等	4—5	38	152—190	158—198
小麦	中等	2　2.5	38	76—95	79—99
高粱	上等	5—6	35	175—210	182—219
高粱	中等	3—5	35	105—175	109—182

资料来源：日本外务省编《清国事情》上册，1907年版，第332—333页；[日]《支那省别全志·山东省》第十编《度量衡·量》。

外国传教士李提摩太的调查报告认为，山东莱州府每亩谷物产量为

---

① 新编《海阳县志》第十九篇《居民生活·收入》。
② 新编《海阳县志》第四篇《农业·种植业》。
③ 日本外务省著《清国事情》上册，1907年，第333页。

上等田 66 斤，中等田 400 斤，下等田 250 斤，明显偏高，必定是实用亩较标准亩偏大，而他调查中没有进行换算造成的误差①。

中南山地东北麓平原区 本区土壤主要发育在山前洪积和冲积平原上，多褐土，肥力中等，清前中期没有材料论证，只能大致推测，其粮食亩产似较鲁西南平原地区略低。

清代末年，青州府益都县正常年份"每亩平均产量为谷物四百斤"，这当然不是官亩产量，当时益都以 720 弓为一亩，等于官方标准亩的三倍，由此可知益都县平年粮食亩产为 133 斤，折成每市亩产粮 139 斤，"在邻县临朐和临淄……土地生产能力比益都稍大"，基本可以达到每亩 150 斤左右。益都以西的淄川县粮食亩产最高，每亩地收获谷物可达 200 斤②。章丘县旧军镇一般农民每亩小麦、高粱、粟与玉米的产量分别在 90 斤、145 斤、200 斤与 130 斤上下，用麦豆杂秋的二年三熟制衡量，年均亩产约为 160 斤③。以上述各县粮食平均亩产为基础，推测本区清末粮食亩产量为上等地约 190 斤，中等地 160 斤，下等地 130 斤左右，通上中下地平均每市亩年产约 160 斤，与清末鲁西南平原单产基本持平，这说明本区清末农业生产力发展较快。

鲁西北平原与鲁北滨海平原区 鲁西北平原系黄河泛滥堆积而成，土壤以潮土与碱化潮土为主，肥力较鲁西南略差。滨海平原盐化程度更高，地力更低。清前中期，鲁西北平原粮食较鲁西南略低一二十斤，而滨海平原的产量要低 40 斤左右。雍正时，庆云县有"藉田四亩九分，其地在先农坛侧，岁收谷三石四五六斗不等"④。此处记藉田亩数与收获量所用标准当为官方定制，则以每石 140 斤谷物计，一般年景 4.9 亩耕地产粮 490 斤，平均每亩 100 斤，折每市亩产粮 104 斤。庆云县明时属山东，后划归河北省，但它与山东滨海平原区农业自然条件非常相似，确可代表滨海平原农田的一般水平。乾隆《钦定授时通考》认为山东青州滨海

---

① 李文实：《中国近代农业史资料》第一辑，第 644 页。
② 李文实：《中国近代农业史资料》第一辑，第 647 页。原资料认为淄川县每亩地约产谷物 300 斤，而其亩的面积为 240—360 弓，240 弓为亩者是官亩，360 弓为亩者为当地实用亩，故一清亩年产约 200 斤。
③ 罗仑、景甦：《清代山东经营地主经济研究》，齐鲁书社 1984 年版，第 92 页。
④ 咸丰《庆云县志》卷一《赋役》。

稻田，"每亩可收五六石，次四石"，以稻谷每石120斤计则亩产高达500斤，这是不可能的。首先，此资料源于明代《青州府志》，并非清代之事。顾炎武《天下郡国利病书》引明《青州府志》说海上斥卤宜种稻，"但雨旸以时，每亩可收五六石，次田五石"①。其实清代根本没有滨海种稻之事实。其次，产量如此之高似乎是亩的面积较大所致，亩收五六石不仅高于山东水稻田的一般水平，而且明显超过自然条件优越得多的江南水田，容易使人想起明代山东流行大亩制的事实②。

清代末期，此两区资料仍很缺乏，罗仑、景甦先生在解放后进行了不少地区的粮食亩产调查，却因为各地亩制没有分辨清楚，结果并不太准确，本文不取③，估计其粮食亩产也会同鲁西南平原一样有十余斤的提高。

综上所述，本文基本结论如下：清代前中期鲁西南平原粮食单产较高，一般每市亩生产粮食为上等地200斤，中等地150斤，下等地100斤；中南山地东北麓平原、鲁西北平原与胶东丘陵三地区次之，一般亩产较前区略低一二十斤不等；沂蒙泰山区与鲁北滨海平原亩产最下，大致亩产低于鲁西南平原四五十斤不等；全省综合起来每市亩耕地年产粗细粮约在140斤上下。清代末期，山东各地农业生产都有一定的提高，其中中南山地东北麓平原与胶东丘陵两地区粮食亩产增加最著，它们与鲁西南平原地区一起成为山东省粮食单产较高的地区，一般亩产为上等地210斤，中等地160斤，下等地110斤；鲁西北平原亩产量次之，较前略低一二十斤不等；沂蒙泰山区与鲁北滨海平原仍然垫下，较鲁西南平原约低四十斤左右；全省平均每亩耕地年产粗细粮150斤左右。

---

① 顾炎武：《天下郡国利病书》原编第十六册《山东下·种稻》。
② 清代山东小清河流域也曾开辟有一些稻田，其亩产量大致为稻谷二石，净米一石，如章丘县明水镇某人"有二亩多的稻池，遇着收成，一年也有二石大米"。见西周生撰《醒世姻缘传》第五十三回《名御史族贤风世悍妒妇估恶乖伦》。此虽小说家言，却离社会现实不会太远，而且据传此小说为蒲松龄所著，他世守乡村，著过农书，对农业生产比较熟悉，亩产稻谷二石，合250斤上下，不及青州海稻田的半数。这里附带说明一下，由于清代山东稻田与水浇地不多，据1932年一、二月合刊《统计月报·农业专号》记载，1932年山东省耕地总面积为110656万亩，其中水田239万亩，只占2.16%；而且也缺乏水田方面粮食亩产的资料，本文对此很少涉及。
③ 罗仑、景甦：《清代山东经营地主经济研究》，齐鲁书社1984年版，第194页。

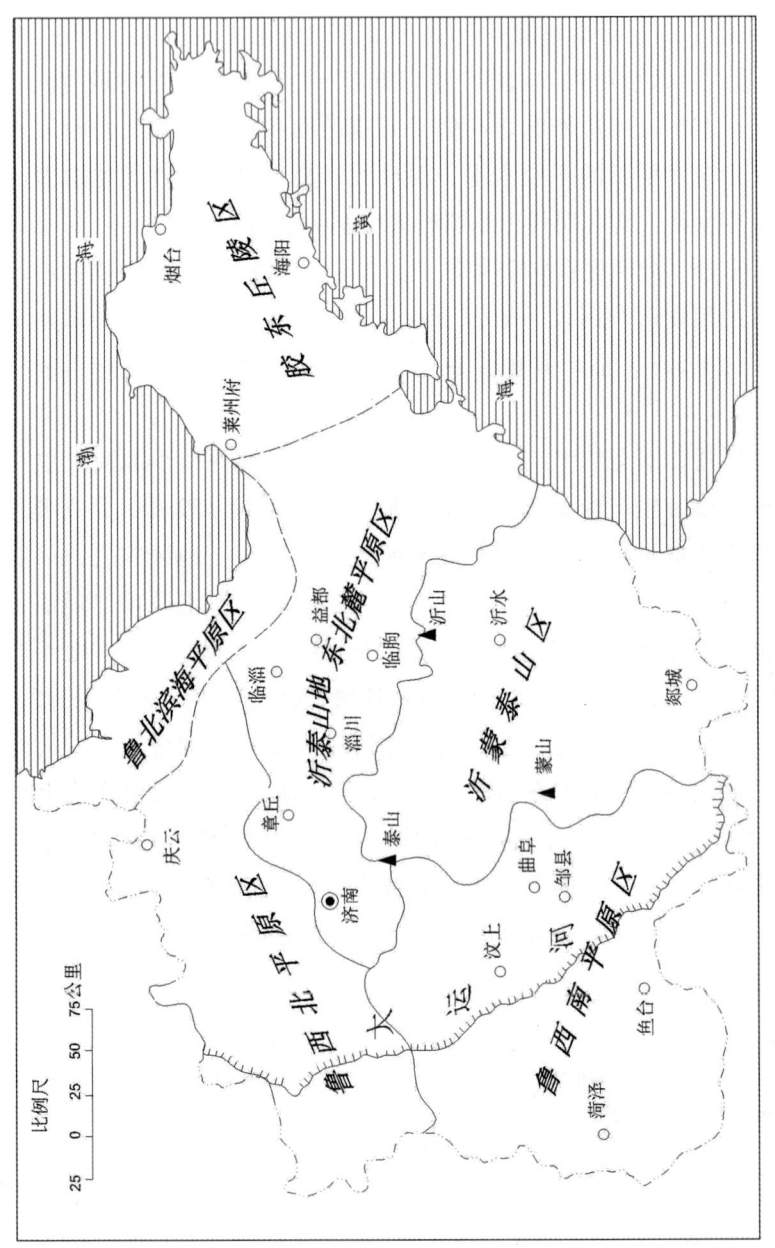

图4—1 山东粮食亩产研究代表县份位置与区划图

华北的河北、河南、山东三省主要农业区都位于黄河泛滥冲积平原之上，水光热等自然条件基本接近，大多实行二年三作制度，同属北方旱地杂粮农作系统，其农业生产力应该基本相近，山东省清代粮食亩产的数据大致能够代表北方诸省的一般水平。那么，用本文观点衡量以往的研究结果就会发现，多数学者对清代粮食单产估计偏高，农学家吴慧在其所著《中国历代粮食亩产研究》中认为清前期"一般说来，北方还是麦粟（黍）复种，亩产二石，粟豆等单种也是亩产二石……折市制约303市斤/市亩"。这个结论比清前期山东实际粮食亩产高一倍有余，误差很大，主要是因为他仅仅依据一二条笼统的资料所致。

（本文原刊《中国历史地理论丛》1993年第2辑）

二 明清山东粮食作物结构的时空特征

学术界普遍认为明清时期北方旱地农业发展缓慢，除引进和传播玉米、番薯等域外高产作物以外，传统粮食作物结构内部变革不大。其实不然，笔者在利用曲阜孔府档案、地方史志等资料大致匡算出各类粮食作物播种面积在明清各时期山东各地区占总耕地的比率以后，发现其传统粮食作物在结构上发生了重大的调整变化，小麦、高粱的播种面积比率不断增加，粟的地位下降，夏播复种大豆得到推广和普及，从而促使复种指数逐渐上升，提高了粮食的单产和总产。这当然不是山东一省的特殊情况，而是代表着整个北方旱地农区农业生产能力通过内部结构的合理调整向纵深发展的总特征。

1. 麦类与豆类作物种植比重的增加及其分布特征

（1）麦类作物

明清山东省广泛种植的麦类作物有小麦、大麦与荞麦三种，尤以小麦播种面积最大、产量最高。

A. 小麦

中国农产品分布格局向有"南稻北麦"之称，作为麦类之长的小麦早就成为北方旱地农区的代表作物。山东省地靠沿海，降水为北方各省之冠，而且平原辽阔，土壤相对肥沃，历来为小麦分布最广、产额较丰之区。明清时期，小麦在山东各地的播种特别普遍，而且播种面积还有逐渐增加的趋势。

山东小麦以八月播种、翌年五月收获的冬小麦为主，自唐二税法行，夏季征粮即纳小麦。明初山东起科官民田地也有夏税与秋税之分，如兖州府起科粮地244628亩，其中夏税纳麦地73122亩，占起科粮地的30%，具体到曲阜、滕、邹、单等县也无一例外，夏税地都占各自起科田地的三成①。又据嘉靖《山东通志·田赋》记载，山东省夏税实征小麦85万石，也占夏秋纳粮总数的255万石的30%，因夏秋纳粮亩则相同，可知不仅兖州府各州县，山东全省都是按照30%这个标准划分夏税地亩的。夏税小麦多征本色，虽有豌豆与布纱的折征，却也用小麦作为衡量标准，夏税地的绝大部分种植小麦必定无疑。如此，可以得知明前期山东约有30%的耕地播种小麦，即小麦的播种面积占总耕地的三成左右②。

明中叶以后，赋税折银成为历史的大趋势，农民种田不必照顾政府规定的夏秋标准，有了更多的自主权力，这对增加小麦播种比例有很大的促进。小麦面白质清，口感好，人们目为细粮，在市场上容易出售，价格也高，而且小麦受水旱灾害影响较小，单产量虽然不高但比较稳定。农民在生产实践中认识到"一麦胜三秋"的道理，纷纷扩大小麦的播种面积③。曲阜县张羊庄万历十九年有孔府分种地161亩，播种小麦66亩，占了40.9%，已较明初增加了一成④。而到清初顺治九年，本庄播种小麦337.4亩，占其总耕地565亩的59.7%，几乎是明初的二倍。据孔府档案资料，清初曲阜县红庙庄、上庄的小麦播种面积都在总耕地的一半以上，而齐王庄接近总耕地的八成⑤。清初汶上县十几个村庄的资料中，小麦播

---

① 《万历兖州府志》卷一四《田赋志》。

② 夏税麦地占起科粮地的30%是政府规定的纳税标准，山东六府及所属各州县都以此为准，这对于把夏税地看作明初实际播种麦地的判断并不太有利，但政府制定经济政策，并不能脱离当时农业生产实际太远，而且又没有其他资料可以证明，故本文以此立论。

③ 崇祯《历乘》卷一二《方产考》。

④ 《曲阜孔府档案史料选编》第二编，全一册，齐鲁书社1980年版，第137页。文中使用孔府档案资料所引用亩制为孔府庄园特殊的大亩制度，为叙述方便，没折成官方标准亩或市亩，下同。

⑤ 《孔府档案选编》上册，中华书局1982年版，第321—322页。

种比率多在60%—70%，没有一个低于50%，有的甚至高达90%，可知小麦在汶上县粮作结构中地位尤其重要（见表4—6清初汶上县各庄农作物结构及复种指数）。位于菏泽县境的平阳厂顺治十年种麦146亩，占总耕地199亩的73%，比率也很高。播麦比率低于50%的例子也有，如顺治十年邹县土旺庄麦地仅占耕地的43%，鱼台县境的独山屯权家铺，康熙四十年麦田仅占总耕地的32%（见表4—7清前中期孔府庄园农产结构及复种率）。大致明末清初，土壤水热条件适宜小麦生长的鲁西南平原广大地区小麦播种面积逐步扩大，由明前期的占总耕地的30%左右上升到50%左右。当然，这种小麦扩种的趋势并非仅为上述一区独有，自然条件基本相同的鲁北平原各州县似应与此同步。即如胶东丘陵这些小麦生态条件相对较差的地区有"红白二种，大率于百谷居什之四"[1]，考虑到当时有一定的复种，则其播种面积占总耕地的比例一定在40%以上，也较明初增加一成有余。明末小麦在山东各地种植面积加大，产量特高，因此它成为人民的主要食物来源，崇祯年间编写的《天工开物》认为"齐鲁诸道，烝民粒食，小麦居半，而黍、稷、稻、粱仅居半"[2]。

清代前期，只要条件许可农民就尽力扩种小麦，康熙五十六年山东巡抚李树德奏"查山东去岁秋雨及时，土脉滋润，所以种麦者甚多"[3]。但扩种小麦也受到自然与社会各方面因素的制约。如秋季干旱少雨，或多雨地湿，同时小麦的秋耕秋种与夏季收获都是特别需要劳力畜力的事情，这些都会限制小麦的大面积扩种。大致在康熙中叶以后，虽然小麦播种比率仍会发生一定程度的年季波动，但各地已经形成基本符合本区自然社会特点的较稳定的种麦比率。表4—8统计了康熙年间共十三年次的邹县毛家堂、夏涧铺二庄的农作物播种面积。其中毛家堂共有耕地100亩，每年播种小麦多则71亩，少则60亩，多年平均64亩，也就是说，这二十年间本庄小麦播种面积比率基本稳定在60%—70%；而夏涧铺有耕地40亩，每年种麦多则25亩，少则18亩，竟有九年都是20亩，上下波动幅度很少，多年平均小麦播种面积比为50%。汶上县美化庄的

---

[1] 顺治《招远县志》卷五《物产》。
[2] 宋应星：《天工开物》卷上《乃粒麦》。
[3] 《康熙朝汉文朱批奏折汇编》第七册，第2311号档。

表 4-6　清初汶上县各庄农作物结构及复种指数

类别 庄别 时间	净耕地亩	总播种面积	复种指数	小麦 A	小麦 B	高粱 A	高粱 B	粟 A	粟 B	黄豆 A	黄豆 B	黑豆 A	黑豆 B	绿豆 A	黍 A	稷 A	荞麦 A	其他 A
陈家闸庄 顺治十年	181	183	101	175	95.1	6	3.3	—	—	—	—	—	—	2	—	—	—	—
胡城口 顺治十年	96	148.8	155	84	56.5	6.3	4.2	5.5	3.7	20	13.4	20	13.4	—	—	—	13	—
马村 顺治十年	123	148.5	120	99.8	67.2	12.3	8.3	2	1.3	5	3.3	20.5	13.8	—	1.33	—	—	7.6
高家庄 顺治十年	179.4	179.4	100	155	86.4	9.4	5.2	—	—	—	—	—	—	—	—	—	—	—
罗庄 顺治十年	64.5	78.5	122	42.5	54.1	12	15.3	10	12.7	6	7.6	4	5	—	—	—	4	15
鹿家庄 顺治十年	115	117.7	107	95.2	77.2	17	13.8	2.4	—	4	—	4.5	—	—	—	—	—	—
瞳里 顺治十年	82.5	112.8	142.7	63	53.5	17	14.4	2.5	—	28	23.8	—	—	2.7	—	—	4.5	—
檀家庄 顺治十年	69.3	112.8	163	48.7	43.2	9.4	8.3	7.6	—	28.8	25.5	—	—	7.4	2.6	—	8.3	—
游村 顺治十年	58	62	107	53	85.5	3	—	—	—	3	—	—	—	—	—	—	1	2

第四章 粮食亩产、作物结构与种植制度　167

续表

类别 时间	庄别	净耕地亩	总播种面积	复种指数	小麦 A	小麦 B	高粱 A	高粱 B	粟 A	粟 B	黄豆 A	黄豆 B	黑豆 A	黑豆 B	绿豆 A	黍 A	稷 A	荞麦 A	其他 A
顺治十年	西平原村	50	50	100	48	96	2	4	—	—	—	—	—	—	—	—	—	—	—
顺治十年	东平原村	125.5	125.5	100	120.5	96	5	4	—	—	—	—	—	—	—	—	—	—	—
顺治十年	所庄	73	95.1	130	48.1	50.6	10	10.5	7	7.4	10	10.5	10	10.5	2	5	—	2	1
顺治十年	所庄	252.9	366.9	145	168	45.8	58.7	16	5	—	49.7	13.5	29	8	—	—	10	40	6.5
顺治十年	西平原庄	51.4	73.6	143	25.6	36.1	10	13.5	1	—	15	20.4	—	—	—	8	1	7	5
顺治十年	高家庄	163.5	255.9	157	123.7	48.3	45	17.6	5	—	42	—	—	—	22.4	—	—	9.7	8.3
顺治十年	所庄	82	107	130	38	35.5	20	18.7	12	11.2	20	18.7	—	—	—	—	—	5	1
顺治十年	马村	138.6	162.2	117	108	66.6	11.6	7.2	7	—	10	—	—	—	8.6	2.6	—	5	9.4
顺治十年	鹿庄	104.7	150	143	92.5	61.7	16.5	11	6.5	—	24.5	16.3	—	—	—	—	—	6	4.5

资料来源:《曲阜孔府档案史料选编》第三编,第十一册,第44—282页。其中,面积为大亩,A为各作物播种面积,B为A项占总播种面积的百分比,大小者并不计算B项。

表 4—7 清前中期孔府庄园农产结构及复种率

类别\庄别\时间	净耕地亩	总播种亩积	复种指数	小麦播种面积	小麦占播种面积比	高粱 A	高粱 B	粟 A	粟 B	黄豆 A	黄豆 B	黑豆 A	黑豆 B	绿豆 A	黍 A	稷 A	荞麦 A	其他 A
邹县上旺庄 顺治十年	117.2	157.9	134.8	50.7	32	33	20	27.7	17.5	14	9.2	16.7	10.6	9.5	1.8	A	A	4
邹县岗上庄 顺治十年	214.1	189.6	88.6	120	63.3	11.3	—	2	—	20	—	5.3	—	47	1	3.3	22	
邹县双村庄 顺治十年	64	82.9	129.5	36.3	43.7	22	26.5	—	—	9	10.8	—	—	—	—	—	10	5.6
曲阜县齐王庄 顺治十年	524	765.1	146	418.8	54.7	43.1	—	30.9	—	241.1	32	—	—	—	—	—	—	30.9
菏泽县平阳厂 顺治十年	199.6	346	173	146.5	42.3	13.1	—	17.9	—	146.5	42.3	—	—	—	22.1	—	—	

续表

时间	类别 庄别	净耕地亩	总播种亩积	复种指数	小麦播种面积	小麦占播种面积%	高粱A	高粱B	粟A	粟B	黄豆A	黄豆B	黑豆A	黑豆B	绿豆	黍	稷	荞麦	其他
顺治十年	邹县毛家堂庄	97.4	111.9	115	90	80.4	7.4	—	—	—	14.5	—	—	—	A	A	A	A	A
顺治十年	鱼台县独山屯权家铺	93.1	117.5	126	30.6	26	38.4	32.7	10.4	8.9	—	—	18.4	15.6	—	—	—	6	—
顺治十年	曲阜县齐王庄	554	800.5	144	321	40	185.6	23.2	30	3.8	288	36	—	—	4.1	—	—	—	—
顺治十年	曲阜县齐王庄	530.7	797.7	150	268.5	33.6	223	28	26	—	270	33.8	—	—	0.4	9.4	—	—	—

资料来源：《曲阜孔府档案史料选编》第三编，第十一册，第44—282页，《孔府档案选编》上册，第277—372页。其中耕地播种面积所用亩为大亩，A为各作物播种面积，B为A项占总播种面积的百分比，大小者并不计算B项。

表4-8　康熙中期邹县毛家堂、夏涧铺各农作物播种面积

类别 时间	毛家堂 净增地	小麦	大麦	高粱	粟	豆	其他	夏涧铺 净耕地	小麦	高粱	粟	豆	其他
康熙二十一年	97.4	70	12	8	10	—	—	41	25	10	6	—	—
康熙二十二年	100	71	10	15	4	—	—	43	18	—	25	—	—
康熙二十六年	100	65	13.7	21.3	—	—	—	38	18	9	11	18	—
康熙二十七年	100	65	13.6	21.4	—	—	—	38	18	13	7	—	—
康熙二十八年	100	68	12	16	4.4	20	—	38	21	12	5	12	5
康熙二十九年	100	62	10	24	3	20	—	38	20	12	6	8	6
康熙三十一年	100	60	13	27	—	20	—	38	20	3	15	15	—
康熙三十二年	100	60	12	26	2	25	—	—	38	20	8	10	15
康熙三十三年	100	60	12	26	2	25	—	38	20	—	18	15	15
康熙三十四年	100	60	12	28	—	20	—	38	20	5	13	—	—
康熙三十五年	100	65	5	32.6	7.6	25	—	38	20	8	10	15	—
康熙三十六年	102.6	65	—	30	7.6	25	—	38	20	3	15	8	3
康熙三十八年	107.6	65	—	35	3.1	15	7	38	20	7	11.6	9.3	—
以上各年平均	100	64.3	9.6	23.9	—	—	—	38.5	20	—	—	—	—

资料来源：《曲阜孔府档案史料选编》第三编，第十一册，第207—288页；耕地播种面积单位为大亩。

第四章 粮食亩产、作物结构与种植制度 171

表4—9 乾隆年间汶上县姜化庄农作物结构及复种指数

类别时间	净耕地亩	总播种亩积	复种指数	小麦A	小麦B	高粱A	高粱B	早粟A	早粟B	黄豆A	黄豆B	黑豆A	黑豆B	大麦A	绿豆A	晚粟A	早黍A	晚黍A	荞麦A	晚稷A
乾隆一年	921.1	1461.3	158.6	525.6	40	234.1	16	137.8	9.4	421.5	28.8	—	—	14.6	24.8	19	9	48.3	26.6	17
乾隆五年	925.4	1457.9	157.5	513	35.2	205.8	14.1	170.8	11.7	428.6	29.4	—	—	20.3	6.9	25.9	14.5	39.4	15.5	—
乾隆九年	830.6	1338.5	161.1	503.4	37.6	229.4	17.1	93.1	7	91.3	6.8	290.9	21.7	4.6	—	56.2	—	50.1	19.5	—
乾隆十五年	835.8	1342	160.6	39.4	219.1	219.1	16.3	69.9	5.2	—	—	426.2	31.8	17.7	7.7	36.3	—	17.7	18.3	—
乾隆十九年	842.6	1371.4	163	37	216.9	216.9	15.8	95.5	7	—	—	502.2	36.6	20.1	15.9	—	1.4	—	10.7	—
乾隆二十一年	838.5	1342.7	160	36.8	237.3	237.3	17.7	99.1	7.4	—	—	366	27.7	10.8	25	21	3	76.1	10.9	—
乾隆三十一年	832.4	1300.9	156.3	37.6	233.1	233.1	17.8	108.9	8.4	428.6	32.9	—	—	—	—	—	1.9	39.9	—	—

续表

类别 时间	净耕地亩	总播种亩积	复种指数	小麦 A	小麦 B	高粱 A	高粱 B	早粟 A	早粟 B	黄豆 A	黄豆 B	黑豆 A	黑豆 B	大麦 A	绿豆 A	晚粟 A	早黍 A	晚黍 A	荞麦 A	晚稷 A
乾隆三十五年	786.7	1187.1	150.9	34.6	266.9	266.9	22.5	94.7	7.9	347.9	29.3	—	—	—	—	2.3	3.9	53.8	6.8	A
乾隆三十八年	786.7	1177.9	149.7	39.2	226.4	226.4	19.2	75.7	6.4	391.3	33.2	—	—	—	—	—	23	—	—	
乾隆四十年	781.1	1219.5	156.1	38	235.7	235.7	19.3	75.3	6.2	376.7	30.9	—	—	—	—	1.1	5.8	48	12.8	
以上各年平均	—	—	157.4	37.5	—	—	17.6	—	7.7	—	31	—	—	—	—	—	—	—	—	

资料来源：《曲阜孔府档案史料选编》第三十一册，第三编，第三十一册，第289—458页；耕地与播种面积，A为各作物播种面积，B为A项占总播种面积的百分比，太小者不计算；大豆仅有九、十五、十九、二十一、二十四年有黄黑之分，其余年份大豆面积都填入黄豆一栏，黄豆各年平均包括黑豆即为大豆面积平均比率。

情形也基本相似，从乾隆元年至四十年间随机抽取十年的孔府档案资料表明，本庄小麦播种占总耕地的比率最高为63%，最低为52%，也都接近58%这个多年平均值（见表4—9乾隆年间汶上县美化庄农作物结构及复种指数）。清后期，随着新兴作物玉米、番薯以及经济作物花生等在山东各地的大规模扩种，小麦的播种自然受些影响，但影响程度不会太大，以曲阜县安基庄为例，嘉庆三年麦田107亩，占总耕地221亩的49%，而到了1926年播种小麦115亩，占总耕地219亩的52%[①]。曲阜县城西大庄光绪十五年租麦地占总粮地的63.6%，比率仍很高[②]。

明代后期到清代中叶的三个多世纪，山东省小麦播种比率逐渐增加，为扩大复种面积提高土地利用率创造了良好的条件。明代前期，山东复种之地很少，耕地仅有夏秋之分，并无清代明确的麦豆地与秋谷地的分类。

当然，假使人们已经发明麦后种豆的轮作法，也不会大规模推广，因为麦地比率较小。明末清初小麦种植面积的大量增加，而且麦后种植大豆逐渐盛行，于是麦豆杂秋二年三熟的农业种植制度才在山东成功推广开来。万历时，东昌府恩县小麦是"八月中种，五月初收"，而黄黑绿诸色豆"俱五月初种，九月中收"[③]。麦后种豆乃是直接耩种的免耕播种。蒲松龄《农桑经》总结山东麦茬复种的经验时说："五月……留麦茬骑垄耩种豆，可笼豆苗"，故只要得雨及时，收麦后可随时种豆。上述恩县五月初所种诸豆应是麦茬后作物，因为一般春大豆播种当在三月。清代初年，汶上县各庄麦后普遍复种黄黑豆，其他如曲阜县齐王庄、邹县土旺庄、菏泽县平阳厂等处也都实行麦豆轮种制度，说明鲁西北平原广大地区的二年三熟制已经较为普及（见表4—6、表4—7、表4—8）。地处胶东丘陵的登州府顺治年间也开始"麦后种豆"，不过其"多在三月种大豆"的习惯仍未完全改变来看，鲁中南山地丘陵区二年三熟制并不如平原地区那么盛行[④]。

实际上，麦地并不能全部复种。一是客观自然条件的限制。如低洼地

---

① 《孔府档案选编》上册，中华书局1982年版，第349页。
② 《曲阜孔府档案史料选编》第三编，第十一册。
③ 万历《恩县志》卷三《贡赋·种植》。
④ 顺治《登州府志》卷八《风俗·稼穑》。

夏秋两季积水，只能实行一水一麦的种植制度。鲁西北平原各地普遍存在这种现象，东平州"渡口之地皆系临河，每年不过收麦一季"①，夏津县"众多洼地，方圆五里至十里不等……一般可望一季麦"②，济阳县"官庄洼地本系一水一麦之区"③。而鲁东南丘陵山区一些河流谷地及湖泊周围也不乏其例，如费县漏泽湖"春夏积水，秋冬漏竭……随种麦，比水至，麦已收矣"④。二是社会条件的制约。在清前期荒地较多，劳力也缺乏，人民复种的兴趣不大，而在那些土壤贫瘠的地方盛行广种薄收，只种一季小麦的现象也很普遍。既是排除上述自然与社会因素的影响，人们也会专为吃一季好麦而把麦田犁起来晒㽺以恢复地力。山东农民把这种休闲地称为塌旱地，汶上县的塌旱地，次年"来牟（大小麦）之入常倍余田"⑤。顺治九年曲阜县张羊庄有93亩坡地只种一季小麦，占麦地总数的28%⑥，这种麦后休闲制在山东极其普遍，此不枚举。

康熙中叶以后，山东省复垦过程基本完成，耕地的增长速度放慢，而人口却大幅度膨胀，为解决增多人口带来的粮食需求，只能向增加土地复种率提高单产方向努力，于是，各地麦田的复种比率逐渐增加。邹县毛家堂、夏涧铺二庄康熙二十八年以前麦子收获后全部休闲，并无复种，其后毛家堂每年麦后种豆20亩以上，占麦田的1/3，而夏涧铺麦田复种率更高达60%。其他地方的麦茬复种率也都逐渐提高，曲阜县齐王庄顺治十一年麦地252亩，只复种大豆76亩，仅占麦地的30%，雍正三年麦地321亩，总共复种黄黑绿豆292亩，占麦田的90%，而乾隆五十五年麦田地268亩，收麦后全部复种⑦。复种指数的提高有利于增加粮食单产和总产。

除冬小麦外，明清山东省还有春麦，"种于春月者，俗名转湾麦，实同而颖异，种浮而收歉，此过时失侯者，不得已而补艺之，非常种也"⑧。一

---

① 柳堂：《附禀捐置北大桥渡船并筹办各情形》，见《笔谏堂牧东纪略》卷一。
② 民国《夏津县志续编》卷一《疆域志》。
③ 民国《济阳县志》卷五《水利志·文告》。
④ 万历《兖州府志》卷三《山水志》。
⑤ 顾炎武：《天下郡国利病书》原编第十五册，《山东上》引《汶上县志》。
⑥ 《孔府档案选编》上册，中华书局1982年版，第321—322页。
⑦ 《孔府档案选编》上册，中华书局1982年版，第277—278页；《曲阜孔府档案史料选编》第三编·第九册，齐鲁书社1980年版，第243—257页与第268—271页。
⑧ 乾隆《山东通志》卷四一《疆域志·物产》。

般为秋水消退较晚，年前未及时耕种只能年后补种，如邱县在康熙十一年"种麦衍期……买江南春麦给民布种"①。虽然有些年份"据差员一路查看，山东民人多种春麦"②，但在正常年景下春麦的面积比例不会太大。春麦品种较多，有的由原有小麦品种转化而成，如新城、利津一带种植的所谓"改麦"，清末由新城农民培育出来，"因清光绪中叶屡遭水患，秋晚水退种麦已迟，农民于冬至节时将麦种浸冷水中，旋取出晾干，以后每九日浸一次如前法，至翌年春初解冻即行播种，至芒种节亦能如期成熟，种晚而熟早，可以调剂农时，诚佳种也"③。著名的转湾（一名转窝）麦也属同类性质，民国《利津县续志·物产》就认为它是原有品种转化的。有的春种小麦品种却是从外地引进的，如上述邱县从南方买来的麦种。分布较广种植较多的春麦属于大麦品系，万历年间恩县"大麦，正月中种，五月初收"④，顺治时登州府也是"正月种䆬（大麦）"⑤，馆陶孙宅揆《区田说》记载"春种大麦……秋种小麦"⑥，都认为大麦是春天播种的作物。似乎有明一代以至清初，大麦多属春麦系列。清后期莱阳、胶州"亦有春种者，曰春大麦"⑦。除大小二麦外，还有一种春麦叫秼麦，"是马所食者，山东河北人正月种之"⑧。从乾隆《历城县志·物产》所记"露仁者为青稞"来看，秼麦似为青稞，不过由于山东种者少，各地仍把它看作大麦的一种，民国《青城县志·物产》引旧志说："关东麦即稞麦，亦名亚麦，乃大麦之一种，但今少种者。"

小麦在山东省的分布极其广泛，明初山东济南、兖州、东昌、青州、登州、莱州六府夏税实征小麦数量虽然参差不齐，但却占其总税粮数的30%⑨。兖州府属州县的资料表明各州县也是按此比例分配夏秋地亩的，由此看来，山东六府各地不仅普遍种植小麦，而且分布较为均衡。明代中叶

---

① 乾隆《邱县志》卷一《物产》。
② 《康熙朝汉文奏折汇编》第五册，第1563号档。
③ 民国《恒台县志》卷二《实业篇》；《民国利津县续志》卷一《物产》。
④ 万历《恩县志》卷三《贡赋·种植》。
⑤ 顺治《登州府志》卷八《风俗·稼穑》。
⑥ 乾隆《济宁直隶州志》卷二《物产》。
⑦ 民国《莱阳县志》卷二《实业物产》；民国《增修胶志》卷九《物产》。
⑧ 民国《齐河县志》卷一七《实业谷类》。
⑨ 嘉靖《山东通志》卷八《田赋》。

以后，在商品经济的刺激下，山东各地小麦播种比率不断扩大，而且在自然条件最适宜小麦生长的地区形成了集中种植区。鲁西北冲积与山麓平原各地土层深厚，熟化程度高，耕性优良，水资源条件较好，种植小麦产量稳定，为小麦的生态最适宜区，在明末小麦播种比例最大，产额也丰。兖州府泰山以西各州县地多膏腴，宜麦，如滕县"濒河之民千亩麦……其人皆与邑朊仕等"①，鱼台所属谷上曾为运河商业重镇，每年销售小麦及其制品以千万计②。济南府也是小麦的重要产区，如商河县有"七十二洼，时有积水，高处只能种麦，故有麦邱之名"③，历城县农家也说"一麦胜过三秋"。而东昌全府与青州府所属山麓平原各州县所获小麦也很著名，嘉靖《山东通志·图考》特别指出东昌府"其谷多黍麦"。而在广大的山地丘陵区小麦播种比例相对较少，仅处于粮作结构的次要位置。如安邱县万历时"齐民岁所树艺菽粟为主，麦次之"④，宁海州嘉靖时也是"多黍及穄"⑤。

　　清代山东省小麦的分布具有明显的区域性。鲁西北冲积与山麓平原仍是小麦的主要产区，其播种比重最高，多数州县平均播麦都在总耕地的55%左右，以鲁西南各县为例，曹州全部农作物中，"通计小麦居十之六七余，谷属十之三四，或俟收麦后就其地种"⑥，峄县也是"二麦则阖境有之，视他禾十居七焉"⑦，邹县毛家堂小麦播种面积在康熙中叶13年平均都占总耕地的64%（见表4—8），曲阜县齐王庄雍正三年与乾隆五十五年小麦播种比例分别为58%与51%（见表4—7）。汶上县小麦的地位更为重要，清初多数村庄都用70%的耕地播种小麦，有的甚至高达90%（见表4—6），乾隆时期美化庄多年随机平均小麦播种率为58%（见表4—9）。由于播种面积广大，各属小麦产量位居各种粮作物之首，东平州"麦，邑人单指小麦而言，为食粮中最多之产品"⑧。鲁北平原基本与此类似，如商河县即以小麦为特产，"面白而味香，经黄水之后土性稍变，麦种更改，色香不及旧

---

① 顾炎武：《天下郡国利病书》原编第十五册《山东上》引《滕县志》。
② 万历《兖州府志》卷四《风土志》。
③ 民国《商河县志》卷二《实业志·物产》。
④ 万历《安邱县志》卷十《方产考》。
⑤ 嘉靖《宁海州志》卷上《物产》。
⑥ 《古今图书集成·职方典》卷二三○《兖州府风俗考》。
⑦ 《古今图书集成·职方典》卷二三八《兖州府物产考》。
⑧ 民国《东平县志》卷四《物产志》。

种而收入较多"①。历城县也"专以麦为生",小麦为生产大宗,自给外辄供输出②。当然本区内部也有一些差异,滨海平原由于严重盐碱化,小麦播种率略低,宝箴堂1886年在海丰县种植小麦1651亩,仅为总耕地的44.5%③。

胶东丘陵与沂沭谷地气候温暖湿润,适宜小麦生长,清代发展成为山东比较重要的小麦产区,小麦播种面积一般占总耕地的45%左右。有人评估烟台附近农业生产时认为,某兄弟二人有地40亩,以20亩作春地,"其余20亩内种豆子和小麦,40亩地分作两份,轮换耕作",小麦播种面积占总耕地的50%,这是胶东丘陵各州县耕作制的典型④。不过考虑到胶东经济作物与新兴作物的扩种,我认为本区小麦播种比例当在45%上下。沂沭下游的兰山、郯城二县小麦产额也较丰,乾隆二十八年,郯城县仓储谷米大量折纳小麦,常平仓共实存谷4629石,麦20826石,存仓小麦相当于谷子的4.5倍,如以"一麦抵二谷"折算,则相当于谷子的9倍,义仓的情形也大致相同⑤。谷子带壳能长期储存,故仓储多用谷,今折纳小麦如此之多,说明当地小麦产量颇大,价格较低。兰山县也是"麦面作饼为民食主要……故县境农业以麦为主"⑥。

其余中南山地丘陵区小麦虽然普遍种植,但在农作结构上多居次要位置,如蒙阴县沙岭之地小麦绝少,即"平原地多种谷子、高粱,次为麦豆"⑦,沂水县园畦与山岭地不宜麦,只有坡地、涝地"两年三收,初次种麦",洼地则"常有积水遇旱年始可播种,不过种麦一季或蜀秫一季耳",以后三类耕地占全县70%计,其半数种麦,则麦田占全县耕地的35%,山地丘陵区小麦播种一般在这个比例上下。

清代山东种植小麦大致占总耕地的45%—50%,以48%计算,则清末

---

① 民国《商河县志》卷二《实业志·物产》。
② 乾隆《历城县志》卷五《风俗》。
③ 李文实:《中国近代农业史资料》第一辑,第187页。
④ 李文实:《中国近代农业史资料》第一辑,第644页。
⑤ 嘉庆《续修郯城县志》卷二《田赋·附仓储》。
⑥ 民国《临沂县志》卷三《物产》。兰山县民国后改称临沂县。
⑦ 林修竹:《山东各县乡土调查录》卷二《济宁道·蒙阴县》。

小麦播种面积5803万亩，以亩产110斤计算，年产6383.3万担①。从山东省耕地面积为北方诸省之冠及播种比率与单产又如此之高可以推知，清代山东省不仅是全国小麦播种面积最大的省份，而且还是全国小麦产量最多的地区。

B. 大麦与荞麦

大麦与小麦茎叶相似，如上述也有冬春二种。人们习惯上以大小二麦并称。不过大麦皮厚面黏，食用只能做粥或炒面，一般多做饲料或制麴，需求量较少，因此，尽管各地皆有种植，但播种面积较少，一般仅及小麦的1/10或者更少，其生态适宜范围与小麦相似，故分布特征与小麦一致，此不赘述。

荞麦也称莜麦，"春种秋谷遇伤，夏乃种之，九月获，性劣于麦"②，主要是灾后救荒补种作物，有时也可作为麦茬后作物，如汶上县美化庄在乾隆元年至四十年间随机抽取的十年中，种荞麦者就有八年，不过每年的播种面积都很少，多在一二十亩之间（见表4—2）。明清山东各府州县志物产门大都记有荞麦之名，说明其分布比较普遍，但各志记载皆极简略，除列其名外，最多兼及种植时间与救荒性质，并无一处大书特书。荞麦在山东各地并无大面积种植，在农作物结构中地位不显，主要是因为其性寒温，适口性较差，单产也不高，汶上县美化庄十年的平均亩产只有51斤，尚不及复种作物大豆单产的2/3③。而且种植荞麦尤其损耗地力，民国《茌平县志·物产》以为荞麦"遇天旱至三伏始植之，因有洩地之损也"。

（2）豆类作物

豆类作物品种繁多，明清山东各方志记载者就有十余种，它们不择土壤，适应性强，因其根瘤的固氮作用，不仅不损地力且又增加土壤肥力之效，故各地广泛种植。不过，蚕豆、小豆、扁豆、刀豆、豇豆诸种仅供做粥及制酱充蔬，需量不广，大多点播在园旁地头，或在其他春播作物出苗

---

① 山东省林业技术员训练所编《山东农业概要》记载1936年山东播种小麦4752万亩，总产量6977万担，可与上述估计参照对比，又本文所用各种粮食作物亩产量皆根据笔者《清代山东粮食亩产研究》的推断，见《中国历史地理论丛》1993年第2辑。山东全省及各府耕地面积皆据笔者博士学位论文《明清山东农业地理》。

② 光绪《平度县乡土志》卷一四《物产》。

③ 笔者《清代山东粮食亩产研究》，载《中国历史地理论丛》1993年第2辑。

不齐时零星补种其残垄断行之间,很少大田成片种植,它们在豆家族中地位不显。其余黄、黑、青、白诸色大豆及绿豆、豌豆用途广泛,除制酱充蔬外,磨面可作食粮,又为牲畜饲料的主要来源,有的兼作油料作物,需求特多,种植面积较大,是豆家族的主要成员,也成为本文论述的对象。

　　大豆有春播和夏播之分,夏播者为五月收麦后复种作物,有增加粮食播种面积提高单产的好处。不过,元朝王祯《农书》谓"种大豆……皆三四月种"[1],并无麦后复种者,也没有发现明前期有复种的资料。直到明末黄豆的著名品种仍为"五月黄、六月爆、冬黄三种"[2]。其中前两种五六月即已成熟,理应为春季播种。大致夏播大豆在明中叶以后才逐渐推广开来,至明末清初在土地较为肥沃的鲁西北平原上升为主导地位,基本上取代了春播大豆。万历年间恩县诸色豆"俱五月种,九月中收"[3],顺治年间,孔府在曲阜齐王庄、汶上所庄、邹县土旺庄、菏泽平阳厂等十几个地方所收分租大豆都是麦收后复种的(见表4—7和表4—6)。定额地租中的种麦地除收取麦租外还收一定量的大豆,故一般通称为"麦豆地"。鲁东南丘陵山区夏播大豆比重也有增加,但并没有完全排挤春豆的存在,顺治时登州府各地仍有"三月种大豆"的农事习惯[4]。清代中叶以后,因人口对土地的压力增加,二年三熟制盛行,于是麦后种豆成为山东各地最普遍的情形,乾隆年间济阳县所种豆类品种很多,"先种后熟曰牛腰齐、曰铁甲豆、曰连叶豆、曰红小豆、曰茶豆,后种先熟曰青豆、曰绿豆、曰黄豆,用各异用",大豆似也有春播者,但相对夏播者所占比例较少,夏播大豆替代春大豆的过程至此已基本完成。

　　诸色大豆及绿豆、豌豆的用途各有侧重,随着社会需求的变化,各自播种面积也有相应的增减,导致明清山东省豆类作物结构发生一定的变化。豌豆是夏收作物,可秋播也可春播,成熟略在麦前,明清两代山东省都有一定的大田种植,若论其在豆类作物结构中的地位,则明代至清代中叶显得重要,清后期则默默无闻。明代山东夏税有御马仓豌豆之征[5],清前期豌

--

[1] 徐光启:《农政全书》卷二六《树艺·大豆》引。
[2] 宋应星:《天工开物》卷上《乃粒·菽》。
[3] 万历《恩县志》卷三《贡赋·种植》。
[4] 顺治《登州府志》卷八《风俗·稼穑》。
[5] 乾隆《山东通志》卷八《田赋》。

豆仍是孙宅揆《区田说》倡导精耕细作的少数春种作为之一①。在有明一代与清前期北方存在大量官马的情况下，它作为养马饲料当然会得到重视。绿豆质量位居豆类之首，"人俱作豆粥饭，或作饵为炙，或磨而为粉，或作面材，其味甘而不熟，颇解药毒，乃济世之良谷也"②。明代光绿寺、御马仓、酒醋面局与坝上仓都在山东有绿豆之征③，清代前期富庶农民也多以"绿豆小米水饭"作为家常便饭④，故明代至清代中叶山东绿豆的生产一直比较重要。明时兖州府每年征解绿豆1132石，这是一个不小的数字，超过黑豆、豌豆、芝麻等，仅次于粟米、小麦⑤。清代末期随着国内外市场的逐渐扩大，不仅绿豆本身有一定量的向外输出，而且其制成品粉条和粉丝也称为山东较重要的出口物质⑥，这促使绿豆的扩种，加强了它在豆类家族中的地位。

大豆以黄豆、黑豆为主，相对而言黄豆的用途尤其广泛，它作为食物没有黑豆那股苦味，脂肪含量特高，是榨油的好材料，这种粮油兼用性使其社会需求量特大。不过，明代前期似没有发明用黄豆榨油的技术，作为油料作物的功用不能发挥。山东所产主要供应食物消费，而且很少向外输出，明代山东税粮中仅酒醋面局有黄豆之征⑦，故黄豆的地位并不太重要。明中叶至清中叶，黄豆开始用作榨油原料，而且需求量逐渐增大，其播种面积也随之不断扩大，乾隆五年准山东买黄豆补足各项仓储，因"谷价均未减，唯黄黑二豆因秋后雨水调均，较他种多获，其价较上年豆价减半"⑧，黄豆始成为豆类作物首席成员。清中叶豆饼豆油输出之禁废除后，才开始大量转运南方，嘉庆时平度州"知州周云凤驰豆饼出口之禁，……而油业

---

① 乾隆《济宁直隶州志》卷二《物产》。
② 徐光启：《农政全书》卷二六《树艺·绿豆》。
③ 嘉靖《山东通志》卷八《田赋》。
④ 西周生著《醒世姻缘传》第二十三回《绣江县无僾薄俗明水镇有古淳风》写道："家常便饭也来了，叫人掀开……一大罐绿豆小米水饭。"
⑤ 隆庆《兖州府志》卷二四《田赋》。
⑥ 彭泽益：《中国近代手工业资料》第三卷，第61页记1870年山东省"粉条和粉丝是用绿豆大量制作的……粉丝现为重要出口品"。虽然绿豆部分来自东北，但山东所产也自不少。
⑦ 嘉靖《山东通志》卷八《田赋》。
⑧ 《皇朝文献通考》卷三十六《市籴考·籴》。

始盛"①，道光年间的《平度州志·物产》叙已说："利籍豆饼，州多种之（豆）。"咸丰九年郭嵩焘在金家口港见"小车装载豆饼、花生上船以数百辆计，填塞行道"，1890年前后，此港有油坊120家，是胶东的大豆加工中心和集散地②。此后国外市场开辟，黄豆及其制品豆饼豆油输出数量剧增，1905年"山东省输出于日本的豆饼和豆油产值达一百五十万圆"③，据宣统三年《中国年鉴》记载，清末通过烟台、青岛两港向外转输的黄豆大约每年7.6万担，豆饼189万担。这大大刺激了山东省各地黄豆面积的扩大，使黄豆在豆类作物中一枝独秀，具有压倒多数的优势，清末民初各地方志都把黄豆作为出产大宗，其他豆类则一笔带过或干脆不予著录。

  黑豆的特点是蛋白质含量多，为牛马的最佳饲料，"淮北长征骡马必食黑豆筋力乃强"④。明代山东农家普遍饲养牛马，同时西三府还有官马的饲养，故本地消费黑豆很多，而且山东每年还要向京师及北边各仓纳送大量黑豆。据嘉靖《山东通志·田赋》记载，山东省除各州县仓存外，起运秋粮约有1/3折征黑豆，主要纳送京师御马仓、牺牲所、坝上仓、坝上南仓、坝上北马房仓、隆庆卫仓、赵州堡并大小白杨二堡仓、洗马林并新河口、雕口堡、张家口堡仓存储。历城县一地就征黑豆4601石，数量巨大⑤，可知明代山东省黑豆的播种面积较大，在豆类作物结构中地位重要。清代前期，山东额征粟米仍有不少改征黑豆，乾隆十六年谕："京师官兵牧养驼马需用黑豆甚多，豫东二省为出产黑豆之地，自雍正十年以来已于二省漕粮粟米内节次改征，每年合计额解黑豆二十万九千余石……现在二省额征运通粟米尚有三十七万余石，也可改征黑豆。"⑥有漕州县输纳黑豆数量很大，如青城县起运漕粮本色米3362石中改征黑豆2165石，德州仓改征耗米548石中折纳黑豆239石。同时京师八旗兵马所用黑豆也多在山东采买，乾隆三年谕令山东、河南二省采买黑豆运通以供支放，"八旗喂马驼黑豆在所必

---

① 民国《平度县志》卷十《民社志·商业》。
② 《青岛海港史》，人民交通出版社1988年版，第18页。
③ 李文实：《中国近代农业史资料》第一辑，第395页。
④ 宋应星：《天工开物》卷上《乃粒·菽》。
⑤ 崇祯《历乘》卷七《赋役志·地庙》。
⑥ 宣统《山东通志》卷七八《田赋志·田赋》。

需，今户部仓储甚少……应于山东采买五万石，河南采买三万石"①，所以，清代前中期黑豆的种植比例仍然不小。顺治十年，汶上县胡城口、马村、鹿家庄、所庄以及邹县土旺庄黑豆的播种面积都等于或超过了黄豆（见表4—7与表4—6），而乾隆时期，汶上县美化庄黑豆的播种面积更大，在明确区分开黄黑豆的四个年份，黑豆的播种面积每年都在290亩以上，最高达到502亩，分别占该年麦田的57%与95%，而黄豆竟三年没有播种，播种了的那一年也仅只有91亩，根本无法与黑豆相比（见表4—9）。此一特殊例证虽不足以说明清中叶黑豆在山东各地总重面积皆高于黄豆，但至少可以说明黑豆在某些地方仍居于豆类作物之重要位置。清代末期因黄豆的迅速扩种，黑豆一下子被排挤到次要的位置。

除上述黑黄二色外，大豆还有青、白二种，清代前期"东省青白二豆素资江（苏）省民食，因为河路远，必由海运，不在禁例"②，对外输出数量既多，播种面积也不会少。清后期则大田里播种较少，好多方志不再记载了。

明代山东各地都有豆类作物的分布，六府所属州县明代与清初方志物产皆有豆类的记载，而且多数地方黑、黄、青、白诸色大豆及绿豆、豌豆等多种豆类作物同时并存。从征折豆石来看兖州府折征绿豆1132石，高于黑豆的971石和豌豆的564石，说明兖州府绿豆的种植较为重要。所征豆石并非平均分配到各州县，征解绿豆的地区主要为东阿、定陶、东平、寿张、曹州与曹县六属。曹县、巨野与平阴三属征解黑豆，单县、泗水、金乡与巨野四属征解豌豆③。从明代整个山东省看来，位居胶东半岛的登莱二府豆类作物的种植地位最为重要，据嘉靖《山东通志·图考》记载，二府"其谷多稷菽"。青州府属安邱县紧邻莱州府，所种农作物也是"菽粟为多"④。

清代前期，山东豆类种植面积继续扩大，传统产豆区胶东半岛此时生产更盛，每年都有大量豆石通过海路运往江浙，不过运销的多为青白

---

① 民国《青城县志》卷二《田赋·漕米》。
② 《清朝文献通考》卷三二《市籴考·市》。
③ 隆庆《兖州府志》卷二四《田赋》。
④ 万历《安邱县志》卷十《方产考》。

大豆，豆饼的输出受到限制。鲁西北平原各地随着麦后复种豆的增加，大豆的种植面积逐渐增加，因为麦后种豆可以粗放经营，既不要上肥，也不需耕地，而且大豆耐涝耐瘠，绝收年份少，相对其他复种作物，产量稳定，经济效益也高。因此，夏种麦田里生长的作物绝大部分是大豆。从清中期汶上县美化庄与邹县毛家堂、夏涧铺三地来看，大豆播种面积一般已占总耕地的20%以上，肥沃的地方如美化庄因复种率高，大豆播种比重更大，平均在30%以上（见表4—9和表4—8），黄黑大豆成为鲁西南平原各地农产大宗之一。乾隆十六年因运河两岸"有漕州县向皆出产黑豆"，"将泰安、莱芜、肥城、东平、东阿、宁阳、金乡、济宁、汶上、阳谷、菏泽、濮州、郓城、单、范、观城、朝城、聊城、博平、茌平、薛等二十一州县……米豆兼收，共改征黑豆三万石"[①]。清代后期山东黄豆出产特富，各州县无一不以黄豆为主要粮食作物，胶东半岛仍是山东主要产豆区，平度、潍县、高密、诸城、莱阳、宁海、胶州诸地每年出口黄豆及其制成品豆油、豆饼数量巨大，从烟台、高密大豆播种面积在总耕地的30%—40%的情形来看，全区各地黄豆播种面积多在总耕地的30%上下。鲁北平原在黄河改道北移泛滥以后形成大片淤沙地，"其可种者只有黑、黄豆一类，收获也少，因春时少雨多风种子刮出，只能等夏至后大雨始行，方行播豆"[②]，加上麦田复种豆类，其播种比率也自不少，故乐陵、蒲台、利津、惠民、禹城、德州、平原各州县都有大量黄豆向外输出。鲁西南平原培育出一种适应低湿地的优良大豆品种，"有一种粒小者名潦豆，不甚怕水淹，故名"[③]，而且其地肥沃，麦后种豆面积特大，故峄县、滕县、东平、泰安、曲阜、邹县、济宁、菏泽等地所产大豆基本上能与农产大宗小麦、高粱的数量相等。

清代末年，山东省豆类作物播种面积占总耕地的30%左右，其中黄豆独多，其播种面积约占总耕地的25%以上，以此标准计算，则清末山东省黄豆播种面积达3022.5万市亩，以亩产70斤计算，则年产黄豆2115.8万担，大致位于东三省与两湖（湖南、湖北两省）之后，成为全

---

① 宣统《山东通志》卷八《田赋》。
② 民国《利津县续志》卷一《物产》。
③ 民国《东平县志》卷四《物产志》。

国第三大黄豆产区。

2. 新兴作物的传播与推广

（1）玉米

玉米原产于美洲，明代中叶传入我国南方，以其曾经进贡朝廷故名御麦，因"玉"与"御"同音且其色黄润如玉，改叫"玉麦"。而后来一般统称玉蜀秫或玉米。

山东省引种玉米的年代较早，万国鼎先生考证当在1590年以前，因此年山东已有文献记载。不过，他并没有说明资料来源，使人无法断定最初引种的地区①。笔者所见的山东明代方志中全无玉米的踪迹，只在反映临清附近地主生活的小说《金瓶梅词话》中有西门庆宴客用玉米面的记录②。此书成于万历十三年至三十年（1582—1601）之间③，大致与万国鼎先生推定时间相同。如果万先生引用此书而且其结论不误的话，临清州似是山东最早引种玉米的地区④，其传入路线是沿大运河从南方传来的。不过，山东引种玉米并非仅此一途，顺治十六年（1659）胶东半岛顶端的招远县也有玉米的种植，"玉蜀秫即玉膏粱，有五色，田畔园圃间艺之"⑤。招远县靠海，处于南北海运的中转位置，引种玉米如此之早应是由海道传来的。虽然山东东西部都可以直接由南方直接引种玉米，但直到雍正时期，引种玉米的地方仅增加了历城一县⑥，而且当时对玉米的

---

① 万国鼎：《五谷史话》，见中国历史小丛书合订本《中国经济专题史话》。
② 《金瓶梅词话》卷四第三十一回"迎春从上边拿下一盘烧鹅肉，一碟玉米面、玫瑰果、蒸饼儿与奶子吃"，又卷四第三十五回"西门庆关席，韩道国打横……又是两大盘玉米面、鹅油蒸饼儿，堆集的把金华酒分付来安儿，就在旁边打开"。
③ 吴晗：《金瓶梅的著作年代及其社会背景》，见《读史札记》。
④ 临清位于京杭大运河河畔，交通便利，又是南方漕运及各国贡使的必经之地，最先引种玉米是可能的。不过也正因为此，商业地主西门庆所用的玉米面也可能是同金华酒一起从南方输入的，小说家言不如方志记载那么可靠。同时，《金瓶梅词话》成书年代并不确切，万先生如此断定也令人疑虑，假如万先生另有所本则另当别论。
⑤ 顺治《招远县志》卷五《物产》。
⑥ 康熙增刻明崇祯《历城县志》卷五《赋役志·物产》载有"玉麦"。何柄棣所著《美洲作物的引进传播及其对中国粮食生产的影响》以为崇祯时已引种，误。此志系康熙六十一年增补而崇祯《历乘·物产志》无玉米之记载。

认识也很模糊①，说明玉米仍处于引种阶段。

乾隆以后，山东省人多地少的矛盾日趋尖锐，人们开始向荒山野岭进军，于是适宜山地种植的玉米进入推广阶段。鲁西运河沿岸的鱼台、济宁、泰安、东阿、临清，大小清河流域的禹城、济阳、淄川、博兴，胶东半岛的福山、蓬莱、荣城、平度州等地清中期都开始了玉米种植②。位于中南山区的沂水县，玉米因"易于成熟亦不大需粪力"而成为新垦岭地的唯一作物③。但从各地方志记载的简略来看，无论是鲁东南丘陵山区还是鲁西北平原，其播种面积都比较少，仅处于初级的空间推广阶段。

清代末期，山东省各地推广玉米栽培的速度很快，兖州府属滋阳、滕、峄、邹、宁阳，曹州府属菏泽、曹、范、观城，泰安府属肥城、新泰，东昌府属莘、馆陶、高唐，济南府属齐东、齐河、陵县，武定府属惠民、乐陵，青州府属益都、日照、临朐，莱州府属潍县、高密，登州府属宁海、文登、海阳等州县清末方志都有玉米的著录，说明山东省大部分州县开始推广种植玉米。不过，多数志书记载仅是别名、俗称，间及棵株、性状，仍然特别简略，可知各地播种面积并不很大。当然也有少数州县玉米播种面积逐渐得到扩大，至清末叶成为当地主粮作物之一，如文登县"六谷之外，高田多包谷，洼田多穄，终岁之计，二者居其半焉"④，光绪《乐陵县乡土志·物产》也记载"玉蜀黍，俗名棒子，有黄白二色"，后注为当地农产大宗，惠民县农作物结构中玉米的地位也已很重要⑤。原已引种培育出适合本地特点的品种，结束了试种阶段开始大量扩种。如胶州玉米"昔年胶土不宜，今种者多"⑥。清末玉米播种面积较大的州县主要分布在山东东部，不过因为该地区花生、番薯、蚕业生产

---

① 《古今图书集成·职方典》卷二〇二《济南府物产考》引《历城县志》谓历城县有"玉麦""玉秋"二种作物，实际上都指玉米而言。如康熙《历城县·方产志》的"玉秋"，是玉米的两种不同名称。

② 见各该州县乾嘉道时期所修县志产类，此不具列。

③ 吴树声：《沂水桑麻话》载"岭地……只宜种包谷，取其易于成熟亦不大需粪力"。包谷即玉米。

④ 光绪《文登县志》卷一三《土产》。

⑤ [日]《支那省别金志·山东省》第四编《都会·武定府城》，此资料系民国元年至二年调查。

⑥ 民国《增修胶志》卷九《疆域志·物产》。

的膨胀占据了不少耕地，限制了玉米的发展，并没有形成大范围的玉米重要产区。

（2）番薯

番薯原产也在美洲，明后期传入中国，因名番薯。在其后的传播过程中，各地借用其原有薯类作物之名称之，开初尚加番字以示区别，后来番薯栽培独盛，遂喧宾夺主袭有其名，如不加辨别就很难弄清山东清代番薯的传播和推广过程。

甘薯是我国固有的甜薯一类的土薯，李时珍《本草纲目》著录时曾引汉人《异物志》与晋时《南方草本状》为证，徐光启首先把番薯混作甘薯①，此后很多人把二者合二为一，而且把甘薯作为番薯的正式称呼，如明代王象晋的《二如亭群·芳谱》，清代官修农书《授时通考》等。这种称呼一直影响至今，因山东各地很少称番薯为甘薯，本文不取。

地瓜是山东省对番薯的普遍称呼，不过，我们并不能将方志物产中见到的地瓜即以为是番薯。早在番薯引种我国之前的明朝正德年间，山东莘县又有地瓜之产②。一般认为番薯大致在万历初期传入我国南方某些地区，引种山东如本文所述更晚至乾隆初年。康熙年间的《寿张县志》与《历城县志》亦载有地瓜，但根据其根叶性状"似甘露而粗大"③，"叶茎如泽兰，其根生瓜，腌食甚佳，月令：王瓜生即此"的描述④。知它并非番薯而是中国土产薯类作物。不过番薯传入不久各地多以地瓜称之，如寿张县到嘉庆中叶地瓜之名已为新兴扩种的番薯所夺，"有名地瓜者即番薯"⑤。因此，乾隆以后山东各地方志著录的地瓜除特别说明者外，本文多视为番薯。它如芋薯乃中国土产山药，芋头为中国原有的蹲鸱，也有以其代称外来作物番薯者。如嘉庆《莒州志·物产》载"地瓜，又名芋"，芋即芋薯，已代称番薯，由民国《重修莒志·物产》"芋薯，俗名地瓜，清乾隆间来自吕宋"可知；又咸丰《宁阳县志·物产》也以为"番薯，紫、红、白三种，土人呼为芋头，非也。芋头亦名芋魁，乃蹲鸱

---

① 徐光启：《农政全书》卷二七《蔬部·甘薯》。
② 正德《莘县志》卷二《土产·蔬》。
③ 康熙《寿张县志》卷五《物产》；康熙《历城县志》卷五《方产》。
④ 乾隆《乐陵县志》卷二《舆地志·物产》。
⑤ 嘉庆《寿张县志》卷九《物产》。

也"。即今农民也有称番薯为红芋或山芋者，不过相延成俗也不可变。

乾隆初年山东胶东半岛与西部平原通过不同途径从南方各省引种番薯，乾隆七年（1742）郭大文所修《威海卫志》有"近有种番芋者"的记载。这是最早的关于山东栽培番薯的文献资料[1]。几乎与此同时，德州也开始引种番薯，而且很快成功地总结出薯种过冬的方法，为北方大规模推广栽培创造了条件。乾隆十一年（1746），黄可润乘船"舟次德州，家人上岸买番薯甚多而贱，问之，云四五年前，有河南、浙江粮艘带来，民间买种以为稀物，今则充斥矣"。可知乾隆七年前后，德州已经引种番薯，薯种来源途径有二：一是由河南经卫河水路传来，一由浙江沿大运河传来。先是黄可润宦居北方，用他老家福建的种薯之法教民试种番薯，收获虽多，但因北方冬季寒冷干燥，薯种无法保存，多年试种皆不成功，番薯藤种无法过冬成为乾隆初年北方推广番薯的最大限制因素。仅仅经过四五年时间德州农民就从种薯生产实践中总结出一套掘窖储藏薯种安全越冬的方法，成功地解决了这一技术难题，对华北平原推广栽培番薯做出巨大贡献[2]。

乾隆初年胶东威海卫地方引种番薯并没有成功，乾隆十四年（1749）闽商陈世元捐资募人由福建运种在胶州试种，这次引种不仅在胶州取得成功，而且由于陈世元的积极推荐引起了政府官员的重视。乾隆年间，山东省已是人满为患，更加上自然灾害频仍造成饥荒连年，番薯试种成功后充分显示了其耐瘠、抗灾、高产的特征，地方官从中受到启发，认识到广种番薯可以减灾救荒。乾隆十七年，山东布政使李渭颁布"种植红薯法则十二条"，对整地、栽植、管理、储种、食用之法都有详细说明，尤其强调种薯之利，劝导各地积极引种番薯[3]。山东不少州县就是在此劝种令下开始番薯栽培的，泰安府"乾隆十七年各县奉文劝种，于高阜沙土地依法种植，最易生存，啗之可以代食，今（乾

---

[1] 乾隆《威海卫志》卷四《食货·物产》。明末山东新城县人王象晋所著《二如亭群芳谱·蔬谱》曾记载甘薯即薯薯的栽培、食用方法，系抄录，不能作为山东省番薯种植的实录。

[2] 黄可润所著《畿辅见闻录》对其储种之法有详细描述，见《牧令书辑要》卷三《农桑·种薯》。

[3] 李渭：《种植红薯法则十二条》，见陈世元《金薯传习录》。

隆二十五年）所在有之"①，不过十年工夫，泰安全府已经推广普及。其他如济宁、郓城、巨野、东阿、馆陶、宁阳等州县清代志书物产门都有类似的记载，说明乾隆十七年劝种颇有成效。番薯的推广是个长期的过程，很难一朝一夕一个法令即能完成。乾隆十七年后官府继续提倡，乾隆四十一年山东按察使陆耀颁刻《甘薯录》，教导山东省之民广种番薯②。乾隆五十年（1785）乾隆帝令毕源将《甘薯录》多为刊布传抄，推广全国③。

清代中期山东省推广番薯栽培的速度很快，尤其是鲁东南丘陵山区最为突出。胶州古镇试种成功后很快传到潍县④，其后诸城⑤、即墨⑥、平度、宁海、荣城⑦、福山⑧、海阳⑨、莱阳⑩、高密⑪、文登⑫等州县清中叶都开始了番薯的栽培，几乎遍及胶东半岛全境。沂蒙山区的沙岗地"宜种薯芋（俗称地瓜）"，"民间亦有种者"⑬，其中沂水县、日照县⑭与莒州不仅引种较早而且栽培面积不小，使沂州府在乾隆末期成为北方种薯成功的典型⑮。

运河西岸平原地区清中叶栽培番薯的州县也不少。泰安府、济宁州

---

① 乾隆《泰安府志》卷二《物产》，此志成于乾隆二十五年。
② 陆耀：《甘薯录》跋，见《昭代丛书·壬集》。
③ 《清高宗实录》卷一二三四，乾隆五十年七月辛酉。
④ 《青豫等省栽种番薯始末实录》，见陈世元《金薯传习录》。
⑤ 乾隆《诸城县志》卷九《方物考》载："近又有名白薯，来自闽粤，以前所无，今亦为土产矣。"
⑥ 同治《即墨县志》卷一《物产》记："番薯，用以代粮。"
⑦ 道光《平度州志》卷十《物产》；同治《宁海州志》卷四《食货志·蔬品》；道光《荣城县志》卷三《物产》。
⑧ 乾隆《福山县志》卷五《土产》载："番薯近自闽来，滋息遂繁。"
⑨ 新编《海阳县志》第四编《农业》第六章《种植业·品种引进》。
⑩ 民国《莱阳县志·物产》谓："番薯，本名甘薯，百年前始传于北方，名为红薯。"盖为清中叶传入该地。
⑪ 民国《高密县志》卷二《地舆·物产》载："番薯，俗名地瓜，清乾隆初闽商自吕宋携至，适合土宜。"
⑫ 光绪《文登县志》卷一三《土产》谓："番薯，国初来自外洋。"可知传入较早。
⑬ 吴树声：《沂水桑麻话》；道光《沂水县志》卷三《物产》。
⑭ 光绪《日照县志》卷三《物产》载："甘薯，今俗呼地瓜……初传闽广，明代渐通北地。"可知传入较早。
⑮ 《清高宗实录》卷一二三四，乾隆五十年七月辛酉。

第四章　粮食亩产、作物结构与种植制度　189

与宁阳、东阿、巨野、郓城、馆陶等县积极响应乾隆初期劝种令已见上述，冠县、曲阜、鱼台、临清、寿张、博平等地也逐渐栽培番薯，而且有些州县栽培面积不少，如曲阜县乾隆时"多种甘薯即番薯"①。北部平原清中期引种番薯地方较少，只有长清、禹城、济阳、淄川、德平、寿光六县清中叶方志物产类有载。

总体来看，经过乾嘉道三朝百余年的引种推广，山东省约有半数的州县开始了番薯的生产，其中东南丘陵山区种植已很普遍。与玉米的引种推广相比，番薯虽然引种山东较晚，但其普及速度却比玉米快得多。

清代末期，山东省番薯的种植进入了一个新阶段，西北平原地区继续在种植范围上迅速扩展，东南丘陵山区开始逐步扩大栽培面积，番薯成为当地的主要粮食作物之一，全省呈现出在广度基础上向深度发展的特征。

鲁西北平原的兖州、曹州、东昌、济南、武定各府与青州府北部地区绝大多数州县在清末开始了番薯的种植，这从各州县清末民初志书中可以得到证实。不过，各地栽培面积都不太大，只有泰山西麓的个别州县因岭地宜于番薯开始扩种，如邹县"邑东山岭多种之，味胜他处"②，滕县"番薯有红白两种，今人以为常食，厕于五谷之列"③。有些地方出产较多，自给有余者也向邻境输出，如肥城县"番薯、长生果每界冬春以手车肩挑贩运于济南、东昌等处，约亦岁进银万余两"④，平阴县番薯"每岁运出约三十万斤"⑤，最早引种番薯的德州此时取得较大发展，"山薯（番薯）水运至（天）津销岁计二十万斤"⑥。总体来看，番薯在鲁西北平原粮作结构地位并不重要，仅处于推广栽培向扩大种植转化的过渡阶段。

鲁东南丘陵山区番薯栽培发展较快，已经在推广的基础上全面扩大

---

① 乾隆《曲阜县志》卷三七《物产》，其他州县见乾嘉道年间所修各地志书。
② 《邹县旧志汇编》第十四章《物产》，引光绪《胡志》。
③ 宣统《滕县续志稿》卷一《土地·物产》。
④ 光绪《肥城县乡土志》卷九《商务》。
⑤ 光绪《平阴县乡土志·商务》。
⑥ 光绪《德州乡土志·物产》。

种植面积。兰山县"种者极多,贫民以为粮,俗呼红芋"①,日照县"地沙水易涸,种亦不蕃,惟恃甘薯",光绪中已是"抵谷之半矣"②。胶州道光末已"薯衍与五谷等,南鄙尤多",清末更是"农民冬食多仰赖之"③,文登县光绪时"竞种之,山田沙土无不蕃育,所获可敌良田,俗名地瓜"④。平度州"同治间始多种者,今可称大宗,最利贫民,州人切片曝干囤藏以御荒歉"⑤。高密县光绪末年番薯"生殖番衍,乡人皆蓄以御冬"⑥。宁海州地方"田少山多,田又系沙质,种薯最宜,贫民依此为生,几取谷类而代之矣"⑦。海阳县农民房毅,清末种地7亩,每年约收麦豆杂粮822斤,番薯2400斤,折粮600斤,相当于麦豆杂粮的2/3还多,方志所谓抵谷之半委实不缪。以每亩1500斤单产计,约有番薯1.6亩,也占其全部土地的2/10以上⑧。这样看来,胶东半岛各地清末番薯在粮食作物中地位颇高,其种植面积约占总耕地的15%左右,产量则相当于粮食总产量的35%,农民食物结构上番薯则近乎一半。这就怪不得宣统《山东通志》的作者认为番薯"今登莱人以为常食,厕于五谷之列"了⑨。清末鲁东南丘陵山区番薯急剧扩种的主要原因如下,一是番薯特别适宜本区的自然特点。本区山田岭地较多,土壤硗薄,种植其他作物产量不高,而番薯"山田沙土无不蕃育,所获可敌良田"。二是番薯单产特高,一般情况下亩产不下1500斤⑩,折原粮三四百斤,相当于种植其他作物单产的二倍有余。能用较少的耕地获得最大的生产量,这在当时人多地少饥荒连年的情况下,无疑成为农民的最佳作物选择。

---

① 民国《临沂县志》卷三《物产》,此志修于民国六年,用以说明明清末情形似无大谬。
② 光绪《日照县志》卷三《食货志·物产》。
③ 道光《胶州志》卷一四《物产》;民国《增修胶志》卷九《物产》。
④ 光绪《文登县志》卷一三《土产》。
⑤ 光绪《平度州乡土志》卷一四《物产》。
⑥ 光绪《高密县乡土志·物产》。
⑦ 民国《牟平县志》卷一一《物产》,虽系民国初年事,当可知清末番薯地位较高。牟平县,系清宁海州改称。
⑧ 新编《海阳县志》第十六篇《居民生活·收入》。
⑨ 宣统《山东通志》卷四一《疆域志·物产》。
⑩ 据陈世元《金薯传习录》记载,番薯"上地一亩约收万余斤,中地约收七八千斤,下地约收五六千斤"。实际亩产很难如此之高,似本文用大亩计,据笔者估计番薯一般亩产在一二千斤之间。

清末山东省番薯的种植面积和产量没有统计数据，这里只能根据一般情况作一粗略估计。以登莱二府番薯播种面积比率15%、沂州府10%、其余各地2%与亩产1500斤计，登莱二府栽培番薯230万亩、总产3450万担，沂州府105万亩、1577万担，其他地方190万亩、2850万担，全省总计栽培番薯525万亩，总产7877万担，折原粮1575.4万担，大约可以养活176万人口。假如种番薯地亩80%为清代中叶以后开垦成熟的话，则番薯这一外来作物的引种推广为山东省每年增产粮食1260万担，多养活人口221万。

（3）马铃薯

马铃薯也是美洲作物，因其味淡，长期不为人喜欢，故传入中国时间较番薯为晚且推广也慢。山东引种马铃薯的时间约在19世纪末，德国人占据青岛后胶东的平度①、胶州②等地开始试种，其薯种"来自外洋"，大概是德国人带来的，其后高密、掖、莱阳、福山、宁海等州县逐渐引种③，不过，其栽培面积较少，仅处于试种阶段。清末山东引种马铃薯并不局限于胶东地方，鲁西的滕县肯定也有马铃薯的栽培④，因宣统《山东通志物产》也有其名。

3. 传统杂粮谷类及稻类作物的兴衰与分布

（1）谷类作物

谷类是北方旱地农作区传统种植作物，品种很多，明清以前粟、黍、稷的播种比较特大，明清时候地位逐渐下降，而高粱的播种面积却不断扩大，占据了杂粮作物的主要位置，其他如穄子、薏苡也有一定的分布。

A. 高粱

高粱在古志书中写法多样，有蜀秫、蜀秫、秫秫、秫蜀诸种，皆发音相同，实际是一个名词的不同写法。其栽培历史悠久，最早见于西晋张华的《博物志》。但隋唐载籍却未见著录，直到宋代其名才又出现于咏物诗中，元代农书始记其栽植之法，大致宋元之际，高粱才在北方得到

---

① 民国《续平度县志》卷二《物产》载"德人据青岛后，邑人又间种马铃薯，俗号地蛋"。
② 民国《增修胶志》卷九《物产》载"有别种曰地蛋，原名马铃薯，来自外洋"。
③ 见各州县清末民初县志物产。
④ 宣统《滕县续志稿》卷一《土地·物产》。

初步推广①。明清时候，山东省高粱的种植极其普遍，而且其播种面积不断扩大，逐渐成为最重要的杂粮作物。

经过明代二百余年的发展，明末清初高粱在鲁西北平原各地种植比重较大，在春播作物中超过了传统主粮粟而居于首位。如汶上县万历年间"陂泽沮洳之场亦居其半，雨水流潦禾菽不植，惟秫（高粱）与麦生之"②，汶上所属陈家闸、胡城口、马村、高家庄等十三庄清初顺治年间几个年次的孔府档案资料表明，高粱在各庄每年都有播种而且面积较大，在春播作物中地位最高，综合来看其播种面积占了耕地的 2/3 左右（见表4—6）。其余鲁西南平原各县清初情形也大略如此，如峄县"东南地卑下独宜秫稻"③，邹县土旺、岗上、双村、毛家堂四庄与曲阜县齐王庄高粱的播种面积都在春季作物中超过粟，鱼台县境独山屯权家铺庄有耕地93亩，播小麦31亩，高粱38亩，粟10亩，高粱的播种面积最大，占耕地的40%，只有菏泽县平阳厂顺治十年播种高粱13亩低于粟米的18亩（见表4—7）。鲁西北平原明清时期黄运泛滥频繁，低洼地区广布，而且因积水严重土壤大片盐碱化，这样耐碱抗涝的高粱理应成为此区的优势作物，徐光启说："北土最下地，极苦涝，土人多种蜀秫。"④ 此时鲁东南丘陵山区各地也广泛种植高粱，如青州府属安邱县万历年间，"贫民赖（高粱）以糊口"⑤，登州府二月布种蜀秫⑥。不过，与西北平原相比本区高粱的种植比重似乎较少，康熙年间地方官报告各地农作物生长情形时，西三府总把高粱放在粟前，东三府则排于粟后。

清代中后期，高粱的播种面积仍然继续增长，不仅在鲁西北平原而且在鲁东南丘陵山区部分州县也确立了它在杂粮中的主要位置。康熙中叶邹县毛家堂的高粱播种比率呈上升趋势，由康熙二十一年的不到净耕地 10%，逐步提高到康熙三十八年的 35% 左右，多年平均也在 24% 上下，而同时期粟的播种相对较少，有些年份甚至一亩不种，多年平均仅占总耕地的 3%

---

① 万国鼎：《五谷史话》，见《中国经济专题史话》，中华书局1983年版，第30页。
② 万历《兖州府志》卷四《风土志》。
③ 《古今图书集成·职方考》卷二三八《兖州府物产考》。
④ 徐光启：《农政全书》卷二五《树艺·蜀秫》。
⑤ 万历《安邱县志》卷《方产考》。
⑥ 顺治《登州府志》卷八《风俗·稼穑》。

（见表4—8）。曲阜县齐王庄顺治时播种高粱43亩，粟31亩，二者相差不大，雍正乾隆年间粟的播种面积略有下降，多局限在30亩以下，而高粱的播种面积有大幅度增加，分别达到186亩与223亩，相当于清初的四五倍（见表4—7）。乾隆年间汶上县美化庄高粱的播种面积多在230亩上下，相当于粟米播种面积的二倍以上，占净耕地的25%，为总播种面积的15%，多年平均为17.6%，而且有略微上升的特征，在随机抽取的十年次资料中前五年的播种面积比率都低于多年平均值，后五年却都高于平均值。早粟的播种面积一般在70—100亩，仅占总耕地的1/10，多年平均占总播种面积的7.7%，即使加上晚粟也还占不到总播种面积的一成（见表4—8），已根本无法与高粱抗衡。高粱播种面积广，产量也多，于是成为各地农产大宗，也是平民日常主要食物，如东平洲高粱"种之颇多，产量与小麦等"①，巨野县"富家多食麦，贫者以高粱为主食"②。

并不仅是上述鲁西南平原一地，在全省范围内来看高粱的播种面积都得到了扩展，到清末超过粟米而成为最重要的春播作物。鲁西北平原低洼密布且面积较大，如夏津县有十二洼，商河县有七十二洼，皆方圆十数里不等，"洼地夏秋多植高粱，如来水稍晚，谷已熟，秫秆高丈许可于水中取也"③。博兴县也是"下隰多积水，秋获为艰，秫性耐涝而播者众"，高粱米酿制的烧酒成为本县输出品大宗④。章丘县每年出产烧酒100余万斤，消耗高粱一定不少⑤。济阳县乾隆时高粱的品种多样，"先种后熟曰黄罗伞、曰老瓜座、曰柳机，后种先熟曰六叶、曰打锣槌"，当地种植也自不少⑥。鲁东南丘陵山区高粱的种植地位也逐渐提高，清末多数地方播种面积超过了粟米，如平度州纳粮有四色（麦、菽、高粱、谷）、三色（麦、菽、高粱）、两色（麦、高粱）之别，从其比重看，高粱的地位超过菽、粟，与麦同居于主要位置⑦。高密县"高粱酒多自莱郡出口，岁十余万斤"，其"西

---

① 民国《东平县志》卷四《物产》。
② 康熙《巨野县志》，引自[美]黄宗智著：《华北的小农经济与社会变迁》，中华书局1986年版，第113页。
③ 民国《夏津县志续编》卷一《山川》；民国《商河县志》卷二《农业》。
④ 民国《重修博兴县志》卷下《商务》。
⑤ 光绪《章丘县乡土志》卷下《商务》。
⑥ 乾隆《济阳县志》卷一《物产》。
⑦ 光绪《平度县乡土志·物产》；民国《续平度县志》卷十《农业》。

南境种高粱者十之七八"，多织席出售①。昌乐县"邑中春田种田，种高粱者居半焉"②。民国《莱阳县志·物产》也谓高粱"在昔，县各处多种之"，海阳县所产的高粱民国二年在省农展会上获得二等奖③，兰山县居民以此为主食，各地"种者特多"④，沂水县大田春播作物也是以高粱为先⑤。

综上所述，清代高粱在山东省各地都有扩展，尤以鲁西北平原与胶莱平原播种比重较大。表4—10列出了1919年海阳、潍、益都、蒲台、乐陵、范、滕、莒等八州县各种粮食作物的产量，除莒县外高粱的产量都高过粟，尤以范县最为突出。以全省范围来看，清末高粱的播种面积远远超过粟而位居杂粮之首。那种以为清末山东粟米占据春播作物优势地位的观点应该修正⑥。

表4—10　　民国8年（1919）山东省部分州县主要粮食作物产量

单位：百石

县别＼类别	田地顷数	麦	高粱	粟	豆	黍稷	其他
海阳	6716	1121	1152	723	1109	—	2244
潍县	16149	3098	3090	1389	1880	60	8
益都	13109	325	975	650	260	56	265
蒲台	5364	120	700	500	400	20	200
乐陵	12262	1342	1755	1500	711	125	750
范县	7261	5020	3300	—	692	3	
滕县	13217	7760	5000	2800	2040	2	3090
莒县	16418	2280	1480	8660	—	345	225

①资料来源：海阳县数据见新编《海阳县志》第六章《种植业》，其他州县数据见林修竹《山东各县乡土调查录》。

---

① 光绪《高密县乡土志·商务》及《物产》。
② 民国《昌乐县续志》卷一二《物产志》。
③ 新编《海阳县志》第六章《种植业·地方特产》。
④ 民国《临沂县志》卷三《物产》。
⑤ 吴树声：《沂水话桑麻》。
⑥ 据山东省林业技术训练所编著《山东农业概况》记载，19世纪30年代中叶，山东播种高粱1601万亩，粟只有340万亩，高粱面积相当于粟的四五倍，并不可能一二十年就能达到。

表4—11　　　　　清初与清末曲阜县南池庄作物播种比率　　　　单位：大亩、%

种类\项目	顺治九年 播种面积	顺治九年 播种比率	光绪十五年 播种面积	光绪十五年 播种比率	清末较清初 播种比率增减
小麦	127.8	31	136	32	+1
高粱	104.1	25	152.1	36	+11
豆类	102.1	24.7	108.8	25.7	+1
谷子	39.1	9.4	—	—	-9.4
其他	39.1	9.4	—	6.3	-3.1

注：播种面积单位是大亩，1大亩=3标准亩。

资料来源：《孔府档案选编》上册，中华书局1982年版，第294—303页。

明清山东省各地高粱的播种面积不断增长、种植比重逐步提高，主要是通过排挤其他杂粮作物尤其是粟谷的种植而实现的。表4—11列出了曲阜县南池庄清初与清末粮食作物播种比率，前后对比可知麦豆的播种比率少有增加，高粱的播种比率有显著提高，由占播种总面积的25%上升到36%，净增长11%，而与此同时，粟谷的播种比率却下降了9.4%。高粱逐渐扩种的主要原因有三点。（1）高粱生态适应性较强，对土壤无严格要求，无论是沙土、黏土，还是一般的酸性土、碱性土都能生长，其根系发达可深入土壤深层吸取水分养分，具有抗旱耐涝耐瘠薄的特点，其株节高大在生长期后期抗涝能力尤强，在积水中也能灌浆成熟，"尤宜下地，立秋后五日虽水潦至一丈深不能坏之"[①]。（2）高粱用途广泛，各地平民多以此为主要食品，"合豆为之，高者曰窝头，扁者为饼子"[②]；秸秆不仅可作炊用燃料以补各地柴薪不足，而且也是屋笆的主要材料来源；叶子可干储作牲畜饲料；同时它作为手工业原料，"制醋蒸酒出售甚易"[③]。（3）高粱单产高，除明显高于黍、稷、穄等杂粮外，与粟相比也占有一定优势。拿清代中叶汶上县美化庄与邹县毛家堂、夏涧铺多年平均亩产为例，三

[①]　徐光启：《农政全书》卷二十五《树艺·蜀秫》。
[②]　民国《利津县续志》卷一《物产》。
[③]　民国《临沂县志》卷三《物产》。

庄粟谷亩产分别是 204 斤、149 斤与 74 斤，这是指带壳谷物，以 7/10 的出米率折算亩产量分别是 143 斤、104 斤和 52 斤，都较高粱的平均亩产为低①。高粱为用既溥，单产也高，其逐渐扩种以替代其他杂粮作物对于增加粮食生产充裕民食有重大意义。

B. 粟、黍、稷、穆子与薏苡

粟

北方人俗称谷子，脱壳谓之小米，多春播秋收称早谷，也有麦后复种的晚粟。其品种很多，顺治《登州府志·物产》记载"粟有数拾种，大约分黄白晚三种，俗名为谷"。粟栽培历史悠久而且一直是北方旱地农区最主要的粮食作物，明清两代山东各地都有粟的种植，秋粮的征收与仓储的储存多以粟谷为大宗，不过受高粱扩种的影响，粟的播种比重趋向下降，至清末其重要地位在大部分地区已为高粱所夺，大致情形请看高粱一节的论述，这里仅作一些补充说明。明末粟在鲁东南各州县仍然种植较多，安邱县"齐民岁所树艺菽粟为多"②，莱芜县"李本，弘治间岁荒，本捐粟八千石以赈饥"③，一家存谷超过八千石可知粟产额颇丰，历城县"树谷，岁丰青秀连野"，故《历乘·方产考》叙论说"北人以粟为主，粟收遂称大稔"④。清末粟米主要种植区域更加缩小，现有资料中仅有位于山区的莒州粟产量超过高粱。我认为粟在明清山东各地播种面积比率下降的自身原因有两点：第一，粟不适于沙土，耐涝能力也差，于是在广大平原低洼地区的产量较低且不稳定；第二，封建社会缺乏培育选择种子技术，粟在长期繁衍中逐渐分成较多品种，但质量却在退化，优良品种较少。

黍、稷

皆为北方旱作区传统农作物，明清山东各州县普遍分布，其生态条

---

① 高粱无壳可直接做饭，而粟谷一般折米率为二谷抵一米，不过，实际出米率在十分之六七之间。见笔者《清代山东粮食亩产研究》，载《中国历史地理论丛》1993 年第 2 辑。

② 万历《安邱县志》卷十《方产考》。

③ 嘉靖《莱芜县志》卷六《人物志·义人》。

④ 崇祯《历乘》卷一二《方产考》；又《古今图书集成·职方典》卷二〇二，《济南府物产考》引《历城县志》曰："谚虽云一麦胜三秋，然历人以谷成为大有。"

件与粟相近而单产更低，故播种比重较低，而且同粟一样在明清两代有逐渐下降的趋势。明代时，东昌府多黍，莱州、登州二府多稷①。清中叶，黍的种植仍然不少，海阳县"贫者食黍粥豆渣"②，但鲁西南平原上的汶上、曲阜、邹县、菏泽等地虽有黍稷的播种，但面积零星，无法与麦、菽、高粱、粟等相比。民国初年海阳、潍、益都、蒲台、乐陵、滕、范、莒八州县都有黍稷的生产，但产量很少，有的已经不再单独开列，可见清末黍稷的种植地较明时更低。

穄子

有水陆两种，主要种植者为水穄，因其至秋水深不没顶即可收成。其子可食也可作饲料，其叶为蘘，苫屋饲牛，为用尚多，故明清山东各地洼下之区湖河之畔，因雨季积水不能种它物者多种之。

明时山东省东部青州、登州、莱州三府穄子分布较广，出产也丰，明末清初各府志都把穄子作为通产③，其中登州府尤其突出，所属宁海州"五谷同于天下，而麦为佳，多黍及穄"④，穄为农产大宗。文登县城西二十里铺有学田120亩，"岁收谷二十四石，因地不宜谷，具请改纳穄十六石，黄豆八石"。其城西二十里今有老母猪河，其上游为米山水库。是学田今为水库区域，明代为河流洼地，故多种穄⑤。穄子可作纳租物品，其附近地方应也有一定的种植。招远县穄"生水田中及下隰地，邑南乡宜之"⑥。西三府穄的种植特别零星，在所检明代方志中仅济南府新泰县与东昌府夏津县有产⑦。当然穄子并不可能局限于上述范围，但以济南、东昌、兖州三府明代志书不载其名来看，说明穄子并没有较大面积的播种。穄子种植东多西少的现象可能与西部低洼地多为高粱所占有关。

---

① 嘉靖《山东通志》卷一《图考》。
② ［美］黄宗智：《华北的小农经济与社会变迁》，中华书局1986年版，第113页。
③ 嘉靖《青州府志》卷七《物产》；万历《莱州府志》卷三《物产》，顺治《登州府志》卷八《物产》。
④ 嘉靖《宁海州志》卷上《地理志·物产》。
⑤ 《古今图书集成·职方典》卷二七四《登州府学校考》；《山东省地图册·文登市》，山东省地图出版社1988年版，第25页。
⑥ 顺治《招远县志》卷五《物产》。
⑦ 嘉靖《夏津县志》卷二《物产》；天启《新泰县志》卷四《土产》。

清立国后总结以往经验，令各地洼地多种穄。在政府的号召下，山东省的种穄范围似有扩展。武定府河洼较多，穄子种植比较普遍，乐陵、海丰、沾化、阳信、青城、利津等县清末民初方志都有记载，济南府济阳、齐河、淄川，运河沿岸的东阿、茌平、恩县等地也有一定的出产，沂州府兰山县"沂东及沂河沿岸城北各乡以次为主要食品"①；沂水、莒州低洼之区"大秋概种穄子。此禾耐水且易熟，不费工本，民间食谷大半皆此，甚合土宜"②。由淄川县康熙志无载而乾隆重续物产志时编入来看，淄川的穄子是清前中期引种的③。东部青登莱三府仍是穄子种植的主要地区，宁海州"河流两岸辄有小块水田种植穄稻"④，寿光县"穄子即稗子，产量最多，惟甲厚而米少，土人植道旁以护禾，水稗植洼田中，皆可蒸食"⑤，莱阳县"邑东南（以穄）为重要食粮"⑥。宣统时海阳县民房毅一家每年收穄子293斤，产量除少于小麦与番薯外，大于谷子及其他杂粮，位居粮产第三位⑦。

薏苡

又称薏黍，俗称米珠子，除食用外又可入药，故明清山东也有零星种植，各地多为"田畔种之"⑧。以全省分布状况来看东部相对较多，莱州府平度、胶州与掖县出产颇为著名⑨，登州府莱阳、宁海、招远也是"所在有之"⑩，嘉靖《青州府志·物产》也记有薏苡仁。鲁西各地仅有新城、邹、淄川、历城、齐河、东平等县有薏苡的出产⑪。

---

① 民国《临沂县志》卷三《物产》，其余见清代及民初各县志。
② 吴树声：《沂水话桑麻》；又自注"势如稗子，莒沂最多"。
③ 民国汇编《淄川县志》卷一《物产》及《重续物产》。
④ 民国《牟平县志》卷五《政治志·农业》。
⑤ 民国《寿光县志》卷一一《物产》。
⑥ 民国《莱阳县志》卷二《实业·物产》，又卷二《实业·民生状况》载"民国前五六十年……食以稷、穄为大宗，豆粕、菜叶为佳品，自番薯传入，稷、穄又为中人常食之美品"。
⑦ 新编《海阳县志》第十六章《居民生活·收入》。
⑧ 乾隆《山东通志》卷二四《物产志》。
⑨ 万历《莱州府志》卷三《物产》载"平度有薏苡"；《古今图书集成·职方典》卷二八六《莱州府物产志》记薏苡"出平胶州"；乾隆《掖县志》卷一《物产》。
⑩ 顺治《招远县志》卷五《物产》；民国《莱阳县志》卷二《物产》；民国《牟平县志》卷一《物产》。
⑪ 见各县明清县志物产。

(2) 稻类作物

稻有水陆二种，水稻需按时浇水，要求有一定的灌溉设施及育苗、管理技术，故明清山东水稻的生产与分布随各地官员的提倡与水利建设的发展与衰落而兴衰不定；陆稻也称旱稻，适应性相对较强，不仅极其耐涝适生于低洼湖田，而且还有一定的耐旱能力，在山丘岭地上也能种植，由此，陆稻的分布范围较为广大，但播种面积也不甚大。因不少志书记载时并无区别，故本文把二者合并论述。

明代济南、青州与兖州三府是山东种稻较多的地区。济南、青州两府大小清河流域各县栽培的主要是水稻，成化年间，唐虞仪浚大小清河，"得湖田数百顷，历城之有稻，实自兹始"。新城县所属锦秋湖与章邱县的白云湖周围，低洼宜稻之处多垦成水田，遍插稻秧[1]。济阳县明代也向本府广储仓交纳稻米[2]，历城县南靠历山，其下泉源众多，有名泉七十二之盛，汇渚流达于北关崤华之间，人们开渠辟田，置闸十余个，进行水稻栽培，产量颇多[3]。博兴县明末种植水稻也卓有成效，万历年间郑发国为县丞，"察水势物产土宜曰：此即荆扬下湿之地，独宜稻秫，以他植争之则不胜，于是召南民数十，置库斗桔槔耒耜之具，习浴种，莳植之，分而又大开水门，为因时启闭灌溉之法，岁辄穰穰成熟，故博民因之家传户习，自是水利大开，而沿河无弃壤矣"。其后因洪水暴涨，渠闸淤塞，种稻设施毁于一旦。到崇祯初翁兆云知博兴，"下车履亩巡视，筑河堤数十里，随地建石闸十六以为启闭，水利复兴"[4]。同时两府其他地方也有稻的种植，天启《新泰县志·土产》与嘉靖《临朐县志·物产》就分别记有"旱稻"和"稻"的出产。因此，嘉靖《山东通志·图考》特别提出济南府"其谷多稻"，青州府"其谷多稻麦"。兖州府"粳稻则间有焉"，所属东平州"城东地肥饶，芦泉之沃颇宜粳稻"，沂州所产稻米更为有名，其芙蓉湖"灌稻数十顷，香粳亩钟，故称琅琊之稻是也"，滕县

---

[1] 顾炎武：《天下郡国利病书》原稿第十五册《山东上》引《章邱县志》；民国《新城县志》卷二《方舆志·山川》。

[2] 民国《济阳县志》卷四《田赋》。

[3] 崇祯《历乘》卷一二《方产考》。

[4] 民国《重修博兴县志》卷五《祠祀·郑公祠》；卷二〇《宦绩·明》。

"湖陂之间多茬蒲鱼稻之利",而费县"田多种旱稻,味如香粳",也很著名①。其他如曲阜、嘉祥也有稻的出产,而且嘉祥县每年要交"拨保盈仓禄粳米一百担"②。兖州府种稻州县较多,所产稻米质量颇佳,水陆皆有优良品种,只因泰山西南麓各泉湖河流皆蓄以济运,引水灌田种稻方面未能有更大发展。

莱州、登州与东昌三府也有稻的出产,明末清初各府志物产皆有记载,但同时还说,登州府"土性不宜,其淤天间或有之",东昌府"稻间有之,地燥味不佳",可知分布不光种植面积零星③。值得一提的是福山县曾试种水稻并获得成功。其县有清洋、大姑二河可灌田,而农民向不知利用,明末郭康介公由金陵还,携娴习水田者二人,"于柳行庄治水田数十亩,盖欲以其法开导土人,而无能可从者。万历四十四年,邑令宋大奎以先是苦旱致大饥,因为经制,倡造水车二十余架,民有田邻河者皆得引注,计水田成熟者一千一百六十二亩,所获溢陆田数倍,后去,任意废"④,惜未能集成发展。

清代山东稻的生产和分布呈现出不断变化的特征,鲁西南地区清代前期种稻区域仍较为广大,滕县"西北沮如,多膏腴,宜稻麦",濒河之民有产千石稻者,其富与邑阮仕等⑤。而峄县"东南卑下独宜秔稻",其他如曹州、曹县、巨野、汶上、邹县、济宁等地都有稻的种植,有水稻也有陆稻⑥。清中叶以后,运西平原上已经基本没有稻的分布,运东汶泗流域稻米的生产也趋向衰落,如邹县先前所产旱稻已从清末民初县志中消失了,而滕县、东平州的权湖河洼地区也见不到水稻的踪影⑦。只有曲

---

① 万历《兖州府志》卷三《山水志》。
② 隆庆《兖州府志》卷二四《田赋》;崇祯《曲阜县志》卷一《物产》。
③ 万历《莱州府志》卷三《物产》;顺治《登州府志》卷八《物产》;《古今图书集成·职方典》卷二五五《东昌府物产考》引万历《东昌府志》。
④ 民国《福山县志》卷一《物产·水田附》。
⑤ 顾炎武:《天下郡国利病书》原编第十五册,《山东上》引《滕县志》。
⑥ 《邹县旧志汇编》第十四章引康熙《朱志》;乾隆《济宁直隶州志》卷二《物产》。《古今图书集成·职方典》卷二三八《兖州府物产考》。
⑦ 民国《东平县志》卷四《物产》"邑中多积水,先是东北芦泉一带旧多种稻,今已无,惟各乡容有种旱稻者";光绪《滕县乡土志》物产,"稻有旱稻,多红色者,无水稻"。

阜、肥城、峄、东阿、泰安、济南等地仍有一定数量的水稻种植①。

大小清河流域是明代水稻的主要产区，清初因社会动乱水利不兴，小清河决溢频繁，中下游各县渠闸淤废，水田荡然，仅位居上游的历城、章邱两县因水源较稳定，尚保持一定规模的水稻栽培。章邱县沿漯河"西岸居民皆用辘轳灌田，颇享其利"②。明水镇的人们三月底"种了稻秧"，待"割完了麦，水地里要急忙着种稻"，"遇到好年景，每亩稻池也有一石大米的收成"③。而历城县"虽山城，而西北一带尽属水田，粳稻之美甲于山左"④。康熙中叶复垦过程基本完成，只有积水低洼之区可供开垦，农民个体经济也得到充实发展，有力者开始在河谷湖畔围堰营造水田，种稻栽藕，据新城知县康熙三十三年报告，博兴、新城县麻大、会城两湖之间、小清河堤外稻田藕池已经连接成片了⑤。乾隆二十四年巡抚阿尔泰令地方官详查各属积水荒洼，凡可改垦稻田者，应借民资本指示营治，此后小清河中下游各县掀起了开辟水田种稻的高潮。新城县"乾隆二十四五年两年相度情形将积洼之区筑塍开漏引水归田，改垦稻田七十余顷，收获颇丰，农民争趋认垦"，二十六年又开七十余顷。小清河北岸的博兴发展速度也很快，不到十年改垦数百顷，屡获丰收，民咸利赖。高苑县滨临麻大湖各地也逐渐改垦为稻田⑥。其后本区水田规模不断扩大，发展成为山东最大的水稻种植区。新城县除原来小清河与时水两岸稻田面积继续增加外，孝妇河"自东宰村入境迄黄郭庄设闸，官田之处有九"，"郑潢沟北桥以南间有水田，亦可闸水灌田"，水稻几乎遍种于各个河谷与湖畔，光绪年间新清河成，"近湖诸村水田已多涸出。居民就田起台，四周挖沟以通水，雨旸时若之年收获加半"⑦。章邱县明水镇周

---

① 肥城县"西南乡洼下之区间有种者"见光绪《肥城县乡土志》卷八《物产》；峄县产粳米，见光绪《峄县乡土志》农产；光绪《东阿县乡土志》物产；光绪《泰安县乡土志》物产；济宁有水田，见李文实《中国近代农业史资料》第一辑，第279页。
② 孙元衡：《详送七邑分方河图文》，见《新城县志》卷六《水利》。
③ 西周生著《醒世姻缘传》第二十三回《绣江县无偿薄明水镇有古淳风》。
④ 《古今图书集成·职方典》卷二〇二《济南府物产考》。
⑤ 孙元衡：《详送七邑分方河图文》，见《新城县志》卷六《水利》。
⑥ 阿尔泰《新城等处营治稻田疏》，见民国《新城县志》卷六《水利》。
⑦ 民国《新城县志》卷六《水利·河渠》。

围十里地势洼下尽属稻田，所产"泉头大米"远近闻名①。历城县除北园种稻颇盛外，五舍庄东北五里有白泉"下灌稻田数十顷"②。博兴县种稻面积特大，产额也多，无论粳米、糯米都有大量输出，"一郡食稻赖以贩给"③。临淄县水稻"邑中诸水多产之，系水尤多"④。其余淄川、高苑、利津、乐安等县也有水稻的栽培⑤。

胶莱平原清前期种稻较少，仅胶州城东北马蹄泉"引之可以灌田，下有稻田数区"⑥。乾隆中叶阿尔泰令各县因地制宜增辟稻田时，莱州府潍县积极响应，其在县西北洼下荒地"开沟筑塍，引大小干河之水开垦稻田十二顷"，插秧试种获得较大成功⑦。光绪时潍县"邑北渔洞埠及邵吕店一带多种此（水稻）"⑧。寿光县"巨定湖、辛章洼有种者"⑨。乾隆《掖县志·物产》也有稻。其他各县陆稻栽培较多，品种极佳，同时也有一定的水稻出产，如平度州"所产陆种也，南鄙洼中间有渠种"⑩。高密与胶州出产的旱稻"粒赤而小，既熟香乃发，尤为它邑所无"，故以香稻命名⑪。

半岛东端的登州府与鲁中南山地也有稻的分布，其中陆稻较多，水稻较少。兰山县"无水田，惟洼地宜之，种者少"⑫。民国初年，宁海州与莱阳县也是"种稻者寥寥"⑬。

鲁西北平原广大地区包括东昌、临清、武定三属及济南府北部广大地区清代仍是产稻最少之区。

---

① 林修竹：《山东各县乡土调查录》卷一《济南道·章邱县》。
② 乾隆《历城县志》卷九《山水考》。
③ 民国《重修博兴县志》卷七《风土·物产》。
④ 民国《临淄县志》卷一二《物产志》。
⑤ 民国《淄川县志》卷一《山川》；李文实：《中国近代农业史资料》第一辑，第279页。
⑥ 《古今图书集成·职方典》卷二八一《莱州府山川考》。
⑦ 《新城等处营治稻田疏》，见民国《新城县志》卷六《水利》。
⑧ 光绪《潍县乡土志》物产。
⑨ 民国《寿光县志》卷十《物产》。
⑩ 道光《平度州志》卷十《物产》。
⑪ 光绪《高密县乡土志》物产；民国《增修胶志》卷九《物产》。
⑫ 民国《临沂县志》卷三《物产》。
⑬ 民国《牟平县志》卷一《物产》；民国《莱阳县志》卷二《物产》。

4. 明清山东粮食作物结构的时空特征

山东省的自然条件适宜多种作物生长，故全省粮食作物的品种多样、门类齐全，所有旱地农区凡恒有之作物无不有之。不过，由于土壤、地貌、气候等自然条件的不同，农作物的相互作用、社会经济技术条件的发展以及国内外市场需求等多种因素的影响和制约，各种粮食作物所占的耕地面积比重或播种面积比率不仅在区域上有很大差异，而且在时间上也有较大的变化。

（1）明清山东粮产结构的区域特征

山东全省皆属北方旱地农区，明清时候，各地农产大宗皆不出小麦、高粱、大豆、粟四种，不过由于各种作物对土壤、水分的不同需求，会导致粮作结构随地形高下发生极大的差异性，如历城县位于鲁中南山地与鲁北平原的过渡地带，"历以南多山利黍谷，历以北多水利秔稻"[1]。峄县"邑境西北高亢，宜谷、麻、黍、稷、诸豆、木棉，东南地卑下，独宜秔稻，至二麦则阖境有之"[2]。位于邹县境内的不同村庄也因地形高下的不同农作物差异很大，毛家堂村比较低洼，大小麦播种面积占净耕地的70%以上，其次是高粱占23.9%，复种的黄豆在15%左右，谷子播种率最低，仅有3%。地势较高的夏涧铺小麦播种面积占净耕地的50%，而耐旱的谷子播种比率相对较高，达30%，高粱则为20%，复种的黄豆占总耕地面积的24%左右（表4—8）。所以县志记载"近山一带多谷粟、豇豆、绿豆及甘薯、芝麻，平原一带多小麦及黄黑豆类"[3]。乾隆《威海卫志·物产》也说"高地宜麦、黍、谷、黄豆、绿豆，洼地宜秋、稗、黑豆"。位于沂蒙山区沂水流域的沂水县，地形复杂，田地类型繁多，而且宜种作物也有不同，俗称平壤为坡地，以麦豆高粱二年三熟制为主；污下之地为涝地，亦能两年三收，唯大秋概种穄子，麦后种豆，收成维艰，多种旱稻；较涝地尤下地叫洼地，不过一年种麦或蜀秫一季耳；高阜者为石田、岭地、山场地，多种玉米、甘薯、花生、谷子等，按土壤

---

[1] 崇祯《历乘》卷一二《方产考》。
[2] 《古今图书集成·职方典》卷二三八《兖州府物产考》。
[3] 《邹县旧志汇编》第十四章《物产》引民国张志。

性质又可分为沙土地，尤宜番薯、花生、棉花、谷子等①。胶东半岛顶端的宁海州各地亦有类似分法，"平原天地俗称洎地（原田），山坡地俗称堐地，山间地曰山地也，坡田（即）堐地、山田多种花生、甘薯、烟草……而原田则宜小麦、高粱、青黄豆、玉蜀黍、黍、谷子等。又河流两岸辄有小块水田，种植穄稻"②。假如把它们缩小到一个小范围之中，就可以看出一种垂直地带差异特征。

从山东全省来看，鲁西南平原地区地势低洼，绝大多数位于海拔50米以下，而鲁东南丘陵山地区域地势相对高亢，多数地方海拔高过50米，且有1/3的地区海拔高度在200米以上，因此，这两大区域在农作物结构上存在一定程度的差异。

在明代末年，鲁西北平原地区粮产结构以小麦、高粱、大豆为主，其次为粟，其余绿豆、黍稷、荞麦、稻子等皆为零星出产。表4—6和表4—7所示，顺治年间，汶上、邹县、曲阜、菏泽、鱼台五县近二十村庄的实际播种情形为：麦子播种面积占总播种面积的60%左右，至少不低于35%，位居粮食作物结构榜首。各庄每年都有高粱的种植，多数播种比率可达20%，而多数村庄却很少粟米的生产，甚至有1/3的年份一亩不播，可见粟米地位低微。黄豆大豆多为麦后复种，面积较大，一般可占总播种面积的20%以上，比重略高于高粱。一般农事安排如下：大麦正月中种，五月初收；粟二月种八月收；蜀秫三月初种，八月中收；黍、稷四月种七月中收；绿豆、黑豆、黄豆……俱五月初种九月收；荞麦六月中种九月中收；小麦八月中种来年五月初收③；从豆类复种来看，二年三熟轮作制度基本流行，不过大麦仍是春月播种。

鲁东南丘陵山地区的粮产结构则以粟、大豆为主，其次为小麦，黍、稷、穄也在某些地区成为农产大宗，高粱、稻类作物地位较轻，如青州府安邱县"齐民岁所树艺菽粟为多，麦次之，黍、稷又次之，稻颇不宜……又有秋（高粱）穄二种，亦谷属最下品者"④，而宁海州则是"五

---

① 吴树声：《沂水话桑麻》。
② 民国《牟平县志》卷五《政治·农业》。
③ 万历《恩县志》卷三《贡赋·种植》。
④ 万历《安邱县志》卷十《方产考》。

谷同于天下，而麦为佳，多黍及穄"①。本区区域变化很大，与鲁西北平原特征不同，同时，因多山地，节气较西府稍晚。一般农事为"春播百谷，正月种荈，二月布谷及黍、稷、蜀秫、麻、枲等项，三月种大豆与稻，稻有水旱两种，谷雨前种棉花，俱秋收，麦后种豆，黍后俟秋耕种麦，又有冬麦俱来年五月初收"②。大麦也是春月播种，麦后种豆表明也有二年三熟制，但从存在着三月种植的春大豆来看，二年三熟制尚不如西三府普及。

清代末年，鲁西北平原的粮作结构与明代变化不太大，只高粱的地位得到巩固加强，同时，番薯、玉米逐渐得以引进推广，在有些地方成为农产大宗，如光绪年间蒲台县农产物以"棉花、高粱、豆、柳树为大宗，麦、谷次之，其余黍、稷、番薯、芝麻……又次之"③，而乐陵县则以麦、粟、高粱、菽、玉米为农产大宗④。曲阜县南池庄高粱播种面积最大，占总播种面积的36%，小麦次之占32%，其次为豆类25.7%。其他杂粮仅占6.3%⑤。

鲁东南丘陵山地区的粮产结构与明末相比变化较大，首先是高粱、小麦播种比重上升，与大豆同居主要位置，新兴作物番薯、玉米得到大规模扩种，在有些地方成为居民的主要食物，而黍、粟、稷的播种比重相对下降，高密县的例子最为典型。"密之植，麦、谷、秫、豆为多，黍、稷次之，稻与穄又次之……别种曰玉蜀黍……又有薯芋者俗名地瓜……至今生殖繁衍，乡人皆蓄以御冬。"⑥

（2）明清山东粮作结构的演变特征及其意义

根据以上各节对种粮食作物在明清山东粮作结构的地位变化所进行的详细论述，首先，可以清楚明代前期粟米播种面积最大，产额也最高，在粮作结构中地位最为重要，其次是二麦、豆类、高粱，他如黍、稷、穄子仅在个别州县占据了农作物结构的较重要的位置。有明一代，小麦、高粱的播种比率逐渐增加，到明末清初，小麦发展成为山东最重要的粮

---

① 嘉靖《宁海州志》卷上《地理·物产》。
② 顺治《登州府志》卷八《风俗·稼穑》。
③ 光绪《蒲台县乡土志·物产》。
④ 光绪《乐陵县乡土志·物产》。
⑤ 《孔府档案选编》上册，中华书局1982年版，第300—303页。
⑥ 光绪《高密乡土志·物产》。

食作物，无论是播种面积还是产量都位居粮食作物榜首。高粱在全省主要农业种植区的鲁西北平原上播种面积超过了粟米，这样粟的种植地位在全省范围来看，似由第一位下降到了第三位。大豆基本完成了由春播向夏播复种的转化过程。随着复种率的缓慢上升，大豆栽培面积也在稳步增加，不过其地位似仍位于四大主粮作物之末。清代山东省小麦、高粱、大豆的播种比率继续增大，清末小麦成为全省种植最多的主导粮食作物，高粱的播种面积在绝大多数地方超过粟米成为春播杂粮的首要作物，粟、黍、稷在整个粮食作物结构中的地位越来越不重要，大豆主要是黄豆在清后期的播种面积随着国内外市场需求的剧增而迅速膨胀，成为麦后复种的最主要作物品种，一般为复种的70%—80%。荞麦作为灾后救荒作物，在受灾年份播种较多，水稻则随水利工程的兴灭而时盛时衰。明清两代，除了上述传统粮产作物在结构比率上的发展变化以外，域外作物开始引入推广，到清末栽培面积大量增加，番薯成为胶东丘陵山地居民冬春主要食物，玉米也在某些县份的农产大宗中占据了一席之地。

　　明清山东粮作结构的这种演变给农业生产带来深远的影响。首先是作为结构的调整与品种的引进、改良，对提高粮食产量有巨大的促进作用。(1) 小麦播种面积的扩大是二年三熟制形成的基础，夏种豆类栽培面积的增加使二年三熟制得以实现，这样就逐步增加了复种面积，提高了单位产量。(2) 高粱、穄子、水稻、小麦在夏秋积水的低洼地区都能基本保证有一季的收成，玉米、番薯则适宜于贫瘠的丘陵山地，它们的扩种与引入可以充分利用这些原来废弃了的低湿与高亢土地，增加土地播种面积，提高了粮食总产量。玉米、番薯在清中叶以后得到大规模的推广，是同山东农民向山区丘陵高地进军开拓边缘土地进程同步的。(3) 有些农作物本身就是高产的，在没有任何投资增加的情况下，提高了亩产量，如新引进种植的玉米、番薯、马铃薯较一般杂粮作物单产为高，即高粱部分代替品种退化的粟、黍、稷等，都在一定程度上增加了粮食的生产能力。(4) 在自然灾害严重的北方推广种植适应性强的作物品种也可以减少收成的波动，相应地增加粮食产量。有些品种具有抗旱涝、耐瘠薄、耐沙碱、喜沙壤等特征，如高粱之于洼碱地，番薯、玉米之于沙地山田等；有些品种生长期短，如荞麦、穄子能在严重洪水或干旱结束后剩下的很短的植物生长季节里成熟收获，具有补种救荒性质；还有晚播早熟的品种，如春小麦，粟米中的回头黄，大豆中的五月黄、六月爆、牛毛黄等可以争取种植季节，甚至造成一年两熟。由上可知在传统农业作物中合理地调整粮食作物种植结构，培育改良优质品种，引入推广高产新兴作物，仍然可以不断地提高粮食的单产与总产，这也是明清山东农业向纵深发展的一个重要特征，也代表着北方旱地农业发展的时代特色。

粮作结构的演变还促使明清山东耕作种植制度发生了较大的改变。明代前期盛行一年一季的种植制度，粟与大豆春播为多，可能也有夏播复种，但数量一定很少，即以麦田占总耕地30%，麦茬后复种70%计算，复种指数仅为121%，估计明初不会超过此指数。明末以至有清一代，在低洼高亢等贫瘠地上仍然存在着一年一季的种植制度，如沂水县"洼地，常有积水，遇旱年涸出始可播种，不过种麦一季或蜀黍一季耳"。石田地、岭地多种玉米，也是一年一收。但是，随着小麦播种面积的扩展及夏播大豆的普及，麦豆杂秋的二年三熟轮作制度逐渐成为山东绝大多数地方农业种植的主流，尤其是清中期人口的急剧增加，不仅提供了大量的农业生产劳动力，而且也给粮食生产造成一定压力，故在尽可能的情况下，农民要在麦后复种，如沂水县涝地上"麦后亦种豆，雨水微多，颗粒无收，徒费工夫，沂俗又种稻者……收成虽薄较之种豆，终可望收也"①。济阳县低洼之区，收麦后农民"即与高阜并种秋禾"，因收获波动太大，地方官令其多开沟渠，发展水利，"否则止可种麦及高粱、穄子，不应该种植豆禾"②。二年三熟制一般将种粮田地平均分为两份，一半秋季播种小麦，来年春季在其余一半田地上播种高粱、粟、黍、稷等杂粮，待五月麦后复种大豆、晚粟、荞麦等作物，秋季又轮回到春播的田地上种小麦，这样周而复始，基本实现二年三收。考虑到麦地部分塌旱（晒晅）的实际情形，以80%的麦田实现复种计算，复种指数在140%左右，因为仍有部分土地实行一年一季种植，实际复种指数应略微下调，大致为130%—140%，这较明初有较大的增长。清末之际，山东部分地区开始发展麦豆两熟制，鲁西北平原肥沃地方借助早熟大豆品种抢节气，

---

① 吴树声：《沂水桑麻话》。
② 民国《济阳县志》卷五《水利志·文告》。

可得一年二熟之利，"如牛毛黄，很'知'（聊城农家术语谓农作物早熟曰知），在白露节即可收割，割后正好种麦，明年割麦后又可种豆，当年白露又可种麦，如此，便可在一年中得到麦豆两季也"①，因此有人说"固然山东的普遍农地多是二年有三季农作的收成，但在经营集约的农地也有不少是一年两季收获的"②。

  随着两年三熟轮作种植制度的发展与成熟，明清山东各地的土壤耕作制度也逐渐与之适应，形成翻耕、耙耱与免耕相结合的耕作系统，农民终年忙碌，三月里耕地播种，"挨次种完了棉花、蜀秫、黍、稷、谷、梁，种了稻秧，已是四月半后天气。又忙劫劫打草苫，拧绳索，收拾割麦，妇人收拾簇蚕。割完了麦，水地里要急忙着种稻，旱地里又要急着种豆，那春时急忙种下的秧苗，又要锄治，割菜籽、打蒜薹……才交过七月来，签蜀秫、割黍稷、拾棉花、割谷、钐谷，秋耕地，种麦子，割黄黑豆，打一切粮食，垛秸秆，摔稻子，接续了昼夜也忙不过来了，所以这三秋最是农家忙苦的时月"。这是农事活动的一般描述，具体与两年三熟轮作相对应的主要是农田作业项目及耕作制度如下表4—12所示，这种耕作、种植制度一直影响到解放以后。

表4—12   与二年三熟制相对应的耕作种植制度

种植制度	春作物	冬作物	夏作物	冬闲（复种轮作的二年三熟制）
月份	3 4 5 6	7 8 9	10 11 12	1 2 3 4 5 6	7 8 9	10 11 12
主要田间工作	播种春作物	中耕	收获	秋后耙耱	播种冬麦	麦田管理	收麦	耩种大豆	中耕管理	收豆	秋耕耙耱
耕作制度	翻耕		免耕	翻耕		

（本文原刊《中国历史地理论丛》1993年第2辑）

---

① 民国十九年陶玉田：《鲁西北农业调查报告》，见《山东农矿公报》第十三期。
② 民国二十四年王文甲：《博山县农地之特征》，见《农业周报》第四卷第21期。

三　论华北平原二年三熟轮作制的形成时间及其作物组合

华北平原二年三熟轮作制是北方旱地农区传统种植制度的典型，而当今学术界对其形成时间和轮播作物组合的认识却有很大分歧。在形成时间上有西汉、魏晋、唐宋的差异，在轮作组合上有麦后种玉米、种粟等的不同说法。笔者利用古农书、方志与曲阜孔府档案资料研究山东农业地理时，对二年三熟制的形成时间产生了自己的看法，特撰此文，提出了华北二年三熟制明末清初形成的新观点，并附带对其轮作形式进行了简要论述。不当之处，敬请方家赐教。

1. 明代以前华北没有形成二年三熟制

二年三熟制一般将种粮田地平均分成二份，一半为麦地，于前一年秋季播种小麦，收麦后立即复种大豆；另一半称春地，在春季播种高粱与粟等作物。秋天实行换茬，春地改种麦豆，而麦地则留作春地。这样交替使用，周而复始，基本实现二年三收。北方这种制度的形成必然受到自然条件和社会经济条件的双重制约，二者缺一不可。

从自然条件来看，热量因素对种植制度影响最大。华北平原历史时期的气候虽有一定的上下波动，但无论如何变化，华北总不出暖温带地域范围，其温度特征和积温状况完全可以满足农作物的二年三收，也就是说，华北实行二年三熟制的自然条件自古皆备。因此，下面将着重从社会经济条件方面论述它的形成。

限制二年三熟制形成的社会经济条件包括很多方面，择其主要而言。首先，必须有冬小麦种植的普及。冬小麦秋季八九月份播种，翌年五月初收获，充分利用了气温寒冷的冬季，可与其他作物错开节气搭配形成倒茬轮作复种。因此，冬小麦在其轮作制中处于中心作物的地位。

其次，必须有夏播豆类作物的推广种植。作为麦后换茬的晚作品种要求生长期短，能够免耕直播，而且不耗地力，只有豆类作物最为理想。

最后，必须有一定的人口压力和劳力资源。麦后复种要抓紧节气抢收抢种，其后还有大量的田间管理工作，这就促使劳动量和劳动强度的大增。而人的劳动能力是有限度的，在地广人稀的情况下，人们可以大量垦殖荒地，无心更无力去精耕细作以增加复种。只有田土日辟、生齿渐繁、人多地少的矛盾尖锐起来以后，为满足不断增长人口的衣食之需，人们才必须努力变革种植制度，争取一年多熟，靠增加复种指数来提高产量。而且，人口压力既给实施精耕细作多熟种植带来了必要性，又提供了实现的可能性，因农业生产劳动力也会随人口增长而增加起来。

用以上社会经济条件衡量当前学术界的观点，则可知：无论西汉、魏晋还是唐宋时代都没有完全具备上述条件，明末以前华北平原并没有形成二年三熟种植制度。

西汉中期，汉武帝在北方推广种植冬小麦，使其逐渐普及于华北各地。因此，有人认为"冬麦推进了轮作复种制的发展，因为冬麦和其他作物搭配形成了倒茬轮作。西汉《氾胜之书》里有'禾（粟）收，区种麦'的说法，说明西汉时期已经实行谷和冬麦之间轮作复种的二年三熟"①。仔细分析，其两个证据都不足以说明西汉已实行二年三熟制，因为冬麦的推广种植仅是其众多条件之一，不能仅仅据此立论。而氾胜之所谓区种为分区精耕细作之法，粟收种麦不在同一块地里，仅属套种，不是复种。退一步说，即使粟收后在其地上播种冬麦，但如果麦收后没有复种，也仅是粟地改茬种麦，只能实现二年二收。从当时的人地比例来看，人口并没有对土地形成压力，据《汉书·地理志》，西汉元始二年全国人均耕地 9.6 市亩，每个劳力约要耕种 30 市亩。这在当时生产力较落后的情况下，每年种植一季作物已很困难，怎还会有余力去复种呢？何况，每年一收已足以自给，何必再辛辛苦苦复种二茬作物？

有人举东汉郑玄注《周礼》所引郑司农（众）的话语作为华北出现多熟种植的确切的文字记载，谓郑玄注《周礼·稻人》引郑众："今时谓禾下麦为荑下麦，言芟刈其禾，于下种麦"也；注《周礼·薙氏》又引郑众："今俗谓麦下为荑下，言芟荑其麦，以种禾豆也。"查原注，前者无误，却不足以说明是二年三熟；而后者却在《周礼·薙氏》注中没有出现。

坚持魏晋北方二年三熟制形成观点的人主要以贾思勰《齐民要术》

---

① 郭文韬：《中国农业科技发展史略》，中国科学技术出版社 1988 年版，第 150 页。

为依据，李长年先生《齐民要术研究》即是从《齐民要术》所记的轮作方式上推测，魏晋北朝时华北平原南部实行了二年三熟的农作制度。其实，从《齐民要术》关于麦、豆、粟等作物播种季节与顺序的记述上看，仅有冬麦与豆或粟的年际轮作，没有年内复种。从当时中国北方连年混战、经济残破的形势而言，劳力缺乏，抛荒地多，没有必要增加复种，因开荒种地的增产效果更为显著。

唐宋时代华北形成二年三熟制的观点影响最大，国内外学者多接受此说[1]，似乎已成定论。不过，此说颇多破绽，很难成立。首先，从古代农书记载来看，提出唐宋华北二年三熟制形成观点的学者至今仍没有找到一条直接证明此说成立的证据，相反，否定此说的材料却能找出不少。宋代陈旉《农书》按月叙述农事，不见有麦后复种之作物。《韩氏直说》在解释古语"收麦如救火"时说："若少迟慢，一值阴雨，即为灾伤；迁延过时，秋苗亦误锄治[2]"麦后如有复种，收麦拖延必误播种晚禾，书中无语，可知并无此类情况。直至元朝司农司所撰《农桑辑要》仍讲："凡地除种麦外，并宜秋耕"，"如牛力不及，不能尽秋耕者，除种粟地外其余黍豆等地春耕亦可"。即凡欲种粟黍豆类皆需头年秋天或当年春天耕地，全无麦后免耕直播的晚作品种。鲁明善《农桑衣食撮要》与王祯《农书》所记豆粟稷全为三四月播种，俱无麦后夏播复种者。假若当时形成了二年三熟制，这些农书为何全无麦后复种的记载呢？如果不能全盘否定这些农书记载，那就只能承认：唐宋以至元代北方都没实行二年三熟制。其次，从当时的人地关系分析，唐宋时代虽然全国人口有很大增加，但华北地区增殖却很少，尤其是宋代以后，北方战乱频仍，仍然地旷人稀，没必要也不可能去精耕细作。

总而言之，华北实行二年三熟制的自然条件自古具备，而且汉武帝时就开始推广种植了冬小麦，但这并不是华北二年三熟制形成的充分条件。无论西汉、魏晋还是唐宋时代都没有麦后复种的晚作品种出现，历

---

[1] 唐启宇的《中国作物栽培史稿》与漆侠的《宋代经济史》都坚持此说，却没有进行详细论证。国外如日本学者西嶋定生认为："江南稻作农业在唐宋时期的发展，是与华北旱地农业的二年三熟几乎同时取得进展的。"见《中国古代农业的发展历程》，刊于《农业考古》1981年第2辑。

[2] 元司农司撰：《农桑辑要》卷二《播种·大小麦》引。

代农书的记载全部如此；同时，北方人均耕地多在10亩左右，没产生人口对土地的较大压力，也没提供复种要求增多的劳动力资源。由此可知，明代以前华北并未形成二年三熟制。

2. 华北二年三熟制形成于明末清初

元末明初，华北平原遭受战乱与自然灾害破坏最为严重，成为明初移民屯垦的重点区域。人少地荒的这种情况使人们缺乏精耕细作的动力，故明前期很难有二年三熟制的产生。明代中叶以后，华北平原社会经济形势发生了重大变化，促使二年三熟种植制逐渐在华北形成。

首先，由于明前期社会经济长期稳定地发展，人口数量日益增多，而可供开垦的荒地却不断减少，人均占有耕地数下降，人多地少的矛盾逐渐突出。据明实录资料，正统至嘉靖年间，全国人均耕地多在6—7.5市亩①。人多地少不仅可提供足够的多余劳力来进行复种，而且人口对粮食需求的增多也要求精耕细作，增加复种指数来提高单产和总产。这种情况下，麦后种豆的现象日渐增多了。

其次，明中叶以后，商品经济逐步发展并渗透到农村生活中来，赋税折银成为历史的大趋势。农民种地不必按照明初政府规定的夏秋地标准，有了更多的自主权，这对增加小麦播种比例有很大的促进。小麦面白质清，口感好，人们视为细粮，在市场上易出售，价格也高；亩产属中等水平，但受水旱影响较小，收成稳定。农民在生产实践中认识到"一麦胜三秋"的道理，纷纷扩大小麦的播种面积。

明初山东起科田地有夏税与秋粮之分，万历《兖州府志·田赋》与嘉靖《山东通志·田赋》的资料表明，明初山东六府及其属下各州县夏税麦地无一例外地都占起科田地的30%。夏税麦多征本色，夏税地的绝大多数种植小麦必定无疑。而且，政府制定经济政策也不能脱离农业生产实际太远。由此推知，明前期山东小麦播种面积占总耕地的三成左右。明中叶以后，小麦的播种比例逐渐扩大，万历十九年，曲阜县

---

① 梁方仲：《中国历代户口田地天赋统计》甲表1，上海人民出版社1980年版，第8—10页。

张羊庄种麦地占总耕地的40.9%，已较明初增加了一成①。到了清初顺治九年，本庄麦地占总耕地的59.7%，几为明初的二倍。据曲阜孔府档案资料，清初顺治年间，汶上县马村、胡城口等十几个村庄小麦的播种面积多占总耕地的六七成，没有一个低于五成的。其他如曲阜县红庙庄、小庄、齐王庄、邹县岗上庄、双村、土旺庄、毛家堂、菏泽县平阳厂等地小麦的播种面积也多在总耕地的半数以上，低于50%的例子很少②。

这就充分说明了明末清初鲁西南平原小麦播种面积逐步扩大，由明前期占总耕地的30%左右上升到约50%。当然，小麦扩种的这种趋势并非仅为鲁西南地区独有，有资料表明，土壤水热等自然条件基本相同的华北平原各地均与此同步。故明末崇祯年间编写的《天工开物》认为："四海之内，燕、秦、晋、豫、齐、鲁诸道，烝民粒食，小麦居半"（宋应星：《天工开物》卷上《乃粒·麦》），小麦成为北方居民的主要食物来源。明末清初，华北平原小麦播种比率逐渐提高，为增加复种指数、提高土地利用率创造了良好的条件。

随着小麦播种面积的不断增加，明末清初麦后复种的晚大豆开始出现并推广普及，于是，麦豆杂秋二年三熟的农业种植制度才在华北形成并逐渐盛行开来。

大豆有春播与麦后夏播之分。明代以前的农书均记载北方大豆皆三四月种，全为春大豆，并无麦后复种者。直到明末，北方著名的大豆品种仍为"五月黄、六月爆、冬黄三种"（宋应星：《天工开物》卷上《乃粒·菽》），其中前两种五六月即已成熟理应为春季播种。大致夏播大豆在明中叶以后才逐渐推广，到明末清初在土地较为肥沃的平原地区上升为主导地位，基本取代了春大豆。万历时，东昌府恩县小麦是"八月中种，五月初收"，而黄黑绿诸色豆"俱五月初种，九月中收"（万历《恩县志》卷三《贡赋·种植》）。麦后种豆乃是直接耩种的免耕直播，蒲松龄《农桑经》总结山东麦茬复种豆的经验说："五月……

---

① 《曲阜孔府档案史料选编》第2编，齐鲁书社1980年版，第137页。
② 《曲阜孔府档案史料选编》第3编第11分册，齐鲁书社1980年版，第44—282页；《孔府档案选编》上册，中华书局1982年版，第277—372页。

留麦茬骑垄耩种豆，可笼豆苗"，即收麦后可随时种豆。上述恩县五月初所种诸豆应为麦茬后作物，因一般春大豆播种当在三四月份。顺治《登州府志·稼穑》更明确地记载："麦后种豆。"据曲阜孔府档案资料，清初顺治年间，汶上县马村、胡城口等十几村麦收后都普遍复种黄黑豆，其他如曲阜、泗水、邹县、鱼台、菏泽等县十几庄所收分租大豆也都是麦收后复种的，几乎各庄清初的档案资料均是如此，充分说明华北平原广大地区普遍实行了麦豆轮作复种制度。这样，只要翌年于收豆之地再种一季春庄稼，即可达到二年三熟。明代耕地一般分为夏麦与秋粟两类，至清初期，据曲阜孔府档案资料，其实行定额地租的土地一般称作麦豆地与秋谷地，麦豆地就是指一年内除收取麦租外，还收取等量的大豆。

综上所述，明末清初随着小麦播种面积的扩展及夏播复种大豆的推广普及，麦豆杂秋两年三熟的轮作复种制度逐渐在华北平原形成。到清代中期，由于人口的急剧增长，不仅提供了大量的农业生产劳动力，而且也给粮食生产造成了更大的压力，故在尽可能的情况下，农民要在麦收后复种。当时平地上一般二年三收，即低洼涝地上农民也多争取复种，如山东沂水县涝地上"麦后亦种豆，雨水微多，颗粒无收，徒费工本"[①]。济阳县低洼地，农民收麦后，"即与高阜并种秋禾"[②] 二年三熟种植制度成为华北平原绝大多数地区农业种植的主流，这在清中叶的地方志及各类农书中有明确记载。嘉庆河南《密县志》说："黄豆有大小两种，五月麦后耩种"，次年种大秋作物；道光河南《扶沟县志》也说："割麦种豆，次年种秋，最少两年三收。"《沂水桑麻话》、《说经残稿》与《农桑经》等农书所记北方种植方式大同小异，都说不仅平原之地两年三收，即低洼之区亦可二年三熟，唯大秋概种穄子而已。

3. 二年三熟制的作物组合

在二年三熟制度下，复种轮作的作物种类和品种要合理地搭配，如果组合不好，就可能使复合体内的作物之间产生矛盾，不仅不能

[①] 吴树声：《沂水桑麻话》，《山东史志丛刊》1991年第4期。
[②] 民国《济阳县志》卷五《水利志·文告》载乾隆时文告。

增产，甚至还会减产。有些学者对此并不重视，随意进行排列组合，致使众说纷纭，错误不少，现在也有进行详细考察、统一认识的必要。

冬小麦是二年三熟制的中心作物，这是大家公认的，问题是麦后复种的作物是什么。唐启宇先生认为19世纪末河北、山东与河南三省麦后主要是复种玉米[①]，吴慧先生则以为清中期北方麦后主要复种的是晚粟[②]。笔者认为这两种说法都与当时的事实不符。

据南开大学经济研究所编《中国经济研究》与张心一著《中国农业概况估计》，20世纪初到二三十年代，中国的玉米播种面积才占总播种面积的6%。那么，世纪末的清代北方所占比例会更小。玉米是明末由美洲传入中国南方的新兴作物，其后逐渐向北传播。清后期，山东、河北与河南三省很多州县开始种植玉米，但从多数志书仅记其别名、俗称，间及颗粒、性状的简单情况来看，各地播种面积皆不大，仅处于空间推广的初级阶段，扩大种植的极少。因此，不能过高地估计19世纪末玉米在北方的种植地位，当时绝不会有麦后主要复种夏玉米的可能。

粟，俗谓之谷，北方旱地农区传统主粮之一。大概明末清初也出现了麦后复种的晚作品种，蒲松龄《农桑经》说到种植晚谷，"但得雨早，即骑（麦）垄种之，断不可耕，耕则难立苗"。晚粟也可免耕直播，但是，它特损地力，既要求肥沃良田，又要多施肥粪，以补充多量消耗的地力，否则将严重影响来年作物的收成；同时，晚粟要求得雨及时，而且因生长期短促，其实糠多米少，产量不高，据研究，晚谷亩产不及春谷的半数[③]。人们增加复种，目的是追求用较少的劳动量及其他费用换取最大的成果。在传统农业施肥量不多的情况下，麦后复种晚谷，增加了劳动量和劳动强度，消耗了种子，地力又得不到恢复，其二年三熟的总产量较二年二收会有一定的提高，但要想超出种子、肥力与人力诸多项

[①] 唐启宇：《中国作物栽培史稿》，农业出版社1986年版，第78页。
[②] 吴慧：《中国历代粮食亩产量研究》，农业出版社1985年版，第161页。
[③] 笔者《清代山东粮食亩产研究》（《中国历史地理论丛》1993年第2辑），依据曲阜孔府档案资料，求得汶上县美化庄乾隆年间多年平均春谷亩产204斤，而晚谷只有95斤。

目消耗的费用以上绝非轻而易举。麦粟大秋轮作形式下的二年三熟制经济效益既如此不佳，则它并非理想的作物组合，讲求实效的农民也并非热衷于追求这种形式，实际农事中虽有晚粟的种植，但仅仅局限于肥力较高的上等土地上，而且播种面积特少。以汶上县美化庄为例，"汶上县地多膏壤，树艺丰肬甲于他邑"，是有名的良田美壤，自古号称汶阳田①。美化庄位于县城以北15里的汶河谷地上②，在华北平原无疑属于上等田地。其庄乾隆元年至四十年期间麦后复种晚粟的面积极少，在任意抽取的10年中仅有7年种有晚粟，面积最小者1.1亩，最多者56.2亩。按10年平均计算，每年播种晚谷只有16亩，占总复种地477亩的3.4%，仅高于荞麦与绿豆的复种比例，还赶不上晚黍的复种地位，更不用说大豆了③。在肥力较差的中下等土地上，复种的晚茬作物基本上全为大豆，晚粟、晚黍几乎为零，邹县毛家堂、夏涧铺两庄康熙中期十几年的资料都证明了这一点④。这些事实说明麦后复种粟并不是华北二年三熟制的主流。

那么麦后主要复种哪种作物呢？笔者认为应是黄黑大豆。种植晚大豆"地不求熟"，可采用免耕直播之法，留麦茬骑垄摘种；对天气要求不高，《农桑经》谓："即雨不甚足，但接黄墒土即种之，但能出，即旱廿余日亦不妨"；随着大豆榨油、肥田技术的产生，它作为油料、肥料的经济作物和食用饲用的粮食作物，需求量大增，经济价值也不断提高，况且复种大豆产量也较高；最为重要的是大豆具有独特的根瘤固氮作用，收获后能遗留一部分肥力于土壤中，不仅无害反而有利于下季作物的收成，这是其他任何作物都无法比拟的优点。大豆是用地与养地结合的良好换茬作物，华北农谚中的"麦后种黑豆，一亩一石六"，与"麦不离豆，豆不离麦"正是说明麦豆复种能够增产，是最好的搭配形式。由孔府档案资料可知，乾隆

---

① 万历《兖州府志》卷四《风土志》。
② 《山东省地图册·汶上县》，山东省地图出版社1988年版，第36页。
③ 据档案资料，美化庄共10个年份的平均每年晚作复种面积为477亩，其中大豆面积最大，为406亩，占85.1%；晚黍次之，每年平均37亩，占7.8%；粟、荞麦、绿豆较少，每年播种一二十亩，都在总复种面积的4%以下。见《曲阜孔府档案史料选编》第3编第11分册，第289—458页。
④ 《曲阜孔府档案史料选编》第3编第11分册，第207—288页。

年间汶上县美化庄复种晚作中有85.%的地亩种植大豆，康熙年间邹县毛家堂、夏涧铺二庄大豆占了麦后复种作物的九成以上①。各地方志屡次记载"麦后种豆"，甚至于孔府档案中直接称呼为"麦豆地"。有这些无可争辩的事实，又怎能再说麦后复种的主要作物是粟或玉米呢？！

秋季种麦，麦后种豆的轮作既已完成，则次年春播秋收，一季作物即可实现二年三熟。这一年一季作物的品种应该是高粱、粟、黍、稷、玉米等杂粮，其中以高粱与粟为主。吴树声《沂水桑麻话》记鲁东南种植方式时说："坡地（俗谓平壤为坡地）两年三收，初次种麦，麦后种豆，豆后种蜀秋（即高粱）谷子黍稷等谷，皆与它处无异；涝地（俗谓污下之地为涝地）二年三收亦如坡地，惟大秋概种穄子……麦后亦种豆。"《说经残稿》与其他一些农书方志所记多为如此，是古人已给我们留下了最准确的北方旱地农区二年三熟制的作物组合形式，即小麦—大豆—秋杂（高粱谷子为主，也有部分黍稷等），因而又可称其为麦豆秋杂的二年三熟制。

北方二年三熟制的形成及其作物组合是个复杂的学术问题，由于历史资料的限制，有些大型农书对此置而不论，态度比较严谨，如中国农业科学院、南京农学院中国农业遗产研究室编著的《中国农学史》。有些学者在中国农业具有悠久精耕细作传统的思想前提下，利用模糊的资料，大胆地进行推论，从而把二年三熟制的形成时间定得太早，对其作物组合任意排列。笔者认为二年三熟制的萌芽在华北可能很早就已出现，但要形成为一种制度应有一个逐渐发展的过程。本文依据曲阜孔府档案资料提出了华北二年三熟制形成于明末清初的观点，而且论证了二年三熟的轮作形式为麦豆秋杂。后者档案记载确凿，毋庸复议；前者则因现存孔府档案中明代的极少，二年三熟制发展以至形成的具体过程与原因仍不太明朗，有继续深入研究的必要。

（本文原刊《陕西师范大学学报》1995年第4期）

---

① 《曲阜孔府档案史料选编》第3编第11分册，齐鲁书社1980年版，第207—458页。本文所引用曲阜孔府档案史料的具体分析数据详见笔者《明清山东粮食作物的时空特征》附表1—4，刊于《中国历史地理论丛》1994年第1辑。

四 再论华北平原二年三熟轮作复种制形成的时间

华北平原广大地区实行的二年三熟轮作复种制是中国北方旱地农区传统种植制度的典型,而当今学术界对其形成时间的认识却有很大分歧,或曰形成于两汉,或曰形成于北魏,或曰形成于唐代中期。笔者在利用古代农书、地方史志与曲阜孔府档案资料研究明清山东农业地理时对此问题产生了自己的看法,建立了二年三熟制于明中后期形成的新观点①。当初撰写时,因条件所限很少能看到日本学者的论文,1997年11月有幸赴日得以拜读许多日本前辈的论文,才发现日本学者对此问题的研究最为深入。本文即是在此基础上撰写的,主要目的是评述中日两国学者在二年三熟制形成时间问题上的研究方法与主要观点,并对自己的观点作一反省和定位②。

1. 二年三熟制及其形成的条件

二年三熟也叫二年三收,是指在一块土地上春季种植粟、高粱等作物,待秋收后耕翻土地播种冬小麦,次年五月收麦后,又播种豆、粟等,在连续二年的时间内实现三季收获。如果这种种植方式具有一定的稳定性,即粟→冬麦→豆的轮作形式能够在同一块地里周而复始,连续多年地坚持下去,那么,就可以说形成了一种制度——二年三熟轮作复种制。

一种种植制度的形成并不是偶然的,总有它的客观经济基础,也是长期社会历史发展的产物。具体到二年三熟制来说,其形成必然要受到自然环境、种植技术与社会经济条件等诸多因素的制约。从自然环境条件来看,地形与气候因素对种植制度影响最大。由于位处二年三熟轮作

---

① 笔者《论华北平原二年三熟轮作复种制的形成时间及其作物组合》,刊于《陕西师大学报》1995年第4期,后被人大报刊复印资料《中国地理》1996年第3期全文转载。此前,该文还获得中国农史学会1994年中青年农史论文征文优秀论文奖。

② 这里要说的是,如果没有筑波大学妹尾达彦与学习院大学鹤间和幸两位先生的邀请访日,我就无缘拜读日本学者的论著,本文的写作也就无从谈起;如果没有流通经济大学原宗子先生在我于筑波大学发表同名讲座时的提问和商榷,有些问题我也不会深入思考。在此谨向以上三位先生致以衷心的感谢。

中心的冬小麦需水较多,适宜种植于平衍之地,故本文把讨论的范围限定在华北的大平原上;受气候变迁影响,历史时期华北平原的温湿程度虽有一定的上下波动,但无论如何变化,华北总不出暖温带地域范围,正常年份其积温与降水状况都完全可以满足农作物的二年三收。也就是说,华北平原实行二年三熟制的自然条件自古具备。因此,下面将着重从种植技术与社会经济两方面论述它的形成。

限制二年三熟制形成的种植技术主要有三个方面。第一,冬小麦的推广种植。冬小麦秋季八九月播种,翌年五月初收获,充分利用了气温寒冷的冬季,可与其他作物错开节气搭配形成倒茬轮作复种,因此,冬小麦在二年三熟轮作制中处于中心作物的地位。第二,冬小麦播种前的当年必须收获一季庄稼,也就是说春种秋收谷物后,在当年播种冬小麦。要在春种秋收的粟、黍、豆等谷物地上直接改茬播种冬小麦,必须有较高的耕地与整地技术,这就是大家一般意义上所说的粟麦轮作技术。第三,收麦后当年必须夏播豆粟等作物,而且当年要有收成。作为麦后复种的晚作品种要求生长期短,最好能免耕直接播种,因为小麦五月初收割后应立即种植才能保证晚作品种最起码的生长期,如果再去耕地整地耽误一个月,就很难保证晚作的收成。

必须明确的是,在种植技术的三项条件中,第二与第三项条件必须同时具备即冬小麦的前作与后作轮种技术必须结合起来,才能实现二年三收,只达到其中的一项是不行的。比如第二项实现,春种秋收谷物后在其地上播种了冬小麦,但如没有在次年麦收后进行复种,也仅是谷地改茬种麦,只能实现二年二收;第三项技术成立,收麦后有夏播之豆粟,但如前一年种麦前无谷物收获,也是在二年中实现二熟。

社会经济条件也是制约二年三熟制形成的重要因素。二年三熟制是一种复种制,在同一块地里一年内种植不止一季作物,这必然会较多地耗费地力。因此,补充肥力,加强养地措施就成为最重要的一个环节。在中国传统农业时代,养地之法不外二途。一是多施肥粪,增强地力。在北魏《齐民要术》时代,中国已经使用踏粪、火粪、人粪、泥粪与蚕矢,但这些肥粪数量太少,故《齐民要术》中只有给经济作物瓜、葱、葵等施肥的记载,从没见过对粟、麦等主粮作物的施肥,到元代王祯

《农书》时代，北方仍然是这几种类型的肥料。故我以为靠多施肥粪的养地之法很难支持二年三熟制的形成。二是充分利用作物轮作的生物养地之法，其中有两大措施。第一是利用绿肥作物与粮食作物的轮作，发挥"美田之法"的养地功效，这在《齐民要术》卷一《耕田第一》中有详细说明："凡美田之法，绿豆为上，小豆、胡麻次之。悉皆五六月中横种，七月八月犁掩杀之，为春谷田，则亩收十石，其美与蚕矢、熟粪同。"这是一种大面积的养地方法，但却是以牺牲一季收获为代价的，也与二年三熟的增加复种、提高土地利用率背道而驰。第二乃利用豆类作物与麦谷类作物的合理轮作，因为大豆具有独特的根瘤固氮作用，收获后能遗留一部分氮肥于土壤中，不仅无害反而有利于下季作物的收成。实验证明，"种一亩大豆，就可吸收空气中氮素差不多为 7 斤，相当于三十多斤硫酸铵"①。与其他作物的耗损地力相比，黄黑大豆是用地与养地相结合的良好换茬作物，它又可大面积种植，养地效果好，规模大。因此，种植大豆是在肥粪不能充分供应的社会经济条件下增加复种的最佳方法。华北农谚中有"麦后种黑豆，一亩一石六"，"麦不离豆，豆不离麦"，正说明麦豆复种能够增产，是最好的搭配形式；而且大豆又"地不求熟"②，适宜免耕直播。故笔者认为麦后夏播大豆的推广种植是二年三熟制形成的主要标志。

形成二年三熟制另一重要的社会条件是要有一定的人口压力与劳力资源。二年三熟制度下，无论是秋收后种麦，还是麦收后种豆，都要抓紧节气抢收抢种，前者还要耕地整地，播种后都有大量的田间工作，诸如中耕锄草、治虫与收获等，这就促使劳动量与劳动强度的大增。而人的劳动能力是有限度的，在地广人稀之时，人们可以大量垦殖荒地，靠扩大耕地面积简单粗放地经营即可获取足够的生活必需品，无心更无力去精耕细作增加复种。只有在土地日辟、生齿日繁、人多地少的矛盾尖锐起来以后，为满足不断增长人口的衣食之需，人们才必须去努力变革种植制度，争取一年多熟，靠增加复种指数来提高产量；而且，人口压

---

① 《中国农学史》，科学出版社 1959 年版，第 254 页。
② 《齐民要术》卷二《大豆第六》。

力既给实施精耕细作多熟种植带来了必要性，又提供了实现的可能性，因为农业生产劳动力也会随人口增加起来。

判断二年三熟制在华北平原的形成时间，必须从上述自然环境、种植技术与社会经济三方面全面考虑，三者缺一不可！那么，以此标准来衡量，则无论两汉、北魏，还是唐代中期都没有完全达到上述三方面条件的要求，是可知，当前学术界流行的观点都是很难成立的。

2. 对传统各家观点的评述——明代以前华北平原没形成二年三熟制

半个世纪以前，西嶋定生先生撰写《碾硙的背景》一文，最早论述了二年三熟制的形成，他认为华北平原二年三熟制形成于唐代中期。其后不久，米田贤次郎先生就此问题发表了不同意见，二人的讨论吸引了不少学者，使此问题得以较为深入的研究。中国农史学者虽然很少有论文对此作专题论述，但也在各自的专著中表明了自己的看法。综合中日两国学术界有关二年三熟制形成时间的观点，大致可以归纳为以下三种：战国出现、两汉时形成，北魏时形成，唐代中期形成。下面就这三种观点，先列其论证依据，接着按上节所述标准进行衡量，看其是否能够成立。

（1）战国出现，两汉形成说

日本的米田贤次郎先生最早提出此观点，并从麦作种植、肥料供应等多方面进行了较为全面的论述[①]。中国的郭文韬与韩国的闵成基两位先生的观点虽与米田先生略有差异，也基本可以归纳为此类[②]。

坚持此说的学者多认为战国时期，黄河流域的劳动人民在土地连种制的基础上，创始了轮作复种制，主要依据《吕氏春秋》与《荀子》的

[①] 米田贤次郎先生在1959年撰写《齐民要术与二年三熟》一文（《东洋史研究》一七卷四号）提出本观点，后又撰写《关于中国古代的肥料》（日本《滋贺大学学艺学部纪要——社会科学》一三号，1963）与《中国古代麦作考》（日本《鹰陵史学》八号，1982年）二文，对其观点进行多方面的论述。三文后来皆收入同氏《中国古代农业技术史研究》（同朋舍1989年版）。

[②] 郭文韬先生是中国农史学界对中国传统农作制度有较高学术研究的专家，除多篇论文外，编著有《中国农业科技发展史稿》（中国科学技术出版社1988年版）与《中国古代的农作制和耕作法》（农业出版社1982年版）两书，皆坚持二年三熟制战国时出现，西汉时普之说；闵成基先生的《汉代麦作考——禾麦轮作成立期》（韩国《东洋史学研究》五，1971年）认为二年三熟制成立于西汉武帝时，到东汉时盛行。

有关记载。下面逐一进行分析。

《吕氏春秋·士容论第六·任地》曰："上田弃亩，下田弃畎；五耕五耨，必审以尽；其深殖之度，阴土必得；大草不生，又无螟蜮；今兹美禾，来兹美麦。"兹，谓年也。"今兹美禾，来兹美麦"说的是今年生长好谷子，来年生长好麦子，指的是禾麦的轮作。如此仅是粟地改茬种麦，只能二年二收，应算作连年种植。这正符合前文所谓制亩作畎、深耕细耨的前提，即战国时期由于铁犁与牛耕的结合，深耕垄作开始出现，土壤结构得以改善，杂草减少，虫害不生，于是土地由休闲制向连年种植发展。从播种之前其耕地五次来看，是没有复种的可能的。

《荀子·富国篇第十》载："今是土之生五谷也，人善治之，则亩数盆，一岁而再获之。""一岁而再获之"有两个意思，一是通常所说的"一年二熟"，但这是在"人善治之"的特殊条件下发生的，是个别而非一般的现象。按华北的自然条件及战国时代的农业生产力状况，不可能在当时实现一年二熟，直到清代末年，一年二熟也没有在华北形成制度。故这种"一岁皆再获"是一种极端高水平的特殊情况，正如清人杨屾所著《修齐直指》所记关中的一岁数收之法，有"一岁皆三收，地力并不衰乏，而获利甚多也。如人多地少不足岁计者，又有二年收十三料之法"，其中一岁三收之法又是其"家固常亲验"的。但这并不能证明关中已经形成一年三熟制度，更不用说二年十三收了。另一方面，"一岁而再获"还可这样理解，即它是对其前句"亩数盆"的进一步说明，意思是说精耕细作可提高单产，使亩产相当于一般耕地的二倍。《管子·治国第四十八》云："常山之东，河汝之间，蚕生而晚杀，五谷之所蕃熟也，四种而五获，中年亩二石。"或说这是四年五熟的复种制，但从上下文义来看，应指每亩四次种植的收成相当于一般地区的五次收获量，故"四种而五获"不宜肯定为复种制。准此，《荀子》中的"一岁而再获"也以类似解释为好。

总起来看，依据《荀子》"一岁而再获"的记载，认为战国时代华北已经在连种的基础上出现了复种，这是应该承认的，但是还应该承认，这只能是特殊现象，而不是持续的与稳定的，不能算作复种制度。而且此句还可理解为是对上一文句的解释，如此，则连这个特殊的现象也是不存在的。笔者认为，目前还缺乏确凿无疑的证据来证明战国时代出现了多熟制度，那种认为"早在战国时代，在黄河流域广大地区轮作复种制已经占有相当大的比重"①，绝对过高地估计了当时实行复种的程度。

西汉中期，汉武帝接受董仲舒的建议，在关中推广种植冬小麦，使冬小麦逐渐普及于华北各地，而且种植地位也不断提高。正因为此，有人认为"冬麦推进了轮作复种制的发展，因为冬麦和其他作物搭配形成了倒茬轮作。西汉《氾胜之书》里有'禾收，区种麦'的说法，说明西汉时期已经实行谷和冬麦之间轮作复种的二年三熟"②。认为西汉形成二年三熟制的学者主要是依据上述小麦推广与"禾收区种麦"的两个证据。实际上这两个证据都不足以说明其观点的成立，因为冬麦的推广种植仅是其条件之一，不能仅仅据此立论，而氾胜之所谓区种是分区精耕细作的方法，粟收种麦不在同一块地里，不是复种，退一步说，即使粟收后在其地上播种冬麦，但如麦收后没有复种，也仅是二年二收。

坚持两汉形成说的最重要证据是郑玄注《周礼》所引东汉初年郑司农（众）的话语。郑玄注《周礼·稻人》引郑众"今时谓禾下麦为荑下麦，言芟刈其禾，于下种麦也"；注《周礼·薙氏》又引郑众："又今俗间谓麦下为荑下，言芟荑其麦，以其下种禾豆也。"③ 前条说的是禾后种麦，后者说的是麦后种植禾豆，即冬季作物小麦前茬与后茬的当年都有了复种的技术，故有人把它作为华北出现多熟种植的确切的文字记载。但是，史料本身并没有提供把禾下麦与麦后禾豆连接在一块地里的证据，第一节已经说明，如果两者不能结合起来，仍然不能实现二年三熟，仅仅只是二年二收。

如果我们把禾下麦与麦下禾豆的两种轮作技术结合起来，则可知在东汉时期某些地方开始实行了二年三熟的种植方式，实现了多熟种植。但是仔细分析即可知道，这种方式是很不普遍的。原因如下。一是谷子收割后播种的麦子特别地被称作"荑下麦"，这就使人觉得它有别于一般的麦子，如果谷后种麦已经普及的话，这正是麦子本身的种植方式，没有理由特地称其为"荑下麦"。同样，把麦子收割后的地叫作"荑下"，

---

① 郭文韬：《中国古代的农作制与耕作法》，中国农业出版社1982年版，第6页。
② 郭文韬：《中国农业科技发展史略》，中国科学技术出版社1988年版，第150页。
③ 后一条不见于《十三经注疏》，而见之于孙诒让《周礼正义》。

也是因为在那里播种谷子与豆子的缘故，也就是说在麦子收割后的地里播种禾豆时才叫"冀下"，故不能理解为麦子收割后的地已经全部种植了禾豆。二是它与两汉时期农书记载的基本种植方式不相符合。《氾胜之书》是西汉具有代表性的农书，产生于距郑众不远的时代，书中关于麦子的基本种植法是："凡麦田，常以五月耕，六月再耕，七月勿耕，谨摩平以待种时"[①]，明确地指出种麦地要在五六月耕地，种麦之前的当年不可能有一季作物的种植。崔寔的《四民月令》是东汉时期著名的农书，它按月叙述农事活动，在五月与六月的记事中皆有"葘麦田"的记载，"葘"乃耕义，这正与《氾胜之书》记载的种麦方式相同。郑众提出的禾下麦与其前后时代农书所载种麦的基本方式不同，这只能说明其禾下种麦方式是特殊的没有普遍意义的种植法。两大农书同时也没有五月麦后种植禾豆的记载，同样也说明麦后种植禾豆亦是特殊的没有普遍意义的种植法。这两种轮作方式既然都是很不普及的，其结合在同一块地里的可能性更应该是微乎其微的。所以二年三熟方式在东汉时期即使出现，也只能是在个别地方偶然发生的现象，构不成在广大地区稳定地实行下去的条件，也就是说达不到形成一种种植制度的程度。

从当时的人地关系比例来看，人口并没有对土地形成压力，缺乏形成二年三熟制的可能性和必要性。据《汉书·地理志》记载，西汉元始二年全国人口5900多万，耕地82700多万汉亩。以每汉亩折今0.69市亩计算，当时人均占有耕地9.6市亩，每个劳力约需耕种30市亩。而东汉时期的情况也基本相同。这在当时较为落后的生产力情况下，每年种植一季作物已很困难，怎还会有余力去进行复种。何况，每年一收已足以自给，何必再去辛辛苦苦地复种二茬作物。

总之，两汉时代实现二年三熟制的三个种植技术条件都已分别出现，汉武帝时开始推广种植冬小麦，东汉初期有了禾后种麦与麦后种禾豆的轮作技术，故此时可能在个别地方偶然发生过二年三熟的现象。但是，我们还应看到，后两项技术仍然是没有普及的特殊例证，也没有两项技术相结合的明确证据，同时当时人少地多的社会经济条件也缺乏形成轮作复种制的可能性与必要性。所以，两汉时期即使出现了二年三熟的轮

[①] 《氾胜之书》原书已佚，此文见《齐民要术》卷一《耕田第一》所引。

作复种，也只能是个别的现象，没有能够形成一种制度。

（2）北魏形成说

坚持此观点的学者主要是以贾思勰《齐民要术》为依据，认为此书所记的轮作方式可以构成相当发达的二年三熟制。日本米田贤次郎先生在《齐民要术与二年三熟制》一文中首倡此说，中国研究《齐民要术》的学者多信从之①。但仔细分析，北魏时代是没有二年三熟制的。

《齐民要术》是北魏贾思勰撰写的综合性农书，基本代表着当时中国北方最先进的农业种植技术，但主要描述的是合理地年际轮作，没有主要粮食作物的复种多熟。我们先看看种麦前的当年是否有春播作物。《齐民要术》卷二《大小麦第十》："大小麦皆须五月六月暵地（不暵地而种者，其收倍薄）。"暵，即后来的耕地晒垡技术。这里明确表示种麦之前必须从五月份开始耕地，因此当年不可能存在麦子的前茬——春播作物，因任何春播作物都不太可能早在五月份成熟。也就是说，北魏时代的普通轮作种植技术中没有粟后当年种植冬小麦者。

下面分析一下麦收后当年是否有复种作物。据《齐民要术》记载，麦茬后作物共有五种，可是没有一个是主要粮食作物，蔓菁、胡荽是蔬菜，大豆与绿豆又是没有成熟、无收成的，前者作青茭用，是牲畜饲料，后者是掩青作物，只有小豆一种没有明确说明，故被认为是可以成熟收获的，于是米田贤次郎先生设计的六种二年三熟轮作组合中只有麦→小豆→谷子似乎可以成立。但是，根据《齐民要术》的记载，麦后种小豆，既"恐小晚"，又"不保岁，难得"②，也就是说很难成熟，故种小豆多要预留春地；同时，小豆又是掩青作绿肥的好作物，故笔者颇疑麦后复种的小豆同绿豆一样是作掩青用的，并不是专为收获而种植的。从《齐民要术》关于麦、粟、大豆等作物播种日期的记述上看，仅有麦与粟或

---

① 李长年先生是研究《齐民要术》很有成就的专家，他在其名著《〈齐民要术〉研究》中认为："当时的农作制度可能有一年一熟和二年三熟等的不同，在这个农业地区的北部可能是一年一熟的制度，比较往南一些是二年三熟。"孙声如先生的《试论我国古代耕作制度的形成与发展》（《中国农史》1984年第一期）一文也认为北朝《齐民要术》时代，随着豆科作物的插入，已经给耕作制度的发展带来了新的内容，即由一年一熟不同作物到二年三熟，如麦→大豆（小豆）→粟黍的二年三熟制。

② 《齐民要术》卷二《小豆第七》。

豆的年际轮作，没发现有年内复种者。粟豆播种常在三月四月，也有晚至五月与六月初者，但据其记载，晚种主要是受节气、地力与品种的影响，并非麦后复种。按一般情形而言，麦后是没有复种的。连米田贤次郎先生也承认这一点，他说："禾与麦，麦与豆的轮作方式虽然被认为都是存在的，但《齐民要术》中并没有表示出这两种轮作形式的成立①。"

坚持北魏形成说的还有一个证据，即《魏书·世宗本纪》有："诏：缘淮南北所在镇戍，皆令及秋播麦，春种粟稻，随其土宜，水陆兼用，必使地无遗利，兵无余力，比及来稔，令公私俱济也。"只要认真分析，就可肯定秋种麦与春种粟并不在同一块地上，既不是指麦后种粟，也不是指粟后种麦。

从北魏时代的社会经济形势来看，当时中国北方连年混战，经济残破，劳力缺乏，抛荒地较多，没有必要增加复种。《通典·田制》载北魏均田制中的露田，"率倍之，三易之田再倍之，以供耕休及还受之盈缩"，反映了当时休闲耕作制仍占有很大的比例。

总体而言，北魏时代的各种史料都没有记载种麦前的当年有种植春播作物的事实，麦收之当年也没有复种主要粮食作物的技术，并没有达到形成二年三熟制所必须的三个种植技术条件；而且从社会经济条件来看，也缺乏形成二年三熟制的必要性和可能性。所以，我认为北魏时代形成二年三熟制的说法是无法成立的。

（3）唐代中期形成说

西嶋定生先生首倡此说，而后得到天野元之助与大泽正昭两位先生的赞同与补充②。他们三人都是著名的中国农业史研究专家，故此观点不仅在日本影响很大，而且中国的农史论著也多接受此说③。可以说，唐代

---

① 米田贤次郎：《中国古代农业技术史研究》，第263页。

② ［日］西嶋定生：《碾硙的背景》，《历史学研究》一二五号，1947年版，后收入《中国经济史研究》，中译本此文作《碾硙发展的背景——华北农业两年三季制的形成》；天野元之助《魏晋南北朝农业生产力的展开》，《史学杂志》66卷10号，1957年版；大泽正昭《唐代华北的主谷生产与经营》，《史林》六四卷二号，后收入同氏《唐宋变革期农业社会史研究》，汲古书社1996年版。

③ 唐启宇：《中国作物栽培史稿》，中国农业出版社1986年版；陈文华：《中国古代农业科技史简明图表》，中国农业出版社1978年版；林立平《唐代主粮生产的轮作复种制》，《暨南学报》1984年第1期。

中期二年三熟制形成的观点几乎成为中日农史学界的共识，很多人不加思索地引用它，给人一种已成定论的感觉。不过，仔细考察，此说颇多破绽，很难成立。下面我将重点予以分析。

西嶋定生先生认为唐代碾的普及是以小麦生产的增加为背景的，这个结论笔者完全赞同，而且笔者认为唐代中期两税法的实行就是小麦推广种植的明证。据《旧唐书·杨炎传》，唐建中元年（780）正式颁布的两税法规定："居人之税，秋夏两征之……夏税无过六月，秋税无过十一月。"两税中的地税是征收麦、粟、稻等谷物，夏税截止期在六月，因为这时麦子已收获完毕，秋税截止期在十一月，因为这时粟和稻都已收获完毕。而在此之前，粟被当作课税对象的最基本农作物，其余作物皆为"杂种""杂稼"①。唐中期以后，随着小麦播种地位的提高，五月收获的小麦产量大增，因此，政府改变了原来主要单征粟的方式，把麦当作税收的重要对象，而且按其收获期专称为夏税，成为二税之中的一极。可以说，二税法的实行实际是以小麦（当然还有稻）的推广种植为重要前提的。

但是，冬小麦的推广仅是二年三熟制形成三个技术条件中的一个，对其余两个重要的条件，西嶋先生没有特别重视，他的论文只是引用上文郑众之话语，认为东汉初年粟与麦的前后轮作技术既然已经出现，唐时农民为提高土地利用率而采取的措施，"估计是把历来分开种植的夏季作物和各种作物即谷田与麦田结合起来的方式，也就是说，我们可以设想形成了在收割麦子以后播种晚熟谷子，或者在早熟谷子之后播种麦子的这种轮作方式。方便的是谷子作为最重要的粮食作物已经有好多品种"。根据《齐民要术》，早熟性谷子有十四种，晚熟性谷子有十种。这种粟的多样性与小麦的普及相结合，使唐代二年三熟制普遍起来，也就是说形成了早粟→冬麦→晚粟的二年三熟轮作复种体系②。

笔者认为这样的论证是没法说明问题的，用东汉时代的轮作技术、

---

① 《大唐六典》卷三《仓部郎中》关于义仓来源时说，每地一亩纳粟二升，还特别记有："乡土如无粟，听其纳杂种充之。"颜师古：《汉书·元帝纪》永光元年三月条注曰："今俗犹谓麦豆之属为杂稼。"

② ［日］西嶋定生：《中国经济史研究》（中译本），中国农业出版社1984年9月版，第179页。

北魏时代的作物品种来说明唐代形成了二年三熟制，而没有一条唐代粟后种麦与麦后种粟的史料，仅凭推论想象是不能令人信服的。同时，其设计的早粟→冬麦→晚粟的轮作形式也是很难成立的。首先，它不符合《齐民要术》所总结的"谷田必须岁易"的轮作原则①；其次，从肥料供给与地力维持角度分析，在粟的年际轮作中又加上一季冬小麦，三季都是特耗地力的作物，当时又缺乏充足的肥粪以补充多量消耗的地力。这种轮作方式增加了劳动量和劳动强度，消耗了种子，地力又得不到恢复，其二年三熟的总产量较二年二熟也许会有一定的增加，但要想超过种子、肥力与人工诸多项目的费用以上绝非轻而易举，讲求实际的农民绝对不会干这种得不偿失的事情，直到清代中期二年三熟制在华北各地盛行时，此种轮作组合仍然是很少的②。古贺登先生早已看到了这一点，他说："粟和麦都要求相同系统的肥料，……因此，既使麦茬后播种粟尚能成立，吸肥力特强的粟后种麦时也会令磷肥极度不足，加上麦的吸肥力很弱，就会严重危害麦的生长。"由此，他的观点是"即使在唐代，华北也没有粟与麦组合的轮作复种制"③。

西嶋定生还有一个重要的证据，他说："唐代职分田的分配规定陆田（即谷田）以三月三十日为限，稻田以四月三十日为限，麦田以九月三十日为限，在限期以前分配的可取得当年的田租，在期限以后分配的由前任者取得这一年的田租。但是，后来为了弥补以一年一季为前提的这种规定的缺陷，大中元年（847）十月中提出'二稔职田，须有定制'，表示在一年有两次收获的情况下需要另作规定。这就说明上述的经营方式变化即由一年一季方式向两年三季方式的发展终于影响到法令问题了④。"而笔者认为这里他对"二稔职田"的理解是错误的。对职田时限另作规定的是乾元三年（760），应工部尚书李遵之奏，"请自今后，水陆田并限

---

① 《齐民要术》卷一《种谷第三》。
② 前文据曲阜孔府档案资料已经论证，鲁西南平原多数地方的二年三熟粮食轮作是麦后种豆，只有个别土地肥沃的村庄有些年份麦后种有谷子，但复种谷子的比率不足5%，且晚谷多年平均亩产达不到春谷的半数。
③ ［日］古贺登：《中国多熟制农法的成立》，《古代学》八之三。
④ ［日］西嶋定生：《中国经济史研究》（中译本），中国农业出版社1984年9月版，第180页。

六月三十日，宿麦限十二月三十日，春麦限三月三十日，已前上者入新，已后上者并草并入官"①。而到大中元年，有"屯田奏曰：'以令式之中，并不该闰月，每遇闰月，交替者即公牒纷纭，有司既无定条，莫知所守。伏以公田给使，须准期程，时限未明，实恐遗阙。今请至前件月遇闰即以十五日为定式，十五日以前上者入后人，已后上者入前人……所冀给受有制，永无讼论。'曰：'五岁再闰，固在不刊，二稔职田，须有定制。自此已后，宜依屯田所奏，永为常式。'"②。为避免断章取义，这里征引了大段史料，其中所说"二稔职田"的定制是指"以十五日为定式"，乃为了遇闰月时避免时限不明确的纷争，绝不是二年三熟制形成后影响其改变法令；其"二稔"并非指一块田地的二熟，而是指职田有五月收麦者，有秋季收粟稻者，这正如两税法夏季收麦、秋季收粟稻类似。《唐会要》中"二稔职田"的记载，从上下文义来看，不可能是同一块地里的一年二稔。所以，这一证据无法支持其二年三熟制形成于唐代的观点。

大泽正昭先生从持续生产的用地养地角度分析，也认为二年三熟制中粟→麦→粟这样的轮作方式无法实现，于是他改变其组合方式成二种，一种是以粟的收获为重点，即春种粟，秋收后种麦或豌豆，次年五月收后夏播豆类作物，如此周而复始实现二年三熟；一种以小麦为重点，五月暵地八月种麦，次年收麦后种豆类，然后种麦或豌豆，如此周而复始实现二年三熟③。这种把养地的豆类作物引入二年三熟轮作体系中是非常正确的。同时，他还列举了不少粟后种麦与麦后复种的唐代史料，来证明其关于唐代形成的观点。下面将对其史料进行逐一分析，看它们是否真正能够证明上述观点。

从麦的前茬作物种植来看，大泽正昭先生列举了一条直接的材料，《旧唐书·刘仁轨传》载："贞观十四年，太宗将幸同州校猎，属收获未毕，仁轨上表谏曰……今年甘雨应时，秋稼极盛，玄黄亘野，十分才收一二，尽力刈获，月半犹未讫功，贫家无力，禾下始拟种麦，直据寻常

---

① 《全唐文》卷四三三，李遵《奏限官职田状》；又《册府元龟》卷五〇六《邦计部·俸禄》引文同。
② 《唐会要》卷九二《内外官职田》。
③ ［日］大泽正昭《唐宋变革期农业社会史研究》，汲古书社1996年版，第93页。

科唤，田家已有所妨。"① 此史料确实可证明唐代初年出现了秋收作物与麦的轮作组合，而且从"贫家无力，禾下始拟种麦"来看，这种粟麦组合已有一定的发展。但是，也不可对此作过高的估计，还有资料显示，唐代普通的种麦技术仍基本上同《齐民要术》时代一样，种麦前要暵地。1960年在日本一书店主山本敬太郎的藏书中发现朝鲜版的《四时纂要》，它是唐末韩鄂撰写的，按月描述中国北方的农事活动，填补了唐代缺乏农书的空白。书中两次提到"暵麦地"，一是在《夏令卷之三·五月》曰："暵麦地，是月不暵，而收则寡矣。同六月。"这是从《齐民要术》中抽出来单独列为一条的；二是在《秋令卷之四·八月》曰："渍麦种……大小麦皆须在五六月暵地，不暵，收必薄。"直接引用了《氾胜之书》的记述。当然，笔者承认《旧唐书·刘仁轨传》是真实的，粟后种麦技术有了一定的发展②。但我们知道，即使有了粟后种麦，如果没有麦后复种，仍无法说明形成了二年三熟制。

  关于麦后复种，大泽正昭先生列举了二条资料予以证明，而我认为全部不能成立。一是《唐大诏令集》卷一一一《废华州屯田制》曰："今宿麦颇登，秋苗茂盛，私田加辟，公用渐充。"文中宿麦与秋苗并举不能说明麦后种粟，这是因为"秋苗"不是指秋季谷物仍处苗期，而是指春种秋收谷物之苗，唐人颜师古说："秋者，谓秋时所收谷稼也。"③ 在二税法中，"春种一粒粟，秋收万颗子"的粟及其他同类作物多为春种秋收，因而称作"秋禾""秋苗""秋稼"，而冬小麦初夏收获，故多叫"夏粮""夏麦"。正因为此，唐宋诗文中多是夏麦与秋禾并称，但绝不能理解为一块地内的二季收成。二是《资治通鉴》卷二三二贞元三年秋七月："又令诸冶，铸农器，籴麦种，分赐沿边军镇，募戍卒，耕荒田而种之。约明年麦熟，倍偿其种，其余据时价，五分增一，官为籴之。来春种禾亦如之。"麦收在五月初，已是初夏，至今华北农民仍称麦收为"夏收"，故麦后种禾如不径直称作麦后种禾，也应是来夏种禾，绝不可说成

---

  ① 此事在《唐会要》卷二七《行幸》与《册府元龟》卷五四二《谏诤部·直谏》中也有记载，只"禾下始拟种麦"作"禾下始宜种麦"。

  ② 还有一条一般被视作唐代时期的史料可以证明这一点，即《齐民要术》卷首《杂说》也有黍后种麦之例证。

  ③ 《汉书·元帝纪》永光元年三月条注。

"来春种禾"，是此文麦禾不在同一块地里明甚。

　　林立平先生在证明麦后有复种时，除引用上述两家诸史料外，又另外列举了二条证据。一是《全唐文》卷七九二《乞蠲租赈给疏》曰："关东去岁旱灾，自虢至海，麦才半收，秋稼几无。"这一条史料麦与秋稼并举不足以反映麦后有复种，理由在上面已有说明。二是他认为白居易的《杜陵叟》诗"是对麦粟复种的真实写照"，该诗曰："三月无雨旱风起，麦苗不秀多黄死。九月降霜秋早寒，禾穗未熟皆青乾。"林先生没有说明其判断的理由，也许是认为九月时禾穗仍未成熟，即表明此禾是麦后夏播的，实际上不能如此理解。联系诗文前面叙述的"三月无雨旱风起"，只能有以下两种情形。一是因大旱春粟未能及时播种，而一般谷子是"九十日秀，秀后六十日熟"[①]，从种到熟要经过五个月，如此则到九月份仍未成熟是正常的。这种情况当然不是麦后复种了。二是小麦遇旱"多黄死"，农民耕翻麦地种植粟谷，这样虽然看似麦后复种粟，但实际上是前季受灾死讫时的一种补救措施，不能算作复种多熟。麦后种粟的话当年可收获两季庄稼，此诗描写的是因春旱秋霜夏麦秋禾全未成熟的灾害情形，绝对不能看作"是对麦粟复种的真实写照"。

　　在笔者所看到的有关论证唐代二年三熟制形成的论著中，所列证据即是上面这些。经过分析可知，唐代小麦种植地位在华北各地普遍提高，粟后种麦的现象也有发展，但却没有麦后复种现象的产生，无论是西嶋定生先生所说的麦后种粟，还是大泽正昭先生所说的麦后种豆，都没有任何一条唐代的史料可以证明。这就有力地说明二年三熟制在唐代仍然没有形成。这也与唐代社会经济条件相符合，据梁方仲《中国历代户口田地田赋统计》甲表1[②]，唐代人均耕地二三十亩，但因系应授田数，数目偏高，估计仍与西汉时人均10市亩相近，尤其是唐中期的安史之乱极大地破坏了华北各地的农业经济，当时仍然缺乏人口对耕地的巨大压力，没必要也不可能去增加复种。

　　不仅如此，按照笔者的观点，直到宋元时代，华北平原都没有能形成二年三熟制，这有充足的史料依据。被认为金代乃至元初在北方流行

[①]　《齐民要术》卷一《种谷第三》引《杂阴阳》。
[②]　梁方仲：《中国历代户口田地田赋统计》甲表1，上海人民出版社1980年版，第7页。

的农书《韩氏直说》解释古语"收麦如救火"时说:"苦少迟慢,一值阴雨,即为灾伤;迁延过时,秋苗亦误锄治。"元代《农桑衣食撮要》卷上《五月》也有类似记载:"农家忙併,无似蚕麦。(收小麦)迟慢遇雨,多为灾伤,又,秋日苗稼亦误锄治。"麦后如有复种,收麦拖延必误播种晚禾,书中无语,可知并无此类情况。元朝司农司所撰《农桑辑要》所载耕作技术更直接证明当时没有麦后复种之技术,"凡地除种麦外,并宜秋耕","如牛力不及,不能尽秋耕者,除种粟地外,其余黍豆等地春耕亦可"。即凡欲种粟黍豆类等须头年秋天或当年春天耕地,全无麦后的夏播复种,更不用说麦后的免耕直播了。鲁明善《农桑衣食撮要》与王祯《农书》所记豆粟黍稷全为三四月播种,俱无麦后复种者。这一点大泽正昭先生也已经看到了,他说:"确实,通读元代三大农书,全没有记载二年三熟制,其技术仍没有超过《齐民要术》阶段。"① 假若当时实行了二年三熟制度,这些大型农书为何全无麦后复种的记载呢?如果不能全盘否定这些农书记载,那就只能承认,唐宋以至元代华北都没有形成二年三熟制,也就是说明代以前华北没有形成二年三熟轮作复种制。

3. 华北平原二年三熟制形成于明中后期

元末明初,华北平原遭受战乱与自然灾害破坏最为严重,于是成为明初移民屯垦的重点区域。洪武末年,其区仍有很多荒地,故政府实行"嗣后新垦荒地,永不起科"的优惠政策②,鼓励人们垦荒生产。人少地荒的这种情况缺乏激励人们走向精耕细作的动力。可知,明前期华北不会有二年三熟制的产生。

明代中叶以后,华北平原社会经济形势发生了重大变化。首先,由于社会长期稳定发展,农业经济水平提高,促使人口日益增多,而可供开垦的荒地随着垦殖深入却不断减少,人均占有耕地数量下降,人多地少的矛盾显现出来。据明代实录资料,明正统至嘉靖年间,全国人均耕地多在6.5—8明亩,按一明亩折0.9216市亩计算,明中后期人均耕地在

---

① [日]大泽正昭:《唐宋变革期农业社会史研究》,汲古书社1996年版,第91页。
② 《明太祖实录》卷二四三,洪武二十八年十二月壬辰。

6—7.5市亩之间①。人多地少不仅可提供足够的多余劳力来进行复种的劳动，而且人口对粮食需求的增多也要求精耕细作，靠增加复种来提高粮食单产和总产。二年三熟制形成的社会经济条件在华北逐步成熟。

其次，明中叶以后，商品经济逐渐发展并渗透到农村生活中来，赋税折银成为历史的大趋势。小麦面白质清，口感好，人们目为细粮，在市场上易出售，价格也高；亩产量属中等水平，但受水旱影响较小，收成稳定。农民在生产实践中认识到"一麦胜三秋"的道理②，纷纷扩大小麦的种植。根据前文研究，明中后期鲁西南平原地区的小麦播种面积逐步扩大，由明前期占总耕地的约三成，提高到明末清初的五成左右。而且，小麦扩种的这种趋势并非仅为鲁西南地区独有，土壤水热等自然条件基本相同的华北平原各地似应与此同步。故崇祯年间编写的《天工开物》认为："四海之内，燕、秦、晋、豫、齐、鲁诸道，丞民粒食，小麦居半。"③ 华北平原小麦播种地位的提高，为增加复种、形成二年三熟制创造了良好的条件。

再次，粟后种麦的轮作换茬现象趋于普遍。粟麦轮作技术出现很早，唐朝粟后种麦的现象还有了一定的发展，但普通的种麦技术仍然必须五六月份暵地，这种状况到元朝时仍未改变。王祯《农书·百谷谱集之一》记载的大小麦种植法仍然是："大抵未种之先，当于五六月暵地。若不暵地而种，其收倍薄。"明中叶以后，这种状况有了根本转变，春播秋收茬口地里种植小麦已成为主流。王象晋在明末撰写的《群芳谱》多记有华北的农事，其《谷谱·田事各款·粪地》云："肥地法，种绿豆为上，小豆、芝麻次之，皆以禾黍未一遍耘时种，七八月耕掩土底，其力与蚕沙熟粪等，种麦尤妙。"这是说春种谷物套种绿肥，并于当年种麦的事情。其书所载的农谚说："稀谷大穗，来年好麦"，也表明粟后种麦的换茬轮作已较为普及。明朝遗老顾炎武撰写的《天下郡国利病书》原编第十五册《山东上》引《汶上县志》说，如果采取暵地措施即当地所谓的塌旱

---

① 梁方仲：《中国历代户口田地田赋统计》甲表1，上海人民出版社1980年8月版，第9页。
② 崇祯《历乘》卷十二《方产考》。
③ [明]宋应星：《天工开物》卷上《乃粒·麦》。

地，次年"来牟（大小麦）之入常倍余田"，暵地现象已经成为较为特殊的现象了。顺治时代撰写的《登州府志》更明确地记有"黍后俟秋耕种麦"①，是可知麦之前作现象即禾麦轮作在明中后期已较为普遍。

最后，随着小麦播种面积的增加与禾麦轮作现象的普及，明中后期，麦后复种的晚大豆开始出现并且得以推广，于是秋禾麦豆的二年三熟的农业种植制度逐渐在华北平原形成并走向盛行。大豆有春播和麦后夏播之分，明代以前的农书均记载北方大豆三四月播种，全为春大豆，大致麦后夏播的晚大豆在明中后期逐渐推广，到明末清初，在土壤较为肥沃的华北平原地区上升为主导地位，基本上取代了春大豆。万历《恩县志》记载，小麦"八月中种，五月初收"，而黄黑绿诸色豆，"俱五月初种，九月中收"②；明末成书的《群芳谱》也说，黑豆在五月"夏至前后下种，上旬种，花密荚多"，黄豆种植时间"与黑豆无异"③。麦后种豆乃是直接耩种的免耕法，蒲松龄《农桑经》总结山东麦茬复种豆的经验说"五月……留麦楂，骑麦垅耩豆，可以笼豆苗"，"豆无太早，但得雨，且不妨且割（麦）且种，勿失时也"④。收麦后可随时种豆，甚至可以一边割麦一边种豆。这说明上述《恩县志》与《群芳谱》所谓五月初播种诸豆应为麦茬后作物，因一般春大豆播种当在三四月。顺治时，登州府一般农事安排是："春时播百谷，正月种麦，二月布谷及黍稷蜀秫麻秒等项，三月种大豆与稻，稻有水陆两种，谷雨前种棉花，俱秋收；麦后种豆，黍后俟秋耕种麦；又有冬麦俱来年五月初收。"⑤ 如果说这些例证还不能使您相信二年三熟在明中后期已经成为华北平原重要的种植制度的话，那么，曲阜孔府档案所记载的有关曲阜、汶上等县几十个村庄清初麦后普遍复种黄黑豆的事实，则足以坚定您的认识。据《顺治九年红庙庄地亩谷租草册》记载：本庄，"共麦地一顷二十三亩四分九厘，共该麦八石三斗一升，共该豆八石三斗一升"，顺治十一年也与此相同，种麦地

---

① 顺治《登州府志》卷八《风俗·稼穑》。
② 万历《恩县志》卷三《贡赋·种植》。
③ （明）王象晋著，伊钦恒诠释：《群芳谱诠释》，中国农业出版社1985年11月版，第5页。
④ （清）蒲松龄撰、李长年校注：《农桑经校注》，中国农业出版社1982年版，第25页。
⑤ 顺治《登州府志》卷八《风俗·稼穑》。

也收取了与麦租等量的豆租①。又据《顺治十一年齐王庄春秋地租总账》，本庄"共三等麦地一顷六十六亩一分一厘，以上共收半季麦租二十五石九斗二升七合……共该半季豆租二十五石九斗二升七合"。说明麦地的租额一半是麦，一半是豆②。档案中还明确记载，在清初顺治年间，曲阜、汶上、邹县、泗水、鱼台、菏泽等县二十多个村庄清初的孔府种麦地，除收取麦租外，还收取等量或少量的大豆。明代初年的耕地一般分为夏麦与秋粟两类，到清初，在曲阜孔府的档案中，其实行定额地租的土地一般地被称作麦豆地与春地，后者也可叫作秋谷地。几乎所有各庄清初的档案资料都是如此，充分说明华北平原广大地区普遍实行了二年三熟的种植制度③。西周生撰写的《醒世姻缘传》描述了章丘县明水镇一带明末清初的农事安排，三月里耕地播种，"俟次种完了棉花、蜀秫、黍、稷、谷、粱，种了稻秧，已是四月半后天气；又忙劫劫打草苫，拧绳索，收拾割麦，妇人收拾簇蚕；割完了麦，水地里要急着种稻，旱地里又要急着种豆，那春时急忙种下的秧苗又要锄治，割菜籽，打蒜苔……才交过七月来，签蜀秫，割黍、稷，拾棉花，割谷钐谷，秋耕地，种麦子，割黄黑豆，打一切粮食，垛秸秆，摔稻子，接续了昼夜也忙个不了"④。从中可以明确地看到秋收谷物后，耕地种麦，麦后种豆的二年三熟轮作复种制。

在明末清初的改朝换代之际，山东各地同样也遭受了战乱与自然灾害的严重破坏，土地荒芜，劳力缺乏，而当时的人们仍然普遍地实行二年三熟的轮作复种方式，充分说明这种制度至此时已经相当成熟与稳定。所以，我把二年三熟制形成的时代推断在明代中后期。到清代中期，由于人多地少给粮食生产带来的巨大压力，二年三熟制在华北有了进一步的发展，除平坡地盛行二年三熟制外，在低洼涝地上，农民也要争取多熟种植，如乾隆时，济阳县低洼地，农民收麦后"即与高阜并种秋禾"⑤，咸丰时任沂水知县的吴树声著有《沂水桑麻话》，书中说，其县涝地上，

---

① 《孔府档案选编》上册，中华书局1982年版，第331页。
② 《曲阜孔府档案史料选编》第三编·第十一分册，齐鲁书社1980年版，第89页。
③ 《曲阜孔府档案史料选编》第三编·第十一分册，齐鲁书社1980年版，第1—282页。
④ 《醒世姻缘传》第二十四回《善气世回芳淑景好人天报太平时》。
⑤ 民国《济阳县志》卷五《水利志·文告》载乾隆时文告。

"麦后亦种豆，雨水微多，颗粒无收，徒费工本"。那种认为清中期二年三熟制形成的观点则失之太晚。

对二年三熟制到底形成于何时这个问题，中日学术界已经讨论了半个多世纪，形成了多种不同的观点，至今仍没有得出大家一致公认的结论，这是由于缺乏一个统一明确的形成标准所致。因此，本文对二年三熟形成的标准进行了较为详细的阐述。笔者认为，二年三熟与二年三熟制度不同，前者可以是一种偶然发生的特殊现象，后者则必须是能够持续实行的稳定方式。东汉时代粟后种麦与麦后种植禾豆的技术都已经出现，但两者结合起来的可能性很小，即使两者结合在同一块地里，实现了二年三熟，也仅只能是偶然发生的特殊现象，当时技术没有定型，还不能算作形成了一种制度。到了唐朝，仍然没有一条史料能够证明麦后种植豆禾的存在，这当然不是唐代农业生产水平较前有所下降，而正说明汉代的二年三熟仅是个别地区偶然出现的特殊现象，没有固定下来。

二年三熟较年际轮作在二年内增加了一季收成，可以达到人们所要求的增产目的，但是用地程度的提高，必然要建立在维持土壤肥力的养地措施进步的基础上。所以，二年三制熟的形成要从两方面考虑，一是用复种来增加粮食产量的必要性，二是养地措施保障其稳定、高产的可能性。对于前者，笔者认为社会经济条件尤其是人口的增加是决定性因素；对于后者，笔者认为麦后种植养地作物的黄黑大豆是唯一选择。

本文依据上述标准，论证了无论两汉、北魏，还是唐代中期，华北平原都没有形成二年三熟的种植制度，以为明代中后期，随着人多地少矛盾的出现与夏播大豆的推广，二年三熟制才在华北逐渐形成。

本文是笔者的"一家之言"，自己也觉得有些保守，几乎全盘接受了古代农书、地方史志与档案资料的记载，没敢驰骋主观的想象，把祖国北方先进种植制度的形成时期拉后了很长一段时间，但以现有的史料来看，笔者仍然只能认为明中后期形成说最接近历史的真实。真诚地欢迎大家就此展开深入的讨论，如果今后有明确的证明材料出现，笔者会很乐意地修正我的观点。

[本文原刊（日文）《日中文化研究》（14），勉诚出版1999年1月；
中文原刊《中国经济史研究》2005年第3期]

第五章

北方历史农业地理其他专题

一 西汉时代冬小麦在我国北方的推广普及

冬小麦，古称宿麦，是农历八九月种植次年五月初收获的越冬作物①。它既能与其他作物错开种植收获季节，又利于轮作复种，同时，也特别适宜中国黄河流域的风土气候，故而首先在北方推广普及开来。唯其何时普及，学界尚有不同的看法。日本著名史学家西嶋定生先生从唐代关中碾硙经营大规模流行的事实出发，认为唐代冬小麦在中国北方普及②。而这正与唐代中期新实行的夏收小麦、秋收粟稻的两税法时代相符，故而得到不少学者的赞同。后来中国学者卫斯先生提出了自己的观点，认为西嶋先生的"碾硙经营论"实质上是水磨经营，而中国在两汉时代石磨已经得到普遍推广，故而相应地小麦也应该在北方普及③。很多中国农史学者赞同冬小麦两汉普及北方说，但普及到何种程度，因缺乏确切的证据，仍然很难令人信服。1993年在江苏省连云港市东海县温泉镇尹湾村西南汉墓中出土的简牍，上面有种植宿麦的确切数量，这为我们解决这一悬而未决的问题创造了条件④。本文即以此出土材料为基础，

---

① 《汉书》卷二四《食货志》，师古注曰："宿麦，谓其苗经冬。"又卷五《孝安帝纪》也有："宿，旧也。麦必经年而熟，故称宿。"冬小麦秋季播种，冬春生长，初夏成熟，经历四季即经年也。

② 《碾硙发展的背景——华北农业两年三季制的形成》，《中国经济史研究》，中国农业出版社1984年9月版，第167—200页。

③ 《我国汉代大面积种植小麦的历史考证》，《中国农史》1988年第4期。

④ 连云港市博物馆，中国社会科学院简帛研究中心，东海县博物馆，中国文物研究所《尹湾汉墓简牍》，中华书局1997年9月第一版。以下有关尹湾汉简资料，皆源于此书，不另注。

结合文献记载，考证出两汉时代中国北方包括华北大平原与关中平原确实大面积种植了冬小麦。

1. 东海郡西汉末年冬小麦播种面积广大

在尹湾 M6 汉墓中出土有标题为"集簿"的木牍，记载的是东海郡的行政建置、吏员数量、户口垦田与钱谷入支等方面的年度统计数据，与《后汉书·百官志五》刘昭注引胡广《汉官解诂》所述集簿内容基本吻合，发掘整理者判定其为东海郡上计即上报中央政府所用集簿的底稿或副本，时代为西汉晚期的成帝时代。

其中与本文论述内容有关者抄录如下：

户廿六万六千二百九十多前二千六百廿九其户万一千六百六十二获流

口百卅九万七千三百四十三其四万二千七百五十三获流

提封五十一万二千九十二项八十五亩三□……人如前

□国邑居园田廿一万一千六百五十三□□十九万百卅二……卅五万九千六……

种宿麦十万七千三百□十□顷多前千九百廿顷八十二亩①

由上述出土集簿内容可知，种宿麦的数量成为各地方官上计的内容之一，这充分说明了汉朝政府对冬小麦种植的重视程度。《礼记·月令》曰："仲秋之月，乃劝种麦，无或失时，其有失时，行罪无疑。"② 郑注："麦者，接绝续乏之谷，尤重之。"孔颖达疏曰："尤重之者，以黍稷百谷不云劝种，于麦独劝之，是尤重故也。"朝廷重视劝垦种麦，并把种植冬小麦的多少作为地方官吏的政绩进行考核，则必定能推动冬小麦的普及推广。《说苑·辨物》载有："主秋者昏，昏其中，可以种麦，上告于天子，下布于民。"昏中是说星象，正处于九月种植冬麦季节。地方官吏应掌握种麦佳时，督促百姓多种冬小麦，同时，年终把劝种结果上报于中央。

---

① □表示未能释读的字，……表示所缺字数不能确定。全木牍共 22 行文字，此处抄录者为 10—14 行。

② 《吕氏春秋·仲秋纪第八》也有类似文字，疑为汉人所加。

除了朝廷与地方官吏重视种植冬小麦以外，最难能可贵的是"集簿"中清楚地记载有东海郡种植冬小麦的面积，这是西汉时代至今可知的唯一的有一定区域范围的明确数据，为我们定量分析奠定了基础。"集簿"上记载东海郡冬小麦播种面积 107300 汉顷，虽其定垦田即耕地面积为多少已模糊不清，但我们还是可以从两个方面证明东海郡冬小麦在整个农作物种植结构中的重要地位。第一，东海郡的提封即疆土面积是已知的，为 512092 汉顷余，而且还是较为准确的[①]，则可求出冬小麦播种面积占疆土总面积的 20.9%，这当然是一个很大的比例。如果视当时东海郡的垦殖系数为 50%（这是稍大的估计数），则全郡共有耕地 256046 汉顷，可知冬小麦将占全郡耕地总面积的 41.9%，这也是一个很大的比例。由此判定冬小麦在西汉末年的东海郡中居于粮食作物的首位也不为过。第二，可求得东海郡每户每人平均的冬小麦占有面积。东海郡共有户 266290，则每户平均播种冬小麦 40.12 汉亩以上，折 27 市亩有余，而据《汉书·地理志》，全国每户平均占有耕地为 67.6 汉亩，折 46.7 市亩，是东海郡每户播种小麦面积超过了全国每户平均耕地的半数。东海郡共有 1397333 人，则每人平均播种冬小麦 7.7 汉亩，折 5.3 市亩，而据《汉书·地理志》，全国每人平均占有耕地为 13.9 汉亩，折 9.6 市亩，东海郡每人播种冬小麦面积也超过了全国每人平均耕地的半数。这充分说明冬小麦在东海郡的地位很高。

"集簿"中还记载有是年冬小麦播种面积较上一年增加数量，即"多前"192080 亩，它占总数的 1.79%。可知在西汉末年冬小麦已经取得重要种植地位之时，仍然以较快的速度增长。

综上所述，由于尹湾汉墓简牍的出土，我们知道了西汉末年东海郡冬小麦的播种面积占到了整个郡领疆域的五分之一，基本上可达到全郡耕地面积的 40% 以上，每户平均播种冬小麦 27 市亩，每人平均播种冬小麦 5.3 市亩。这些定量的数据充分说明了东海郡的冬小麦已经得到普及，且占据了粮食作物的首要位置。

---

① 据谭其骧先生主编《中国历史地图集》第二册《豫州、兖州、徐州、青州刺史部》之东海郡界限，用方格求积法，所得东海郡面积与此提封面积相差在 5% 左右。

2. 冬小麦在华北与关中的普及推广

东海郡冬小麦种植面积广大，而自然社会条件与其相近的整个华北平原似乎都应如此。这一点也有充分的历史文献给予证明。

早在殷商时代，中原就开始种植有冬小麦，甲骨文有不少"告麦""受来（即麦）""登来"的文辞，而且还有一个麦子具体收获时间的记录，即"月一正曰食麦"。据著名甲骨文与农史研究专家彭邦炯先生函告："殷之正月为夏历4—5月，正是吃新麦的季节"，四五月收获者必为冬小麦无疑。甲骨文中"麦"作为地名频频之出现，地名为麦，盖其地产麦较多故也①。在春秋之时，齐国旁仍有"麦丘之邦"，也应该是以产麦著名②。

周朝时代，华北平原的小麦种植得到一定的发展。《尚书·大传·周传七·微子之命》云："微子将朝周，过殷之故墟，见麦秀之蘄蘄兮。"是殷墟之地多种麦也。位居洛阳一带的东周欲种稻，因居于上游的西周不下水，"今其民皆种麦，无他种矣"③。张仪为秦连横说韩王时则说："韩地险恶，山居，五谷所生，非麦而豆。"④ 这些都说明今河南地区当时小麦的种植地位越来越重要。东方的齐地更是小麦的主要生产地。《说文·齐部》云："齐，禾麦吐穗。上平也，象形"，可见"齐"字的本义是麦苗丰茂、吐穗齐平。有人因此认为，齐地既宜麦，又是王朝重臣封国，国号为齐，自然是希望齐国率先推广种麦，吕尚受封于齐正是承受这种历史使命的⑤。而丁维芬《释牟》则认为，小麦大麦为莱牟（今山东莱芜县）所出产，本东夷之物产，后蔓延扩展到整个济水流域⑥。这种观点对否姑且不论，但齐地小麦种植繁盛是可以证明的。《管子·轻重乙第八十一》记载，齐桓公欲求富国广土之道，管子对曰："乃请以令使九月种麦，日至（即夏至）日获，则时雨未下，而利农事矣。"似乎从此开

---

① 彭邦炯：《甲骨文农业资料考辨与研究》，吉林文史出版社1997年12月版。
② 《韩诗外传》卷十："齐桓公逐白鹿，至麦丘之邦。"《晏子春秋》卷一《内篇谏上·景公怒封人祝之不逊晏子谏》又曰："景公游于麦丘。"
③ 《战国策·东周欲为稻》。
④ 《战国策·张仪为秦连横说韩王》。
⑤ 雒江生：《秦国名考》，刊《文史》第三十八辑。
⑥ 引自胡锡文《麦》第244页。

始了派遣官吏巡视地方劝民种植冬小麦的政府行为。到了战国时代齐地小麦种植已很普遍，孟子在谈论人生哲理时，也用"麦"的生长情形来作比喻，《孟子·告子上》曰："今夫牟麦，播种而耰之，其地同，树之时又同，悖然而生，至于日至之时，皆熟矣。虽有不同，则地有肥墝，雨露之养、人事之不齐也。"这说明麦子在齐鲁大地已为常见之农作物。

秦汉时代，华北多麦已经成为共识，很多文献有明确的记载。《范子计然》认为："东方多麦。"①《淮南子·坠形训》说得更具体，其一则曰："东方，川谷之所注，日月之所出……其地宜麦。"一则曰："济水通和而宜麦。"把东方济水流域地势低洼平衍、适宜小麦生长的地理原因也说了出来。《周礼·夏官司马·职方氏》描写了九州的物产分布，其中正东的青州以小麦为主，河东的兖州、河南的豫州、正北的并州小麦种植也居于重要地位②。出生于东方的董仲舒也认为："天熬州华之间，故生宿麦，中岁而熟之③"，他深刻地认识到冬小麦在扩充民食等方面的重要作用，后来至京师长安曾向汉武帝建议在关中推广种植冬小麦。

总体来看，西汉时代华北各地小麦的种植已经居于重要地位。我们相信像东海郡那样冬小麦居粮食作物首位的地方不会是华北唯一的地区。

众所周知，关中平原是在汉武帝时接受董仲舒建议后才大力推广冬小麦的，但这并不是说在此之前，关中就没有冬小麦的种植。《逸周书·尝麦解》即有"维四年孟夏，王初祈祷于宗庙，乃尝麦于太祖"，是说成王初即位时事，此可证关中冬麦种植较早。《云梦秦简·仓律》有"麦十斗，为面三斗"的规定，《云梦秦简·法律答问》还有"有禀叔（菽）麦，当出未出，即出禾以当叔麦，叔麦贾（价）贱禾贵，其论可（何）殹（也）"？这说明战国时秦地已有麦子的征收与储存。考古工作者也发现了关中地区种植小麦的直接证据，考古发掘资料证明秦咸阳宫殿建筑的墙壁是用麦秸皮和泥涂抹的，而咸阳宫第三号建筑遗址所发现的中国

---

① 其书已佚，引自《齐民要术》。旧谓东周范蠡撰，据胡立初《齐民要术引用书目》考证，乃西汉时代作品。

② 原文曰："正东曰青州……其谷宜稻麦"；"河南曰豫州……其谷宜五种"；"河东曰兖州……其谷宜四种"；"正北曰并州……其谷宜五种"。郑玄注于"四种"下云："黍稷稻麦"，于"五种"下云："黍稷菽麦稻。"

③ 《春秋繁露》卷十六《循天之道第七十七》。

最早的壁画，其中一幅则为麦穗图。到汉武帝时，"董仲舒说上曰：'《春秋》它谷不书，至于麦禾不成则书之，以此见圣人于五谷最重麦与禾也。今关中俗不好麦，是岁失《春秋》之所重，而损生民之具也。愿陛下幸诏大司农，使关中益种宿麦，令毋后时'"①。汉武帝接受了此项建议，在关中扩种冬小麦，促使关中地区冬小麦的播种面积逐渐增加，到西汉末年也达到了较大的规模。这也有历史文献给予证明。据《东观汉记》记载，东汉初期京兆人第五伦，"免官归田里，不交通人物，躬与奴共发棘田种麦"②。以举案齐眉著称于世的梁鸿也是东汉初期人，他曾"将妻之霸陵山，耕耘织作，以供衣食……作诗曰：'维季春兮华阜，麦含金兮方秀'"③。季春之际麦方含金，也只能是冬小麦。最有说服力的是东汉初年"刘禹平三辅，粮乏，（京兆人王）丹上麦二千斛"④。这说明关中小麦的产量已经很大。

总之，从文献上可以证明，华北平原在秦汉时代小麦已经相当普及。而关中平原经汉武帝大力推广，至两汉之际小麦的播种面积也已有很大扩展。尹湾汉墓简牍所记东海郡西汉末年冬麦面积广大并非个别现象，冬小麦在整个中国北方平原地区已经推广普及开来。

3. 西汉时代冬小麦种植技术的进步

较早从时令角度论述到冬小麦种植的是《吕氏春秋》，其卷二十六《士容论第六·审时》在黍、稻、麻、菽之后，论述了种麦得时的重要性，而无论先时亦或是后时皆有害，结论为"得时之稼兴，失时之稼约"。但最早专门论述到冬小麦的耕作、种植、管理、留种等技术的文献却是《氾胜之书》。《氾胜之书》是西汉时代的代表农书，今已不存，赖《齐民要术》保存了许多重要的内容，其中有关冬麦种植的条目很多。兹分类叙述如下。

关于冬小麦的耕地技术　"凡麦田常以五月耕，六月再耕，七月勿耕，谨摩平以待种时。五月耕，一当三；六月耕，一当再；若七月耕，

---

① 《汉书》卷二十四《食货志》。

② 《东观汉记》卷十八《列传十三·第五伦》。

③ 《东观汉记》卷十八《列传十三·梁鸿》。

④ 《东观汉记》卷十五《列传十·王丹》。

七不当一。"这是专为播种冬小麦而实行的"暵"技术，措施相当。这种耕田种植冬小麦的方式直到元朝都是中国北方种植冬小麦的主流技术①。

关于播种技术　"当种麦，若天旱无雨泽，则薄渍麦种，以酢浆并蚕矢夜半渍，向晨速投之，令与白露俱下。酢浆令麦耐旱，蚕矢令麦忍寒。"在北方旱地农作种植中保持墒情很重要，为此，汉代已经出现了渍麦种的方法；同时用蚕矢拌种，也开始了种肥技术的施用。渍种与种肥技术的发明产生于冬小麦种植方面，不仅说明了人们对小麦种植的重视，而且也说明了小麦种植技术已经积累了相当经验。

关于冬小麦播种佳期　"凡田有六道，麦为首种。种麦得时，无不善。夏至后七十日可种宿麦。早种则虫而有节，晚种则穗小而少实。"早种会引起秋虫为害，且令先期拔节，易遭受冻害；晚种天冷苗弱，越冬前分蘖少，开春后植株生长发育不能正常，故秆细穗少，产量减少，这都是很切实的农业经验的总结。

关于中耕管理　"麦生黄色，伤于太稠，稠者锄稀之。""秋锄以棘柴耧之，以壅麦根。故谚曰：'子欲富，黄金覆。''黄金覆'者，谓秋锄麦，曳柴壅麦根也。至春冻解，棘曳之，突施其干叶，须麦生，复锄之。到榆荚时，注雨止，候土白背复锄，如此则收必倍。""冬雨雪日，以物辄蔺麦上，掩其雪，勿令以风飞去，后雪，复如此。则麦耐旱，多实。"中耕的作用除了锄草外，主要是为冬季培土，促进麦根发育，增强抗寒力量，保暖防冻，含水保墒。

关于选存麦种　"取麦种，候熟可获，择穗大强者，斩束立场中之高燥处，曝使极燥，无令有白鱼，有辄扬治之。取干艾，杂藏之；麦一石，艾一把；藏以瓦器竹器。顺时种之，则收常倍。"其选择良种与储存方法比较科学细致。又王充《论衡·商虫》也有收储冬麦麦种之法："藏宿麦之种，烈日干曝，投于燥器，则虫不生；如不干曝，闸喋之虫生如云烟。"与《氾胜之书》之方法相近。

关于冬小麦区种之法　"区大小如上农夫区。禾收，区种。凡种一亩，用子二升。覆土厚二寸，以足践之，令种土相亲。麦生根成，锄区

---

① 北魏的《齐民要术》、唐朝的《四民纂要》、元代《王祯农书》、司农司《农桑辑要》都记载了五六月耕麦田的技术。

间秋草。缘以棘柴律土壅麦根。秋旱,则以桑落时浇之;秋雨泽适,勿浇之。春冻解,棘柴津之,突绝去其枯叶。区间草生,锄之。大男、大女治十亩。至五月收,区一亩得百石以上,十亩得千石以上。"区种是一种精耕细作的种植方法,故产量颇高。

东汉时崔寔著《四民月令》,代表着当时农业生产技术的最高水平,其中种麦技术多同《氾胜之书》,只对种麦节气随土质肥瘠而变化进行了明确说明:"凡种大小麦,得白露节可种薄田,秋分可种中田,后十日种美田。"这说明东汉时代冬小麦种植更加广泛,不仅可播种于美田与中田,即薄田只要适时早播,也可获得较好收成。

西汉、东汉时代的冬麦种植在选种留存、耕地、施种肥与渍种、适时播种、密植匀播、中耕培土、积雪保墒、区种等诸多生产措施方面都达到了空前水准,也基本奠定了直到宋元时代中国北方旱作农区小麦种植技术的基础。这一点也充分说明两汉时代中国北方冬小麦的种植达到了一个新的高度。

综合以上三节所述,从出土汉代简牍文献可知,西汉末年东海郡冬小麦种植面积广大,居于粮食作物的首要位置,而从历史文献可以基本明确,华北地区秦汉时代冬小麦种植已很普遍,应有不少地方与东海郡相近。关中地区从西汉中期开始积极推广种植冬小麦,到东汉初年关中也成为冬小麦的重要生产地区。再从两汉时代有代表性的农书《氾胜之书》与《四民月令》所记比较成熟与先进的冬麦种植技术来看,当时在中国北方的平原地区冬小麦种植也应该达到相当普及的程度。

(本文原刊《中国历史地理论丛》1999年第2期)

二 秦汉上林苑农业的多功能性

农业本身是一个多维体,它既包含了物质产品功能,也包含了众多的非物质产品功能。[①] 日本于20世纪80年代末开始动议,提出农业多功

[①] 姜国忠:《关于发展我国功能多样性农业模式的对策与建议》,《马克思主义与现实》2003年第6期。

能性问题。此后农业多功能性这一概念相继出现在多国的农业规划当中，逐渐成为国际农业发展战略的重要内容。农业多功能性是指农业由于自身的特殊性所决定具有经济生产和非经济生产两大功能，即农业除了具有生产食物和植物纤维等农产品这一主要和传统认知的功能外，同时还具有其他经济社会和环境方面的非经济生产功能。①

农业是一个具有悠久历史的传统产业，西汉时期都城附近上林苑的农业就很发达。上林苑位于关中腹地，是秦汉时期最重要也是规模最大的皇家苑囿。苑中林麓薮泽，动植物资源丰富，农业生产结构多样，除了射猎等传统"囿游"之乐外，集祭祀通神、理政迎宾、生产仓储、军事训练、调节供水等功能于一身。其功能的多元化与上述现代农业发展规划类似，是值得探究的问题。

1. 秦汉上林苑概况

中国的禁苑起源于周代，先秦最早的苑囿可以追溯到商纣之时，"厚赋税以实鹿台之钱，而盈巨桥之粟。益收狗马奇物，充仞宫室。益广沙丘苑台，多取野兽蜚鸟置其中"②。沙丘即向苑囿发展。春秋时秦苑囿较周代又有了重大进步，苑囿数量增多、规模扩大、功能更多，成为中国古典园林的雏形。

上林苑始建于秦，后逐渐演变成为秦渭南禁苑的总称。出土秦封泥有"上林丞印"③"上林郎池""池印"④ 证明上林苑确实是秦之苑囿。然而它修建的确切时间却不得而知。《三辅黄图》云："阿房宫，也名阿城，惠文王造，宫未成而亡。"⑤ 又据《史记》卷六《秦始皇本纪》载："乃营作朝宫渭南上林苑中。先作前殿阿房，东西五百步，南北五十丈，上可以坐万人，下可以建五丈旗。"⑥ 阿房宫为朝宫先行动工的前殿建筑，因此至迟在秦惠文王时即有上林苑了。《史记》卷五《秦本纪》载："孝

---

① 江泽林：《当代农业多功能性的探索——兼析海南多元特色农业》，《中国农村经济》2006年第5期。
② 《史记》卷三《殷本纪》。
③ 王辉：《秦文字集证》，台湾艺文印书馆1999年版，第148、243页。
④ 王辉：《秦文字集证》，第148、241—242页。
⑤ 何清谷：《三辅黄图校释》卷一《秦宫》，中华书局2005年版，第49页。
⑥ 《史记》卷六《秦始皇本纪》。

文王元年，赦罪人，修先王功臣，褒厚亲戚，驰苑囿。"估计上林苑的规模在当时也有所扩大。秦一统后国力强盛，好大喜功的秦始皇"尝议欲大苑囿"① 被优旃劝止。"秦之上林苑其边际所抵，难以详究矣。"② 其范围只能推定，大致在沣水以东，宜春苑以西，北起渭水，南临镐京。

上林苑的扩建始于汉武帝时期。汉初相当长的一段时间里上林苑并非禁地，其中有大量农田民居，寻常百姓可以自由出入，颇具文王古风。汉武帝性英武，好游猎，出游时随行人众践踏农田，使百姓不满。《汉书》卷六五《东方朔传》载："驰骛禾稼稻粳之地，民皆号呼骂詈。"再者，微服出行多有不便，武帝南郊出游夜投逆旅，不仅遭到冷待，还被疑为盗贼，差点受到攻击，使其备感"道远劳苦，又为百姓所患"，于是命太中大夫吾丘寿王与待诏能用算者二人筹建上林苑，"举籍阿城以南，盩厔以东，宜春以西，提封顷亩，及其贾直，欲除以为上林苑，属之南山"。在秦代苑囿的基础上将其拓展成为"跨谷弥阜"的宏大规模，苑内建筑鳞次栉比，原来与上林苑并列的秦宜春苑、鼎胡苑等禁苑也都一并纳入上林苑的范畴。具体来说，汉上林苑在长安城以西，东起浐灞二水，西至周至长扬、五柞等宫，东南到蓝田焦岱镇鼎湖宫，北跨渭水达兴平境内的黄山宫，南傍秦岭终南山。

2. 秦汉上林苑的经济功能

古代苑囿最初起源于生产性设施，西汉时期的上林苑就是一处多功能生产性的经济实体，对都城来说上林苑不仅是皇家游乐的后花园，还是汉长安城都市生活的物质来源。经济功能是西汉上林苑农业的重要功能之一，产品供给则是其中最基本的内容。扬雄《羽猎赋》云："宫馆台榭，池沼苑囿，林麓薮泽，财用足以奉郊庙，御宾客，充庖厨而已，不夺百姓膏腴谷土桑柘之地。"③ 农业生产包括种植业、林业、畜牧业、渔业、副业等方面，西汉上林苑的农业几乎涵盖了以上多种产业形式。

---

① 《史记》卷一二六《滑稽列传》。
② 《雍录》卷九《苑囿》。
③ （南朝）萧统编，（唐）李善注：《文选》，上海古籍出版社1986年版，第387页。

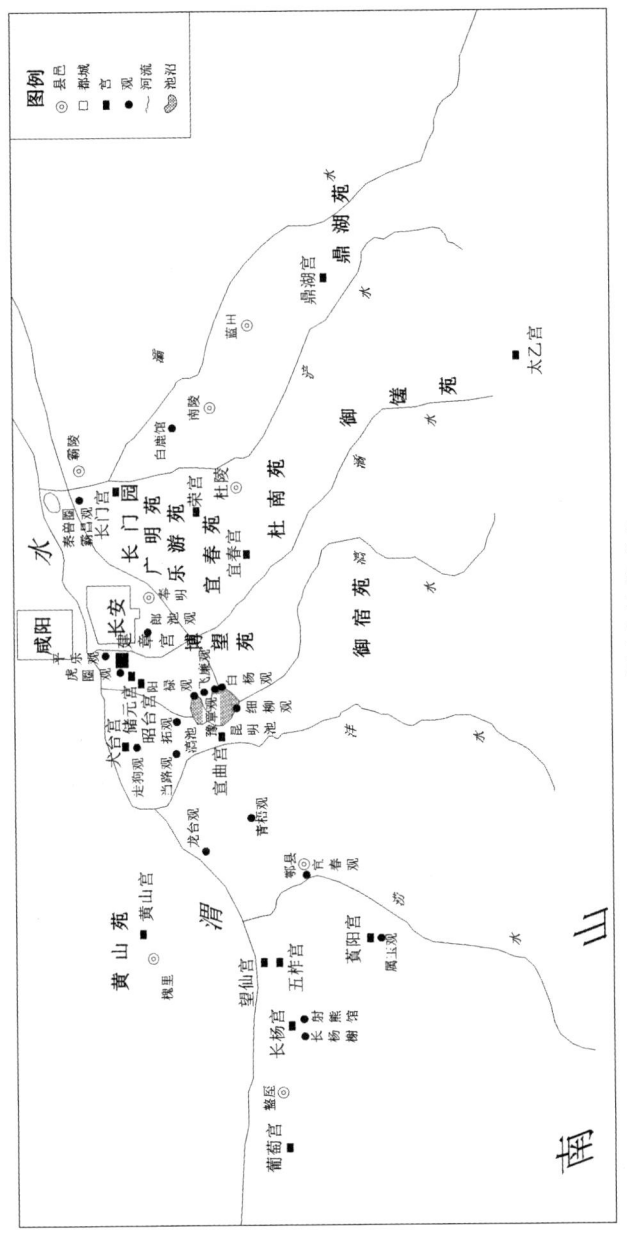

图5—1 秦汉上林苑示意

说明：以史念海主编《西安历史地图集》（西安地图出版社1996年版，第58—59页）和何清谷《三辅黄图校释》（中华书局2005年版，第440—441页）为底图绘制。

游猎畜牧是苑囿的传统功能。"囿"字在商代甲骨文中以及稍后的石鼓文中,都画成田字形方格,方格中填满了草木,这是象形文字为我们记录的直接形象:无疑它是有一定范围的植物境域,让天然草木和鸟兽滋生繁育,是天子或诸侯专享的狩猎游乐场,后来发展为养殖禽兽的天然景观地。① 古代冬季射猎的原因之一就是为了过冬猎杀野物,储蓄肉制品。

上林苑山林广布,动物资源充足,《汉官仪》云:"上林苑中以养百兽禽鹿,尝祭祠祀宾客,用鹿千枚,麇兔无数。伏飞具缯缴,以射凫雁,应给祭祀置酒,每射收得万头以上,给太官。上林苑中,天子遇秋冬射猎,取禽兽无数实其中。"②

且不说野生的禽兽资源,上林苑中还有不少人工饲养的牲畜。《汉旧仪》云:"武帝时使上林苑中官奴婢,及天下贫民资不满五千,徙置苑中养鹿。"③ 除了鹿,上林苑中还养羊。《史记》卷三十《平准书》载:"初,式不愿为郎。上曰:'吾有羊上林中,欲令子牧之。'式乃拜为郎,布衣屦而牧羊。岁余,羊肥息。上过其所,善之。"

苑中池沼也有生产功能,不但满足皇室需要,还有余供应城中百姓。《三辅故事》云:"武帝作昆明池以习水战。后昭帝小,不能复征讨,于池中养鱼以给诸陵祠,余付长安市,鱼乃贱。"④ 上林苑捕获的鱼上市之后,引起长安市场水产品价格下跌,可见渔业产量不小。可见上林苑确如张衡《西京赋》所云:"其中则有鼋鼍巨鳖,鳣鲤鲂鲖,鲔鲵鳡鲨,修额短项。大口折鼻,诡类殊种。"⑤

上林苑所在的关中地区土壤肥沃,"稻粟桑麻竹箭之饶,土宜姜芋,水多蛙鱼",⑥ 这样的自然条件十分适宜种植业的发展,当然最主要的目

---

① 成玉宁:《探寻中国风景园林起源及生态特征》,《首都师范大学学报》(自然科学版)2001年第4期。
② (清)孙星衍等辑,周天游点校: 《汉官六种·汉旧仪》,中华书局1990年版,第83页。
③ (清)孙星衍等辑,周天游点校:《汉官六种·汉旧仪》,第83页。
④ (晋)佚名撰,(清)张澍辑、陈晓捷注:《三辅故事》,三秦出版社2006年版,第28页。
⑤ (南朝)萧统编,(唐)李善注:《文选》,第66页。
⑥ 《汉书》卷六五《东方朔传》。

的就是为帝室生活提供丰富的饮食及生活资料。

城市消费所需要的大量园圃产品,不可能完全从转运贸易中得到满足。特别是一些时鲜果菜,难以长途运输,必须主要依赖于就近供应。①司马相如《上林赋》记载有:"橘、橙、枇杷、柿、杨梅、樱桃、葡萄"等十多种果木,②除了构建景致供人观赏外,这些果木绝大多数用以采摘食用。《西京杂记》载上林苑果木有:梨十、枣七、栗四、桃十、李十五、柰三、查三、椑三、棠四、梅七、杏二、桐三、林檎十株、枇杷十株、橙十株、安石榴一株、楟十株。③其中以御粟(宿,作者注)苑的梨和栗最为著名,"汉武帝园,一名樊川,一名御宿。有大梨,如五升瓶,落地则破。其主取者,以布囊承之,名含消梨。御粟(宿,作者注)苑出栗,十五枚一升"④。

上林苑"名果异卉"数不胜数,"帝初修上林苑,群臣远方,各献名果异卉三千余种植其中,亦有制为美名,以标奇异"⑤。其中不少是引进物种,这就使得上林苑率先成为农业试验田。《三辅黄图》云:"扶荔宫,在上林苑中。汉武帝元鼎六年,破南越起扶荔宫。以植所得奇草异木:菖蒲百本;山姜十本;甘蕉十二本;留求子十本;桂百本;密香、指甲花百本;龙眼、荔枝、槟榔、橄榄、千岁子、甘橘皆百余本"⑥。张骞通西域以后,更多域外果蔬被大量引入上林苑之中。如苜蓿、葡萄,《史记》卷123《大宛列传》载:"宛左右以蒲陶为酒,富人藏酒至万余石,久者数十岁不败。俗嗜酒,马嗜苜蓿。汉使取其实来,于是天子始种苜蓿、蒲陶肥饶地。及天马多,外国使来众,则离宫别观旁尽种蒲萄、苜蓿极望。"

皇室生活除了饮食之外,还需要衣物、住所以及其他相关的日用品,这些都能在上林苑中得到满足。茧馆和柘馆就是苑中生产和加工被服的

---

① 余华青:《略论秦汉时期的园圃业》,《历史研究》1983年第3期。
② (梁)萧统编,(唐)李善注:《文选》,第368—369页。
③ (晋)葛洪撰,周天游校注:《西京杂记》卷一《上林名果异树》,三秦出版社2006年版,第52页。
④ 刘庆柱:《三秦记辑注》卷三《池苑》,三秦出版社2006年版,第47页。
⑤ 何清谷:《三辅黄图校释》卷四《苑囿》,第247页。
⑥ 何清谷:《三辅黄图校释》卷三《甘泉宫》,第208页。

专门场所。《三辅黄图》曰："《汉书阙疏》云：'上林苑有茧馆。'盖蚕茧之所也。"① 茧馆供给皇室，《汉旧仪》云："皇后春桑，皆衣青，手采桑，以缫三盆茧，示群臣妾从，春桑生而皇后亲桑，于苑中蚕室，养蚕千箔以上，群臣妾从桑还，献茧于馆。……凡蚕丝絮，织室以作祭服。祭服者，冕服也。天地宗庙群神五时之服。皇帝得以作褛缝衣，皇后得以作巾絮而已。"② 能够"养蚕千箔以上"，应该不止是劝课桑农的表率仪式，而是被服生产的需要。柘馆，恐因种植大量柘树得名，柘树的树叶是蚕的饲料，柘木又是印染黄色使用的原料。产自茧馆的被服原料当是在此进行染色等深加工的。

中国古代传统建筑多为木结构，需要耗费数量相当庞大的木材。"林簏泽数连亘"的上林苑中有桐、椁、槐、扶老木、枏、枞、白榆、栝、楔、枫等多个树种，司马相如《上林赋》多有记载。③ 汉长安城和上林苑中的宫殿建筑及其家居器具，就免不了取材于上林苑。古时席地而坐，《史记》卷八四《贾生列传》载："孝文帝方受釐，坐宣室。上因感鬼神事，而问鬼神之本。贾生因具道所以然之状。至夜半，文帝前席。"《三辅黄图》云：上林苑"蒯池生蒯草以织席"，④ 文帝使用的席可能就是出自这里。蒯草所织席数量应该相当惊人，否则文献中也不会特别记载。

上林苑不仅是农业生产基地，还是国家财政的重要来源地。西汉初年，货币流通问题严重，武帝即位之后遂着手统一铸币权。建元元年（前140）"行三铢钱"⑤。又"令县官销半两钱，更铸三铢钱，重如其文。盗铸诸金钱罪皆死，而吏民之犯者不可胜数"⑥。继而接受张汤的建议，造"皮币"和"白金三品"。其中的"皮币"就是将上林苑中的鹿皮当做金属货币的替代品，《汉书》卷二四《食货志》载："是时，禁苑有白鹿而少府多银锡"，上林苑中养殖了大量鹿，鹿皮正是皮币的主要原料，估计当时流通的皮币有很大一部分产自于此。

---

① 何清谷：《三辅黄图校释》卷六《杂录》，第384页。
② （清）孙星衍等辑，周天游点校：《汉官六种·汉旧仪》，第77页。
③ （南朝）萧统编，（唐）李善注：《文选》，第369页。
④ 何清谷：《三辅黄图校释》卷四《池沼》，第268页。
⑤ 《汉书》卷六《武帝纪》。
⑥ 《汉书》卷二四《食货志》。

3. 秦汉上林苑的非经济功能

作为社会和经济的一个子系统，上林苑的农业功能并不限于生产生活资料这种单一经济作用。在提供衣食住行所需、奠定皇室物质基础之余，还具有不可忽视的政治功能、文化功能和生态功能等非经济功能。

（1）政治功能

传统社会里农业是立国之根本。特别是西汉王朝建立之初民生凋敝、国力颓废，《史记》卷三〇《平准书》载："汉兴，接秦之弊，丈夫从军旅，老弱转粮饷，作业剧而财匮，自天子不能具钧驷，而将相或乘牛车。"因此，农业的繁荣发展成为国家政治稳定的前提条件。

《左传》云："国之大事，在祀与戎"，① 可见古人十分重视祭祀。礼制建筑因是古代帝王祭祀祖先、天地、神祇的场所，对巩固政权、布施教育有着直接的作用，因而向来为我国古代都城的重要组成部分。② 西汉时期的"三雍"即灵台、辟雍、明堂以及祭天的圜丘都置于汉长安城南的上林苑中。国家祭祀所需鸟兽、鱼鳖等牺牲也由上林苑提供。③

军事是国家政治稳定的有力保障，强大的军事实力不仅要有训练有素的各式军队，还必须提供充足的补给满足军需。上林苑中丰富的农业生产恰可为军事行动提供战马等后勤物资。马匹是古代战争中极其重要的战备物资，为了增进应对匈奴的军事力量，不断壮大骑兵队伍，汉朝统治者大力发展养马业。上林苑六厩令治下的"天子六厩，未央、承华、騊駼、骑马、辂辂、大厩也，马皆万匹"④。如此大规模的马匹显然大大超出了供应宫廷车骑活动所需，若是用作征伐当是合理解释。《汉书》卷二四《食货志》说得很明确："天子为伐胡，故盛养马，马之往来食长安者数万匹，卒掌者关中不足，乃调旁近郡。"这些马匹中的很大一部分估计就饲养于上林苑。由于"马嗜苜蓿"，汉王朝还专门从大宛引进苜蓿，种植在上林苑中，为数量庞大的战马提供足够的饲料。

---

① 杨伯峻编著：《春秋左传注》，中华书局1990年版，第861页。
② 朱士光：《初论我国古代都城礼制建筑的演变及其与儒学》，《中国古都学的研究历程》，中国社会科学出版社2008年版，第49页。
③ （清）孙星衍等辑，周天游点校：《汉官六种·汉旧仪》，第83页。
④ （清）孙星衍等辑，周天游点校：《汉官六种·汉旧仪》，第79页。

所谓"夫民之大事在农",①统治者对农业生产事务相当重视。上林苑中农桑阡陌,为帝王举行农耕仪式提供了便利,成为朝廷表率天下之处。前元十三年(前167)文帝诏曰:"朕亲率天下农耕以供粢盛,皇后亲桑以奉祭服,其具礼仪。"②此后多位帝王亲耕表率天下以示重农,不仅皇帝在上林苑中亲耕,皇后也在这里亲桑劝农。《汉书补注》载:"孝武耕于上林,孝昭耕于钩盾。"③《汉书》载:始元六年(前81年)"春正月,上耕于上林"④。又孝元皇后"春幸茧馆,率皇后,列侯夫人桑,遵霸水而祓除",颜师古注:"《汉宫阁疏》云上林苑有茧观,盖蚕茧之所也"⑤,《汉旧仪》亦云:"皇后春桑,皆衣青,手采桑,以缫三盆茧,示群臣妾从,春桑生而皇后亲桑,于苑中蚕室,养蚕千箔以上,群臣妾从桑还,献茧于馆。"⑥

上林苑还充当着皇家庄园的角色,将部分膏腴之地租赁给贫民耕种、放牧。武帝时募民苑中养鹿,所得赋税是一笔很可观的财政收入,为军事行动的顺利进行提供充足的资金支持。《汉官旧仪》载:"武帝时使上林苑中官奴婢,及天下贫民资不满五千,徙置苑中养鹿,因收抚鹿矢,人日五钱,到元帝时七十亿万,以给军击西域。"⑦这样的"假田"制度在一定程度上起到了社会治理的作用。所谓"国有郊牧,疆有寓望,薮有圃草,囿有林池,所以御灾也"⑧。正是由于占据了广阔而优越的土地,资源丰富的上林苑成为汉长安城重要的储备基地,从而在城市生活当中起到了上述"御灾"之用。宣帝地节年间遇地震之祸,元帝即位之初遭洪涝之灾,都是通过将"假田"于民来应对的。地节三年(前67年)宣帝诏曰:"池籞未御幸者,假与贫民。"⑨初元元年(前48年)元帝诏

---

① (三国)韦昭注,明洁辑评:《国语》卷一《周语·虢文公谏宣王不籍千亩》,上海古籍出版社2008年版,第7页。

② 《汉书》卷四《文帝纪》。

③ (清)王先谦:《汉书补注》,中华书局1983年版,第71页。

④ 《汉书》卷七《昭帝纪》。

⑤ 《汉书》卷九八《元后传》。

⑥ (清)孙星衍等辑,周天游点校:《汉官六种·汉旧仪》,第77页。

⑦ (清)孙星衍等辑,周天游点校:《汉官六种·汉旧仪》,第83页。

⑧ (三国)韦昭注,明洁辑评:《国语》卷二《周语·单襄公论陈必亡》,第31页。

⑨ 《汉书》卷八《宣帝纪》。

曰："以三辅、太常、郡国公田及苑可省者振业贫民，赀不满千钱者赋贷种、食。"又"江海陂湖园池属少府者以假贫民，勿租赋"①。

（2）文化功能

作为皇家苑囿，上林苑最基本的功能就体现在游乐休憩方面。因其地域广大布局模天范地，资源丰富奇珍异兽令人叹为观止，催生了一系列以上林苑为主题的文学作品产生。如司马相如《上林赋》及《游猎赋》、扬雄《羽猎赋》、班固《西都赋》和张衡《西京赋》等，其中有不少笔墨细致描绘了游苑之乐。

上林苑中的河流池沼就是游乐之地的突出代表，班固《西都赋》记载较多，②特别是植有罕见的低光荷的琳池，不仅皇帝喜欢，后宫女眷亦在此游玩。《三辅黄图》云："琳池，昭帝始元元年，穿琳池，广千步，池南起桂台以望远，东引太液之水。池中植分枝荷，一茎四叶，状如骈盖，日照则叶低荫根茎，若葵之为足，名曰低光荷。实如玄珠。可以饰佩。花叶难萎，芬馥之气，彻十余里。食之令人口气常香，益脉饰佩。宫人贵之，每游宴出入，必皆含嚼。或剪以为衣，或折以蔽日，以为戏弄。"③

上林苑自秦初建，最初的目的就是供帝王游猎和士兵骑射操练。《史记》卷六《秦始皇本纪》载：始皇"复作阿房宫。外抚四夷，如始皇计。尽征其材士五万人为屯卫咸阳，令教射狗马禽兽"。这些材士在保卫咸阳之余，随帝王狩猎，博君王之乐。苑中的动物养殖场所虎圈、兽圈等更是帝王频繁行幸之地。文帝登上林苑虎圈，虎圈啬夫因"从旁代尉对上所问禽兽簿甚悉"，于是"乃诏释之拜啬夫为上林令"④。元帝"尝幸上林，后宫冯贵人从临兽圈。猛兽惊出，贵人前当之，元帝嘉美其义，赐钱五万"⑤。其他一些以动物为主角的娱乐活动也很流行，甚至令皇帝流连忘返。成帝"常从为微行出游，北至甘泉，南至长杨，五柞，斗鸡走

---

① 《汉书》卷九《元帝纪》。
② （南朝）萧统编，（唐）李善注：《文选》，第22页。
③ 何清谷：《三辅黄图校释》卷四《池沼》，第247页。
④ 《史记》卷一〇二《张释之列传》。
⑤ 《汉书》卷八六《王嘉传》。

马长安中，积数年"①。苑中还有赛马活动，武帝"常从游戏北宫，驰逐平乐，观鸡鞠之会，角狗马之足，上大欢乐之"②。

（3）生态功能

西汉上林苑"缭以周墙"，③ 有步兵校尉驻兵十二苑门，普通百姓不得任意出入。作为皇家禁苑，苑中资源不容盗取，《汉书》卷一六《高惠高后文功臣表》载：元鼎四年（前113年），张拾"坐入上林谋盗鹿，搏捍，完为城旦"。完备的管理系统使上林苑在客观上发挥了保护生态环境的功能。

上林苑中动物种类繁多，苑中的一些宫观就和动物有关。鹿是上林苑中养殖数量较多的动物，苑中三处宫观都以鹿命名，《长安志》卷四《宫室》载："上林苑中有众鹿馆、鹿馆和白鹿观。"④ 建章宫西有观斗兽的虎圈观，文帝曾"登虎圈，问上林尉禽兽簿"，⑤ 元帝"建昭中，上幸虎圈斗兽"。⑥ 除此之外，汉赋中还载有观赏舞象的观象观，张衡《西京赋》云："白象行孕，重鼻轥囷。"⑦ 另外，犬台宫中有走狗观，萯阳宫有观赏玉鸟的属玉观，长杨宫中有射熊馆，都是以动物命名的宫观。《汉书》载："初，充召见犬台宫。"⑧ 甘露二年（前52年）宣帝"行幸萯阳宫属玉观"⑨。永光五年（前39年），"冬，上幸长杨射熊，布车骑，大猎"⑩。白鹿原上的薄太后墓中还发现了大熊猫的遗骨，证明汉上林苑中是有大熊猫活动的。⑪

植被茂盛的上林苑，不仅有原始山林，还有人工林园、田地、苗圃，良好的生态环境为植被提供了优越的生存条件。扶荔宫中移植有亚热带

---

① 《汉书》卷五九《张汤传》。
② 《汉书》卷六五《东方朔传》。
③ 《后汉书》卷四〇《班彪列传》。
④ （宋）宋敏求撰，张敏同校正，（清）毕沅校：《长安志》卷四《宫室二》，日本早稻田大学图书馆藏，清康熙六年序颍川陈上年依宋版重刻本，符山堂藏板。
⑤ 《汉书》卷五〇《张释之传》。
⑥ 《汉书》卷九七《外戚传》。
⑦ （南朝）萧统编，（唐）李善注：《文选》，第76页。
⑧ 《汉书》卷四五《江充传》。
⑨ 《汉书》卷八《宣帝纪》。
⑩ 《汉书》卷九《元帝纪》。
⑪ 王学理：《汉南陵从葬坑的初步清理》，《文物》1981年第11期。

植物,"菖蒲百本、山姜十本、甘蕉十二本、留求子十本、桂百本、密香、指甲花百本;龙眼、荔枝、槟榔、橄榄、千岁子、甘橘皆百余本。"① 除了前述琳池的低光荷,苑中还有终南山草树和珊瑚树等珍奇罕见的植物。《西京杂记》云:"终南山多离合草,叶似江蓠,而红绿相杂,茎皆紫色,气如萝勒。有树直上百尺,无枝,上结蘖条如车盖,叶一青一赤,望之班驳如锦绣。长安谓之丹青树,亦云华盖树。亦生熊耳山。"又"积草池中有珊瑚树,高一丈二尺,一本三柯,上有四百六十二条。是南越王赵佗所献,号为烽火树。至夜,光景常欲燃"②。

以植物命名的离宫别馆也有不少,昆明池东有白杨观、南有细柳观。又如葡萄宫就得名于宫旁广植的葡萄。《史记》卷一二三《大宛列传》载:"及天马多,外国使来众,则离宫别观旁尽种蒲萄、苜蓿极望。"③ 另有长杨宫、五柞宫和青梧观皆因宫观内种植的树种而得名,《三辅黄图》云:"长杨宫,在今周至县东南三十里,本秦旧宫,至汉修饰之以备行幸。宫中有垂杨数亩,因为宫名。""五柞宫,汉之离宫也,在扶风周至。宫中有五柞树,因以为名。五柞皆连抱,上枝覆阴数亩。""青梧观,在五柞宫之西。观亦有三梧桐树,下有石麒麟二枚,刊其胁文字,是秦始皇骊山墓上物也。"④

上林苑还起着调节区域气候的作用。都城是帝王所居,是国家至高权力的象征,汉长安城的绿化受到重视,"城郭中宅不树艺者为不毛,出三夫之布"。⑤ 上林苑可以看作是城郊绿化的延伸区域,班固《西都赋》云:汉之西都"其阳则崇山隐天,幽林穹谷,陆海珍藏,蓝田美玉。商、洛缘其隈,鄠、杜滨其足,源泉灌注,陂池交属。竹林果园,芳草甘木,郊野之富,号为近蜀。其阴则冠以九嵕,陪以甘泉,乃有灵宫起乎其中。秦汉之所以极观,渊云之所颂叹,于是乎存焉。下有郑、白之沃,衣食之源。提封五万,疆场绮分,沟塍刻缕,原隰龙鳞,决渠降雨,荷臿成

---

① 何清谷:《三辅黄图校释》卷三《甘泉宫》,第208页。
② (晋)葛洪撰,周天游校注:《西京杂记》卷一《终南山草树》、《积草池中珊瑚树》,第24、50页。
③ 《史记》卷一二三《大宛列传》。
④ 何清谷:《三辅黄图校释》,第37、211、330页。
⑤ 《汉书》卷二四《食货志》。

云。五谷垂颖，桑麻铺棻。东郊则有通沟大漕，溃渭洞河，泛舟山东，控引淮湖，与海通波。西郊则有上囿禁苑，林麓薮泽，陂池连乎蜀汉，缭以周墙，四百余里。离宫别馆，三十六所。神池灵沼，往往而在。其中乃有九真之麟，大宛之马，黄支之犀，条支之鸟。逾昆仑，越巨海，殊方异类，至于三万里"[①]。可见上林苑是都城生态系统的有机组成部分。恰是这一自然实体改变了汉长安城附近小区域的气候，同时还通过其中的水体调节城市水环境。

（本文原刊《中国农史》2012 年第 3 期）

三 陕蒙地区治理沙漠的四种成功模式

中国关于治理沙漠措施的研究开展得较早，而且出现了兰州中国治沙研究所那样的取得举世瞩目成就的科研机构。20 世纪 70 年代后期，许多县社也成立了治沙推广站，但因当时经费严重不足，计划经济体制也调动不了大家的积极性，故一些成功的治沙措施并没有能够推广普及开来。随着 80 年代初农村联产承包责任制的成功推行，多种形式的承包制也推广到沙漠治理上来；同时随着开放进程不断加快，中外文化交流逐渐加强，外国绿化志愿者也开始参与到中国的绿化治沙活动中来；利用沙区丰富的光热资源发展"沙产业"的口号也在 20 世纪末提出来并在部分地区付诸实践，中国的沙漠治理活动更上一层楼，增加了综合开发的内容。

2000 年秋季与 2001 年春天，笔者受日本沙漠实践协会东城宪治先生的邀请，在毛乌素与库布其沙漠部分地区进行了实地考察，目睹了许多绿化治理沙漠并进行综合开发的典型。他们不仅在沙漠中营造出大片绿洲，实现了局部地区的人进沙退，而且通过沙产业的经营使一些人首先富裕起来。本文向大家介绍位于陕北、内蒙古地区的治理沙漠的四种成功模式。

---

① （南朝）萧统编，（唐）李善注：《文选》，第 9—11 页。

1. 恩格贝模式：中外合作绿化开发沙漠的典型

恩格贝原是内蒙古鄂尔多斯市达拉特旗乌兰乡的一个小村庄，地处库布其沙漠中段南侧黄河的北岸。库布其沙漠地表以下3—5米处，广泛分布有1—3米厚的草炭层。这是2000—3000年前此区为大草原的证据。花粉分析等资料也证明了当时植物繁茂的事实。在恩格贝沟的草炭层下部还发现有一个直径40厘米的榆树树干，C^{14}测定为10070—10110年即约1万年前的树。说明一万年前恩格贝地区是草原与森林相间分布的景观[1]。

150年前，这里是恩格贝召所在，其旁有西园寺、德胜城二个村庄，当时虽已有五里明沙的存在，但周围地方植被良好，羊柴一丈多高，是优良的牧场。

清代末期的放垦使这里增加了种植业的成分。1943年日军在此伏击了傅作义的一个师，毁坏了召庙，蒙古族的原住民大部迁徙。后来汉人大量进入垦殖，造成了草场被毁，沙漠扩大，五里明沙逐渐变成了十里明沙、二十里明沙甚至三十里明沙。沙漠化成为当地村民的最大威胁，三个村庄的民众纷纷外迁。

20世纪50年代末在兴修乌兰水库时，为防止洪水带来的泥沙淤塞水库，就在上游开凿分洪沟以便把洪水引入沙漠之中，恩格贝沙也属引洪区。于是洪水之害随之而来，地下水位上升，盐碱化严重，在沙漠的部分低洼地区常常可以看到大片吐絮的芦苇，原因就在于此。

沙漠化是过度放牧、垦殖造成的，而洪水之害更是人为原因。新中国成立初恩格贝有百余户农牧民，后陆续外迁，到20世纪70年代末只剩下3户半，西园寺与恩格贝相同，得胜城村稍好，也约有1/3人口外徙[2]。

1979年，乌兰乡在恩格贝成立了治沙试验站，站长是农民土专家杨宏。杨宏开始试验三力治沙，即人力植树种草绿化治沙，风力吹平沙丘

---

[1] ［日］泽井敏郎：《恩格贝沟断崖出土树木是一万年前的榆树》，《沙漠》17号。《沙漠》杂志是日本沙漠绿化。

[2] 李令福：《论恩格贝的环境变迁及其原因》（待刊稿）。

治沙，水力即引洪水淤平沙丘治沙。尤其是水力治沙方法意义重大，因为它能够"以洪害除沙害，以沙害消洪害，化害为利"，有效地消除了沙漠化与洪水之害，为恩格贝示范区的建立提供了技术保证。

1989年，鄂尔多斯羊绒厂为培育与饲养中华绒山羊良种，以每亩5角钱的低价购买了恩格贝治沙站所属的土地，王明海是羊绒厂的业务副厂长，主管此项工作。羊绒厂每年投入100余万元，主要用于绿化治沙、培育草场、养殖绒山羊。

远山正瑛，日本山梨县人，1906年出生，农学博士，大学教授，毕生致力于沙漠开发。20世纪30年代和80年代多次考察中国的沙漠地区，1990年与王明海相遇，王明海把他请到恩格贝。当远山先生看到五里明沙地区被引洪淤平的大片沙地后，当即拍板决定在恩格贝建立植树绿化基地。1991年2月他创立了"日本沙漠绿化实践协会"，自任会长，开始募集资金并率领"绿色协力队"到恩格贝开展"五年植树百万棵"运动。

远山先生在日本媒体上疾呼："有力者出力，有钱者出钱，有技术者出技术，有时间者出时间"，到内蒙古库布其沙漠中植树治沙。当年共组织3次协力队约70人来到恩格贝植树，募集资金7834万日元。经过五年的努力，到1995年8月完成了栽植100万株树的初期目标。

表5—1　　　　日本绿色协力队（志愿者）每年数量统计　　　　单位：人

时间（年）	1991	1992	1993	1994	1995	1996	1997	1998	1999	2000
一般队	67	246	209	143	189	169	165	152	161	199
别次队	0	57	132	256	248	540	530	660	908	837
总计	67	303	341	399	437	709	695	812	1069	1036

日本绿化治沙志愿者踊跃来恩格贝植树，有组织的协力队每年人数见表5—1。其1996年与1999年有较大的发展，原因可能是远山正瑛先生分别在北京与日本北海道受到了江泽民主席的接见，宣传效应起了很大作用。

还有很多个人自发地到恩格贝植树，如东城宪治先生自1994年起每年在恩格贝工作40天左右，进行林木的管护。

栽树数量最大的是在日本募集资金，然后请中国当地农民在植树季节植树，如1996年日方共植树56万棵，其中协力队植树6万棵，其余50万棵全为雇用民工完成。

远山先生募集资金数量很大，我从日本沙漠绿化实践协会主办的《沙漠》杂志上查到几个年份的数据，见表5—2。大约每年折合人民币都在500万元以上。

表5—2　　　　　　日本沙漠绿化实践协会募集资金统计

年份	1991	1995	1996	1997	1999
日元数（万）	7834万	7344万	8998万	8829万	9998万

在远山正瑛先生领导的绿色协力队的感召下，中国的北京、呼和浩特、东胜、包头等地的机关、学校、民间团体也都组织了自己的绿化治沙实践团队，来到恩格贝植树，如北京植树队、包头第二中学植树队、绿色家园植树团、自然之友植树团等。每年也达到了千余人。

美国人、英国人、德国人、法国人、奥地利人、韩国人、澳大利亚人，以及中国香港、中国台湾、中国澳门的同胞，也都陆续来到恩格贝，参加了植树绿化活动。

恩格贝的示范作用影响深远，在此参加绿化治沙活动而后又分出去按恩格贝模式建立的绿化基地已经有六七家，其中菊地丰先生在通辽市建立的"乌云林场"植树数量甚至超过了恩格贝。教育部人文社会科学重点研究基地陕西师范大学西北历史环境与经济社会发展研究中心，将要建立的"统万城绿色都市恢复基地"也是以恩格贝为榜样的。

1994年，鄂尔多斯羊绒厂因为投资太大而决定撤销此项目，王明海在经过一番思考后，毅然辞去副厂长职务，决心来到沙漠中独自经营恩格贝。王明海向综合开发沙漠方向努力，除搞好原有的中华绒山羊试验养殖场外，还建成了矿泉水厂、鸵鸟养殖场、孔雀养殖场，修建成4个水库，在水库中养鱼，开辟有基本农田和苗圃，新落成的恩格贝宾馆和蒙古包可以同时接待近千客人。从王明海带领志愿人员进驻恩格贝到2001年底，他成功地探索出一个集农林牧渔、旅游、工业、科研等为一体综合开发沙漠的经济模式，真正地走出了一条环境保护与经济可持续发展相结合的新路子。

恩格贝是国内外绿色志愿者建立的绿化沙漠的乐园，是综合开发沙产业的典范，现在已成为伊克昭盟（今改称鄂尔多斯市）库布其综合开发示范区。

2. 牛玉琴模式：家庭承包绿化治沙的楷模

牛玉琴住在陕西省靖边县东坑镇金鸡沙村。这个村庄紧靠毛乌素沙漠南缘，而牛家又位于这个村庄的西北角，因而牛玉琴较一般人更能体会到风沙侵蚀危害之剧烈。1984 年深冬季节，靖边县政府提出了允许家庭或联户承包全县范围内荒沙的政策，受尽风沙折磨的牛玉琴和丈夫孙家旺决定联合左邻右舍在沙漠里大干一场，植树种草，绿化固定沙丘，也为后代造福。可她俩走乡串户联系承包者时，人们却因惧怕荒沙或治沙投入大而收益无法保证等原因都不敢应声。在无人应包的情况下，牛玉琴夫妇决定自家独担风险，毅然于 1985 年元月正式同乡上签订了独户治理万亩荒沙的承包合同书，并在乡三级干部会上做了表态发言。

治理万亩荒沙对一个家庭来说，确实有资金、技术与劳力上的诸多困难，而且承包的"一把树"这片流沙离村庄十几里远，不要说是栽树，光是运送树苗和障蔽材料也能把人累垮。牛玉琴夫妇对此也有充分的思想准备，用她自己的话说，"就是憋死骡子挣死马，也一定要干下去"。她们制订了详细的治理计划，设计了进沙路线，选择了安营扎寨之处，准备把万亩荒沙分成三大段，每段又按生态条件分成几个小的区域，某区以杨树为主，沙蒿沙荩为次，某区以沙柳与柠条为主，沙蒿为次。这个规划制定于 1985 年 3 月 1 日，被孙家旺绘成草图名称叫作"承包万亩荒沙基本草图及初步造林规划"，现在就镶嵌于玻璃框内，挂在牛家正房大厅中。规划图的下面一栏还有不少文字，"如一年栽上，三年补齐，五年见效"，这是其实施的步骤和总体计划，而"一年之季在于春，一月之季在于旬，一日之季在于晨"则表达了他们决心只争朝夕、忘我奋斗的精神。这幅地图是牛家的传家宝，也是整个沙区劳动人民的精神财富，它编绘出人们改善生存环境、建设优美家园的宏伟蓝图。

造林是有季节的，耽误了春季就要拖后一年。为凑足买树苗的钱，牛玉琴把家中值钱的东西全卖光了，还向亲友四处借贷。他们雇了16个劳力，加上全家男女老幼一齐上阵，经过一个多月的拼命苦干，共栽高杆柳100亩，沙柳364亩，杨柳470亩，榆树300亩，种沙蒿1000亩，首战告捷。第二年，万恶的病魔向张家旺袭来，但他为了不误种植季节，坚决不愿住院治疗，牛玉琴学会了打针，在家打完针后，就又带领人马，拉着树苗进沙造林。这一年他们奋斗40余天，造林6000余亩，初步完成了万亩荒沙的造林任务，政府又把与其连接的3万亩荒沙承包给了他们。

1988年，大漠之子、治沙英雄张家旺壮志未酬，不幸辞世。失去了生活的伴侣和治沙的战友，牛玉琴万分悲痛，但她没有听信"把造好的林子卖了，准能过一辈子好日子"的劝告，而是决心继承丈夫遗志，把治沙绿化事业干好。于是她擦干眼泪，勇敢地用她的双肩挑起了治沙与家务两大重担，亲手操办起雇工请人、联系种苗、设计规划、安排劳力、家务生活等全部工作。她在沙窝里盖了三间房，打了一口井，无论春夏秋冬，全家人都干在沙里，加快了植树步伐，保证了造林质量。到1996年，共栽植杨树4140亩，榆树300亩，柳树350亩，沙柳4937亩，柠条650亩，沙米沙芨2467亩，紫穗槐1200亩，沙蒿3940亩，桑树40亩，共计18034亩，搭设障蔽500多万丈，治理区林草覆盖率达到了30%以上，流沙基本得以固定，四万亩荒沙中出现了大片绿洲，也有了一定的经济效益[①]。

有了收益后，牛玉琴并没有用于改善自己的生活，而是更大规模地投入治沙绿化事业与村民的文化教育事业中。1997年，她又承包了内蒙古伊克昭盟（今改称鄂尔多斯市）乌审旗河南乡尔林川村的万亩沙丘，承诺"借你一片荒沙，还你一片绿洲"。1999年，又承包了靖边东坑镇伊当湾村的7万亩荒沙，总治沙规模达到了12万亩。1992年，牛玉琴为解决周围孩子上学难的问题，节省和贷款资金各一万元，盖起8间校舍，建成远近闻名的"旺琴小学"，学校各取牛玉琴夫妇名字的一个字进行命名。为了学校的发展，她后来又陆续投资20余万元用于扩建学校。宽敞明亮的教室盖起来了，而直到1999年，牛玉琴都住在低矮破旧的老房

---

① 牛玉琴：《历尽千辛万苦，"一把树"变绿洲，勒紧裤腰带，育树又育人——牛玉琴同志在全省地市林业局长会议上的发言稿》，1996年。

子里。

牛玉琴小时候识字不多，经过她努力自学，现在已经能够读书看报，学习先进的科技知识，也能写作各种报告，总结治沙绿化经验以与同行们进行交流。她还注重培养青少年治理沙漠绿化家园的意识，每年春季邀请靖边县300多名中学生进入沙区进行植树实践活动，她提供工具、饮食、树苗与技术指导。孩子们亲自栽种的一棵棵树苗在沙漠中生根发芽，茁壮成长，而且这些小树将在孩子们幼小的心田长成浓郁的树林，使其终身受益。牛玉琴最小的儿子张立强考上大学后，进入西北农林科技大学学习先进的绿化治沙知识，毕业后回到榆林治沙研究所工作，同时兼任牛玉琴治沙区试验新品种的技术员，仍然战斗在与风沙作斗争的第一线。

牛玉琴以家庭形式承包治理沙漠，16年来（截止成文那年）埋头苦干和无私奉献，成为沙区的一面旗帜。至2001年，她共承包治理荒沙12万亩，种草植树4万余亩，其中杨树8798亩，沙柳11674亩，榆树300亩，柳树560亩，柠条650亩，花棒5000亩，沙蒿7846亩，沙米沙芡5367亩；共投资于治沙的雇人工资与买树苗、草籽钱共854364元；同时她热心公益事业，给村里办起了小学，修通了公路，架上了电线，接通了自来水，安装了电话。由于对社会的突出贡献，她被评为"全国十大女杰""全国劳动模范""全国三八红旗手""全国优秀共产党员""全国十大绿化标兵""全国十大农民女状元"，还当选为全国人大代表，1993年还获得了联合国粮农组织颁发的"拉奥博士"奖章。

在20世纪80年代中期以来的榆林人民治理荒沙、加速生态环境建设的热潮中，以家庭为单位的治沙形式最为普遍，也极易成功，牛玉琴就是成千上万个家庭治沙成功的典型代表。要探讨为什么牛玉琴模式最为流行又极易成功，笔者觉得这主要是因为家庭是中国基本劳动单元的历史文化传统特别适合绿化治沙这种工作的特点。几千年来，家庭一直是中国最基层独立核算的经济单元，每个成员的内部劳动是义务的，可以不计成本，其报酬当然是他在家庭中的生活权益。这一点与栽树种草治理沙漠的劳动特点相适应。每年春季栽树要求集中较多劳力，家庭劳力不足时可以采用雇工的方式解决，其余时候的草木抚育管理、收集种子、栽播灌草、设立障蔽、看护林草、割草喂羊等众多活计则是全天候的或随机而行的，也是男女老少咸宜的，都很难计算成本与价格，很难采用雇工形式完成；有些活计则是零星的、分散的和多项穿插在一起的，需要自觉来完成才能有超过成本的效益，无法采取集团的形式。以家庭形式却能充分发挥家庭内部成员中男女老幼的劳动能力，且家庭是最小的经济单位，其收益直接关系到自己的亲身利益，故工作积极性最高。牛玉琴的公婆在其创业的艰难阶段，不顾年老体弱，吃住在沙窝里，看护幼苗收集各种草木种子，阴雨天随时撒播下去，这种不分阴晴昼夜的劳作只能是家庭责任制的产物。牛玉琴的孩子当时年纪尚少，但也利用放假时间进沙干一些力所能及的活儿。总之，绿化治沙的劳动特点与我国农村传统经济特点相近，而在中国传统农业时代，小农即家庭经济是促使其走向兴盛的基础，这也是中国的粮食问题为什么能在实行家庭联产承包责任制后迅速得以解决的最主要原因。由此可知，当前植树种草治理沙漠最普遍也最易成功的是家庭承包制的牛玉琴模式。

3. 石光银模式：公司加农户产业化治沙的代表

石光银是陕西省定边县海子梁乡四大壕村农民，年少时为沙漠化的恶劣环境所迫，不得不多次搬家，这增强了他与沙漠恶魔作斗争的意志和能力。1963 年，他当上生产队长后就开始进行"治理荒沙，保卫家园，为国分忧，为民造福"的事业，其后 3 年，他带领群众治沙造林万余亩，使海子梁乡出现了一片人工绿洲。这第一次尝试更坚定了他绿化沙漠的信念。

1984 年，国家出台了允许单位或个人承包治沙的政策，石光银组织成立了 7 户农家参加的治沙联合体，他们与乡政府签订了治理 3000 亩荒沙的承包合同。为筹集资金，石光银带头变卖家畜、家产，并向亲朋和信用社借贷，终于及时凑足了购置树苗的 10 万元现金。当年春秋两季，七户农家男女老幼齐上阵，在荒沙地栽上了旱柳、沙柳、榆树等，一番精心抚育，次年的成活率达到了 87%。治沙绿化效果十分明显，也标志着联户治沙作为一种模式应运而生且初见成效。

为更大规模地治理荒沙，1985 年春天，石光银又承包了国营长茂滩林场长期无力治理的 5.8 万亩荒沙，成立了新兴林牧场。经过充分的协商和准备，他于 1986 年在联户承包治沙的基础上创建了全国第一家由农户组成的治沙公司——定边县荒沙治理有限责任公司。公司把股份制与家庭承包制引入运营机制之中，与每个承包户签订合同，承包户负责林草的栽植与管护，新兴林牧场作为公司的下属单位提供树苗、技术及打井等基础服务；农户以工入股，四六分成，承包户得大头。农民缺少现金，有的却是用不完的力气，这种入股与分配原则，保证了有力者出力，实现了多劳多得，调动了大家的积极性。公司规模迅速发展到邻近的5个乡8个村，共127户482人。在保障群众利益的基础上，公司也可以凭借利润的积累，扩大业务，不断发展。

经过十多年的不懈努力，公司先后投资600多万元，除石光银个人筹集45万元、贷款200万元外，其余均来自股民的资本和公司的利润积累。这些投资主要用于造林、打井、平地、架线、办厂等，开发出许多昔日沙窝里人想都不敢想的沙产业项目来。第一，建立了稳定的种植业基地。在条件好的治理区内打井，平整出水浇地2800余亩，种植粮食作物和药材。公司现在年产粮食23万公斤，职工人均占有粮食950公斤。第二，建立了良种育苗基地。在300亩苗圃中培育有美国大杏、法国葡萄、俄罗斯大粒沙棘以及金丝柳等50多个品种的经济林种与治沙生态树种。第三，大力发展养殖业。饲养牛羊2800多头，1996年投资8万元办起的养猪场，目前年产肉猪200头，纯利润4万多元。第四，利用沙区资源，开办起小型工厂。如利用当地盛产的沙芥菜、苦菜、沙葱等绿色野菜，创办了绿色食品罐头厂，市场发展良好；兴办的复合饲料加工厂与机砖厂年利润分别达到了10万元和20万元；现在正在筹备与天津中堂房地产公司合作创建药材加工厂，把药材的种植与加工在当地结合起来。

目前石光银治沙公司的年收益已达100万元，在充分考虑广大股民投资红利后，公司会把部分资金投到沙漠治理中去，不仅基本治理了原来承包的荒沙地，而且又扩大范围，承包了更多的沙碱地。据2000年6月定边县林业局《石光银承包治沙简介》，"石光银治沙成效显著，造林保留面积达57022亩（其中乔木林28422亩，灌木林17785亩，沙蒿10815亩），林草植被覆盖率达74.5%，立木蓄积达25609.4立方米。荒沙全部固定或半固定，达到预期目标，治理区内生态环境明显改善"①。1997年

---

① 有文献资料说，石光银15年来先后承包治理荒沙15万亩，沙区植被覆盖率达到92%。承包荒沙面积基本正确，植被覆盖率恐估计太高。

3月,石光银又承包了国营长城林场的荒沙5万亩,承包了县盐化厂的荒沙1.5万亩,承包了草滩墩农场的荒沙829亩。次年又签订了承包治理5.5万亩盐碱滩的合同。

石光银经过十几年的艰苦探索,走出了一条公司加农户的产业化治沙道路,他创办的治沙公司把沙漠绿化事业推进到综合开发沙产业的高度,公司利用股份制筹集资金,利用现代企业方式经营沙产业,又用农户承包形式绿化治理沙漠,植树种草;利用综合开发积累的资金不断增加绿化治沙的投资,而治沙的成功又为沙产业提供了丰富的原料和必要的生态环境,形成了良性循环,是一种"林农牧厂多业并举,绿化治沙与综合开发相结合,以治理促开发,以开发保治理,带领群众走向共同富裕之路"的成功模式,是谓"石光银模式"。

4. 大伙场模式:村集体治沙的榜样

大伙场是榆林市榆阳区牛家梁镇所辖的一个村集体,由5个自然村组成,位于榆林市北侧约15公里的古长城边上,现有人口1361人。从村庄的名称可知其形成很早,原来伙场也叫"伙盘","所谓伙盘者,民人出口种地,定例春出冬归,暂时伙聚盘居故名之,犹内地之村庄也"①。这种情况是从清朝康熙年间开始的,此时也奠定了大伙场村的基础。

大量地开垦边外草地导致其就地起沙,使其本来已经恶劣的生态环境更加恶化,沙漠化进程加剧。据研究,榆林地区"在新中国成立前的一百多年里,流沙越过长城南侵50公里,吞没农田牧场210万亩。沙区仅有的165万亩农田处于沙丘包围之中,沙区6个城镇和421个村庄受到风沙侵袭压埋"②。大伙场村当然也不可避免,到20世纪80年代,其村耕地面积下降到接近人均一亩,再这样发展下去,村民的基本生活都将难以维持,其生存受到了严重威胁。

从1984年开始,村干部就带领村民在每年春秋两季植树种草治沙,坚持与沙漠化作斗争,积累了不少经验。从1994年开始,日本国鹿耳岛

---

① 道光《怀远县志》卷四下。
② 中共榆林市委宣传部课题组:《坚持生态优先,再造秀美山川——榆林沙区生态环境建设的启示》,《陕西日报》2001年3月10日第2版。

市组织的绿色遣唐使团队连续七年来到大伙场进行义务植树，在村民的积极参与下，沿长城两侧植树万余株，绿化沙漠200余亩，被命名为中日友谊林。村干部认识到群众这种积极性可以充分利用，于是提出了一个改造长城外侧1200百亩沙丘为良田的方案，计划利用其村不远处有河渠与黄土资源的有利条件，引水拉沙，削平沙丘，然后再铺上一层黄土建成基本农田，不仅可缓解人口对耕地造成的压力，而且能提高村庄的整体经济实力，使人民生活奔向小康。村民们热情赞同这种符合自己切身利益的计划，按照有劳力者出力贷资、有钱者出钱的原则，集中起资金和劳力，先修水库与水渠，很快建成了自己的塔岸畔水库，又修干渠8公里由塔岸畔和石峁两水库引来大水进行拉沙，削平沙丘后，再"引水送土"，把黄土送到平整好的沙地表层，当然有些水力无法达到的地方则用推土机械拉土来铺上黄土，使其成为真正的黄土壤，以利于保肥保水。沙丘造田后，引水渠道改造成灌溉水渠，水利配套，田地形成规整的方格状，并在水渠道路两旁留出绿化带，植树建成网框式的农田保护林。通过这样艰辛的劳动，把高大沙丘改造成水渠道路防护林纵横交错的浇水农田。经过5年不懈的努力，到2000年大伙场村民完成了当年的计划，新造成1200余亩水利田，而在此之前全村耕地面积尚不足1200亩，也就是说村民用自己的心血和汗水真正再造了一个大伙场村。

除营造中日友谊林与平沙造田外，村干部还对整个大伙场村的村落、道路、基本农田、林草沙地进行长远的规划。他们预留了一片沙丘来作为改造村民住宅的材料基地，新修了5公里长的乡村柏油干道，对剩余的5800亩荒沙进行绿化治理，因地制宜地实行林灌草结合的方法，已经基本达到了沙丘的固定或半固定。基本农田稳定在2400亩以上，从两水库引水，全部改造成水浇地，在村民每人分配一亩口粮田外，农田实行大面积的承包制，鼓励村民承包并实行集约化经营，种植经济作物麻黄、西瓜、土豆之类以及经济林木如水果、树苗等，来实现创收增值。

通过两次实地考察，目睹了大伙场村治沙造田、乡村建设的成就，笔者感到由衷的高兴和欣慰，也很想探索这种村集体治沙成功模式的意义，并向榆林市主管林业的领导与当地村干部们进行咨询。大伙场村村长张银堂先生介绍说：以村为单位治沙至少有以下两大好处，这也是我们村治沙初见成效的原因。一是治理的多是自己身边的沙丘，也就是建设自己的家园，建好后自己以及后代子孙永远受益；同时，我们利用以劳代资形式，即有力者出工，出工就计钱，不搞义务工。现实的和长远的利益都是看得见、摸得着的，这当然能够调动大家的积极性。二是村集体形式能够集中起相对多一些的资金和劳力，为运用大型机械和先进技术打下基础，六七年来我们总共投资人民币 120 万元以上，除日本绿色遣唐使志愿者捐助的钱物合计 48 万元外，其余全部是村民自己投入的。我们修路、修渠、修水库，需要很多劳力，在平沙推土方面也使用大型的推土机。更重要的是可以保证大规模的造田，像我们这样成片几百以至上千亩的造成水浇地，在现在的情况下只有以村集体为单位才能干成。如在家庭承包形式下，因为家庭的资金与劳力资源毕竟有限，或是怕投资大、收益时限短不合算，容易造成无能力或不想去进行这样大面积大投资的改沙造田，只能小打小闹，在沿河滩地造地二三亩，非常零星，水渠不连贯，农田不平整不连续，不利于长远的发展。

榆林市林业局绿化办杜主任则能从更高的角度给大伙场村这种村集体治沙模式给予较高评价，他认为这种形式与乡村最基层行政组织相结合，可以把全村的宅基、道路、水渠、农田、林牧场、沙地等进行统一规划，实行一个村庄的综合治理，并依据资金与劳力的投入按计划逐步地进行实施，建设好自己的家园，实现村民的共同富裕。现在大伙场村已成为沙区远近闻名的小康示范村。小康代表着其村居民生活水平已达到一定程度，经济发展走在了前面，而示范则更多的是指这种村集体治沙模式符合新时代乡村建设的需要，应该多宣传和推广。

5. 余论

总体来看，治理沙漠、开发沙产业应该区分多种层面。第一层是种草植树，把沙丘固定下来，实现生态环境的改善，考虑最多的是生态效益，而林牧业经济也有了基础。这是最基本的层面。第二层是引水平沙造田，改造沙丘为网格状林带防护下的水利田。种植粮食、蔬菜、经济作物与经济林果等，治沙以促进种植业的发展。第三层是利用沙区资源和现代化技术进行沙产业的综合开发，这包括农业、工业、养殖、旅游等各个方面，如恩格贝的矿泉水厂、鲜花种植园、鸵鸟养殖场，石光银的绿色食品罐头厂、中药加工厂等。这三个层面不是相互排斥的，而是紧密结合在一起,而且又可以相互促进的。

第一层面的工作是传统型的,长时段的,很难计算成本与直接效益,故以家庭形式来承担为最佳模式。第三层面是现代化技术的产物,具有企业化性质,资金、技术、人才要求较高,相对地便于集中管理,必须用公司制度来经营。在多种层面交织在一起的时候,综合开发沙漠的产业利用企业制管理,绿化治沙的项目利用家庭承包制实施,多种形式并举,也是可行的和必要的,绝对不可以强求一律。也就是说,应该根据各地治沙工作的性质选择不同的治理模式,不要硬性规定走相同的道路。

中国的沙漠地区相对贫困落后,来自外部的人力、物力、财力的支援是非常必要的,具有强大的推动力,像恩格贝综合开发的成功离不开远山正瑛先生领导的日本国绿色协力队的无私援助,而大伙场村的成功也得益于日本国绿色遣唐使团这个原动力的推动。沙漠绿化治理是与全人类生态环境密切相关的大事,沙区以外的个人、企业、机关、学校,乃至国内外绿色志愿者都有义务来助沙区人民一臂之力,有力出力,有钱出钱,有志者多做宣传。假使全世界的人们都能在自己的心田营造一片属于人类的充满生机的森林,则荒寂沙漠的威胁就会降低到最低点。

我们在强调对沙漠的绿化治理与综合开发之时,一定不能片面地夸大人类自己的力量,应该尊重自然,因地制宜。比如绿化治沙只有在次生沙漠中可以获得成功,而且应该"以水定草,以水定树"。要认识到一棵树好比一个小抽水机,耗水量大大超过灌木草丛,植树不当反而会加重沙化。要种树先种草,不能不切实际地扩大乔木林的面积,要知道森林除了有蓄水的功能外,还有大量耗水的对环境的不利影响。要在沙区开垦出农田更是需要特殊的地理环境条件或高超的现代技术。在原生沙漠地区以开发沙产业为主。这就告诉我们,在毛乌素、库布其沙漠中成功的模式,不一定适用于塔克拉玛干沙漠,即使在同一个沙漠的不同区域也应该选择不同的治理方法。

除了上述诸多成功的模式和典型以外,我们也应看到沙漠化问题的严重性,除局部地方实现了"人进沙退"外,全国大多数沙区还依然是"沙进人退",沙尘暴的强度、频率与影响范围仍没有得到有效的控制,据说还有越来越发展之趋势。在本文所说的成功模式背后，我们也还是能够看到存在着一些影响其继续发展的问题，应该引起我们足够的重视。比如绿化治沙投入大，收益的却是生态效益，这就限制了绿化者的继续投资。现在有些人已经提议国家实行生态绿地收买政策，国家投资从绿化者手中购入，作为国有生态林场，实行封育，让绿化治沙者有经济上的回报，也能保证其不断地更加积极地为更大范围的沙漠披上绿装。还有一个问题即是科技含量普遍较低。今后应该利用政策导向，使实践者与科研单位相结合，而科研人员更应该积极主动地投身于实践之中，使自己的科研成果应用到实际生产中去，并且还可以在实践中得到检验，不断地深化自己的研究。

西北内陆地区是中国沙漠分布的主要区域，而治理与开发沙漠的限制因子是缺水，现在中国正在实施的西部大开发和将要实施的南水北调是否可以结合起来，调来的南水除了解决北方工业之需外，可向沙漠中输送一些，用以改善环境，开发沙产业。如果西北大沙漠能够得到水的滋润，笔者相信西部大开发离成功也就不远了，西北就能够为国家做出更大的贡献。从这个意义上说，远山正瑛先生所说的"21世纪是沙漠的时代"是很有预见性的。

附记：本文初稿完成于2001年11月，2002年4月，笔者带领"统万城绿色都市恢复基地"绿化小组在统万城旁植树，并第一次拜访了石光银，第三次访问了牛玉琴家。2002年4月16日根据最新访问材料定稿。在此谨向治沙英雄远山正瑛、东城宪治、牛玉琴、石光银等致以崇高的敬意，并向三次考察中给予方便的各级林业部门的同志表示真诚的谢意。

(本文原刊《中国历史地理论丛》2002年第3期)

四 黄帝"土德""垂裳"的文化意义

黄帝是华夏文明的肇始者，是司马迁《史记》开篇第一卷首先记述的英雄人物，历来被尊为"人文初祖"，成为公认的中华民族的共同祖先。黄帝时代发明甚多，本节只从其"土德之瑞"与"垂衣裳而治"两个方面深入分析下去，探讨黄帝故里故都所在以及黄帝文化在经济文化上的深远影响。

1. "土德""垂裳"原义考

《史记》卷一《五帝本纪》曰："黄帝……有土德之瑞，故号黄帝。"大家都知道，这是按五德终始的五行相生相克学说来解释历史的，正如《史记·索隐》所言："案，有土德之瑞，土色黄，故称黄帝，犹神农火德王而称炎帝然也。此以黄帝为五帝之首，盖依大戴礼五帝德。又谯周、宋均亦以为然。"

阴阳五行说是中国人远古的历史观，渊源极早，到春秋战国时期经过邹衍的阐发，形成了一套基本完备的理论，到汉武帝时经董仲舒的综合，更加深入人心。据《文选·魏都略》注引《七略》："邹子有始终五德，从所不胜，土德后木德继之，金德次之，火德次之，水德次之。"邹衍通过将土、木、金、火、水五要素与各季节的搭配，确立了春作为木、夏作为火、秋作为金、冬作为水的关系，并利用相生理论（木生火、火生土、土生金、金生水、水生木）与相克理论（木克土、土克水、水克火、火克金、金克木），形成了循环反复而相互转化发展的思想观。

关于黄帝土德的原义，《史记索隐》有考，其说："炎帝火，黄帝土代之，即'黄龙地螾见'是也。螾，土精，大五六围，长十余丈。音引。"认为黄帝代炎帝而立，炎帝为火德，黄帝乃有土瑞，奇异的黄龙地螾出现，代表土德之瑞。这对《史记》本义是一种很有根据的解释，早在《史记》之前的《吕氏春秋·应同》篇就有相类似的说法："凡帝王者之将兴也，天必见祥乎下民。黄帝之时，天见大螾大蝼。黄帝曰：'土气胜'。故其色尚黄，其事则土。"《金楼子》卷一《兴王篇》也说："（黄）帝坐于元扈之上，太一来下，有大蝼如羊，帝曰：土气胜。故以土德王。"

黄帝土德，"色尚黄"，故称作黄帝。后人把黄帝的历史事实纳入了五行说的理论体系之中，似乎是战国秦汉时的思想观。

《周易·系辞下》记黄帝"垂衣裳而天下治"，孔子也说黄帝始垂衣裳。后人疏《周易》解释曰："以前衣皮，其制短小，今衣丝麻布帛，所作衣裳，其制长大，故曰垂衣裳也。"这是说黄帝之时，人们已经发明了人工饲养家蚕，生产丝绸来解决人类的衣被问题，改变了原来以兽皮作为遮身之物的历史。而各地也盛行黄帝正妃嫘祖发明了桑蚕业的传说，至今人们仍把嫘祖当作蚕神来供奉①。这个传说带有浓厚的历史色彩，与黄帝"垂裳"互相配合，说明了五千年前中原地区人工养蚕的开始或兴盛。

黄帝号轩辕似乎也与发明养蚕相关。据《史记集解》："张晏曰：作轩冕之服，故谓之轩辕。"《通志》卷一《三皇纪·黄帝》也有如此说法。《史记正义》亦认为："黄帝制舆服宫室等，故号轩辕氏。"②

原来黄帝统一了黄河中下游地区各部落，组建了具有国家职能的社会管理机构，同时利用桑蚕业的产品纺织物，新作正式官服冠带，特别齐整，意气轩昂，确立了朝服之制。明王凤洲、袁了凡《纲鉴合编·五帝纪·黄帝有熊氏》曰："（黄）帝作冕垂旒充纩，为玄衣黄裳，以象天地之正色。帝观翚翟草木之华，乃染五采为文章，以表贵贱，于是衮冕衣裳之制与。"

黄帝时代发明了人工养蚕，开始了丝织品制作冠冕朝服，故号称轩辕氏。

2. 从"土德"看黄帝故里故都

五行学说是把金、木、水、火、土五大要素与四时、五位、五色、五德（金木水火土）相结合的。众所周知的四神兽的名字："左青龙，右白虎，前朱雀，后玄武"，其实也反映了五种方位与五种颜色。

首先来看五种方位，上述左右前后已经明确说出了四个，而其四方的定位标准，即是中心或中央，如此以来，就成了五种方位。古代多坐北朝南，则上述方位又有更具体的表述，即东青龙、西白虎、南朱雀、北玄武。历史时期很多都城的城门都是用这些名称来命名的，而且方位完全按上述标准。

接下来我们分析五色。上述青、白、朱（红）、玄（黑）已经明确说

---

① 《史记》卷一《五帝本纪》："黄帝居轩辕之丘，而娶于西陵之女，是为嫘祖。嫘祖为黄帝正妃，生二子，其后皆有天下。"

② 张衍田：《史纪正义佚文辑校》，北京大学出版社1985年版，第3页。

出了四种颜色，更加上中央的黄色，构成五色，也是中国传统的五彩文化。

按照五行的配置，中央为土，土为黄色，土生万物，而五色、五位、五德（金木水火土）与四季的配置略如下图。

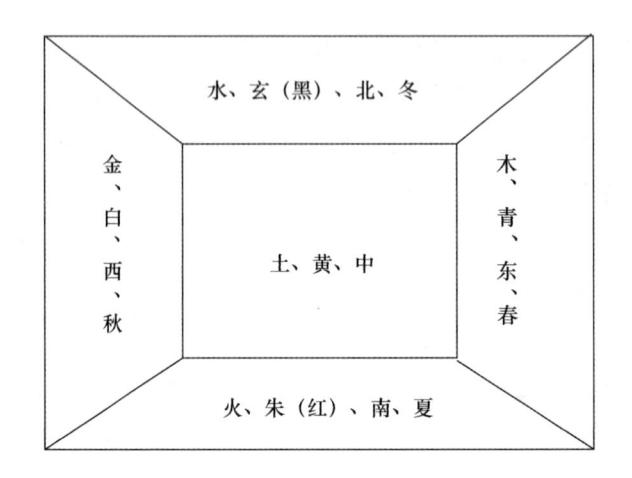

```
┌─────────────────────────────────┐
│         水、玄（黑）、北、冬        │
│   ┌─────────────────────┐       │
│ 金 │                     │ 木    │
│ 、│                     │ 、    │
│ 白 │      土、黄、中       │ 青    │
│ 、│                     │ 、    │
│ 西 │                     │ 东    │
│ 、│                     │ 、    │
│ 秋 │                     │ 春    │
│   └─────────────────────┘       │
│         火、朱（红）、南、夏        │
└─────────────────────────────────┘
```

黄帝有土德之瑞，色尚黄。钱穆先生说黄帝"又叫黄精之君，又叫中央之帝"，则其故里故都应该居于中原的黄土地带。汉代戴德《大戴礼记》云："（黄帝）有圣德，受国于有熊。郑也，古有熊之墟，黄帝之所都。"此说黄帝故都在郑，即古郑地。晋皇甫谧《帝王世纪》曰："（黄帝）受国于有熊，居轩辕之丘，故因以为名，又以为号。……有熊，今河南新郑是也。"此处具体指出，黄帝故里故都为轩辕丘，在晋时河南新郑县境。

黄帝居轩辕丘，为有熊国君，具体地望在河南新郑地区。这个观点得到了汉晋以来学者的普遍认同。西晋《续汉书·郡国志》、唐《元和郡县志》、唐《括地志》、宋《路史·国名纪》、宋《通鉴外纪》、明清《河南通志》以及近代辞书等，都认定黄帝故里在新郑。

据《史纪·五帝本纪》，黄帝"东至于海，登丸山，及岱宗。西至于空桐，登鸡头。南至于江，登熊、湘。北逐荤粥，合符釜山，而邑于涿鹿之阿"。从其东西南北四方位来看，新郑所在的嵩山文化圈东麓是居于中央位置的，同时此地又处于黄土高原东南边缘地带，黄土深厚，完全符合土德的基本条件。

从古人的山岳崇拜来看，新郑所在属于周昆叔先生提出的"嵩山文化圈的核心地区"，而嵩山为中岳，东岳泰山，西岳华山，南岳衡山（古为霍），北岳恒山正好位处其四方①。

在远古人类的思想意识中，认为山岳是天地之间的连接点，是天神居处，是英雄祖先发祥的圣地，如《国语·周语》谓："昔夏之兴也，融降于崇山；……商之兴也，梼杌次于丕山；……周之兴也，鸑鷟鸣于岐山。"夏商周三代之兴，必有神异在山岳出现，崇山即嵩山，与丕山、岐山成为夏商周三代的神山。其中唯有中岳嵩山是天下共主，是中国远古神圣聚居之处，被称为中国的阿尔卑斯山。据王晖先生研究，周代的天神崇拜实际上就是对嵩岳的崇拜，周人称嵩山为崇、岳、天室、太室，甚至单称"天"②。

从水文地理条件来看，中国古代有四渎之说，而其中河、济、淮三渎即三条独流入海的大河的交汇之区在嵩山文化圈附近。新郑所在区域向东南有双洎河直通颍淮，东北有古济水沟通鲁宋，向北有黄河直达燕赵，交通便利，媒介性强，是远古文化交融之区。

新郑地区有许多黄帝的传说、遗存古迹与黄帝纪念性建筑，这是黄帝故里故都在新郑的又一重要证据。这方面有许多专著出版，本文就不一一列举了，这次会议的主题就是纪念结集五十万字的《黄帝故里故都历代文献汇典》大作的出版。

从黄帝土德尚黄居中为中央大帝来看，黄帝故里故都都只能在新郑，因为现在中国大地上有关黄帝圣地的纪念性建筑，正好也是居于华夏中心部位的新郑，黄帝故里各方面条件正相符合，其余有关黄帝遗址，皆位于中原四周，是黄帝巡狩所至留下的遗存，体现了黄帝文化的影响范围。

3. 黄帝"土德""垂裳"的经济文化意义

黄帝有土德之瑞，说明其重视土地，具体就是经营黄土地，体现了

---

① 《尔雅·释山》谓五岳是："泰山为东岳，华山为西岳，霍山为南岳，恒山为北岳，嵩高为中岳。"《说文·山部》曰："岳，岱霍，西华，北恒，中嵩室。王者所以巡狩所至。"

② 王晖：《商周文化比较研究》，人民出版社2000年版。

其农业种植经济有了一定发展。古人云"辟土殖谷曰农",土地是财富之母,有了土地,才有粮食的生产。距今八千年前的以河南新郑区域为中心兴盛起来的裴李岗文化,就是我国北方最早的农业文明的代表,其遗址中出土的农具有磨制石斧、石铲、石镰、石磨盘、石磨棒等,从翻土整地到收割加工工具全部(都已)具备,且加工精致,说明了裴李岗文化已经进入"耒耜农耕"阶段,且走在了整个黄河流域乃至于全国的最前头。

《史记·五帝本纪》记黄帝:"治五气,艺五种,抚万民,度四方",设百官治民,发展起了种植业来解决人们的食物之需。

黄帝正妃嫘祖发明桑蚕养殖在中华经济史上具有重大意义。除了上节文献记载有黄帝"垂裳"说明黄帝时代已有蚕业发明之外,考古资料也证明,在仰韶文化末期的黄河流域有人工养殖桑蚕的技术,如1926年在山西夏县西阴村仰韶文化遗址中发现有经人工割裂过的半个茧壳,茧长15.2毫米,幅宽7.1毫米;1980年在河北正定县南杨庄仰韶文化遗址中发现2件陶蚕蛹。

远古时期,中国的北方存在着大片的野生桑林,先民在长期的采集经营活动中,一定会采摘桑葚充饥,因而发现桑树上野蚕结成的茧。最初阶段,人们利用蚕蛹作食物,因为中华人民共和国成立后少数民族地区还有此习俗,后来养蚕多,蚕蛹吃不了时又可以吐丝,而野蚕吐丝是早已被利用之物。于是在黄帝时代,人们有意识地保护与饲养蚕,终于发明了养蚕缫丝的技术。

桑蚕业解决了人类的衣被之需,而中国传统农业一直走的是"农桑结合",即大田粮食作物与桑蚕业相结合的道路,男耕田,女织布。中国的"男耕女织"与西方的"亚当耕田,夏娃纺织"有很大的区别,因为中国古代妇女纺织的先是丝绸后是棉花,而西方夏娃纺织的是羊毛,是畜牧产品,也就是说,与中国"农桑并举"相对应,西方走的是一条"农牧结合"的农业发展道路。中西方上述经济结构的差异性,决定了双方饮食结构的不同,中国以素食为主,相对而言,西方是肉食主义,造成了中西方体构骨骼甚至文化上的巨大差别,从而走上了不同的社会发展道路。中国农业种植与桑蚕养殖相结合的经济结构肇始于黄帝时代,可以视作黄帝文化在中国经济发展史上的深远影响。

黄帝重土德，尚黄色，因为其所居处的大地是黄色的。黄颜色是中国传统社会地位最高最尊贵的色彩，从前所谓的"黄袍加身""赏赐黄马褂"就体现了这一点，前者是指当上了皇帝，宋太祖赵匡胤在陈桥驿发动兵变夺权，就是一领黄袍披到身上作为象征的，后者是皇帝赏赐的荣誉，是最高级别的。黄色成为皇家专用的颜色，别人不得染指，可以说是中国的第一色彩。

黄色不仅正合中国的土地颜色，而且还与我们的皮肤颜色相同，我们都是黄种人；同时，中华文明主要发祥地的大河又叫作黄河，因为其高含泥沙，呈现出黄色，有时甚至连空中的彩云也呈现黄色。据《史记·正义》，黄帝时代"有景云之瑞"。《索隐》推测"又案：郭子横《洞冥记》称东方朔云：'东海大明之墟有釜山，山出瑞云，应王者之符命。'如尧时有赤云之祥之类。盖黄帝黄云之瑞，故曰合符应于釜山也。"是说黄帝之时在神山釜山上有黄色彩云出现，以应黄帝之兴。

据《史记·五帝本纪》，黄帝设官皆以云命名，即"官名皆以云命，为云师"。《集解》引应劭的话解释说："黄帝受命，有云瑞，故以云纪事也。春官为青云，夏官为缙（赤色）云，秋官为白云，冬官为黑云，中官为黄云。"

黄色除了土地、瑞云的解释以外，还有一种抽象的含义更加具有文化意义。据明代袁了凡《御批历代资治通鉴》卷一"黄帝有熊氏，按《白虎通》云：黄者，中和之色，自然之性，万世不易。黄帝始作制度，得其中和，万世常存，故称黄帝也"。这里把黄色视作中和之色，与自然天（瑞云）地（黄土）浑然一体，"天人合一"，完全符合中华文化的内在精神，是一种更高层次上的概括。

黄帝是我们中华民族的共同祖先，黄帝的故里故都在新郑地区，黄帝文化在政治、经济与思想意识上给中华五千年文明注入了发展与强盛繁荣的主调基因，中华文明成为世界上唯一的持续发展没有中断的古文明。现在我们深入研究黄帝文化，不仅能够对新郑市的经济文化建设作出重大贡献，而且对重振中华雄风、创新中国传统文化产生一定的助力。

（本文原刊《黄帝故里故都在新郑》，中州古籍出版社 2005 年版）

第 六 章

历史农业地理学理论及其纲要

一 历史农业地理学的理论与实践

近十几年来，在中国历史地理学科主要奠基人之一的史念海教授的倡导下，历史农业地理学逐渐兴盛，研究成果层出不穷。当然也应看到，作为一门年轻的学科，历史农业地理学理论的论述却远远落在了实践的后面。今不揣浅陋，对其研究对象、理论体系、研究方法与当前状况、今后趋向等作一概述，希冀从实践中总结出来的理论能够回到实践中去，以指导历史农业地理学今后的科研工作。

1. 历史农业地理学的形成及其研究意义

20 世纪 80 年代中期，史念海教授承担了《中国大地图集·历史农牧图组》的编绘工作，开始指导其研究生有计划地对中国历史农业地理进行断代分区研究，同时也相应地提出了建立历史农业地理学的意见。史先生指出："在绘制农牧地图时还应先撰写相应的论文，再根据论文绘制相应的图幅，或者不至出现若何纰谬。特别是有关农业部分更是如此。这样的论文按理说就应该属于历史农业地理，如果编印成册，就称之为历史农业地理，也是无可非议的。"至于历史农业地理学在整个历史地理学科体系中的地位，史先生也指出："若是要撰著以中国历史地理学为名的著作，而以历史农业地理与历史民族地理、历史经济地理等相提并论，使之成为其中的组成部分，却似乎还要再作斟酌，因为就不免和历史经济地理有所重复。即讲历史经济地理，就不能不涉及农业的发展和凋敝，不论其发展或凋敝，在在影响到整个经济的布局。在历史经济地理部分涉及到农业，又另辟历史农业地理与历史经济地理并列，是难免叠床架屋之讥的。"[1] 即史先生认为历史农业地理学是历史地理学的二级分支学科，它是历史经济地理学的重要组成部分。这一观点甚为确当，因为中国古代经济虽然以农业为主体，但也不能完全排除手工业、商业的成分，绝不能以历史农业地理代替历史经济地理，片面地扩大其学科地位。

历史农业地理是历史地理学科中历史经济地理学的分支学科，它研究历史时期农业生产布局及其结构的演变发展过程与规律。研究对象与现代农业地理学毫无二致，只是时间上有前后的不同。依据现在大多数历史地理学者的观点，历史地理学是地理学的组成部分，位于古地理与现代地理学的衔接处，研究时段的上限为距今一万年左右的新石器革命，下限与现代地理学相接。具体说来，历史农业地理主要研究历史时期各地的农业自然环境、水利建设、土地开发利用、农林牧副渔猎业结构及各业内部结构、各农业经济区发展水平的差异、农业开发对自然环境的影响等。其研究目的不仅是复原各时代的农业地理景观，而且还要通过上述各方面的分析与综合，探求农业发展与自然环境之间的关系，总结先人农业生产的经验教训，合理地布局现代农业生产，为农业的可持续发展提供参考。

比如在黄土高原历史农业地理的研究中，学者们探讨了农业开发导致该区森林和草原植被的破坏、水土流失日趋严重的历史演变过程，提倡在黄河中游广大地区弃农还牧，种草植树，加强水土保持工作。这一观点，基本已经成为广大干部群众的共识。史念海、曹尔琴、朱士光三位先生合著《黄土高原森林与草原的变迁》（陕西人民出版社，1985 年 3 月第一版）一书，根据时任陕西省委书记马文瑞的建议，把深奥的历史地理学术观点用通俗易懂的语言写出来，以便于农村基层干部群众学习、应用。该书也确实发挥了巨大作用。

再比如历史上江淮地区大量地围湖造田、烧山种植玉米曾经造成严重的环境恶化，无论从历史农业地理角度还是从农业史角度都能得到这样的结论，但是现在我们又重演了这一悲剧。1998 年的长江流域大洪水正是上游滥伐森林、中下游围湖造田的结果。据说中华人民共和国成立

---

[1] 史念海：《中国历史人口地理与历史经济地理》，台北学生书局 1991 年版。

近50年来洞庭湖面积缩小了三分之一，其蓄水调洪能力下降的幅度更要超过此比例。在沉痛的教训面前，政府决定停止砍伐长江上游四川等地的森林，湖区退田还湖，经营养殖业。今后学术界应该努力宣传自己的研究成果，使其为决策部门所理解并采用，以免类似的悲剧重演。

历史农业地理研究除了具有上述学术与现实意义以外，对完善历史地理学科体系无疑也具有深远的意义。我国自古以农立国，在长达数千年的历史长河中农业一直是国民经济的最主要部门，所以历史地理学是历史经济地理中最为重要的组成部分。历史地理学是一门比较年轻的学科，许多领域尤其是历史经济地理各分支学科的研究一直相对薄弱，有待于进一步加强。

2. 历史农业地理的理论体系与研究方法

历史农业地理的特点首先是她的区域性。笔者认为其区域性有两层含义，第一是她以区域的角度选择论题并进行研究。历史是一条长河，由遥远的过去奔流到现在，并不断地趋向未来。地域性则要求历史农业地理截取这条历史长河的某一个或某几个横断面进行空间区域差异的复原研究。这也是它与农业史的最大不同，农史是选取这条历史长河的纵向剖面进行发展演变过程的探索。

第二层含义是要总结出一个空间区域范围内农业地理的综合特征，一定应该对其研究区域进一步进行分区研究，把各局部地区的差异与特征较全面地进行分析，无论是先进地区还是落后地区都应论述，给人以整体与局部的双重空间概念，用所有局部地区的特征来综合反映整体区域的总特征，而不是只以局部地区作典型代表。这一点也很重要，因为历史农业地理的研究成果是可以用地图表示出来的，总不能在地图中留下一片空白。

中国疆域辽阔，从南方热带到北方寒温带，从东部沿海湿润区到西北内陆干旱沙漠区，农业生产的区域差异明显。就行政区划而言，中国包括三十余个一级地方行政区划，范围如此之大，全国性的全面论述虽然非常必要，但分量太大，很难在短期内完成。人们一般就某些具体区域进行分析研究，其区域的划分有大有小，大可至数个省区，小可至一个市县；有的按行政区域来划分，有的按自然地理单元来区别，各以自己研究的主体特征而定。一般来讲,按行政区域进行研究,有利于搜集历史文献资料,所得结论也易与今天的经济建设联系起来;而按自然区域进行研究则有利于深入探讨"人地关系",更能体现历史地理学的本质属性。分区进行研究时,除了要综合论述本区各时段农业生产布局的特殊演变规律外,还应注意把本区纳入全国农业生产布局发展的总过程中去,论述其历史地位及其与周围各区域的联系。

历史农业地理的第二个特点表现在它特别强调农业布局的变化发展性。此特点要求突出农业生产布局在各个不同历史阶段的差异性,每一个时段复原一个平面,由多个平面进行对比就能完整地揭示农业生产布局的演变规律,当然还应该分析其演变发展特征形成的自然与社会原因。

中国农业历史悠久,上下数千年,时间跨度很长,起伏变化也大,通史性论述很不容易,因此一般学者是进行断代的研究,而且多数即以中国的朝代断限。这种方法在资料收集等方面有便利之处,但有时也存在着割裂农业发展阶段的缺陷,因为农业经济的发展并不与历史上的王朝兴替过程一致。如明清改朝换代之际,农业生产虽遭到一定程度的破坏,但多数地方二三十年即恢复发展起来,其农业经济结构、经营习惯、人丁耕地与耕作制度等都保持着一定的连续性。明清两代是中国农业发展基本特征相近的一个历史阶段,分别断代研究时就要进行一定的对比工作,如清代耕地面积数据基本是以明末万历原额为标准的,而万历原额大多得自万历初年张居正领导的丈田活动,如果不把张居正丈田的实质搞清楚,对整个清代的田地数额变化就很难有一个准确的判断。

历史农业地理的第三个特征体现在它注重研究农业生产的结构演变性。其结构不仅涉及农(种植)林牧副渔等各个生产部门的比例,而且各部门内部也有若干种类,如种植业中除五谷等组成的粮食作物以外,还有麻类、棉花、烟草、蔬菜等经济作物,其结构在一具体时空中也有一定的特征。对农业生产结构进行综合性的全面研究是必要的,它可以使我们认识到农业结构的演变是否趋向合理,但进行专题单项的深入探讨也是可行的,以某一个或几个相近的要素为研究对象,进行长时段大范围的研究,也可以促使农业结构研究的深入。农业生产的结构研究还可以深入反映区域差异,比如明清时代中国北方每个县都分布有小麦,南方每个县皆种植有水稻,"南稻北麦"的格局早已定型,如果仅用作物分布来探求其特征，实际上反映不出各地区间的差异，只有用作物在整个作物结构中所占的比例来反映才行。

历史农业地理还有一个特点是它把农业开发与自然环境之间的关系即地理学所强调的"人地关系"当作一项重要研究内容。众所周知，传统农业生产是一种地域性很强的基本凭借自然力在田野上进行的物质再生产活动。一个地区的气候、地貌、水文、生物、土壤等自然要素的状况，决定着该地区农业生产的类型、结构、作物分布与经营方式，所以应重视自然地理区域特征对农业生产影响的研究。反过来，农业开发又深刻影响到一个地区的水文、生物、土壤等地理要素的演变，于是历史农业地理把人地关系作为一个核心更能总结近万年来农业发展对今日的深刻影响，也能够充分实现研究历史农业地理学的现实意义。

具体的历史农业地理论著是如何体现上述四个基本特性的呢？今举郭声波先生所著《四川历史农业地理》为例予以说明。郭先生的论著"首先把农业开发的主要标志——农地的垦殖，按时代的顺序进行纵向叙述，而农地垦殖与水利建设又是紧密相关，相互促进的，这两个主题基本上就把农业规模的发展变化反映了出来；其次是将农（种植）林牧副渔各部门横向展开，分别探讨其由来、传播、兴盛与衰落的过程；第三是按自然条件分地区综述其农业生产水平的演变与差异。这样从时间、部门和空间三个方面建造了历史农业地理总体概念"。而且郭声波先生把时间、部门、空间称为"历史农业地理三维空间"。[①] 同时，在上述基本内容论述清楚以后，专列一章进行农业开发与自然环境相互作用关系规律的探讨，并依据研究成果对现代农业生产布局提出自己的意见与建议。如此，则把历史农业地理学的基本内容全部概括了进来。当然，历史农业地理的单篇论文并没有固定的一成不变的格式，为了突出自己研究的重点，进行分区域的断代或专题性质的分析论述都是正常的，只是在各种分析研究中应该重视对整个时代农业生产布局与结构总特征的把握和了解。

历史农业地理的研究方法多种多样，除了利用现代地理学的手段诸如野外实地考察以外，针对历史农业地理内容的历史过去性，还要大量

---

① 郭声波：《四川历史农业地理》，四川人民出版社1993年版。

地运用各种历史文献资料、考古学资料及民族民俗学调查资料，吸取相关学科诸如农业史、农业地理等研究成果。这里简单论述一下写作中的两个具体方法。

（1）定量分析法

定量是一门学科科学化的最重要标志，如果能把某地区各个时代的垦殖系数、复种指数、粮食作物结构、农林牧副渔猎生产构成、亩产与总产量等都能用数量统计出来，就可以使大家对各个阶段的发展水平有个清楚的认识。计量统计的方法是今后历史农业地理研究应该努力的方向之一。

（2）图示法

地图的方法在研究历史农业地理时也应得到极大的重视，农牧分界线的进退、农作物布局的特点等，仅用文字描述很难表达清楚，借助于地图的绘制，使用最经济的语言使农业生产布局的特征更能直观地表现出来。

3. 历史农业地理的研究现状与今后趋向

中华人民共和国成立以来，在史念海等老一辈学者的带动下，历史农业地理的研究取得了较快发展。20世纪60年代初，史先生对先秦汉唐农业经济区域发展的研究在中国历史农业地理领域具有开拓性的贡献，主要论文结集成《河山集》出版（三联书店1963年）。

从1984年开始，陕西师范大学历史地理研究所的硕士与博士研究生在史念海先生的指导下，有计划地对中国历史农业地理进行了全面系统的研究。经过十五年的努力，共有14位硕士、16位博士以历史农业地理为题撰写了相应的学位论文，也基本上完成了从先秦到明清的全部分区域分时段的分析研究，《中国大地图集·历史农牧图组》已经编绘成功，撰写一部全面综合的大型《中国历史农业地理总论》的条件也已基本成熟。

据笔者所见，已经出版的历史农业地理专著共有10部，其中1993年出版的郭声波所著《四川历史农业地理》，是第一部区域通史性农业地理著作，不仅建立了比较完整而又严密的历史农业地理结构体系，而且运用了多种科学的方法，获得了大量令人信服的结论。本书荣获国家教委高等院校第一届人文社科优秀成果二等奖与谭其骧青年历史地理学者优秀成果最高奖。韩茂莉的《宋代农业地理》（山西人民出版社1993年）、《辽金农业地理》与吴宏岐的《元代农业地理》（西安地图出版社1997年3月出版）分别就宋元全国农业地理总特征进行了系统论述，是三本较为成功的断代农业地理著作。此外，龚胜生的《清代两湖农业地理》（华中师大出版社1996年7月）、周宏伟的《清代两广农业地理》（湖南教育出版社1998年4月）、耿占军的《清代陕西农业地理研究》（西北大学出版社1996年11月）、马雪芹的《明清河南农业地理》（台湾洪叶出版有限公司1997年）、陈国生的《明代云贵川农业地理研究》（西南师范大学出版社1997年9月）、萧正洪的《环境与技术选择——清代中国西部农业地理研究》（中国社会科学出版社1998年12月）、李心纯的《黄河流域与绿色文明——明代山西河北的农业生态环境》（人民出版社1999年4月）、王社教的《苏皖浙赣地区明代农业地理研究》（陕西师范大学出版社1999年9月）、李令福的《明清山东农业地理》（台湾五南图书出版公司2000年2月出版）都已经出版发行。另有王双怀的《明代两广闽台农业地理》也将很快由中华书局出版面世。这些书皆是在作者学位论文基础上修订补充完成的，而且都是对明代、清代中国各省区农业地理综合特征进行的论述，在各自研究的领域内均取得了一定成绩。尤其值得注意的是萧正洪先生把环境与技术选择当作其论述的主题，引入了过去历史农业地理较少论述的农业技术体系，同时该书的研究区域是成果较为薄弱的中国西部地区，在研究专题与区域上均起到了填补空白的作用。

历史农业地理的研究成果层出不穷，其深入发展也越来越受到学术界的关注。近年来至少有五项历史农业地理研究课题得到国家与教育部人文社会科学基金委员会的资助，其中涉及中国历史农业地理总论的课题两项，断代性、少数民族历史农业地理与专题历史农业地理各一项。这也说明历史农业地理研究不仅向撰写全国通史性综合农业地理的方向顺利前进，而且向更深入细致的研究领域扩展。

当然，历史农业地理的研究毕竟起步较晚，现仍存在着一定的不足，有待大家今后的共同努力。首先是历史农业地理学的理论研究相对滞后，目前本专题的论文仅发表有三篇，对历史农业地理学的研究对象、理论体系、研究方法等方面的论述亟待加强，以便更好地指导今后的研究工作。

其次，研究的区域、专题与时段上仍然亟待今后不断加强。以区域而言，论题多集中于传统农业较为发达的内地，对边疆少数民族分布地区如新疆、西藏、云贵等地的农牧渔猎业经济涉足较少。以专题而论，相对偏重于种植业及其结构，而对大农业部门结构即农林牧副渔各生产部门比重的综合研究不多；在种植业内部也比较偏重于粮食作物与主要经济作物的论述，而对于蔬菜、瓜果、花卉等的研究尚多缺落。从现有成果来看，各地土地垦殖水平的研究比较深入细致，而对各地粮食亩产量的研究相对薄弱，其实粮食亩产量也是衡量一个地区农业生产力水平的重要标志；对各地外来作物的引进推广过程用力较多，论述细致，而对传统粮食作物内部结构的调整注意不够。从时段上来看，对战国秦汉、唐宋、明清强盛王朝的研究成果较多，而对农业起源、南北朝、中华民国时代的论述相对薄弱。尤其是中华民国时期是中国传统农业向现代农业的开始过渡阶段，今后应该花大力气深入研究，以便于把历史农业地理的研究成果运用到指导现代农业生产中去！

最后，今后应该对人地关系作更深入细致的研究。历史农业地理学者已有一些人对人地关系作了有益的探索，但应该看到这方面的研究仍然比较粗略，如一提土地垦殖就说会导致上游水土流失、下游湖泊淤塞消失等，这都已是常识，这里需要找出的是人类农业开发与生态环境恶化的临界点，以有效合理地进行农业现代化建设，迎接可持续发展农业时代的到来。

（本文原刊《陕西师范大学学报》2000年4期）

二　中国历史地理学的理论体系、学科属性与研究方法

1. 历史地理学的研究对象与理论体系

（1）历史地理学的研究对象

历史地理学是一门新兴的学科，它研究历史时期地理环境的变化发展及其规律，为人类社会进一步持续稳定的发展提供借鉴。

应该指出,这里所谓历史时期是指农业生产开始出现、人类活动对于地理环境的影响在程度上和范围上都空前扩大的时期。具体来说,其上限可从约一万年前的新石器农业革命时代开始,下限直至现代,与现代地理学相接。这里所谓地理环境包括有自然与人文地理系统的各个要素,即历史地理学不仅研究历史时期自然地理环境的演变及其发展规律,如历史时期的气候变迁、河湖海岸的消长、土壤布局与沙漠的盈缩、动植物分布的变化、历史上的火山地震带等;而且研究历史时期人类各种活动的地理表现及其发展变迁的规律,主要包括历史时期的疆域变化与政区沿革、民族迁徙、人口分布、经济布局及其发展、城市兴衰、风俗文化的区域特点及其演变、地名渊源等。

就历史地理学的研究对象而言,有如下四个特点。首先是它的区域性。笔者认为其区域性有两层含义,第一层含义它以区域的角度选择论题来进行研究。历史是一条长河,由遥远的过去奔流到现在,并不断地趋向未来。区域性要求历史地理学截取这条历史长河的某一个或某几个横断面进行空间区域差异的复原研究,历史地理学的每一部专著或论文都是以特定的区域为论述范围的。第二层含义是要总结出一定空间区域范围内地理环境的综合特征,一定要对这个区域进一步进行分区研究,把各局部地区的差异与特征较全面地进行分析,无论是自然条件优越地区还是恶劣地区,亦无论是人文先进区域还是落后区域,都应该进行论述,给人以整体与局部的双重空间概念,用所有局部地区的特征来综合反映整体区域的总特征,而不是只以局部地区作典型代表。这一点也很重要,因为历史地理学的研究成果是可用地图表示出来的,总不能在地图上留下一片空白。

历史地理学的第二个特点表现在它特别强调地理环境各要素的变化发展性。此点要求突出地理现象在各个不同历史阶段的差异性,每一个时段复原一个平面,由多个平面进行对比就能完整地揭示地理环境的演变规律,当然还应该深入分析其演变发展特征形成的自然与社会原因。

中国历史悠久,时间跨度长,起伏变化大,像《中国历史地图集》那样,用八册图集把上下数千年中国政区地理沿革、河川、城市变迁等,用地图形式表现出来的大型学术专著,当然是百年难求的。一般学者多进行断代的研究，而且多以中国的朝代断限。这种用朝代断限的方法在资料收集等方面有便利之处，对许多历史人文地理分支研究也很有助益，但对于历史自然地理各分支学科来说则存在着割裂其自然发展阶段的缺陷，因为历史时期自然环境要素如气候的变迁主要受自然界自身的影响，人为活动的作用相对微弱。

历史地理学的第三个特点体现在它不仅注重研究地理环境要素的结构演变性，而且特别强调探讨其整体性。地理环境是一个多要素构成的既复杂多变又有系统规律性的整体。历史地理学论著一般多是某一专题的单项研究，但总是在综合系统中进行的。一个地区的气候、地貌、水文、生物、土壤等自然要素的状况，决定性地影响着该地区的城市发展、人口兴衰、工农业生产布局等社会经济特征的形成；反过来，经济社会的发展又深刻地影响到一个地区的水文、生物、土壤等自然地理要素的演变。这样一个区域的自然地理条件与人文社会环境构成了相互影响、相互制约的互动关系，每一限制因子发生了变化都可能引发整系统内部的连锁反应，达到新的人地关系的平衡状态。历史地理学把人文与自然两大系统纳入自己的研究内容之中，充分体现了其高度的综合性。

历史地理学还有一个显著特点，即是它具有明显的有用于世的目的性。除了促进学术理论的发展以外，历史地理学提倡古为今用，总结历史上人类利用自然与改造自然的经验与教训，来服务于当今的现代化建设。

总之，空间、时间、专题（部门）构成了历史地理学研究内容的三大要素，而总结规律为现实服务则成为历史地理学追求的崇高目标。

（2）历史地理学的理论体系

对于历史地理学的理论体系，国内外学者多按其研究内容的属性分成两大类，即历史自然地理与历史人文地理。这种分法不仅是在历史时间和地理空间之间交融搭界，而且是在历史社会和地理自然之间架起桥梁，符合与历史地理学紧密相关的地理学、历史学的学科需要，并具有时代特征。

历史自然地理研究历史时期自然地理环境的演变过程及其基本规律，涉及地貌、水文、气候、生物等各个专题，因此，其下又可分为若干分支。具体参见表6—1。

历史人文地理研究历史时期人类各种活动的地理表现及其发展变迁的规律，包含内容丰富，诸如政区、民族、人口、经济、城市等等皆可纳入其中，因而又可分为历史政治地理、历史民族地理、历史人口地理、历史经济地理、历史聚落与城市地理、历史文化地理与地名学等不同分支。

由于人类活动复杂多样，历史人文地理各分支所包括的研究内容仍然很多，又可依次分类，比如历史经济地理之下则有历史农业地理、历史（手）工业地理、历史商业地理等次一级学科。中国古代以农立国，农业成为国民经济的主体，因此，研究历史农业地理学的论著层出不穷，近几年公开出版的区域通史性或断代性历史农业地理的专著已有15部，蔚为大观。尽管如此，历史农业地理却只能是历史地理学的一个三级学科，不能把它与历史经济地理并列。

除了专题性研究之外，还有把历史自然与人文地理各要素综合起来进行研究的论著，比如著名历史地理学家、复旦大学教授邹逸麟主编的《黄淮海平原历史地理》，则属于区域综合性历史地理学研究的范畴。

历史地图学也是历史地理学研究的重要组成部分，它研究历史地图的基本要素与表现方法，并把历史地理研究的成果表现在地图上。我国地图发展的历史十分悠久，对这些历史地图进行研究有助于地图编绘工作的进一步发展。

历史地理学是一门新兴学科，其发展与繁荣在很大程度上得力于学科理论的探讨与总结，因此，历史地理学理论研究也应属于其学科体系中不可缺少的一个环节。

历史地理学的研究也着眼于为现实服务，当今学术界除基础理论创新以外，应用性研究也成为一大发展趋势。因此，应用历史地理学研究也必将成为历史地理学研究的重要组成部分。

现将历史地理学的学科体系表列如下。

表 6—1 历史地理学的学科体系

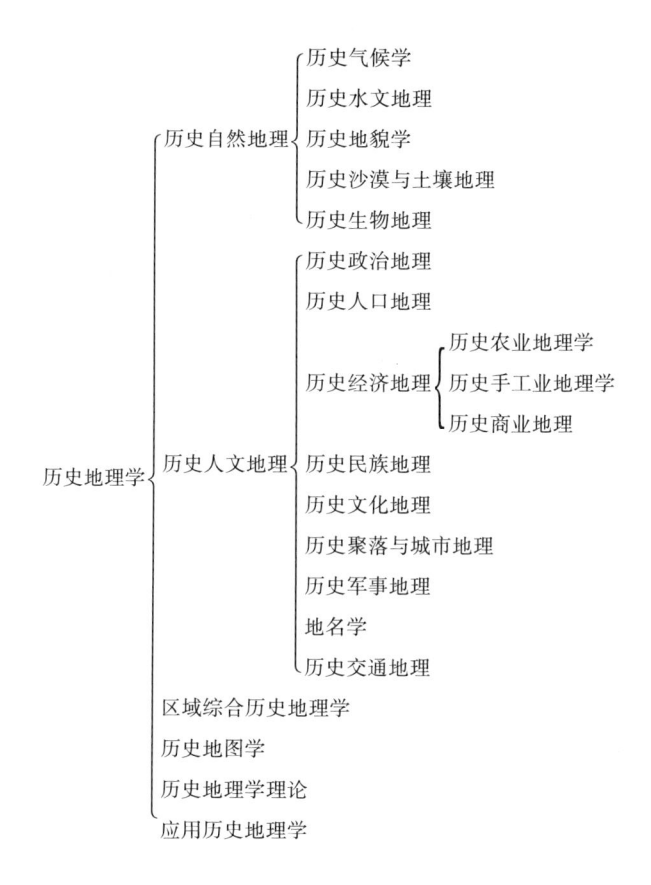

```
                                    ┌ 历史气候学
                                    │ 历史水文地理
                    ┌ 历史自然地理 ─┤ 历史地貌学
                    │               │ 历史沙漠与土壤地理
                    │               └ 历史生物地理
                    │
                    │               ┌ 历史政治地理
                    │               │ 历史人口地理
                    │               │              ┌ 历史农业地理学
                    │               │ 历史经济地理 ┤ 历史手工业地理学
                    │               │              └ 历史商业地理
历史地理学 ─────────┤ 历史人文地理 ┤ 历史民族地理
                    │               │ 历史文化地理
                    │               │ 历史聚落与城市地理
                    │               │ 历史军事地理
                    │               │ 地名学
                    │               └ 历史交通地理
                    │
                    │ 区域综合历史地理学
                    │ 历史地图学
                    │ 历史地理学理论
                    └ 应用历史地理学
```

2. 历史地理学的学科属性及其与历史、地理等学科的关系

（1）历史地理学的学科属性

历史地理学是在历史学与地理学两个亲体中孕育和发展起来的新兴学科，其主要凭借的材料（历史文献）和研究的时间（人类历史时期）基本上与历史学相同，而其研究的对象（地理环境）又属于地理学的范畴。因此，关于其学科属性的认识，虽然学术界已多数同意它是地理学的一门分支学科，但在实际应用及理论解释上仍有不同认识，属于历史学或史、地边缘学科的说法和用法仍有一定市场，需要我们各作具体分析。

笔者认为，历史地理学的学科属性应从以下三个方面进行探讨。一是从历史地理学的渊源传统和实际应用方面来讲,其具有历史学的性质,或说是介于历史科学与地理科学之间的具有明显边缘性质的学科。

从学科发展史来看历史学与地理学的关系,地理学很长一段时间都是历史学的附庸,不仅中国如此,西方各国也如出一辙。在西方,古典地理学与历史学共存,中世纪的地理学往往是国别政治史。在中国,地理学从属于历史的认识直到20世纪初近代地理学传入时才发生改变。中国最早的地理学著作《禹贡》就是《尚书》的一部分,从《汉书·地理志》开始,地理志就成为正史的固定篇目。除正史包括地理成为定制外,地理专著也被列入史学部类之中。我国古代的图书分类反映了当时的学科分类思想,清朝中期编纂的著名图书《四库全书》按传统的"经、史、子、集"分类,地理学书籍尽管已经蔚为大观,本身已经分成总志、都会郡县、河渠、边防、山川、古迹、杂记、游记、外纪等九种,但仍然隶属于史部类下。作为古代地理学类型之一的沿革地理学则是现代历史地理学的前身,中国历史地理学的创始与发展也基本上得力于原来从事历史研究的历史学家,研究基地也多在历史系,所以初始有些人把历史地理学看作属于历史学的辅助学科。到了20世纪80年代,仍有人认为"历史年代学与历史地理学乃是历史科学必不可少的两个分支学科"[1]。这种观点的长期存在并不奇怪,因为在实际应用中历史地理学是被归入史学类的专门史之中的,翻阅一下中国各级社会科学课题申报指南、全国各高等院校研究生招生简章,即可一目了然。这与历史地理学教学与科研机构多从属历史系或从历史系母体中分化出来的事实密切相关,攻读历史地理学专业的博士生最终获得的学位也多是历史学博士[2]。

然而,时至今日,地理学早已成为独立的科学,而且不断发展形成许多分支学科,历史地理的研究内容随着现代地理学研究体系的不断完善早已突破了沿革地理的界限,几乎涉及地理学的各个相应分支。因此,已经不会有人从理论上论述历史地理学的属性仍然从属于历史学了。实

---

[1] 《1984年中国历史地理研究概况》,《历史学年鉴》1984年。
[2] 历史地理学博士学位授予点有复旦大学、陕西师大、武汉大学与北京大学,共4个,只有北大所授学位为理学博士,其余三个皆为史学博士。据说2001年开始,北大历史地理专业的学位也要改为历史学。

际应用时，历史地理学从属于历史学只能当作历史的遗留问题，表现出实践落后于理论发展的现实。

由于历史地理学把地理环境作为其研究对象，研究内容涉及地理学的自然与人文各个部门，而其凭借的历史文献资料和研究的人类历史时期的时间范围又基本与历史学相同，所以不少学者把历史地理学看作历史学与地理学的边缘学科或交叉学科。俄罗斯学者萨莫伊洛夫认为："就历史地理研究的对象而言，可列入地理科学；就其研究的资料和方法而言，可列入历史科学。它是介于历史学与地理学之间的边缘学科。"德国学者赫特纳也认为："就其考察方式说，历史地理学是一门地理学科，因为它主要涉及人类，它应该说是一门人类地理学的学科。但是在这方面它的兴趣是历史的，只是在用过去来解释现在这方面才间接地是地理学的。"中国学者钮仲勋、黄盛璋两位先生早在20世纪60年代就主张"历史地理学是历史学与地理学之间的边缘科学"的观点，直到90年代，人文地理学大师张文奎先生还说："可以看成（历史地理学）是介于历史学与地理学之间的一个独立的边缘学科。"[1]

把历史地理学视作历史学与地理学之间的边缘科学的观点，不仅考虑到其学科的地理属性，而且也照顾到了其独具的历史特性，所以此观点能够长期地存在与发展，至今仍很有影响。

二是从历史地理学研究对象及当前的研究现实分析，现在多数中国历史地理学研究者认为历史地理学是地理科学的一个重要组成部分，它介于古地理学与现代地理学之间，具有承前启后的作用。

欧美等国的有些学者一开始就认为历史地理学归属于地理学，认为它是一门重建"过去的地理"的学科。在我国，经过20世纪60年代初期的讨论，更由于受西方观点的影响，地理归属论逐渐占据了主导地位，著名历史地理学家侯仁之先生发表的《历史地理学刍议》详细论述了这个观点。其认为"历史地理学的研究对象是历史时期的地理现象及其演变规律"，"和现代地理完全一样"，只有时间范围的前后不同[2]。从研究内容来看，迅速发展起来的历史地理学几乎涉及地理学的自然与人文各

---

[1] 张文奎：《人文地理学概论》（修订本），1991年第三次印刷。
[2] 《北京大学学报》（自然科学版）1962年第1期。

个部门，相应地也出现了历史自然与历史人文地理以及其下历史经济地理等次一级学科名称，这也符合历史地理学属于地理学的观点。随后，从事历史地理学研究的著名学者谭其骧、史念海等先生也都从各自的研究实践中论述了历史地理学的地理属性，于是此观点基本上成为中国历史地理学的共同认识，甚至在1991年于上海召开的历史地理学研讨会上，"与会者一致同意……它（历史地理学）是地理科学的一部分"①。

历史地理学是地理学的组成部分，这是广大历史地理学者的基本观点，符合历史地理学的研究内容和现实状况，历史地理专业委员会也成为地理学会的成员，谭其骧、侯仁之两位先生也成为中国科学院地学部的院士。但是也应该看到，此观点并没有得到地理学界同仁的广泛认同，这从中国大多数大学地理系并未开设这门课程、也较少这方面的研究人员可以得到证明。

三是从学科未来的发展角度分析，历史地理学今后也可能走向独立，成为一门既不属于历史学，也不属于地理学，而是一门关于有史以来自然与人文地理现象兼包并蓄的综合性独立学科。

长期以来，人们对学科的分类习惯于分为自然科学与社会科学。实际上简单地分为文理两科不仅不能适应学科分化的继续发展，而且也不能适应学科的综合化趋势。历史地理学是一门综合学科可以从两方面来理解：一是它研究的人地关系规律不能简单地归入自然科学或人文科学；二是历史地理学研究兼容并包了自然科学与人文科学的多项内容类似的观点早已有人提及，早在60年代初荃麟先生就说："从历史地理学的发展方向来看，从历史地理学所研究的特殊矛盾来看，历史地理学是既和历史学、地理学有密切关系，又和它们有本质区别的一门独立的学科。"②

哈瑞斯曾经指出，"并不存在唯一的历史地理学的信条"。就历史地理学的学科属性而言，作为地理学也好，作为历史学也好，或者谓其为边缘学科也好，都有一些无法解释的矛盾产生，那么是否可以确定历史地理学具有独立学科的性质，应该依靠广大历史地理学研究者在今后的长期努力。

---

① 《历史地理专业学术讨论会在沪举行》，《文汇报》1991年12月24日。
② 《探讨历史地理学的性质对象等问题》，《光明日报》1961年11月23日。

(2) 历史地理学与历史、地理等学科的关系

从以上论述历史地理学学科属性中也可以看出，历史地理学孕育来源于历史学与地理学两种学科之中，其与两者之间的关系是很复杂的，也是极其特殊的。

首先来看历史地理学与历史学的关系。现在把历史地理学从学科理论上看作历史学的一部分的观点虽然已经消失，但不可否认，历史地理学研究从实践上和其他一些方面与历史学仍有非常紧密的联系。第一，历史学是历史地理学的来源学科之一，她长期孕育着、哺育着的历史地理学已经长大成人，即使历史地理学认地理学为近亲祖宗，但仍未能挣脱与历史学相连接的脐带，在实践应用上仍然多是历史大家庭中的一员。可以说，历史学是历史地理学的母亲，不管你自己要求姓啥名谁，她都永远深爱着他，舍不得他离去。第二，历史地理学的研究时期与历史学基本相同。历史学选择历史长河的纵向剖面进行发展演变过程的探索，而历史地理学也是从几个发展层面上进行发展演变过程的复原，只是角度注重于横向空间剖面而已。第三，历史地理学借助于历史学的文献资料与研究方法，举凡正史、典志、编年、纪事本末、杂史、野史等文献资料都成为历史地理学必须参阅的东西，而且历史考证的方法也是历史地理学最基本的研究方法之一。因此，历史知识的积累与历史研究方法的熟练成为历史地理学研究的基础之一。第四，历史地理学的研究成果对历史学也有极大的助益。谭其骧先生在《禹贡》半月刊发刊辞中写道："历史好比演剧，地理就是舞台；如果找不到舞台，哪里看得到戏剧。"诚然，历史地理学的进步必定能促进历史学的发展，这也算作其对母系家族的一种回报吧！由此可知，现在历史学专业的教学大纲安排有历史地理学的教学很有必要，学历史的学生懂得一些历史地理学知识大有好处，而今后如果从事历史地理学研究也占有一定的优势。

其次，我们来看历史地理学与地理学的相互关系。历史地理学现在自己认为是从属于地理学的，而且作为现代科学意义上的历史地理学是在地理学思想与理论指导下形成与发展起来的，所以地理学是历史地理学的血缘近亲之一，只是从其并不热心承认有这一个分支来看，笔者把地理学算作历史地理学的父亲。历史地理学与地理学的研究对象相同，都是地理环境，而且研究方法与系统分类也很近似，这决定了地理学出

身的历史地理学学者在研究中具有广阔的视野、新颖的角度和完善的体例把握。当然,历史地理学的发展与繁荣也会对现代地理学学科建设与思想方法产生极大的影响,推动其不断地发展。

历史地理学属于综合科学,与其他学科的关系也不容忽视。下面我们分析历史地理学与考古学、古地理学等学科的关系。

考古学是依据出土实物材料研究历史的学科。由于二者研究的时段在后期有重叠现象,所以考古学与历史地理学仍较密切。一方面,考古实物包括人类的遗骨、动物的遗骸、人类生产工具的遗物与生活环境遗址,这些都对于认识已成为过去的地理环境有重要意义。另一方面,这些考古文物及其地理分布反映了过去的社会经济形态,也是历史地理现象。同时考古学广泛运用的现代科学方法也在历史地理学研究中得以应用,考古学者根据遗迹实物鉴定所判断的绝对年代,对历史地貌、历史气候、历史人文地理等方面的研究都有重要的参考价值。所以考古学的知识与方法是历史地理学研究者必须掌握和正确运用的。当然,我们在看到考古学对历史地理学的巨大影响以外,还应认识到后者对前者也有不少的促进作用,比如近年在考古学中新兴的环境考古这个专业就不可避免地受到了来自历史地理学的启迪。

古地理学研究人类历史以前地质时期地理环境诸要素的演变规律,也就是人类还没有能够通过自己的经济活动在大地表面引起显著的改变,或留下明显痕迹以前的地理环境变化;而历史地理学研究的是历史时期主要由人的经济活动而引起的一切地理变化。应该看到,人类历史时期的地理环境是从地质时期相承而发展来的,故历史地理学的研究基础是古地理学的研究成果,同时,两者对比也可以看出人为活动的巨大影响作用。

历史地理学与地质学、生物学、人类学、民族学、社会学、文学等都有一定的联系,甚至与医学也能结合起来,形成历史医学地理学,华中师范大学龚胜生教授就从事这方面的课题研究。由此可知,研究历史地理学必须具备广博的知识,而不同学科出身的学者都可以对历史地理学相关研究做出自己的贡献。据笔者所知,历史地理学的硕士生来源除了历史系与地理系以外,中文、外语、民族、教育、生物、旅游等专业也都不乏其人。

3. 历史地理学的研究意义与研究方法

（1）历史地理学的研究意义

恩格斯在《自然辩证法》中论述自然科学发展方向时指出："如果地球是某种逐渐生成的东西，那么它现在的地质的、地理的、气候的状况，它的植物和动物，也一定是某种逐渐生成的东西，它一定不仅有空间上互相邻近的历史，而且还有在时间上前后相继的历史。如果立即沿着这个方向坚决地继续研究下去，那么，自然科学现在就会进步得多。"毛泽东同志在《改造我们的学习》中指出："不但要懂得中国的今天，还要懂得中国的昨天和前天。"对于我国地理环境的"昨天和前天"，即我国地理环境的"前后相继的历史"的研究，正是中国历史地理学研究的重要任务。由此，历史地理学的兴旺发达，不仅对孕育它成长与发展的历史科学与地理科学有重大的学科推动意义，而且对当前利用和改造自然的人类社会经济活动具有极大的现实指导作用。

A. 历史地理学在历史科学中的重要作用

人类历史时期的任何历史事件都发生于一定的时间和空间之中。所谓"空间"即是指特定的地理环境，它是历史事件发生、发展的依存基础。每一个不同的时代，都各有其不同的地理环境，因为时间与空间处于不断的发展与变化之中，离开了那个时代的地理环境，就不可能真正了解那个时代的历史。

历史地理学的任务就是研究不同时代社会发展所处的具体地理条件，它在人类社会的发展的不同阶段都不同程度地影响着生产力发展的水平。它阐明许多重大历史事件所处的地理场所，赋予历史过程以具体的空间位置，从而明确这些历史事件的某些地理特征。因为只有从历史发展过程的许多地域的特性中才能做到对历史多方面观念的具体化和深刻化。

对于许多重要历史事实的研究，如古今都邑的兴衰、人口的迁徙、交通路线的改移、工农业生产的布局等，都必须从特定的空间进行地理学的分析，也就是必须借助历史地理学的研究。

历史时期人类依存的自然环境的变化，不论是由于人类活动而导致的还是大自然本身的原因引起的变化，都会对人类社会发展产生直接或间接的影响。伟大的史学家司马迁在叙述其发愤撰著《史记》的目的时说，乃为了"究天人之际，通古今之变"。也说明了史学研究也必须探讨人与自然的关系，以掌握社会发展变化的规律。因而历史科学必须依赖历史地理学对人地关系的研究。

总体而言，历史地理学的发展与繁荣必定能促进历史学的发展。

B. 历史地理学丰富和完善了地理学的科学体系

今天的一切地理现象并非自古以来就是如此，而是从以往不同时代的地理中发展演变而来，根植于过去的地理之中，从来也不会有凭空而生或静止不变的地理现象。因而对于任一地理现象，只有了解其过去，才能更清楚地了解其现在。历史地理学把过去时代的地理进行复原，并把已经复原了的地理现象，按着历史发展的不同阶段排列对比起来，寻找其变化发展的过程与规律，也明确了当前地理现象的形成基础与特征趋向。这正是地理学的研究必须要借助历史地理学的地方。正因为如此，历史地理学作为地理学的一个分支，正越来越受到人们的重视。

C. 历史地理学有用于世，具有极大的现实指导意义

要合理地利用与改造自然，实现人类、社会、自然的可持续发展，就要充分地认识自然本身的分布、变迁和发生、发展的规律；同时，也要借鉴过去人类在利用自然过程中已经取得的经验与教训。这两方面都包括很多历史地理学的研究内容，可以说历史地理学的研究成果具有极大的应用实践性，可以作为现代化经济文化建设项目中分析、评价和规划的参考。例如历史时期气候变迁规律的研究，与今天的中长期天气预报及其灾害性天气周期的预测等密切相关；研究历史时期植被变迁的过程，对今天安排农、林、牧三者的合理布局具有参考价值；研究历史时期海岸变迁的趋向，对于今后从事港口建设和进行海涂围垦等都将有所裨益；对于历史时期沙漠、河湖水系等变迁规律的研究，对指导今后治沙与治水等工作都能提供科学的依据。不仅以上历史自然地理各分支实践意义很大，而且历史人文地理各分支也都在各自的领域中对现实发挥巨大的作用。历史民族地理的研究有助于加强祖国的统一和各民族的大团结；历史人口地理的研究，可为解决当前人口剧增带来的一系列社会问题提供参照；对历史时期农工商业生产与布局的研究，可为当前的经济建设提供依据；历史城镇地理的研究对于合理地规划和建设城市有参考价值。

也许有人会从纯学术角度对历史地理学有用于世的观点提出异议。这里笔者要说明的是历史地理学的古为今用，并不是纯粹意识形态和政治上的指导作用，而是带有具体业务指导性质的现实作用。比如谭其骧先生在20世纪50年代初即开始从事《中国历史地图集》的规划、编绘，得到了许多政府领导的重视，在确定中国疆域界线方面具有特殊意义，但其成书后并不会降低其学术上的重大意义。侯仁之先生关于北京城市历史地理的研究是首都北京旧城改造与现代化建设的迫切需要。史念海先生在70年代初期接受了兰州军区司令员皮定均将军下达的搞西北历史军事地理的现实任务，在此推动下，完成了对黄土高原区域历史地理的综合研究。学术界公认的三大历史地理学家的研究实践证明，历史地理学不仅可以有用于世，而且是在服务于现实中发展壮大起来的。新一代历史地理学者应该从此得出某些启迪。

以下举出几个具体的例证来说明历史地理学在实践中的巨大作用。1985年，在陕西省委书记马文瑞的建议下，史念海、曹尔琴、朱士光三位先生合作完成了《黄土高原森林与草原的变迁》一书，用通俗易懂的语言分析了农业开发导致黄土高原森林和草原植被的破坏、水土流失日趋严重的历史演变过程，提倡在黄河中游广大地区弃农还牧，种草植树，加强水土保持工作。这一观点至今不仅已成为广大干部群众的共识，而且真正地指导着各地的经济结构的调整，开始取得积极效益，去年开始的退耕还林草工程即是明证。又比如史念海先生通过对古都西安南部山区森林植被变化与其城市供水量兴衰的对比研究，认为南山森林的砍伐是今天西安城市大量缺水的根本原因，建议在南山营造水源含蕴林，此建议很快得到西安市与陕西省政府的高度重视，并设专项基金开展南山水源林营建工作。再比如历史上江淮地区大量地围湖造田、烧山种植玉米曾经造成严重的环境恶化，这是历史地理学得出的学术观点，但现在的我们又重演了这一悲剧。1998年的长江流域大洪水正是上游滥伐森林、中下游围湖造田的结果。据说中华人民共和国成立近五十年来洞庭湖缩小了三分之一，其蓄水调洪能力下降的幅度更要超过此比例。在沉痛的教训面前，政府决定停止砍伐长江上游四川等地森林，湖区退田还湖，经营养殖业。这一点也要求我们历史地理学界应努力宣传自己的研究成果，使其为决策部门理解并采用，以免类似悲剧的重演。

(2) 历史地理学的研究方法

历史地理学的研究方法多种多样。针对历史地理学内容的历史过去性，大量地运用各种历史文献资料、考古学资料及民族民俗学调查资料就成为最基本的研究办法；地理学的野外实地考察方法从现场观察、访问地理事物变迁的遗址、遗物及其见证人，可以补充文献资料的不足，可以订正文献资料的谬误，从而更准确全面地探索地理环境变化的原因和过程，因而颇具重要性；现代化新技术如孢粉分析、C^{14}年代测定、航卫片判读等也广泛运用到历史地理学的研究之中；在具体论著的写作论述之中除了传统的定性描述法外，定量分析与图表法也成为学者们常用的方法。以下分别具体说明之。

第一，运用历史资料的考证方法是历史地理学研究中最基本的方法，也是最常用的。历史资料包括两大类。一是文献资料。自从文字在历史上出现以后，围绕着人类的自然与社会地理环境的变化发展，常常有直接或间接的文献记载，这些典籍就成为历史地理学的宝贵资料。二是考古资料。考古文物工作者从实际历史遗址中发现、发掘出来的实物遗存、遗迹，都是历史地理最好的佐证，虽然它在研究文字记载以后数千年的历史地理时所起的作用无法与文献资料相比，但在对文字出现以前的上古时期的研究中，考古资料则成为主要依据，其作用显然是文献资料无法比拟的。

中国历史文献浩如烟海，是历史地理学研究取之不尽的宝藏。由于居于中国思想文化主导地位的儒家学说重视历史的传承，所以我国历代王朝都有官修私撰史书的特点，正史已经达到二十四部，编年体史书也贯穿于中国历史的全部过程之中。同时，纪事本末、典志、杂史、野史等著述也层出不穷，这些是中国历史地理资料的主要来源。史部地理类著作在中国历史的后半期也是类型多样，卷帙篇幅大增，全国总志、各地方志据统计有8500余种，总卷数超过10万。其外，更有河渠、边防、山川、古迹、杂记、游记、外纪诸门类，这些都是历史地理学的直接研究材料。此外，中国古代典籍中的经、子、集部著述也都保存有一定的历史地理学资料，明清两代的皇家与私人档案、私修牒谱等一切文字材料也都成为历史地理研究广泛收集运用的东西。

运用历史文献资料应该注意两点。一是搜集材料力求齐备，最好达到"竭泽而渔"的程度，此谓之求全。当然在历史文献特别丰富的明清时代，实际上也很难做到所有资料一网打尽，但也应做到"重要资料，关系到得出怎么样结论的资料不能遗漏"。二是对文献进行考证鉴别，力求真实，此之谓求真。并不是所有历史记载都反映了客观实际，所以我们要提高自己对历史文献资料的鉴别能力，通过查对，比较判断其正误，这样才能得出准确可靠的结论，在使用地方志史料时尤应注意。

中国考古学的研究与发展得天独厚，已经成为闻名中外的显学，其材料也积累得很多。而历史地理学者要准确适当地利用考古资料，应该有意识地接受一些考古学基本理论方法的训练。

第二，野外实地考察法是研究历史地理特别是历史自然地理的重要方法，近几十年来一直得到历史地理学者的广泛重视。历史文献只是间接保存的资料，历史上直接保存下来的还有不少残存的遗迹，如河床故道的变迁、大面积泥炭层所反映的湖泊分布、从地层所见河口三角洲及海岸线的移动等。许多地理环境的变化与发展，在今天仍可找到一些遗存，历史地理工作者应有一定的时间跑出书斋，走向野外，通过调查、访问、踏勘实测等一系列工作，去发现文献资料中所不能解决的问题，在实地考察中开阔自己的科学视野，提高研究水平。

从总体上看，把从历史资料分析考证中得出的结论与由野外考察从地理现象的历史遗存研究中得出的结论加以对照，去伪存真，相互证明，求出其间合理的联系，就能够较全面地恢复地理环境不断演变的过程，进而探求其发展的规律。这种把历史资料考证与野外实地考察相结合的方法是当前中国历史地理学最主要的研究方法。在我国传统的历史地理学研究中，学者们历来都特别重视历史文献资料分析的历史学考证法，而且历史地理学中有些问题也可能只有从文献资料的整理分析中才能得到解决。但随着学科本身的发展，仅凭文献的考证并不能解决所有的历史地理学问题。中华人民共和国成立以来，不少研究者走出书斋到田野去进行实地考察，获得了丰硕的研究成果。侯仁之先生研究北京历史地理取得的成就之所以能够远超前人，主要是因为他的足迹几乎踏遍了整个北京市的角落胡同，他对沙漠地区历史地理研究丰硕成果的获得也是与他多次深入沙区实地勘察分不开的。史念海先生在20世纪七八十年代跑遍了大河上下、长江南北，尤其是黄土高原的每一个县份都留下了他辛勤的汗水，这才有《河山集》二集到七集200余万言的精彩论文。他在黄河流域植被演变、地形侵蚀、河道变迁、古都发展等方面之所以能取得举世公认的巨大研究成果，除了"破万卷书"以外，离不开"行万里路"的功劳。在老一辈历史地理学家的言传身教下，历史文献考证与野外实地考察相结合的研究方法已经成为历史地理学者的常识，甚至有"没有亲自看过、考察过的地方不敢贸然发表论文"的提法。

第三，孢粉分析、C^{14}测年、航卫片判读等现代科学技术与新方法逐渐被引入历史地理学的研究。

孢粉分析在历史生物地理和历史气候等研究方面有良好的效果。一定的孢粉组合代表一定的植物群落，从而使我们能复原当时的生物地理景观，由此可以进一步从当时的生态环境中了解到当时的气候状况。王开发等先生根据上海、江苏、浙江等地的孢粉组合，推断出全新世沪杭地区的气候具有多次波动，明显地可看出有五个凉期和四个暖期的不同阶段。

C^{14}年代测定在历史地理研究方面也得到了广泛运用。考古资料广泛采用C^{14}测年方法，从而为复原历史地理环境作了时代的保证。

航空照片与卫星照片是研究历史地理的重要辅助方法。由于下垫面的不同，在遥感图片上所呈现的图像有所差异，故可以判断出某些过去的地理要素的分布状况。如在古都西安附近渭水河道变迁的研究中，学者们根据卫片找出了不同时代的河流基本走向。又如对罗布泊的研究也是如此，通过卫星照片判读，准确地测定了罗布泊的经纬坐标，从而对罗布泊的盈缩变化过程做出某种解释。

还有一些新的研究方法比如"热释光"方法、古地磁测定、地理信息系统等都逐步被引入历史地理学研究领域，给其带来了勃勃生机。

第四，在历史地理论著写作中，定量分析与图表方法被广泛应用，这也是历史地理学深入发展的一个方面。

定量是一门学科科学化的最重要标志，如果能把某区域各个时代的地理要素构成用数量统计出来，就可以使大家对各个阶段的发展水平有个清楚的认识。历史气候学研究中使用了较多的定量分析方法，如通过历史时期旱涝资料编制成旱涝序列，使用湿润指数概念分析湿润指数的时空分布，使用等湿润指数线绘制湿润指数分布图等。历史人文地理研究中也经常运用到定量分析的方法。因为我国古代政府对户口、田赋、土地等的计量统计比较完善,梁方仲《中国历代户口、田地、田赋统计》根据二十五史、部分地方志、文集以及近人所编相关资料,对我国秦汉以来的历代户口的分布、唐宋元明清田地、田赋情况进行考核测算,分门别类地编制了200多份表格,对一些重要数字进行了考订注释,这为历史人口地理、历史经济地理学的定量分析研究提供了丰富的材料。

当然,应该注意到历史地理学研究涉及了自然与社会许多复杂的系统,并不是仅用精确的计量方法可以完全表达的,传统的定性描绘方法仍然不失其重要地位。

地图、表格的表现方法在历史地理学研究中得到了极大的重视,因为其不仅相对较为精密,而且也特别直观,是最经济的书面语言。只要翻开历史地理学专著,这一特点就可一目了然。

历史地理学的研究方法并不是高深的理论,可以针对小区域小问题不拘一格。比如各市县都有丰富的地方文献资料和口碑相传史,有志于此的青年完全可以选择自己熟悉的区域和专题,进行文献分析和实地考察访问,然后挥笔发表自己的见解,为中国历史地理学的发展添砖加瓦。

(本文原刊《中国历史地理论丛》2000年第3辑)

三 中国农业历史地理学纲要

(一) 中国土地垦殖的区域发展过程

1. 农业的基本特征及农业的起源

(1) 农业生产的基本特征

农业是人类通过劳动利用生物(动物与植物,还有微生物如蘑菇的培育)对太阳能进行直接和间接的积蓄、转化和利用,以谋求人类的衣食之源,它不仅是经济的再生产过程,而且也是自然的再生产过程。是自然生态系统与人类的经济系统的相互交织,不断地交换物质和能量的过程。它不仅受到自然条件的制约(例如南方、北方水热气候的不同,导致南方水稻、北方小麦为主的地理格局;山地与平原的不同导致农业发展方向的不同,平原适宜以种植业为主,而山地则适宜于林业、采集业、狩猎业等；东西地理格局的不同主要表现在降水的多少上，是湿润与干旱的差异明显，于是也造成了农业生产布局的东西差异），也受到社会条件的制约（主要是指人们的生产能力、风俗习惯，比如商周时代为青铜时代，由于青铜的特殊性，一是太昂贵，二是较软，故用于生产工具的较少，多用于礼器与兵器。当时使用的仍然是木器和石器，故生产能力低下，粮食产量较低，耕地规模较小，尚没有连续的农业种植区形成。到了春秋战国时期，铁犁牛耕的出现使人们开垦土地的能力大增，于是农业区不仅形成，而且连成一片，同时也影响到社会政治体制的变革。战国七雄都想实现统一，大一统的专制集权国家出现了。社会条件包括很多方面，最主要的是劳动力的多少、生产工具的能力、水利工程等）。应该强调的是，自然条件起着规定作用，超过自然环境条件而去干是无法成功的，但绝不是决定作用，它要通过直接的社会条件来起作用。

从农业的技术角度讲，它最本质的特征是太阳能的转化和作用。植物通过光合作用吸收太阳能（或称光能）转化成人们可以利用的谷物或秸秆。这是第一级转化，是对种植业而言，而对于畜牧、渔猎业而言则需要第二级的转化，家畜家禽利用植物（包括人们有意种植的谷物与自然生长的草原）转化成肉食，供人们利用。

农业的经济效能体现为人类用尽可能少的劳动消耗，积累更多的（或尽可能多的）太阳能，并且进一步实现为人类所必需的满足各种需要的多种能源。

农业的内涵有广义、狭义之分。

狭义的农业是指种植业，"辟土殖谷曰农"，是指在人类劳动耕作管理下对各种有用的食用植物进行有系统的栽培。它的本质特征是栽培，耕种、收获、加工构成了狭义农业的系统环节，也叫"大田粮食生产"（原宗子先生曰：大田谷作主义）。再广义一点也包括蔬菜、园艺、果树、桑蚕等。

广义的农业是指人类对植物的栽培及对动物、微生物的培育，它包括驯化、饲养、渔猎等，即我们通常所说的大农业：农、林、牧、副、（猎）渔。

（2）中国传统农业结构的特殊性

中国的农业是很特殊的，它多是指小农业而言即种植业，但也包括桑蚕业。"男耕女织"是最简洁而确切的概括，男子耕田是无异议、无变化的，妇女纺织则有不同。中国的女织先是丝绸纺织，后是棉花纺织。这与西方的"亚当耕田，夏娃纺织"有巨大区别，夏娃纺织的是羊毛，为畜牧产品。

中国的传统农业走的是一条与西方截然不同的路线：西方的农业多是大农业，即谷物地旁有个牧场，除粮食来源于谷物生产外，牧场中所产的物质对衣食影响很大，其牛羊肉为西方主食之一，牛奶也是西方饮食中的重要部分（饮食差异上东西方可以区分开来，同时有人也认为这是东西方体格差异的原因，东方以种植业为主，相对来说是素食主义，即使有肉食也多是家畜家禽，比如猪、鸡等，故体格较弱；西方农牧业并举，相对来说是肉食主义，多吃牛羊肉及牛奶制品，故体格较强。在自然界的食物链条上，肉食动物居于金字塔的顶部，最凶猛，而食草动物因为太容易解决饮食问题而变得身体运动能力差，也无组织性，虎来了鹿只有跑这种办法，以同类中的牺牲为自己生存的基础，优胜劣汰。还有中外两个具体的例子说明饮食对体格以至于社会文化发展的巨大影响，"一杯牛奶强壮了一个民族"也是这个意思）。

为什么中国会走上"大田粮食作物与桑蚕业结合"的道路呢？笔者认为一个日本人的分析很有道理（参见原宗子《中国古代农业的生产技术与环境》，《中国历史地理论丛》1999年第2辑）。

第一，应该明确，中国最早的农业发展也是农林牧渔猎因地制宜，多种经营全面发展的。西周建立后向关中进行大分封，实际上建立了一个个农耕殖民据点，其向外扩张领土、扩展农业种植区并不是开垦"无人的森林"，或"无主的山林泽薮"。比如齐分封到临淄，其周围是分布着从事狩猎渔业及畜牧的东夷、莱夷部民的。其分封之初，莱人即来攻打临淄国都可知其力量也很强大。后姜齐因齐地之俗，发展渔盐之业，振兴商业，于是成为东方大国，管子辅佐齐桓公称霸，其后人编著的《管子》一书就阐述了这种多种经营的思想（齐国向外扩展时，把渔猎、畜牧之民编入国家，因其俗，也就成为全面发展的道路）。笔者认为其他各国的发展大致所走道路基本相同，那种以为"森林"或"山林薮泽"是"无人"或"无主"的说法是错误的，是后来人们的观念，没有弄清当时的实际情况。著名历史地理学者周振鹤教授有一篇学术随笔，名叫

《假如齐国统一了中国》，刊于《随无涯之旅》这本书中，说的就是齐国经济、政治、文化上的特殊性。

第二，是商鞅的农战变法使秦人走上了奖励耕织，鼓励大田谷作的单纯种植道路。农民纯朴，安土重迁，故很好管理，因为农民以种植产品为生命之源，种植业则是在固定的土地上每年交替进行生产收获的工作，故土地是根，土地是财富之母。而其余的牧业商业多是一次性交易的，故容易迁移，其人多智狡猾。同时谷物对战争有利，故奖励农耕。工商之民成为官方直接统治下的入另册的地位较低之民。这种思想集中地反映在其追随者编著的《尚君书》中。商鞅提出"重农抑末"，一般认为农为本业，是重视之对象这是对的，而又以为商业为末业，恐不太全面。其末业不仅包括商业，还包括畜牧业、渔猎业、林业等。由于当时规定一定月份禁止上山伐木狩猎、下河湖捕鱼，故专营渔猎、林业者就成为不太可能的事情。其末业是针对农业来说的，即包括妨碍农业发展的林、牧、渔猎各业在内。《史记》说秦郑国渠修成，成为其统一的经济基础，也体现了农业化的重要作用。

第三，不仅发家的思想是农本主义，即儒家思想、老子思想也无不带有浓厚农本主义的烙印。《孟子》关于理想国的描写是：五里之宅，妇女树之以桑，五十者可以衣帛；适当地饲养猪、狗、鸡，七十者可以食肉；百亩之田（一个男劳动力）尽力耕作，八口之家可以不饥。其中畜牧业成分很少，所提到的家畜多为家养者，没有放养的牛马羊之类。林业、渔猎业成分更是一片空白。《老子》也有"小国寡民"的理想王国设想："鸡犬之声相闻，老死不相往来。"各地传来的是鸡犬声，而不是牛马之叫。老死不相往来更是体现了种植业者农民安土重迁、以小家庭为重的景象。工商业发达之区，社会分工就扩大，各种生活用品就要用各自的产品去市场上交换，就要有频繁的来往。

第四，汉武帝"罢黜百家，独尊儒术"。儒家思想成为正统地位，对汉初一百年左右的放任自由、全面发展经济政策进行了改变。正是在汉初无为而治的思想推动下，工商业得到空前发展，农业中蔬菜、果树、园艺等专营者很多，这在《史记·货殖列传》中有记载；畜牧业、林业、渔猎业相应地得到了发展。到了汉武帝时，实行盐铁专卖，工商业收归官办，又实行算缗、告缗，打击了工商业者，而林、牧、副、渔各业受商业流通不畅的影响也有不少的挫折。中国又一次走上了重点发展种植业的道路。

对于丝绸生产上升为主要经济部门也有其特殊的道理，也有一个过程：衣被来源，不外是畜牧狩猎业副产品的毛皮及种植业中的麻、丝绢等几种。随着农耕区的扩大，森林草原逐渐减少，在中原内地多平原，森林已经很少了，林产品中的皮革在春秋战国之际已经失去了其作为衣被之源的重要地位（在商、西周时，皮革在衣料品中地位重要）。而农本主义并不要求有牧场，故畜牧业产品之羊毛也不能成为衣料品之大宗。这样只有依靠种桑、栽麻。由于麻的栽培对自然环境的要求较高，它必需有肥沃的耕地及清水（供渍泡以取纤维），而且麻是一年生草本植物，其播种、管理、收获以及收取麻纤维所进行的渍水削晒等工作都要求男性劳动力来完成，即麻的生产与谷物生产在耕地上与劳力上有矛盾、有冲突，而谷物种植是本业，是最重要的工作。因此，麻的种植相对受到排斥。

与此相反，桑蚕业却不在耕地和劳力上与大田谷物构成矛盾。因桑树适宜栽植在那些不能耕作的土地上、宅院旁，而采桑、养蚕、缫丝、纺织都是妇女可以胜任的工作，于是桑蚕业成为优先发展的对象。同时，桑蚕业还有以下优点。一是桑蚕业的产品是与粮食一样上缴国家的租、庸、调产品之一，也是国家急需的参与国际贸易的重要商品之一，著名的丝绸之路就是沟通东方与西方的国际商业道路。二是桑蚕业的副产品——桑矢也成为质量较佳的肥料，可以改良土壤，对种植业起到增产效果。于是中国的最基本经济产业即为"农桑业"（即种植与桑蚕业），中国的农书以"农桑"为名（如农桑经、农桑辑要、农桑衣食撮要等）。桑蚕业的产品绢甚至成为衡量其他商品的一般等价物，说明了其在中国国民经济中的重要地位。也许有人会说，丝帛是高级消费品，一般平民多无此福分吧。笔者提一个最有力的证据即是（汉代的租、庸、调制中，绢与租粮、徭役三足鼎立，这里不说）在中国魏晋北朝到隋唐一直实行的"均田制"，其给农民授田数中即明确规定种粮田多少亩，桑田多少亩，而且桑田占的比例不小，这是从法令上规定的桑蚕业的地位。当时的租税也是有丝绢的重要位置的。

到了后来桑蚕业地位被新兴作物棉花取代，明初朱元璋也规定北方必须种棉多少亩，在耕地中占有一定比例，其道理相同。

反映到社会文化上，则是男耕女织的思想深入人心，"一夫不耕，一妇不织则饥寒交至"；而妇女既然在经济结构中占据了如此重要的地位，却为何没有在实际社会结构中占有相应崇高的地位呢。应该说，这仍然是种植业为主的思想在起指导作用，且从表面上看，妇女的食物只能是男人劳动的成果，故女人处于从属地位（妇女虽然供应了大家的衣被，可衣服较之食物的重要性又差了一个等级）。由于以种植业为主体，占有重要地位的桑蚕业劳动者妇女又在社会地位上从属于男子，故中国古代社会是一个不太允许有平等自由思想意识的人存在的社会，专制的根源之一可以追溯到农业生产结构上来。

总之，中国农业在世界上独树一帜，也影响到中国的社会发展有自己的道路与轨迹。最后应该说明，中国这种精耕细作为主体的追求种植业生产的生产水平在前近代居于世界领先地位。

(3) 农业的起源

农业的发明，又叫农业革命或新石器革命。大致开始于一万年前，它不是人类历史上的一次特别性革命，而是一场自然而然的革命，所以农业不仅被看成控制系统的过程，而且是自然选择规律的结果，是人与环境两大系统的相互作用的结果，不同自然环境就会产生不同的农业起源的途径和农业系统。

农业的产生开始是对动植物的驯化，是旧石器时代末期或新石器初期人类的一大进步，离现在有一万年左右。新石器革命，是三次革命浪潮中的第一次，具有伟大的历史意义，标志着人们不仅可以利用自然物，而且可以生产物质，是人类从利用自然到改造自然阶段的界标。正因为此，新石器革命也是我们历史地理学研究时间的开端。

在由采集、狩猎向原始社会过渡时，农业是兼有植物的种植业和动物的饲养业的混合农业，二者发生时间的早晚，在不同的民族或不同的地区有所差异，并往往影响各民族发展的个性，似乎不存在单一的发展模式，我国黄河与长江流域的先民主要是以采集经济发展为种植业，狩猎、饲养等也占有一定的比例，因此是一种混合农业。

西亚的新月形地区——伊拉克、巴勒斯坦是最早的农业起源地，特别是小麦、大麦的种植，距今已有八九千年。七八千年前我国有了种植业，出现了南稻北粟的局面。依据两大发现：黄河流域在武官磁山，河南裴李岗文化（七千八百年，磁山七千年），其后在西安半坡（五六千年），长江的则是浙江余姚河姆渡、浙江桐乡县罗家谷（七千年），它们证明我国是世界最早种植粟、稻的国家。

对农业起源原因争论的六种观点。

①大河论：大河流域的泛滥平原是造成农业产生的主要原因。此观点已基本被推翻了。

②气候干燥论：同气候的干燥有关。

③沼地农业论：农业起源于沼地，如河姆渡。

④山地农业论：是砍伐森林引起的，大多数学者对此是否定的。

⑤山前农业论：多数人同意，起源于平原与山脉过渡的山前地带，无沼泽、无茂密森林，因此是多种途径的。

⑥广泛传播论即多种途径论，只要有适宜农业产生的环境，多种不同自然条件都可以产生农业，因此是多种途径的。

我国农业起源也可以是多种途径的，主要了解黄河上中游与长江中下游的农业起源，前者是以旱作谷物为主，后者以水田稻作为主，是两种不同的途径，而且也有不同的种类，对东北、华北则缺乏了解。单一的一元中心论是人们有关知识贫乏的产物，统一性只存在于人们的生产与环境相适应的原理之中，而适应的方式则是多样的，统一性只存在于过程之中而不存在于结果之中。

（4）农业在人类发展史上的地位

农业的发明，是人类的体质形成以后的一个划时代事件，表明人类从消极的适应环境变为相对积极的改造环境，是一项积极的革命，其意义可与工业革命相比。农业发明前，人类是以采集狩猎为生的，利用的是自然物，受自然环境的制约太大，整个地球上人类的数量不会超过一千万。农业发明后，自己生产食物，使人类能养活更多的人口。在人类文明形成与发展中，农业不是唯一的推动因素。但发展成现代的社会，农业则占主导地位，"农业是全部古代社会的决定性因素（恩格斯语）"。

农业对近代化、现代化的进程同样有不可忽视的作用："农业劳动生产率是一切剩余价值生产的自然基础，从而也是一切资本发生的自然基础（马克思语）。""超过于劳动者个人需要的劳动生产率是一切社会的基础。"

（5）农业发展的分期问题

从世界范围来讲可分三个大的时期。

A. 原始农业时期：约一万年前到三四千年前。

B. 传统农业时期：从三四千年前到十七至十八世纪产业革命前。二者的界标是金属农具，特别是牧畜、耕犁的应用与推广。东西方农业表现出两种不同的农业格局：中国是集约型的精耕细作型的农业，在世界上首屈一指。

C. 现代农业：产业革命至今。传统农业与现代农业的界标是

①现代农业的基本特征是用工业装备农业。

②把实验科学成果广泛应用于农业。

③高度的商品化。现代农业愈来愈建立在现代科学技术上，是工业化的也是科学化的农业。

中国的传统农业时代延续时间很长，从清代末期或19世纪末叶开始了由传统农业社会向现代农业的转变，可这个转变过程很慢，可以说至今仍未完全完成这个转变。中国农业现代化的目标仍未实现，即使某些先进的地方基本实现了现代化，但生产力距世界先进水平仍有较大差距。中国的农业现代化先前追求的是产量的提高，因为人口众多，先要解决温饱问题，现在则在质量上与西方国家存在太多的差距。如中国产的小麦、大米、大麦（制啤酒）、水果品质不佳，草的培育更差。还有在先进技术的普及推广上也存在较大差距。

2. 我国黄河流域耕地的大拓垦——战国秦汉时代

众所周知，在古代社会中，土地是财富之母，劳动是财富之父。而种植业中，耕地则成为必要的第一位的条件，即使现代农业高速发展，实行了水面表层上多层次架设养育蔬菜，也要土层，只早几年从报纸上看到日本不用土而用富营养水培育蔬菜的例子，不过这只是极小的比例而已。

在讲到黄河流域耕地的垦殖高潮以前，应该先讲原始农业阶段与商周时代黄河流域的农业垦殖已经走到了中国各地区的前面，因而黄河流域是中华文明的摇篮，虽然今天有人大力宣扬长江文化，但也无法动摇黄河是中华民族发祥地之一的传统观点。

（1）原始农业在北方黄河流域率先发达起来的地理原因

农业的起源是多种途径的，在中国的南方与北方就有不同的农业起源中心，也发育成不同的农业生产系统，黄河流域的原始农业是在适于粟类（黍、稷、粟）种植的黄土沃野上发展起来的，表现出典型的旱地农业特点；而长江流域则是在适于水稻种植的湖池泽畔发展起来的，表现出典型的水田农业特点。

中国北方同时还包括南方原始农业最初的源头，只是还没有得到考古证明。在北方，山西沁水下游发现了一万年前的石磨盘，似乎已出现了原始农业，但同时没有发现其他东西可以佐证，仅是孤证。七八千年前的裴李岗文化、磁山文化是耜（锄）耕文化，已经是较发达的原始农业。其前的刀耕农业阶段则是一个模糊的问题，农史学者多是利用现代民俗学的原理进行证明，还有刀耕农业阶段的存在（即用石刀、石斧等砍削石器把森林砍倒，然后进行焚烧，其后待天气许可不耕地直接进行点播。这是一种生荒制，种一二年或三四年即要换个地点，也叫刀耕火种）。而其后出现的耜耕或锄耕阶段，已经有了简单的耕翻土地，这是一种熟荒制，当然也还要实行抛荒制。

①在原始农业方面，黄河流域一直走在了中国各地的最前面。

A. 距今八千年前的河南新郑裴李岗文化遗址出现的农具有模制石斧、石铲、石镰、石磨盘、石磨棒等，从翻土整地到收割加工工具全都有，且加工精致，说明黄河流域较早地进入了耜耕农业阶段。

河北武安磁山遗址出土的农具与裴李岗文化类似，又在80多座窖穴中发现有粮食堆积，沉积后堆积厚度一般为0.3—2.0米，有10座超过2米者。有学者估计共存储粮食10万斤以上。出土时颗粒清晰可见，不久即风化成灰，经灰相化验，证明是粟。

裴李岗、磁山文化时期，已经有长期的定居生活，这从其较大规模的村落遗址可以证明。

B. 到距今七千年至五千年这一段时期，原始农业在黄河流域得到进一步发展，农业遗址发现很多，遍及黄河流域，主要是仰韶文化阶段，以关中、豫西、晋南一带为中心，东至河南东部和河北，南达汉江中下游，北到河套地区，西及渭河上游以至洮河流域。其中尤以西安半坡遗址与临潼姜寨遗址为典型。

a. 农具先进，有石锄、耒耜等翻土工具，石刀、陶刀等收割工具。
b. 人口较多，村落规模较大。
c. 大量窖穴，其中发现有粟、黍、麻，还有蔬菜种子。

C. 其后的龙山文化、大汶口文化（山东）、马家窑文化与齐家文化（西部甘、宁、青海等地）农业更是发达，已经到达了文明的门坎内外。

那么，为什么原始农业在黄河流域首先发达起来，其地理原因如何呢？

②黄河流域原始农业最为发达的地理因素。

A. 土壤结构适合原始农业生产力。黄土地结构均匀，土质疏松，以原始农具从事耕作自可易于成功。同时黄土矿物质含量丰富，透水性能强，也较为肥沃（现在有人对黄土的肥沃观点进行了责难，但无论如何黄土的前一个特征是适宜当时农业生产力水平的）。

B. 气候温暖湿润，当时主要处于仰韶温暖期。据竺可桢先生考证，当时黄河流域年平均温度比今天高 1℃—2℃，冬季均温高 3℃—5℃。而且也较今湿润，这可以从当时本区河流纵横、湖泊众多、森林繁盛、竹林遍布等环境特征中得到证明。还有，当时四季分明，寒冷的冬季，要求人们储积食物，自然界这种严酷性促使人们去努力创造（在南方的四季常青、无明显冬季气候条件下，水陆动物常年可取食，无饥寒之压迫，故缺乏发展农业的动力）。这也是原始文明（世界四大文明中心）多产生在温带地区的主要原因。

C. 复杂多样的地貌特点。黄河中上游为黄土高原地形，沟壑与台原相间（原隰相间），下游华北平原当时有密布的丘阜（由于河流的堆积作用今天已经大部分消失了，但从古文献及古代地名中可大致找出其分布特点）。不同高度的地貌单元，相互结合成一个统一体，为人们的生活提供了广阔的舞台。先是在山洞里活动、生存，后发明了农业，在山前台地、河谷台地与平原丘阜上种植，最后又扩展到河谷平原、冲积平原与较高的山地、台原之上。

D. 黄河流域的交通还是比较方便的，无论是陆路，还是由发达的河流水系构成的水路，都较为方便。这为文化传播、融合发展提供了优越的条件，比如在关中地区滨渭东西交通大路已经基本形成。

评价自然环境条件的优劣要结合当时生产力的实际，新石器时代农业工具很粗糙简单，在特别茂密的森林地区或沼泽式的水乡泽国开垦土地就深感困难，有时甚至无能为力。古代长江流域自然环境很好，在今天也是优越的，但当时反而对其生产的发展有所限制；又因为自然资源丰富，人们取之甚易，因而养成了一种懒惰性格，过于依赖自然，司马迁时代仍是"无饥饿之人，亦无千金之家"，这对其经济发展也有影响。这也许就是长江流域文化在远古时代相对落后的地理原因。

我们应该看到，原始农业的发展是很有限度的。

a. 虽然有较为发达的种植业，但是渔猎、采集利用自然物的经济成分仍然很大，农耕地也很零星，仅是一个个小的农垦点，基本没有形成成片的农业区。

b. 区域上也很有局限，最初处于高地与平原相交的中间地带，即山冈低谷地带或河谷台地，广大的冲积平原地带及黄土台原上很少有农业点，其后逐渐才向平原河谷与台原发展。

c. 农业生产工具很原始，开垦能力有限，耕地肥力递减，还要实行抛荒制，农业生产力水平较低。

（2）夏商周黄河流域局部农耕区的出现

夏代不是我国阶级社会的开端，而是中国文明的新阶段，并且散落在各地的氏族部落都各有自己的文明史，表现的很不平衡，夏部族只是其中较大的取得部落联盟首要位置的统治部族，故夏商周的国家形式应该是分散的部落国家（有些像古希腊、雅典早期的城邦制国家那样）。夏商周三族是黄河流域新石器文化发展产生出来的最有影响的先后成为华夏文化中心的三个部族，其周围存在许多部落国家或部落，从而构成了我国文明的初始阶段。故商汤灭夏只是战胜夏部族一族而已，而周武王革命伐商纣王，也只是打了一天的仗，灭一商纣王而已。

夏商周三朝是三个不同文化中心的转移，因此夏商周同后来的王朝的概念有本质的不同，不可相提并论。西周建立后通过分封对异族进行了改造，从而使统一加强了，大分封就是部落殖民，成为统一的先声。

此时期农业的特点与区域特征如下。

①本时期中国由石器时代进入青铜时代，青铜工具部分地应用到农业生产中去，但并没有占主导地位，石镰、石刀与木质耒耜仍然大量存在。耕作制度相对进步，逐步由抛荒耕作制过渡到休闲耕作制。在西周

时出现了著名的菑、新、畬的土地利用方式。这在《诗经》《周易》中都有记载。

关于菑、新、畬，《尔雅·释地》曰："田一岁曰菑，二岁曰新田，三岁曰畬。"今人解释不同，但多以为是休闲耕作制。

②完成了由山前台地向低地平原与台原高地的过渡，农业区域有显著扩展。夏商活动中心在黄河中下游地区的河东、河南、河内等地区，西周则起源于西方。三代的主要活动区域基本上是河洛、河济、河渭等三大流域，这样就初步形成了两个农业经济区：关中农业区与山东农业区（关东农业区）。由于农业中沟渠排水技术的发展，逐渐克服了向平原地带迁移的不适应，稳定的具有持久经济肥力的经济土地（即耕地）已经形成。《禹贡》虽是战国时代的作品，但反映的应该是春秋至西周时的经济地理状况，黄河中上游的土地皆为上等，是全国九州中较好的肥沃土地。原因有二：一是耕作技术提高了，土壤的结构被改造了，肥力增加了；二是耕地位于黄河主流与较大支流的冲积平原之上，有自肥的能力。当时在高地台原上也由于发明了凿井技术而开始了农业生产，最著名的当然是周人祖先古公亶父开发周原。

西周时的大分封，是一种农耕部族的殖民活动，因周人是以农业著名的民族。其祖先后稷自夏人始即为农官，也应有农耕的传统，后来其祖先迁于豳地，仍然保持农耕的风气，即是证明。夏商时期是部落统治国家，其耕地总面积是各部落国家或部族开垦地的总和，但各地开垦之耕地皆很少。大分封后，各诸侯国通过政治压力，加强对周边山林泽薮的开垦，由封国近郊逐步向外扩展农业区，形成了各自独立的小型的农业区。

③西周虽是我国耕地拓垦史上的第一个高潮，但垦殖范围毕竟有限，农耕区多在各诸侯国之国都郊外，林牧渔猎业仍然占据整个经济生产中的重要位置，各地生态环境仍保持着良好的自然状态，即中原各地仍然显得地旷人稀，原始植被并没有遭受大的破坏。即以西周与春秋时代的关中来说，关中平原的低地（关中东部泾河以东至黄河之间）农地开发状况仍较零星，仍是周人的游猎场，而南北山麓森林覆盖率很高，即西周之镐京附近仍然有成群的鹿出现（《诗经》上有证）。在春秋时，南山更是一片森林，后来成为秦汉上林苑之区。关中地区开发程度最高的是

周原，即关中西部的原上。

因此，关中与关东二大农业区只能说初步形成，即初显雏形。

(3) 黄河流域耕地拓垦的完成——战国秦汉

战国秦汉时期是中国土地垦殖的第一个高潮，最发达的是战国开始的二百多年间，从此黄河中下游的黄土高原与华北平原的农垦基本达到了顶峰。此后黄河流域的耕地处于不断地盈缩循环之中，战争破坏→复垦，但每一次从总体上讲都再没有超过此高点，只是一个破坏→复耕的过程。这是从数量规模上来讲，但如果从地力和在全国所占的地位上分析，还显示出衰落与下降的迹象。

经过春秋时期的争霸战争，到战国时代就剩下了七个大国相互争雄。各国争相变法，推行了地主专制集权的郡县统治，奖励耕战，"尽地力之教"，努力开辟土地，争取人民，开垦私田，地主阶级蓬勃发展，于是秦、齐、楚、燕、三晋各国都形成了较为发达的连成一片的农业种植区域，这也为秦始皇统一全国打下了基础。

比如说秦占领的关中地区，其泾河东部原是盐碱地较多的地区，后来修了郑国渠引泾水淤灌，改良盐碱地，成为良田美壤。《史记》曰："收杰亩一钟，秦益富强，卒并诸侯。"是关中平原的开发至此方才基本完成。而当时三晋所在的河东、河内、河南地区，农垦程度已经很高，《商君书·徕民》谓，秦近三晋而三晋"土狭民众"，许多百姓没有土地或仅有少量耕地，可以招徕三晋之民，给以优惠条件令其来秦国垦殖中田，而秦人专职战斗。魏国也是"无可刍牧之地"了。《史记》曰："土地狭小，人民众。"

秦末汉初的战争给社会经济带来巨大损失，但经过汉初百年的休养生息，黄河流域耕地不仅得到恢复而且达到最大的程度垦殖，人民繁富，国家强盛，为汉武帝北击匈奴奠定了基础。

据《汉书·地理志》，西汉元始二年（公元2年）西汉全国土地数字如下：

① 西汉帝国疆域（提封田）：14513640500汉亩，折10037600000市亩，折6690700平方公里（100%）；

② 非耕地或不可垦地（邑居道路、山川林泽群不可垦）：10252888900汉亩，折7086736000市亩，折4724600平方公里

(70.4%)；

③可垦而未垦土地：3229094700 汉亩，折 2379846000 市亩，折 1488000 平方公里（22.2%）；

④已垦土地（定垦田）：827053600 汉亩，折 57165900 市亩，折 381100 平方公里（6%）；

⑤民户：12233062 户，59594978 口。

根据中国古籍所载，明代万历六年（1578）全国耕地 510612700 市亩。

清代光绪十三年（1887）全国耕地 911976606 市亩。这当然与实际有一定的差距，实际应该是明代 10 亿市亩左右，清代光绪年间 14 亿市亩左右，1958 年 18 亿市亩左右。但考虑到汉朝时农垦地区多是在北方黄河中下游地区，清代及近现代新增的东北平原农垦区与边疆地区很少统计入内，南方即长江流域与珠江流域耕地也较少，故可知，北方中原地区已基本达到开垦的顶点。

惜乎没有各地的统计数字以与后代进行比较。

《吕氏春秋》有三篇是我国现存最早的土地论文，即《任地》《辨土》《审时》。其中有关于土地利用方面的叙述：①能将低洼之地变得高爽一些，……排水开垦低洼地，"下田弃甽，下田弃亩"，即将低地筑成高垄低沟，甽为沟洫用于排水，低下之田种植在高垄上即可；②能否将干燥高地变得潮湿的方法就是保墒，在半干旱干旱的高原尤其是黄土高原地区保持水分最为重要。方法同上，只是种植在低沟垄里。这些都反映了北方中原地区的土地得到了广泛的利用，并达到了极高的水平。

《管子·地员篇》（有人说是战国时成书，也有人说是西汉时成书）也论述了中原的开拓程度，其将土地分为平原、丘陵、山地。平原的土壤又分成五种，各种都得到了利用；丘陵土地分成十五种，山地土壤又分为五种，这二十种土地也同平原地一样都得到了利用。同时，当时有西门豹治邺，千古盐卤生之稻粱，郑国渠也治理了盐碱地。这充分说明了黄河流域土地垦殖达到了一个很高的程度，也可以说是中国古代史上的最高水平。

当时的农书很多，除了上述《吕氏春秋》《管子》以外，还有《禹贡》《周礼》（十三经注疏中的两汉注也是很重要的农学著作，应该重视)《氾胜之书》等,所谈也以北方中原旱地农业技术为主。

最有名的是《史记·货殖列传》,它把全国划分成四大区域,龙山碣石以北是广大的畜牧地区;江南则是刀耕水耨的水稻种植,但当时地广人稀,丈夫早夭,不是主要的农业区;只有黄河中下游,包括四川盆地在内的广大山东、山西两大地区是中国最主要的经济区,也是主要的农业区,史先生在《河山集》的论文集中有详细的描写。特别是关中之地居天下三分之一,人口也占三分之一,而财富却占有十分之六,是最富庶的农业区。我认为这个农业区包括八百里秦川和四川盆地,其中有举世闻名的水利工程:都江堰与郑国渠、白渠,又是首都所在,故称为首富之区。

黄河流域拓垦高潮形成的原因如下。

①来自生产力结构内部的是铁农具与牛耕的普及与推广。铁器广泛使用为开垦森林、扩大耕地面积提供了有力的工具。过去用木石工具有些工作是很难进行的,青铜器作为农具的数量极其有限,铁农具的出现才能引起广泛的革新。我国最早使用铁器最迟不晚于商代,但当时仅为陨铁,数量太少(发现了当时的铁刀、铜钺是锻造的),铁矿的开采与铁器的普遍使用时代开始于战国。

②水利灌溉工程的修建对改善土壤结构、扩大耕地的范围起到了极大的促进作用。在春秋以前的黄土高原上很难找到人工灌溉的痕迹,虽有沟洫之制度,但多是为了排水。而北方农业是旱地农业,故水利很重要。战国时代到西汉时期是中国灌溉工程的一个高潮,尤其是在北方、江淮地区和四川盆地,北方有鸿沟(史先生有专门论述)、漳水十二渠(史起、西门豹修)、郑国渠、白渠、成国渠、龙首渠,最发达的地区是关中平原:郑国渠奠定了两千多年来引泾灌溉的基础;龙首渠则是今日洛惠渠的前身,所走路线基本一致,并在现在的隧洞中发现了汉代的支架木与龙骨;成国渠走向渠线与今日高干渠只差50米,还有灵帜渠、蒙茏渠、漕渠等,在关中形成了水利灌溉网,是关中经济在古代的一个高潮时期。

江淮地区有陂塘蓄水工程期思陂与芍陂,是春秋时楚国令尹(相国)孙叔敖主持修建的。

四川盆地则有长盛不衰的灌溉分洪工程都江堰,是秦人李冰主持修建的。这几大工程皆有专门的文章进行研究。

还有由于开辟了河套地区，在银川及河西走廊一带也都兴起了大批水利工程，这在《史记》《汉书》河渠志上皆有记载。

③劳动单位（基本）的缩小，每个劳动力耕作能力的提高也刺激了耕地的拓殖。尤其是新兴地主阶级限定家庭的过大，商鞅变法即有家有二男不分异者倍其赋。战国初期《孟子》尚说八口之家，其后李悝尽地力之教及西汉史籍中多称五口之家，其占地百亩又是扩大了亩积的（原来称东亩、小亩，百步为亩，后改为二百四十步为亩，每户仍是百亩之田），故每个劳动力的劳动效益提高二倍多。

④来自上层建筑方面的，新兴地主阶级的兼并战争、军事扩展、激烈地争夺也极大地推行了农本主义的产生，于是促进了耕地的扩大。《管子·修权》："地之守在城，城之守在兵，兵之守在人，人之守在粟，故地不辟则城不固。"《管子·治国》："民事农则田垦，田垦则粟多，粟多则国富，国富者兵强，兵强者战胜，战胜者地广。"第一章论述过《管子》的思想乃是总结齐国因地制宜多种经营全面发展的经济思想，他都有如此看法，更不用说《商君书》那样鼓励农耕的政策了。是种植业为主政策的实施也成为耕地垦辟的一个重要原因。

3. 我国长江流域耕地的大拓垦——魏晋南北朝唐宋时代

（1）汉代江南农业的待开发状况

司马迁的《史记·货殖列传》把全国划分成四个经济区，长江流域被称作江南。西汉之际，江南尚处于半开发状态（或者称待开发状况），大部分是森林湖泊地区，"江南卑湿，丈夫早夭"，天然食物丰富，渔猎采集经济发达，"无冻饿之人，亦无千金之家"。我们还知道一个著名的例子，即卓氏原为赵国人，营铁为生，后秦灭赵，其被迁居蜀地，卓氏夫妇求往临邛，因其地有铁矿，民爱交易，而且还有一个条件则是当地自生一种芋类，像猫头鹰那样大小，无饥饿之患。东汉时江南仍被视作充军之地，汉代有个王子被封到楚地，其哭哭啼啼地向其皇太后诉苦。

当时的农业生产，也很明确地记载下来，是一种"火耕水耨"技术，这是一种较原始的利用土地的方法，关于火耕水耨的水稻种植方法。历史上的学者与今天的学者有二种不同的解释——东汉人应劭与唐人张守节的解释，而张守节的解释被学界认同。

关于火耕水耨的汉代记载。

①《史记·平准书》："是时山东被河灾，及岁不登数年，人或相食，方一二千里。天子怜之，诏曰：江南火耕水耨，今饥民得流就食江淮间，欲留留处。遣使冠盖相属于道，护之。下巴蜀粟以赈之。"

②《史记·货殖列传》："楚越之地，地广人稀，饭稻羹鱼，或火耕而水耨。果隋蠃蛤，不待贾而足。地埶饶食，无饥馑之患。以故呰窳偷生，无积聚而多贫。是故江淮以南，无冻饿之人，亦无千金之家。"

③《汉书·武帝纪》元鼎二年："秋九月诏曰：仁不异远，义不辞难。今京师虽未为丰年，山林池泽之饶，与民共之。今水潦于江南，迫隆冬至，朕惧其饥寒不活。江南之地，火耕水耨，方下巴蜀之粟，致之江陵。遣博士中等分循行。谕告所抵，无令重困。吏民有赈济饥民，免其疙者，具举以闻。"

④《汉书·地理志》："楚有江汉川泽山林之饶。江南地广，或火耕火耨。民食鱼稻，以渔猎山伐为业，果窳蠃蛤，食物常足。故呰窳偷生，而亡积聚，饮食还给，不忧冻馁，亦无千金之家。"

⑤《盐铁论·通有篇》："荆扬南有桂林之饶，内有江湖之利，左陵阳之金，右蜀汉之材。伐木而树谷，燔莱而播粟，火耕而水耨，地方而饶材。然后呰窳偷生，好衣甘食。虽白屋革庐，歌讴鼓琴，日给月单，朝歌暮戚。"

《史记》①、②与《汉书》③、④分别相类似，而《盐铁论》⑤一段概括之。

历史上对火耕水耨的解释有两种，一是应劭注《汉书·武帝纪》《史记·平准书》裴骃集解引应劭注同："烧草下水种稻，草与稻并生，高七八寸。因悉芟去。复下水灌之，草死，独稻长。所谓火耕水耨。"应劭为东汉人。

二是张守节《史记·货殖列传·正义》条："言风（焚）草下种，苗生大，而草生小。以水灌之，则草死苗无损也。耨，除草也。"风，即飚，意为"焚"。张守节是唐代人。

二人对"火耕"的理解是相同的，都指烧草木，对水耨则有分歧。应劭"悉芟去"是错误的，它动用人力用工具割去稻与杂草，显然不是水耨之意。"水耨"系用水除草，张守节之解释是对的。

总之火耕水耨是一种较为粗放的稻作方式，其特点是以火烧草，不用牛耕，直接栽培，不用插秧，不用中耕，而用灌水的方式除去杂草。这种方式同古代江南地广人稀、劳力缺乏有密切关系。

火耕水耨之外，还有象耕、鸟耘的方式。当然也是较落后的种植方式。《赵绝书》"舜死苍梧，象为民田"。《吴越春秋》谓禹葬会稽有鸟来耘田。

以上是汉代的江南地区农业生产情况，故见于统计的农田数量很少也不准确。

(2) 魏晋南朝时代的江南——农业垦殖得到初步发展

江南的开发主要是随北方汉族士族南下而进行的。魏晋南北朝时期，由于五胡入主中原，史称"五胡乱华"。台湾雷家骥先生则谓之曰"五胡治华"。中原大批汉人被迫向南迁移，带去了大批农业劳动力和先进的生产技术与工具，给江南各地的开发带来了生机。

人口南徙有几个高潮时期，一是东汉末到东晋、西晋末到五胡十六国时期，其后南北朝对峙，北人南徙较少。在全国大的北人南移浪潮中，此之谓第一次移民高潮，以永嘉之乱为标志。其后有唐中期的安史之乱、两宋之间的靖康之乱为标志。

北人南徙主要有三条路线，关中居民从汉中入巴蜀，此为西路；关中、河南之民众由荆襄入湖广，两湖平原与两广平原为其目的地，此为中部路线；华北的河南山东居民沿今大运河路线，向江东迁徙，开发太湖平原地区，今江浙两省为其目的地，此为东线。东线是主流方向（注意，此后唐宋时代的北人南迁路线也基本同此三个途径）。

当时整个长江中下游地区可以分成四个经济小区：巴蜀、荆襄、江淮、江东。巴蜀在秦时已得到移民开发，汉时已有相当发展，常移粟荆襄，救济饥民。而且成都平原由于地形相对封闭，其发展相对稳定，较少发生大破坏（在汉代此区是归于山西经济大区的，应该注意这一点）。

江淮经济区在西汉后期已经得到初步开发，南阳刘秀集团能成功地完成汉室中兴大业也得力于江淮地区的开发，东汉时得到进一步的发展。三国时仍继续发展，魏国在此地的屯田很著名，《魏书》卷一五《刘馥传》："太祖方有袁绍之难，谓馥可任以东南之事，遂表为扬州刺史。馥暨受命，单马造合肥空城，建立州治……广屯田，兴治芍陂及茹陂、七门、吴塘诸竭，以溉稻田。"同书卷一六《仓慈传》曰："建安中，太祖开募屯田于淮南，以慈为绥集都尉。"而江淮地区屯田大发展是在正始年间进行的，先是邓艾筹划的，为攻克吴国，建议在淮南、淮北屯田。于是《晋书》卷一《宣帝纪》正始三年（242）条曰："三月，奏穿广漕渠，引河入汴，溉东南诸陂，始大佃于淮北。"

正始四年条曰："乃大兴屯守，广开淮阳、百尺二渠。又修诸陂于颍之南北万余顷。自是淮北仓庾相望，寿阳至于京师，农官屯兵连属焉。"而最后也终于消灭东吴。

江东与荆襄的开发是三国时东吴进行的，除了北方汉民来此耕垦外，东吴孙权父子鉴于开发缺乏劳动力，乃用强制手段即用军队征服南蛮山越之人，驱赶其至平原之上进行农业垦殖。这种形式的开发主要还是在江东地区，并取得了很大成就，也奠定了令吴国鼎足而立的物质基础。当然由于开发毕竟不充分，东吴最后被晋征服。但晋统一未几年，又发生大乱，北方处于战乱之中，大量的汉族世族南迁，给江东与荆襄两地区带来了劳动力、生产工具与技术，江东与荆襄的开发才得以继续深入进行，为长江中下游经济区的形成奠定了基础。

其后的五胡十六国时期，移民又是一个小高潮，于是南方经济得到相当的发展，支撑着宋、齐、梁、陈南朝各个小朝廷的半壁河山。

当时的农业垦殖特点如下。

①由于北方汉族多以家庭性的集体形式迁来南方（这一点是与东汉王朝时出现的门阀士族势力分不开的，大家世族带其部曲、门客，作为一个团体集体南迁），由此土地的拓垦仍保持这种集体形式，这对江南原始土地开发极为有利。

②北方世族在南朝中占有绝对优势，但其开拓土地却是以不触动原江南土著地主和居民为基础的。主要向河泽山脉无主地进军，好在当时这样的荒芜土地很多。当时占垦的面积很广，南朝政府设立侨州郡县，成为中国土地垦殖中一个小高潮，当然它只是地区性的，但对中国未来经济的发展影响巨大。

③南方土著与山越人受北人农耕的影响及行政的压力，同时汉人与蛮俚人杂居促进了民族融合，故江南农田耕垦的发展还应该看到北方人带来的先进技术与工具武装了原来的土著及少数民族。

④水利的特点是以陂塘为主。据冀朝鼎《中国历史上的基本经济区与水利事业的发展》统计，六朝时代南方共修筑水利工程25项，是秦汉时代4项的六倍还多，表明了农业生产在向前发展。其中区域特征也很明显，今江苏省分布最多，共有13项工程，浙江7项，江西2项，福建2项，湖北1项。说明了江浙太湖流域的农垦水平最高。

沈约对刘宋元嘉年间南方农业的发展曾有过具体描："江南之为国盛矣……地广野丰，民勤本业（农业），一岁或稔，则数郡忘饥"，"会土（会稽）带海滂湖，良畴亦数十万顷，膏腴上地，亩值一金，鄠杜之间，不能比也。荆城（荆州）跨南越之富，扬部（扬州）有全吴之沃，鱼盐杞梓之利，充仞八方，丝绵布帛之饶履衣天下"。见《宋书》卷五四《孔季恭等传·史臣曰》。

但是我们不应对江南农业垦殖水平估计过高，因为大多数地方仍然是火耕水耨的落后的生产方式。可以说，南朝时代是长江中下游农业区的初步拓垦期。唐代仍然是流放犯人之区，当然更向南达到了岭南。

（3）唐宋时代南方农田耕垦达到了饱和状态

公元755年爆发了安史之乱，北方遭受了长期的战火摧残，土地荒芜，人口逃徙，农业生产遭到严重破坏，而南方的社会环境相对稳定，人口自然增长快，加上北方移民的大量到来，农业生产劳动力迅速增加。同时，农田水利事业得以迅速发展，曲辕犁与插秧技术也相继产生，南方水田耕、耙、耖、耱（"荡"即耖）等农业耕作体系逐渐形成。于是农业垦殖水平大大提高，不仅出现了与水争地向湖泊滩涂川泽要地的情况，而且逐渐向山冈坡地进军，与山争地的现象也很多。南方农业生产迅速发展起来，唐后期开始"赋出天下而江南居十九"，南方成为中国农业经济的中心，中国的经济中心从此由黄河流域转移到了长江流域。

A. 水利灌溉工程的兴建，在唐中期南方开始超过北方，据《新唐书·地理志》等文献的记载，以天宝十四年为界，唐前期北方灌溉工程98项，南方只23项，北方防洪27项，南方只3项，南方远远落后于北方；但唐后期，北方灌溉工程29项，南方竟多达938项，防洪工程北方为3项，而南方7项，南方大大地超过了北方。

到了两宋时代，南方农田水利的开发更是高涨。《宋史·食货志》："大抵南渡后，水田之利，富于中原，故水利大兴。"据冀朝鼎先生的统计，宋代全国兴建的水利工程共有 1046 项，其中江苏、浙江、福建三省占 853 项，约占总数的 82%。与《宋史》所说情况完全一致。

B. 南方的农田垦殖大大发展，开始了与水争田，主要途径是向湖泊、河川、沿海滩涂发展，大规模展开造田运动，农田数量迅速增加。水面利用的形式多样，主要有以下几个。

①圩田：是与水争地的主要形式之一。所谓圩田，就是用筑堤挡水的方法，将低洼的沼泽地或陂塘、湖泊、河道的滩地等围起来，辟为农田。其特点是内以围田，外以围水，水高于田，旱可灌，涝可排。据《宋史·河渠志》记载，北宋末年太平州（今当涂县）沿江圩田"自三百顷至万顷者凡九所，计四万二千余顷，其三百顷以下者不记之"。至淳熙三年（1176），太湖周围的圩田多达 1000 多所，这对当时扩大耕地面积起到了相当大的作用。但后来盲目地滥围滥垦，也带来了不少环境问题。

②架田：陈旉《农书》中有明确记载："深水薮泽，则有葑田，又曰葑田，以木缚为田丘，浮系水面，以葑泥附木架上而种艺之，其木架田丘，随水高下浮泛自不淹溺。"

③涂田：是指将海边滩涂开垦成田，它包括筑堤挡潮、开沟排盐、蓄淡灌溉等三种措施。

④沙田、柜田、垸田：原理同圩田与涂田差不多。

是可知低地湖川滩涂皆成开发对象。

C. 农田垦殖的另一个发展方向是向高处的山林扩展，开始了与林争地，开山造地。唐朝时吹响了畲田的号角，发起了向山林进军的运动。畲田是一种火耕农业，与火耕水耨型的水稻田不同，它主要是旱作，用一种特殊的铁制刀——畲刀将林木砍掉，晒干，当将要下雨之前就放火烧之，而后乘其雨后下种粟菽、旱稻、麦等，一般只能种二三年，而后由于肥力失去，就要另择山地殖田。这是一种较原始的耕种农业，是被赶到山间的少数民族使用的农法，中华人民共和国成立后在云南贵州一些深山老林中，仍有此法。

畲田这种原始的垦山种植活动，使天然植被遭到较为严重的破坏，并且导致水土大量流失。于是在长期的实践中，人们发明了梯田，即把山坡丘陵地垦成一层层的梯级平地，这样既能引水灌溉，连续多年种植，改变了过去二三年即要另寻他处的畲田，又能防止水土流失，至今仍是南方山区丘陵地最佳的土地利用方式。造了梯田以后，有水可灌的地方可种水稻，产量很高，而无水保证灌溉时只能种植旱作之麦粟等。

到南宋时代长江中下游地区耕地基本已达饱和状态，很多地方出现了超饱和状态，以至破坏了生态平衡。山地上出现水土流失，湖沼地区则由于滥围湖河，蓄水量减少而导致时常泛滥。

1998年夏季长江流域发生特大洪涝灾害也是这样的原因造成的，上游各山区丘陵地由于植被被破坏，丧失了自然的蓄水能力，有大雨时马上一倾而下形成洪水，而各大湖泊由于围垦，调节蓄洪的作用大大减弱，故有大洪水。据说洞庭湖新中国成立后近五十年面积减少了1/3。今天的退田还湖、封山育林是迫不得已的善后之策。

还应该提到，南宋时耕地的拓殖推向了我国大陆的最南端，即岭南珠江流域得到了初步开发，也是我国土地拓殖由北向南的最后一站。当然，岭南拓垦的最后完成时期要在明清时代。

总之，江南的耕地在六朝时得到初步发展，唐宋时代是大发展时期，达到了其耕地拓殖的饱和状态（其后耕地数量当然也有增加，但这是在付出生态平衡失调的严重代价下取得的，可谓得不偿失）。

4. 我国周边地区耕地的拓垦——明清至今

唐宋农垦高潮过后中国大陆大部分地区已无荒地可垦，但周边地区尚有不少待开发地区。北边有东北地区，是历史上较少开发的原荒地区，由于东北地区长期是森林草原覆盖又是大平原的地形，故很多地方适宜农耕。明代在辽东实行军屯是初步开发，到清代尤其是清中叶以后，河北、山东无地贫民冲破封禁，形成了一股强劲的不可阻挡的闯关东垦殖土地的浪潮，先是在辽东柳条边内，后又冲破柳条边向蒙古王公草原地区与满清渔猎地区发展，而且势头很猛。

由于农业生产效益较畜牧业高，故蒙古王公愿意招募汉民以出租或出卖其土地，清政府屡禁不止，蒙荒开垦发展很快；而北京城的八旗子弟由于百余年的发展也有很多游手好闲者，于是迁京旗移屯东北，在现在长春哈尔滨之间开辟了几个屯垦点。八旗子弟怎会种地，还不是请汉民耕种，自己跑回京城收租；同时流民很多也无法阻挡其私垦，于是清政府也就放垦了一些地方。

到沙俄侵略我国黑龙江以北乌苏里江以东大片领土以后，很多有识之士，认为无民众是不能保护边疆的最大原因，于是清政府才开始在东北放垦土地（同时放垦土地还可以收钱补贴国用，此财政收入也是放垦之一大原因）。于是原来的山荒、蒙荒、围场等全部开放，成为清代中期以后中国垦殖的一大热点，也是中国土地拓垦的最后一个高潮，直到中华人民共和国成立后才基本开垦完成，当然在20世纪30年代白山黑水下的黑土地，大豆高粱小麦遍布，其区已成为中国最重要的商品粮基地。明清中国耕地总数增加的最大因素是边疆地区的拓垦，而东北地方又在其中占据了最大份额。

北方长城以北蒙古地区即今河北北部（今承德）、山西北部与今内蒙古大部分地区的耕地也是清中叶以后开垦的。由于清朝是少数民族政权，而蒙古又是其早期结盟之民族，故清朝利用长城这个人文界线，起初禁止汉民越界（长城）垦殖，实行蒙汉隔离政策。清中期以后，"走西口"的移民浪潮兴起，向蒙地进军，其开垦过程同东北大致相同。

这里需要说明的是，在秦汉隋唐时期，河套地区、鄂尔多斯地区、宁夏、呼和浩特等地区都曾经有过汉族农民的拓垦，尤其是鄂尔多斯与河套地区在汉朝时开发程度很高，被称为"新秦中"。但是这种政府强制移民进行的屯垦或军屯具有可逆性，一旦汉朝政府势力消退，其屯垦也就消失了。只有到清后期的这种移民自发的开垦才是不可逆的。故也可以说是一种完全意义上的拓垦。

西北新疆地区与河西走廊等地基本相同，但新疆是在清政府实行军事行政统治以后进行的屯垦，有军屯、民屯等多种形式。南疆的维吾尔族民众原也有自己的农业，故此时期是进一步扩大耕地面积，而北疆，自古是草原游牧地区，清中叶开始农业种植区逐渐形成并不断扩大。

西南云贵地区是明朝时开始拓垦的，实行改土归流政策并不断有汉族军人与农民进入耕垦，经过清朝逐渐开发的。华南即岭南珠江流域明代达到耕地开发的饱和状态。还有台湾岛这一中国最大的岛屿，其农耕开发也主要是在明清时进行的。

如此，中国的土地垦殖中心由北方黄河流域，向南方长江流域扩展，至明清时不可逆转地扩展到周边地区，中国民族国家的形成与边疆垦殖同时进行，可以说至清末中国的土地拓垦区域发展过程基本完成。

在向边疆地区拓垦的同时，向山林进军的"棚民移垦"运动在内地也如火如荼，但这是以砍伐森林，付出巨大环境代价而得到的。

以上只是定性地论述了中国土地垦殖的区域发展过程，而要具体深入分析时则常常要进行定量化，比如垦殖系数，是今天研究各地区耕垦水平差异的一个最重要参数，如果能在历史农业地理中运用出来，则各地差异即可一目了然。好在中国保存有很多耕地数据，见梁方仲先生《中国历代户口、田地、田赋统计》三四百页，全是数据统计。

但是对中国耕地数据的性质与真实含义应该弄清楚，要对其引用的耕地数据进行充分地考证，并加以修正以后再进行计量分析，否则别人就很难对你的结论表示信服。故何炳棣先生的小册子《中国古今土地数字的考释和评价》就有其熟读的必要。

（二）　我国古代粮食作物结构的历史演变

农业生产力的结构问题，表面看来这章的题目与历史地理无关。实际上，历史农业地理对结构问题的探讨尤其重要，比如说农林牧副渔猎的比例，种植业中粮食作物与经济作物的比例，粮作中粟、菽（豆）、麦、稻、麻的比例等问题，如果能搞清楚则是很重要的学术贡献。英国剑桥大学《历史地理》主编阿兰·贝克 1996 年来陕西师范大学演讲，认为重视结构问题甚至要超过区域差异。笔者认为很对。

栽培植被起源中心说有很多种划分方案，但中国总是被承认的一个中心地。在中国起源的植物占全世界的 12.8% 或说 20.4%，或居于第二位，或第一位，这都是国外学者的意见。黍、稷、粟、菽、稻、麻等古代中国主要的粮食作物都是中国人自己培育出来的。

1. 五谷的起源与北方粟稷领先时期

"五谷"有实指与泛指，泛指是粮食的总称，即以五种主要的粮食作物作代表。实指则是具体的五种粮食作物，但历来的解释不同。《周礼·职方氏》郑玄注曰："黍稷菽麦稻"，《淮南子》高诱注同；《周礼·天官·疾医》郑玄注却又说是："麻黍稷麦豆"；新莽始建国元年铜方斗五谷图上描绘有："禾麻黍麦豆"；《楚辞·大招》王逸注曰："稻稷麦豆麻"；《孟子·滕文公上》赵岐注"稻黍稷麦菽"等。种类既有变化，顺序也不太一样,故"五谷"实际上只是几种主要粮食作物的代名词,随时代发展区域变化,观察者看到的各种粮食作物的地位和比重也有不同,故今天也很难强求统一。"五谷"一词最早见于《论语·微子》:"四体不勤,五谷不分,孰为夫子。"

(1) 黍稷的起源

黍,又叫糜子。与稷同为禾本科一年生草本作物。本是同类作物,颗株、穗子、果实、形态很相近,不仔细分很难分清,农学界一般将圆锥花序较密,主穗轴弯生,穗的分枝向一侧倾斜,秆上有毛,籽实黏者称为黍;将圆锥花序较疏,主穗轴直立,穗分枝向四周散开,秆上无毛,籽实不黏者称为稷。笔者小时候,家乡种植的谷物中就有黍子与稷子,但已经种的很少了,多在那些盐碱地上种植,其余多种谷子,因其产量高也同样耐碱。当然由于黍稷的一些特殊用途,一是又甜又黏的黍子可以作年货,古代可能是祭祀祖先的珍品,今为平民百姓过年时的珍贵食品。二是稷子的穗子很大,很散,去籽粒后可以扎成扫帚,此也必不可少。故也必须少种一些(当然还有一种散穗高粱也可做扫帚)。

中国古代多种黍稷。有一个问题现在还没有解决,即后稷是夏代的农官,史称其教人们种庄稼(西北农林科技大学就建设在传说的教稼台旁)。从其名称来讲当时多种的是稷子。由此,后来的人认为稷子可能是指粟,也有人认为应该是指黍。

古代黍稷出土的相对较少(原因可能是未经鉴定,分不清粟与黍稷的区别,而以粟的名称报道了),新石器时代的只有十几处,全部出现在北方,其经过正式鉴定而且年代最早的要算甘肃秦安县大地湾一期文化遗址出土的碳化黍粒,其年代为公元前5850年。可见黍在中国栽培的历史已经有七八千年,是很古老的,为中国是黍稷起源中心说提供了有力的证据。

(2) 粟,俗称谷子,去皮谓之小米,也属禾本科一年生草本作物。它是从狗尾草驯化而成栽培植物的,有时又叫狼尾草,即现在地里的"孤谷苗子"。孤谷是果实太少的谷,其形态极像谷子,出穗后可拔出来编成各种小动物、花环之类,大家到田野踏青时仍然随处可见。

现在已知粟的栽培起源自8000多年前的磁山文化时代,而且其生产能力很高。1976年考古人员在河北武安县磁山遗址发现了大量灰坑,其中 88 个存有粮食，经灰相法测定证明是粟，而且粮食堆积数量之多极为罕见。有人估计当时一共存有约 69100 公斤粟，尽管可能有误差，但储存量在 5 万公斤以上是大家基本公认的，这不得不使人对原始农业生产力刮目相看。年代距今 8000 年左右，从而证明我国是世界上最早种植粟的国家。

属于裴李岗文化的新郑县小乔乡的沙窝李遗址，也发现有粟的碳化颗粒，时代约在 7000 年前。著名的还有在 20 世纪 50 年代初发现的半坡遗址中，有不少粟的发现，证明粟的栽培史可达 6000 多年前。而在山东省胶县的三里河遗址，也有体积达一立方米的粟被发现，时代在距今 5000 多年前。如此可知在河北、河南、陕西、山东各地都发现了较早时期的粟栽培的事实，说明粟是我们新石器时代北方种植最广的粮食作物之一。

黍、稷、粟较早被驯化栽培的原因主要有三点：一是都很耐旱，其根系发达，叶子小，需水少；二是对土地的要求不高，都很耐碱，耐瘠薄，掉到地上皆可以发芽成长；三是皆喜温暖，生长期短，多在 80—90 天左右，正适合中国北方夏季高温的气候。当然黍、稷、粟的野生品种极普遍，极易栽培极好驯化也应是一大原因吧。总体来看它们都适合我国北方黄河流域的土地、气候条件。

（3）菽，即大豆，原产我国北方，现今世界各国的大豆都是直接或间接从我国移植传播过去的，他们对大豆的称呼，几乎都保留有我国大豆古名——菽的语音。

野生大豆在中国遍及南北各地，因此菽起源于南方还是北方仍有不同的看法。大豆的特点是耐寒，对土壤要求不高，富含蛋白质。

新石器时代的大豆遗存只发现三处，全在北方。《史记·周本纪》载后稷小时候"好树麻菽，麻菽美"，说明大豆的起源甚早。

（4）稻，中国的长江流域及其以南地区应是世界上最早的稻作起源地之一。

①原来学术界认为亚洲稻作起源于印度，然后传入中国。后来则多主张起源于印度阿萨姆邦到云南一带，但考古材料在云南发现最早的稻谷遗存的年代只有 4000 年，较长江中下游的遗存晚了许多。

②20 世纪 70 年代初在浙江省余姚县河姆渡遗址发现了稻谷、稻秆、

稻叶，距今六千七百余年，而 70 年代末又在浙江桐乡县罗家角遗址也发现很多稻谷遗存，时间超过 7000 年。由于出土的稻谷数量大，时代早，又有大批骨耜等典型农具，显示出一定的农耕水平，故其栽培水稻的历史还应向前推溯。于是形成了中国水稻起源于长江下游平原的学说。

③1988 年和 1996 年在湖南彭头山遗址和湖北宣都枝城遗址也发现了 7000 多年前的稻壳遗存，尤其是在湖南澧县发现了万余粒约万年前的稻谷，故一下子长江中游水稻起源说又产生了。

④在中国北方也发现了 7000 年前的稻谷遗址，同时新石器时代遗址中还有多处稻谷的发现，说明了北方栽种水稻的历史源远流长。

（5）麻，指大麻，古称作"枲"，雌雄异株植物。皮可作纤维原料，而雌麻籽为粮食，古代曾被作为"五谷"之一。麻是新石器时代较为重要的纤维作物兼食用作物，在半坡与河姆渡遗址中皆有麻的印痕。

（6）麦，很多人认为中国的小麦起源于西亚，但随着近年来考古新发现的增多，国内也有学者主张中国的小麦是独立起源的。笔者认为中国小麦是西方传来的，源地在西亚一带，那里是国际学术界公认的小麦原产地（此处发现一万年前的小麦穗）。而我国虽然也发现了早于五千年的小麦遗存，但多在新疆、甘肃等地，正处于东西方交流的交通线上。

时代最早的是 1985 年李璠教授在甘肃省民乐县六霸乡东灰山遗址中发现的小麦碳化籽粒，约在 5000 年前。其次在新疆罗布泊孔雀河下游、巴里河等地也发现了距今约 4000 年前的小麦。

应该承认麦在商周时代有进一步发展，黄河中下游地区已有种植，甲骨文有"麦""来""辫"等字，并有来麦、受麦、田麦、食麦、盛麦等卜辞。《诗经》中麦共出现九次，仅次于黍稷，故能成为"五谷"之一。

（7）中国夏商周为"五谷"齐备时代，而且黍稷粟居于领先地位。

总的来说，早在新石器时代，我们的祖先就已经种植黍、稷、粟、麻、麦、豆、稻等粮食作物，可以说是"五谷"齐备。从地区分布上看，大体上黄河流域以黍、稷、粟等旱地作物为主，长江流域以水稻为主，而且都有了 8000 年左右甚至一万年的历史。北方麦菽较为晚起，麻则主要作为纤维作物在南北方皆有，兼作粮食。

由于古代（夏、商、西周）的政治经济文化中心在黄河中上游地区，因而此时期"五谷"中都是以黍稷为最主要的粮食。在甲骨文中,黍字出现了300多次,稷出现了40余次,是出现次数最多的粮食作物(粟为何不占主要地位呢,可能稷就是粟),此为于省吾先生的统计。在《诗经》中黍出现二十八次,稷十次,麦九次,粟十次。

南方仍以稻为主,但南方的农业经济在中国经济中地位不显,故水稻地位并不重要。

2. 北方粟麦为主时期——春秋战国秦汉魏晋南北朝

春秋战国时代,由于农业生产力的提高,深耕除草等生产技术的进步,黄河中下游土地垦殖得到大发展。人们有能力大力种植生长期较长、对水肥土壤条件要求更高(同时产量也更高)的粟。于是粟的种植上升为首位,超过了黍稷。同时大豆的地位也在此时急剧上升,成为当时的主要粮食作物之一。这一时期的文献经常粟菽并提:"菽粟不足,末生不禁,民必有饥饿之色",此为《管子·重令》篇语;又《墨子·尚贤中》也说:"贤者之治邑也……聚菽粟,是以菽粟多而民足乎食";《孟子·尽心章》也谓:"菽粟如水头,而民焉有不仁者乎?"《荀子》《战国策》也有菽粟之词。于是有人说此时期为菽粟并举时期。

菽的种植地位提高,主要原因首先是其对土壤要求较低,耐旱保收(当然收成也不太稳定,平均产量也不太高,大豆也不太耐盐碱)。《氾胜之书》曰:"大豆保岁易为,宜古之所以备凶年也。"具有一定的救荒作用;其次是大豆营养丰富,富含蛋白质,既能当粮食又能作蔬菜。《战国策·韩策》:"韩地……五谷所生,非麦而豆,民之所食,大抵豆饭藿羹。"藿即是豆叶。饮食中以豆为主,还有一个重要原因是此时期从休闲制向连年种植制过渡,在增加土地利用的情况下如何保养地力成为重要问题,而大豆的根瘤有肥地作用,它参加到禾谷轮作体系中,有利于在连种条件下实现用地与养地相结合。

此外也可能与新品种"戎菽"的传入有关。《逸周书·王会解》记载,山戎曾向周成王贡献特产"戎菽"。"山戎"是与东胡族有密切关系的少数民族,春秋时居燕国之北,而东北是最利于中国野生大豆品质最利于栽培的地区。《管子·戎》:"(齐桓公)北伐山戎,出冬葱与戎菽,布之天下。"其戎菽是东北地区育出的优良品种,因适应性较强得以推广。

有资料记载，春秋战国人均种菽二十亩，占当时耕地面积之 25%—40%。而到《氾胜之书》时，西汉中后期"谨计家口数，种大豆，率人五亩，此田之本也"，则当时所种大豆比例仍不低，当时人均耕地据《汉志》每人 13 亩，此则几占 40%，稍嫌多。又有人认为，以五口之家种田百亩计，大豆占耕地面积 25%。

春秋时代开始，冬小麦得到逐步推广，其主要原因如下。

第一，小麦生长期长（有人以为其具四时之气，秋播冬长春秀夏收故其质清，为第一等食品）。但它需水量较多，不耐旱，其需水量比粟大一倍。因此只有在农田水利工程相对发达、旱地保墒耕作技术基本形成的战国秦汉时代才能有大面积扩种；而且当时是中国北方农地垦殖向低洼地进军的时期，小麦正适宜新垦土地。

第二，圆盘磨的推广使用，使小麦由粒食改为面食，才充分发挥小麦面白质清的优势。面食是一种新兴食物品种，可以变换许多花样，改换人的口味，也大获人们喜爱。解决了小麦在饮食上的一大障碍，是其推广的重要原因之一。

第三，冬小麦秋播夏收，利用冬闲的土地，避免了与别的作物争劳动力，争土地，同时产量较为稳定，更重要的是它五月初即可收获，可以解决青黄不接的缺粮问题，古人说这是"续绝继乏"。由于冬小麦在栽培中具有这些优点，因而受到人们的重视也得以大规模地推广。

冬小麦首先在黄河下游平原得到推广。《淮南子·坠形训》曰，东方"其地宜麦"，孔子作《春秋》他谷不书，至于麦禾（粟）不成则书之，以此见圣人于"五谷"最重麦与禾也，《战国策·东周策》"今其民皆种麦，无他种"。到了西汉武帝时，董仲舒上书汉武帝，谓"今关中俗不好麦，是岁失《春秋》之所重，而损生民之具也"，建议武帝令大司农"使关中民益种宿麦，令毋后时"。于是关中地区也大力推行冬麦种植，后来氾胜之"教田三辅"，也把推广冬麦的先进栽培技术作为工作重点之一，故《晋书·食货志》赞扬氾胜之"督三辅种麦，而关中遂穰"。

冬小麦在北方的普遍种植具有重大意义。

第一，它使粮食作物体系中增加了一员强有力的生力军，其产量相当稳定，对于充裕民食、增加粮食总产量有很大作用，因为它属秋种夏收作物，与其他劳动错开了季节，可以充分利用冬季休闲地和平均分配人们的劳动能力，而收获在夏初，又正是缺粮的季节。

第二，冬小麦为越冬作物，可以为增加复种、轮作倒茬提供条件，后来冬小麦成为二年三熟制的中心作物，即在于此。又粟忌连作，必须每年换一茬地土，而麦子可为其轮作创造条件。

第三，冬小麦主要利用低洼地，适宜低湿地，为秦汉时期土地垦殖作出了贡献，当时农地向低洼河滩平原扩展，而冬小麦是其最佳选择作物。

第四，小麦可以粒食，但主要是面食，对改造中国饮食结构的改善有重大促进作用。

总体来看，秦汉魏晋南北朝时，北方粮食作物以粟为主，小麦、黍、稷、大豆也占有主要地位，而长江流域依然是以水稻种植为主，唯其时耕作技术相对落后，在全国并不占优势地位（秦汉时无地位，而魏晋南朝时应该上升为主要粮食作物之一，与小麦、黍、稷、大豆并列）。

3. 南方稻的地位上升与小麦在南方的推广——稻麦粟并重的唐宋时期

唐宋时代南方发明了江东犁，又叫曲辕犁，对水田耕作质量的提高起到了很大作用；同时推广了水稻的育秧移栽。水稻的育秧移栽技术在《齐民要术》中已有记载，更有人用东汉时《四民月令》中"别蓝"来说明东汉时已有育秧移栽技术。唐代中期，水稻的育秧移栽技术在长江中下游各地已经得到普遍发展，杜甫《行官张望补稻畦水归》记蜀中的情况是："六月青稻多，千畦碧泉乱。插秧适云已，引溜加溉灌。"刘禹锡《插田歌》记岭南连州的情况："田塍望如线，白水光参差。"张籍《江村行》则描写江南的一般情况为："江南热旱天气毒，雨中移秧颜色鲜。"运用水稻移栽技术有以下好处：①插秧的禾苗很有规律，间距（株行）可随意掌握，便于中耕除草，而且集中育苗这一段时间中也省却了清除杂草的任务；②育苗这段时间也为冬季作物的复种挤出了宝贵的时间，因为可以节省一个月时间，这为稻麦水旱复种制度打下了基础。

水稻品种增多，据近人对现存 12 种宋代方志的统计，其中有水稻品种 301 个，除去反复者则有 212 个，比西晋《广志》所记南方水稻品种 13 个，增加了十几倍。其中很多优秀品种，尤以占城稻的推广意义重大。占城稻原产占城即今越南中南部，具有"耐水旱而成实早"，又有"不择地而生"的优点。在宋代先在福建种植,并于宋真宗时传入长江流域,在政府行政指导下传播发展很快。

唐宋时代尤其南宋时代,由于南方人多地少的压力,提高复种指数的要求越来越迫切,于是两种复种形式产生了,第一种是双季稻,先是在两广地区发展,其后扩大到福建与贵州一带,向北达到了北纬27°左右。第二种是范围更加广大的稻麦二熟制,这在讲耕作制度时会详细讲到其形成过程。随着唐宋时代北方大量汉民的南迁,人们对小麦的饮食需要及种植技术的引入,小麦逐渐推广到南方各地。根据农史学家的研究,唐代中后期,小麦在长江中下游各地已很普遍,宋时更向南扩展,这有充分的历史证明。

像这样,随着江南农业区的发展,水稻产量在全国粮食作物中上升到最重要的位置,水稻成为全国粮产第一。所以宋代有"苏湖熟,天下足"和"苏常熟,天下足"的谚语。而此时期小麦不仅在北方进一步发展,而且把其普遍种植的范围向南大大扩展,在南北两大农业区中小麦都有重要地位,故小麦在全国粮食作物结构中也超过了粟上升到第二位。唐中期,杨炎提倡实行两税法,夏税收麦,秋税收稻与粟,这说明了稻、麦比重的上升。著名诗人杜甫在《忆昔》中写道:"忆昔开元全盛日,小邑犹藏万家室。稻米流脂粟米白,公私仓廪俱丰实。"已经把稻提到了首要位置。

从此稻麦这两种优质高产的粮食作物就成为"五谷之长"了,直到今天仍然如此。这里应说明的是北方仍然是以粟与麦为主,黍、稷、菽等为辅的局面,此处再在赘述。

4. 稻麦为主引进高产杂粮作物时期——明清

明清时期是中国人口增长急剧的时期,人多地少的矛盾逐渐尖锐,主要原因是可供开垦的原荒地较少,广大贫苦农民被迫向山地丘陵进军,或者是向边疆地区拓垦。明清时代拓垦的边疆地区,除台湾外,大多是旱地作物为主,多种小麦及粟、菽、黍等杂粮。人多地少也推动内地粮食作物的生产向高产低层次——高产粗粮作物转移,因为细粮小麦、谷子产量较低,细粮水稻的种植条件要求更高。

高产杂粮作物的增加通过两种途径实现,一是由域外引入,大家熟悉的玉米、甘薯、马铃薯,全是高产作物。它的原产地皆在美洲,明代中后期引种，先是由西方殖民者传来，多在南方，逐渐发展到长江流域，后扩展到北方黄河流域。清代乾隆时由于粮食严重不足，于是政府推广甘薯种植，而玉米也由于适宜山地、平原等各处种植，且产量很高，发展特快，成为庶民的主粮。近代以来北方平民多以甘薯、高粱为主食，而小麦、小米成为奢侈品，成为统治者及附属人口、城市居民的主要食品。域外作物的引进推广，是对我国粮食结构的一大改造，直到现代玉米完全替代了粟的地位，成为北方产量最高的粮食作物。

还有一个途径大家不太注意，但确实是存在的，这就是传统杂粮作物内部进行的调整。中国很早就有高粱的种植，但直到明清时代才成为北方黄河流域粮食的主要品种之一，更是东北的代表性农作物，漫山遍野的大豆高粱成为大家熟悉的语句。在北方黄河下游地区高粱的种植地位超过粟的原因我认为有以下几点。一是它适合当地的环境，由于中游的不合理开发，黄河从宋代开始成为一个泛滥决徙频繁的河流，下游土地多受其害，一是水，二是盐碱。于是耐水、耐盐碱的高粱成为大家喜爱的作物。高粱的根粗又长，能深入土壤深层吸收养分，故只要立苗，在盐碱地中也可正常生长，而其株节高大，在成熟季节又不怕雨涝，很多时候农民收高粱是在水中收获。二是它的用途广泛，除高粱米可蒸食可面食外，其秸秆也是农民建筑的理想材料，而且其产量也不低。

粟的地位相对下降还有大豆地位上升的衬托，大豆不像高粱那样挤占粟谷的种植地，而是主要通过夏播大豆的推广而扩大其种植面积的，原来二年三熟的轮作夏种制在明中后期逐渐形成并普遍发展，而其作物体系中最重要的就是夏大豆即麦后复种大豆的出现，加上原来春播大豆的份额，大豆在黄河中下游平原地区也成为主要作物。大豆地位上升的原因除上述在二年三熟轮作体系中不可或缺以外，还有一个重要原因是随着榨油技术的产生（有人说在宋代，有人说在唐代，但推广最普遍的是在明清时代），用黄豆榨油在明清普及起来，而且豆饼是上好的肥料，这样大豆尤其是黄豆不仅是粮食作物，而且还以油料作物、肥料作物的身份出现，这种经济性作物在起着作用，故其需求量增大，经济价值增高。

应该注意到杂粮尤其是玉米的引进虽对补充中国粮食供给有重大贡献，但其当初在山地种植，对长江中下游地区山地开发、自然植被破坏却起到了巨大的推动作用，这是其消极的一面。详情请大家阅读美籍华人学者赵冈教授的论文《清代的垦殖政策与棚民活动》，《中国历史地理论丛》1995年第3期。

（三）我国古代经济作物结构的历史演变

人们的衣被原料可以从狩猎生产所得的毛皮中取得，如《诗经》时代还有狩猎而生产毛皮的记载，商代甲骨文中更有专门为商王室生产裘皮衣服的部族，故经济作物的人工栽培相对较晚，它在新石器时代多是利用自然物。在文明时代产生的初期桑蚕业得到发明，其余各种经济作物多是以自然采集为主的。

古代经济作物中最重要的是纤维作物，其中以丝绢、麻、葛及后来异军突起的棉花等几为主要产品，它生产衣被原料，解决衣食方面的衣的问题，使人们免遭寒冷，故很重要。在中国的纤维作物有很特殊的结构，即桑蚕业特别发达，一般常常是农桑并举，这种结构的形成过程及原因，我们在前面分析中国农业的特征时已经讲过。

除纤维作物外，中国古代嗜食作物也很重要，最著名的是茶的栽培。后来还有烟叶、罂粟（即鸦片）。此外，麻籽、荏（苏子）、芝麻、花生、大豆、菜籽等构成的油料作物，红蓝花、蓝靛、栀子、紫草等染料作物，南方甘蔗、北方甜菜构成的糖料作物等，在古代中国经济生活中也占有不可或缺的位置，其生产的发展、种植区域的扩大与转移、在作物比重中的增减，值得我们认真研究。这里应该说明的是，把桑蚕业列入纤维作物中是按照中国古代农业传统习惯，应该注意这一点。

1. 经济作物在南北方的人工栽培起源时期——夏商周

（1）桑蚕业的发明

中国经济作物中人工培育最早的要算桑蚕生产了。从古代文献与考古出土文物可以证明，五千多年前的新石器时代末期，中国的黄河流域与长江流域都开始了养蚕的历史。从古史传说方面来看，《周易·系辞下》说黄帝尧舜"垂衣裳而天下治"，疏云："以前衣皮，其制短小，今衣丝麻布帛，所作衣裳，其制长大，故曰垂衣裳也。"同时，各地也盛行黄帝的妃子嫘祖发明桑蚕的传说，并把嫘祖当作蚕神来供奉。这种传说带有历史的色彩,说明原始社会末期人工养蚕开始。

再从考古方面分析,河姆渡遗址出土的一件牙雕小盅中,刻有"蚕纹"图样,江苏吴江梅堰遗址出土的陶器上发现有"蚕纹",因此有学者认为蚕丝的利用已有数千年的历史,但其可能是野蚕的形象,故多数学者持反对意见。

较为可靠的实物资料是1926年在山西夏县西阴村仰韶文化遗址中发现的经人工割裂过的半个茧壳,茧长15.2毫米,幅宽7.1毫米;1980年河北正定县南杨庄仰韶文化遗址中发现2件陶蚕蛹;1958年在浙江吴兴县钱山漾遗址也发现了距今4710±100年的绢片与丝线的丝带,经鉴定均为家蚕丝。由此可见,至少在5000年前,原始先民在中国黄河流域与长江下游地方都掌握了养蚕缫丝技术。

按照郭声波以民族学原理推测的观点,蚕桑业是这样被发明出来的,在新石器时代中晚期,中国南北方都存在有大片的野生桑林,先民在长期采集活动过程中,一定会采集桑葚充饥,因而有可能发现桑树上野蚕所结的茧。第一步是利用茧蛹做食物,因为中华人民共和国成立后少数民族地区还有此习俗,后来养蚕多,蚕蛹吃不了时又可以吐丝,而野蚕吐丝是早已被利用之物,于是人们有意识地保护与饲养蚕,终于发明了养蚕缫丝的技术。

商代甲骨文中与蚕、桑、丝有关的字有260多个,证明商代蚕桑的重要性。武丁时有九次派人看蚕饲养好坏的记载,当时已有祭祀蚕神的仪式。还发现商代墓葬中有玉蚕的陪葬品。而《诗经》时代,桑蚕业在秦、豳、魏、唐、郑、鄘、卫、楚、鲁等国的风中皆有出现,相当于今日陕西、山西、河南、河北、山东一带,这说明种桑养蚕已盛行于黄河流域,当时桑树已人工种植。《郑风·将仲子》:"无折我树桑",并且出现了桑田,《鄘风·定之方中》曰:"说于桑田",而且桑田的面积有大到十亩者,《魏风·十亩之间》:"十亩之间兮,桑者闲闲兮。"养桑方法也大有进步,已在家内专用桑室进行。如《夏小正》三月:"妾子始蚕,执养宫事",《诗经·豳风·七月》:"春日载阳,有鸣仓庚,女执懿筐,遵彼微行,爰行柔桑。"

此时桑蚕业发展的中心是在黄河中下游地区,长江流域的桑蚕业同种植业一样没有能发展起来。

（2）麻葛的人工栽培

中国的新石器文化早期遗址中有麻布、麻纹的发现，各地出土的纺织工具也都以麻、丝为其对象，只何时人工开始栽培没有定论。俄罗斯人认为中国的华北可能是大麻的原产地之一。20世纪80年代在甘肃东乡林家马家窑文化遗址中出土了大麻，而且与现代栽培品种相似，是已发现的最早标本，证明中国栽培大麻已有近五千年的历史。南方浙江吴兴钱山漾遗址也有麻织物的出土。

《诗经》中有关麻的歌咏不少，如"东门之池，可以沤麻"，"丘中有麻"等，说明西周时代麻在北方的栽培已较普遍。考古人员也在河北、河南、陕西等地发现麻布，说明了三千多年前，大麻的种植与纺麻技术达到了一定水平，麻已成为人们的衣着材料之一。

苎麻，外国称其为中国草，用其纤维织成的布叫夏布。考古出土最早是吴兴钱山漾，但质量较差，也不知是否为人工栽培。在西周时南北方都种植它，《诗经·陈风·东门之池》也有"东门之池，可以沤纻"之句。《禹贡》豫州贡品中也有"纻"。可见其种植历史悠久，但因其脱胶困难故种植较大麻地位为低。

葛，在《诗经》中也多次提到，反映出葛在西周时已比较常见，可能是野生或半野生的植物。

当时的衣被原料（即纤维）作物，人工栽培已较普遍，最重要的是桑麻的生产成为人们衣被原料的重要来源。但由于当时森林还很多，狩猎业发达，皮毛产品容易获得，故桑麻的发展也有一定限度，而且多是在北方黄河中下游地区。

在新石器时代农业革命以来，先民首先发展的是粮食生产，在商周时代，已经是五谷并备，而其次才考虑衣被原料作物桑麻的生产，对于其他经济作物比如嗜食、油料、染料等尚少发明。这也是由于粮食是解决饥饿问题，对维持生命最为重要，而衣被解决寒冷问题，对人们平安地越过冬季也是不可或缺的。

2. 经济作物在北方的推广普及时期——战国秦汉

（1）纤维作物桑麻在北方得到较快的普及推广，成为桑蚕业发展的一个高潮

战国时桑蚕业已扩展到青、徐、扬、豫、荆、兖各州（见《禹贡》

各地物产）。黄河中下游各地农家大多种桑养蚕，"五亩之宅，树之以桑，五十者可以衣帛矣"。这是《孟子·梁惠王上》的著名语句。到了汉代，桑蚕业更加发达，政府设立"蚕官令丞"管理蚕桑业（《汉旧仪》）。《史记·货殖列传》曰："齐鲁千亩桑麻……此其人皆与千户侯等。"可见已有人专门种桑而致富。当时，整个黄河中下游农区皆有桑蚕的养殖，其中尤以齐鲁（今山东省）最为发达。关中地区也达一定水平，"五谷垂颖，桑麻铺棻"（《西都赋》）。汉武帝时，一年之中"均输帛五百万匹"（《史记·平准书》）。足见当时蚕桑生产之盛、丝质物产量之高。同时著名的丝绸之路开始繁荣，东方中国的丝绸开始大量向西方输出。丝绸之路大家不要以为是张骞通西域以后开通的，实际上在此以前民间的绢马交易已经发展到一定规模，大家都知道的秦代乌氏倮的故事就说明了这一点。乌氏（在今甘肃省的一个秦汉时的县，原为少数民族）这个地方有个叫倮的人，他放牧牛羊运到关中来换丝绢，然后把丝绢献给西方的戎王，戎王赏其牛羊以百千倍，以至其牛羊满山遍野用谷量来计算。汉武帝时张骞通西域是官方丝绸之路畅通的起始点。

麻的种植也开始普遍，"齐鲁千亩桑麻"也是包括大麻种植的。西汉的《氾胜之书》与东汉的《四民月令》都写到了麻的种植与施肥。当时麻的生产重心也是在北方黄河中下游地区，同时西汉时期麻的种植开始向南方发展，如长沙马王堆一号汉墓就有大麻子和麻布的出土。

(2) 经济作物中增加了一些新的种类

首先，随着桑麻业的发展，纺织品大增，而为其染色的染料作物如蓝、栀子、茜与地黄也成为各地栽培的作物。蓝和地黄见于《四民月令》。蓝靛在汉代一些地方如陈留已有大规模的专业化生产（见赵岐《蓝赋序》，刊于《全上古三代秦汉三国六朝文》）。栀子即卮，果实可染黄，茜则为红色染料，《史记·货殖列传》中记载当时某些大城市郊区也有种卮茜达千亩之多者。

其次，作为油料作物的芝麻，也从西域引进中原。《四民月令》中已有种胡麻之记载。荏（即苏子），西汉有著录，如《氾胜之书》《礼记·内则》郑玄注。

最后，原产于我国南方的糖料作物甘蔗与特种作物茶树，也开始人工栽培。中国是甘蔗的原产地之一，最早种植者应是南方百越系统的民族，战国时代岭南湖北皆有种植，并见之于文献记载，当时人们称之为"柘"，汉代甘蔗在南方种植的范围进一步扩大。茶叶起源于中国，原产地当在巴蜀。汉代时湖南亦产茶，而且四川的茶业生产仍最多。茶是少数民族宴饮的尤物，整体水平并不发达。

3. 经济作物重心逐渐转移到南方——唐宋时代

首先应该说明魏晋南北朝时期的经济作物结构演变情形。在北方，桑蚕事业受战乱影响有一定的波动，但能够很快地恢复，据《齐民要术》，当时桑已有荆桑、地桑、女桑、鲁桑等品种，并创造了压条繁殖法，大大提高了桑树生长速度，养蚕技术也更加精细。麻的种植地位也很重要，北魏均田制规定凡缴纳麻布作"调"的地区，在露田、桑田外，分配一定数量的"麻田"的，见《魏书·食货志》载大和九年诏。《齐民要术》有《种麻》专篇讲述枲（牡麻）的种植法。染料作物中《齐民要术》有专篇讲《种蓝》与《种紫草》，前者是对长期种蓝和制蓝靛技术的总结，后者所记的紫草则为新出现的栽培染料作物。油料作物中有胡麻与荏子、蔓菁，榨油的还有红蓝花与麻子。其中胡麻即芝麻，《齐民要术》把种芝麻紧接于粮食作物之后，反映了胡麻已是当时重要大田作物。蔓菁是新兴油料作物，它与红蓝花一样都有商品性专业生产，有负郭良田种一顷者。《齐民要术》记载了中国植物榨油技术，说明魏晋南北朝油料作物的生产在当时农业生产中已走向重要地位。

六朝时代南方的经济作物也有了很大发展，先看桑蚕养殖在南方获得的较大发展，梁代沈约说，江南"丝锦布帛之饶，履衣天下"。据南朝宋之郑缉著《永嘉记》，当时已培育出一种"永嘉八辈蚕"，永嘉即今浙江温州地区。江南地区的苧麻生产也明确进入人工栽培阶段。陆玑《诗草木鸟兽鱼虫疏》云："苧，一科数十茎，宿根在地，至春自生，不须别种。荆扬间，岁三刈。"南朝宋元嘉二十一年（444）曾下诏："凡诸州郡，皆令尽勤地利，劝导播殖蚕桑麻纻，各尽其力"，见《宋书·文帝纪》。实际苧麻种植很早，据《汉书·地理志》，汉武帝置儋耳珠崖郡前，海南岛黎族人民已会种苧。南方的甘蔗与棉花也得到一定的发展，甘蔗扩大到今江西（零都县）、安徽（庐陵）、江苏等。而棉花在闽广、云南都有种植，同时在北方的新疆地区也有种植。

以上是魏晋南北朝的情况，总之是南北方经济作物皆有发展。

其次我们来看唐宋时代经济作物中心的转移。

由于北方经过安史之乱、五代混战、宋辽与金的战争破坏，桑蚕业基础尽失，而北方农民的南迁却为南方的桑蚕养殖带来发展的劳力与技术。唐后期"薛兼训为江东节制，乃募军中未有室者，厚给货币，密令北地娶织妇以归，岁得约百人。由是越俗大化，竞添花样，绫纱妙称江左矣"（见《唐国史补》卷下）。五代时吴越王钱镠采取"世方牒血以事干戈，我且闭门而修蚕织"的国策，使宋元以来杭嘉湖地区成为我国东南最庞大的蚕桑基地。宋代在栽桑技术上有了重大突破即实行嫁接，对于老树更新，利用杂交优势培育良种等具有重要意义。这一点在陈旉的《农书》中有明确记载。据《宋会要辑稿》中各路租税和上贡的丝织品统计，长江下游各路约占全国半数，其中两浙路就占全国总数的1/4。（此为北宋时情况）。苎麻生产有了很大发展。棉花此时期的种植范围也有所发展。北宋时，闽广地区种木棉很普通，庞元英《文昌杂录》："闽岭以南多木棉，土人竞殖之，采其花为布，号吉贝布。"方勺《泊宅编》也说："闽广多种木棉"，南宋时传入浙江。棉花种植范围至元代时取得较大发展，据《元史·食货志》，"置浙江、江东、江西、湖广、福建木棉提举司"。棉花在长江中下游普及起来，而且越来越显示出其在衣被方面产量高质量好的优势。据美籍华人学者赵冈先生研究，在南方热带地区有木棉树，又名攀枝花，其花丝絮质量较差，只适宜做棉絮，很难织成布匹。但也有木棉逐渐演变成草木棉花，多在少数民族地区种植，不能迅速向汉民地区推广的原因是棉丝从棉籽上轧下来的技术不过关，当时只能用手轧棉花，效率很低。后来在宋元之际发明了轧花的机械，技术才基本过关，元朝的黄道婆从黎人那里学会轧花、纺织技术，并改进它，才推动了草本棉花的普及，黄道婆的历史地位甚至可以说超过了历史上最伟大的黄帝。

嗜食作物茶的种植开始了大发展的步伐，中唐以后，茶的栽培进入了新阶段，具体表现在产茶区域的进一步扩大和制茶技术的特别发达。据陆羽《茶经》《新唐书·地理志》《唐国史补》等书，唐时产茶地区多达五十余州郡，相当于今云南、四川、贵州、广东、广西、福建、浙江、安徽、江苏、江西、湖北、湖南、河南、陕西、甘肃等十五个省区，其中以湖北宜昌、远安，河南光山，浙江长兴、余姚，四川彭山等县产茶最佳。当时"江淮人，什二三以茶为业"（见《册府元龟》卷五一〇《邦计部·重敛门》）。采茶人动辄上万人，而且开始了著名的茶马交易。到宋代茶业生产更加发达，制茶技术也逐步提高，从制茶饼到晒茶发展成为茶叶，有蒸青的、晒青的（现多为炒青的，是从明代开始的）。由于制茶法不同，茶的品种也多种多样，出现了许多名茶。宋元时代是我国茶业种植的全盛时期，而中心在长江中下游地区。

唐中期以来茶叶生产的发展有以下几个主要原因。一是唐朝饮茶风气大盛，由于佛教禅宗一派讲求坐禅，少睡觉，早晚又很少吃东西，故为保持精神多喝茶，而禅宗在唐中后期成为中国佛教中发展最快的一宗（因为他与中国儒家、道家思想结合，中国本土化了）。这样遂使中国官民也大兴饮茶之风，于是茶之需求大增，促进了茶叶生产的发展。二是少数民族由于饮食多为牛羊肉和奶制品，故最需茶叶帮助消化，故茶马贸易在唐时开始，两宋时大盛，明清时代仍很盛行。这也是一大消费市场。

在油料作物中，油菜的地位不断提高，尤其是在南方成为水稻、棉花的前茬作物，在油料作物中首屈一指。油菜古称芸苔，最早栽培于西北地区，原是作为叶用菜，南北朝时开始叶、籽兼用。到宋代（有人说是唐代）才见有油用油菜的明确记载，芸苔之名也改为油菜，并在南方获得较大的发展。油菜在宋代江南的大发展有以下几个原因。首先是榨油技术的发展使其利用成为现实，除作油用外，菜籽饼可作肥料，青苗时根叶皆可食用，全身是宝。其次是"比芝麻易种收多"（《务本新书》，引自《农桑辑要》卷五），而且是一种肥田作物，不损伤地力。最后是油菜有经冬不死、雪压也易长的特点，适合与稻搭配形成稻油一年二熟的耕作制度，充分利用了冬闲地，对解决人多地少矛盾很有作用。于是稻、油菜制也像稻麦二熟制那样在南方推广开来。

甘蔗在宋代普遍种植于江浙闽川等长江中下游地区，宋代王灼《糖霜谱》说，江南、川蜀等地，"所在皆植，所植皆善，非异物也"。其中四川遂宁小溪地方，竟达到"为蔗田者十之四，糖霸户十之三"。宋代方大琮说："仙游（今福建仙游县）县田，耗于甘蔗，岁运入淮浙者不知其几千万坛。"（见其著《铁庵方公文集》卷二一）

总之，随着桑蚕业中心的南移，棉、茶、油菜、甘蔗、苎麻等在南方也逐渐推广普及，南方在全国经济作物生产中占据了举足轻重的地位，也说明了中国经济作物生产中心转移到了南方。

4. 南重北轻的布局及新兴作物的推广——明清时代

（1）纤维作物中桑蚕养殖仍占重要地位，同时从明中叶开始兴起了柞蚕的人工养殖，蚕业生产增加了一个新品种；而棉花在明初迅速推广到北方，很快就取代了麻的地位，完成了中国纤维作物结构的改革，也奠定了今日纤维作物的格局。

明初以后，杭嘉湖地区的蚕桑生产更加繁荣，已经形成"以桑为业""以蚕代耕"的局面，这里"桑麻万顷"，"阡陌间强半植桑"，"比户以养蚕为急务"，"公私仰给惟蚕息是赖"，蚕桑业空前发展。珠江三角洲是新形成的蚕桑中心，清代时也成为我国又一个蚕桑重点区域，有些地方"弃田筑塘，废稻树桑"，出现了桑基鱼塘这种立体式农业经济体系。龙江"原有田，今皆变为基塘，民务农桑，养蚕为业"。而明中叶开始在野柞蚕很多的山东丘陵地带出现人工饲养山蚕的技术，而且清带前中期在政府的号召与各地行政长官的指导下，传播向全国各地，除山东丘陵山地为重要柞蚕地外，辽东半岛与承德地区已成为较大的柞蚕产地，陕西南部山区、贵州、四川、湖南、湖北、安徽等省有柞树的山坡丘陵地区都从山东引来柞蚕种与技术，开始了柞蚕生产。

明朝开国皇帝朱元璋是贫苦农民出身，故其对农业有重大改革，比如在耕地垦殖一章就接触到明初的鱼鳞图册制度，同时他还用行政手段，强令在全国推广种植棉花，当时规定"凡民田五亩至十亩者，栽桑麻木棉各半亩，十亩以上倍之"，不种木棉，倍其棉税，同时又规定"天下税粮"可以金、银、布、棉花、绢折合缴纳。当时种一亩棉花大致可折抵种植粮食五亩，有利可图，这些都对棉花向全国的推广起到了很大的促进作用。北方的淮河、渭河、汾河、黄河流域多植棉，尤其是华北平原的河南、山东、河北地区成为新兴的重要产棉地区。徐光启《农政全书》卷三五说棉花："宋末始入江南，今则遍及江北与中州矣。"当时山东河南的棉花沿运河大量运往纺织中心松江（今上海地区），而布则北运。丘浚《大学衍义补》曰："其种乃遍布天下，地无南北皆宜之，人无贫富皆赖之，其利丝帛盖百倍焉。"棉花至此完成了由南而北的传播扩展过程。

当然也有另一个途径，即由新疆向甘肃、陕西传播，此为一重要发展路线，但明清时西北棉产区在全国不占重要位置，只今天新疆由于土地辽阔、棉产品质优良，仍是中国最重要的长绒棉生产基地，内地农民常去种棉花、摘棉花。

麻的地位逐渐在明后期式微，被产量高质量好的棉花所取代，这是中国经济作物结构中最大的变革。

（2）外来作物迅速普及，推动经济作物种植的高潮。一是花生，它是美洲原产的域外品种。一般认为我国花生是从域外传来的，但后来在浙江吴兴钱山漾和江西修水山背遗址，以及甘肃民乐县皆发现了五千年前的碳化花生，因而我国是否为花生原产地之一，成为一个待研究的问题。

但无论如何，明清以来推广种植的花生品种均是美洲传来的，闽广是最早引种地区，明末江浙已有少量引种，其后即清前期中国南方的湖南、江西、四川、湖北等地也有花生的引种，清中期乾隆间，沿大运河与海河北上华北平原，山东花生种植迅速，后来在清末期，山东又率先引种美国大粒花生，产量很高，出油率也强，故山东大花生成为中国著名的品种。

花生适宜沙地种植，产量很高，出油率也高，故很快成为油料作物的大宗。同时应该指出的是大豆（即黄豆）此时也成为油料作物之重要成员，黄豆与花生、油菜籽成为主要油料作物，而芝麻的地位下降，成为特殊的油料作物。

嗜食作物中烟草是域外引种作物，明末传入中国闽广，其后随明军征辽东传向中国东北。由于其具有御寒驱虫提神等作用，在东北发展很快。这样从南北两方面向中国内地传播。到清中期，全国各地也遍种烟草，同时造成了与粮食作物争地、争肥、争劳力的现象，政府也有过禁令，但利之所在，屡禁不止。

而嗜食作物中另一个分支罂粟（鸦片）则更是大毒草。众所周知，1840年，英国为改变贸易逆差而进行鸦片走私贸易，为此不惜进行了一场战争，结果中国战败，鸦片贸易逐渐合法化，为抵制外国鸦片入侵，银元外流，中国人也自己种起了鸦片由于获利丰厚，其发展迅速，至清末期全国各省区皆有。虽后禁止，但也无法真正变成净土。这当然是不良分支（经济作物结构中的不良分子）。

从当时全国形势来看，长江三角洲地区尤其是太湖流域，凭借其蚕桑、棉花生产中心的地位，成为全国商品经济的中心，在全国经济作物结构中举足轻重；珠江三角洲，也以蚕桑、甘蔗、水果等为主；而北方经济作物在引入新兴品种棉花、花生、烟草等以后也进入了一个新时代。故明清时代也奠定了中国近代经济作物结构与布局的基础。

最后简论我国古代农作物的布局对我国农业生产结构和国民经济结构的影响。

①我国古代的农作物种类之多，门类之全在世界农业史上是突出的，不仅为古代先民提供了广泛的衣食之源，并且形成与我国辽阔国土相适应的多个种类的相对较为合理的农业结构。当然这种合理性只是从理论上来说，但离生产实际相差不远，造就了人们改造与利用自然的最大效益途径，也使我国的农业生产能够持续不断地向前发展，这也是中国文明成为世界唯一的连续不间断文明的重要基础。这种各具特色的农业结构理论上具有很大的发展潜力，只是因为受生产关系和上层建筑的干扰没有得到最大程度的发挥。

②作物结构的多样化，对农业生产将产生以下几种积极作用。这只是从理论上分析，不等于实际完全发挥出来，但在实际上某个时段是有一定作用的。

A. 对扩大复种指数、提高土地利用率、提高年产量有极大的推动作用，为连作、轮作、间作、混作等提供了合理搭配的条件，并且起到了养地的作用。这是中国精耕细作农业的特色，而在西方封建时代多实行三圃制，即休闲制。

B. 引进若干高产的粗粮作物，对扩大耕地面积，进一步开发国土，有效地利用山地、丘陵等，缓和人地矛盾，解决食粮问题有很多好处。

C. 注意选种与培育优良品种，对提高单位面积产量有利，使我国农业生产力水平从亩产量这个最直接的要素上具有世界先进水平。

D. 各种作物的搭配轮种，对土地的用养结合，不失地力，"地力常新"有决定性的意义。在《齐民要术》中已经有了合理轮作的原则，倒茬口、换茬口主要是为了用地与养地相结合。

E. 经济作物的引进对商品经济发展、地区市场和超地区市场的全国商品贸易的发展具有重要意义,丝绢、茶、棉花的意义更大。

③无论是粮食作物,还是经济作物都经历了一个由北重南轻到北轻南重的区域转变过程,而宋明时代是转变的重要时期,从此政治中心与经济中心开始分离,使中国传统社会国家不得不利用强制平调的手段,对经济先进的南方进行政治性的掠夺,从而损害了南方经济发展的积极性,这里明显地看到了消费与分配结构的不合理。它严重影响了经济结构的改善,更阻碍了向新结构的转变。

当然这只是指宋元明清的时候,而在秦汉到隋唐时期却是落后的江南从北方战乱中得到人口、技术,获得发展的机会,故后来北方在经济上有求于南方应该也是一种回报吧。而当前中国的区域差异表现在东部沿海与西部内陆的先进与落后上,中央决定实施西部大开发就是为了改变这种差异,关键是用什么途径。

隋代大运河的开凿,加强了南北方的经济文化联系,意义很大,后来成为唐宋王朝的经济命脉,但是其也有不利因素,即大运河的开通使北方过于依赖南方:一是阻碍了北方的恢复与进一步发展,统治者对恢复北方经济失去了兴趣;二是掠夺了南方,使南方经济失去了再生产能力,没有能率先走向变革经济结构的新时代。

(四) 传统农具、耕作技术与种植制度的演变

1. 传统农具的发明与演进

农业生产结构中,人的活动最活跃、最有能动性,体现在多方面,突出一点是农具的发明和使用,农具是人的劳动器官的延长和再创造,提高了劳动的有效度。所以农具是农业生产力发展水平的测量器。我国古代农具发明与演进的基本过程如下。

(1) 耜耕农具

农业从采集生产中发展而来,因此最原始的农业除了双手外,不用或很少用农具,只是开拓土地时用石刀、石斧等,将种子布于土中,用手收,手就是农具,初始的刀耕火种农业在我国尚未出现。

八九千年前到了耜耕农业阶段,标志农具是:耒、耜。前者用来挖土,后者翻土,耜是铲的原始物。另外有收获的农具石刀(铚)、石镰,

多磨制得较为精细，故曰新石器。另外有脱粒加工的石磨盘（秦以后叫圆磨盘）。因此整地、收获、加工都使用农具，在播种、中耕和水利灌溉上则没发现农具，说明仍没摆脱原始性，只重视收获。

（2）中耕农具的出现——夏商周

出土量最大的仍然是整地农具，有了中耕除草的农具——钱镈（单手拿的小铲子）。农具的原材料发生重大变革：青铜的运用，出现了青铜农具，为金属农具登上历史舞台揭开了序幕。青铜来源少，属贵重金属，且质地软，故应用少。

（3）铁制农具的出现和农具的配套——战国春秋

铁制农具是从青铜农业发展变化而来的，此时期为我国农具飞跃发展时期，由此推动我国农业生产水平的提高，初步奠定了精耕细作的基础，是我国传统农业形成期（夏商周为我国传统农业的萌芽期）。

铁耐用坚硬，价格低，因而铁农具能够很快推广，战国中晚期出土铁器之多说明了它的大量使用（春秋时仅发现了两件），并出现了新农具。

①铁镬；②五齿锄：是深耕土地用的，开荒地灌溉整理农田；③六角形的铁锄（后来消失了），为了适应农耕，可开沟整地；④犁铧：是"V"形的，标志着农业由粗耕进入了犁耕阶段，推广牛耕犁田的条件由此成熟了。有人认为犁耕开始于殷，考古则认为是新石器时代，有的认为是春秋战国时出现。认为商代有牛耕，考古界则一致不承认，最早记录为"宗庙之牺，为畎亩之勤"（《国语·晋语》）。总之，其不早于春秋晚期，推广则为战国中期，与铁铧是同步的。耕牛是动力，铁犁是机械，两者的配套使用及推广普遍是中国古代农业生产力大发展的标志。⑤桔槔：是灌溉工具，运用杠杆原理。⑥圆盘磨：是加工用具，把小麦磨成面粉，结束了粒食阶段，有利于推广小麦。春秋战国时发明。

（4）我国农具世界先进地位的确立——两汉

耕犁结构有重大变化：有了犁壁，它将土分到了一边，这样，耕种制度从缦作变成垄沟法（犁壁出现比欧洲早一千多年）。用二头牛和三个人合作，一般的小农是不能用的，而是豪强地主才能运用的，每天耕五百亩，平均每人耕地一百八十亩，效率大为提高。

出现了播种用的耧车，一人一天可种一百亩，提高工效十多倍，比西欧领先了 1700 年。粮食加工中产生了"碓"，利用杠杆原理，工效提高一倍。

风扇也出现了——风车，比西欧领先 1400 年。

翻车，灌溉工具，东汉末毕岚发明，三国时马钧加以改进。比西方早 1500 年，唐时传到日本，18 世纪传到欧洲，引起了欧洲的农业革命。

汉代我国农具的发明与创造，一方面说明我国农业不仅在当时居于领先地位，而且证明了工具不是外来的。工具不起决定作用，过去对工具的作用是有所扩大的。同样的工具可与不同的政治、经济制度相结合，产生不同的作用。

自此，我国农具在此基础上进行改革，进行一些配套完善，并没有什么重大发展。

（5）传统农具基本定形和完善时期——唐宋

我国传统农具的最大成就是曲辕犁，因它大量使用于江东又叫江东犁。有十个部件，它大大缩短了犁的长度，减轻了重量，改变了二牛拉犁为一牛拉犁。唐代出现曲辕犁的原因是农业中心逐渐向南方转移，水田农业崛起。当时有 105 种农具，并都定型了。

北方：耕→耙→耱

南方：耕→耙→耖

唐宋时南方的农业由粗放转入了精耕细作。

（6）传统农具缓慢发展时期——元明清

农具只有零星的发明，没有什么重大发明，继承了唐宋的工具并一直使用到解放前。这是因为，唐宋的工具能适应精耕细作和多次运用，此时人口多，耕地不足，生产更加小型化，原来的农具就不可能有重大突破，在生产关系没有重大变化时，农具也不能有重大发展，甚至发明了新的生产工具也不能使用，更多的是用简单的工具。当生产工具的发展定型时，生产力的发展就需要新的因素来刺激。

（7）我国传统农具的特点

①材料经济，造价低廉。广泛应用木、竹、石材，尽量少用铁器，甚至有的连铁钉也不用，便于就地取材，就地制造，就地修理，它特别适合小农经济的条件。

②动力经济，能源节省。农具造型构造轻巧，一般不求高速运动，消耗的动力能源少，适合于以人畜为动力的我国传统的农业经济。

③一器多用，通用性强，适应性广，对使用者的技术要求比较高。只要传统的精耕细作不彻底改变，这种工具的使用就会长久存在，有极强的生命力。

2. 耕作技术和种植制度的演进

如果生产工具是农业中的硬件，那么耕作技术与种植制度则相应地应该称为软件，是对土壤、工具、作物各种因素的综合利用，是一种组织综合的艺术，是按土壤工具作物及对自然规律的逐步认识和经验的积累。一旦形成一定的制度和方法，成为组织生产的组织措施就会转化为生产力。

它们的核心问题是对土地的利用和改造，通过两个方面推动农业生产力。第一，改良土壤的性质，使农作物栽培获得较好的生存条件，达到单位面积产量的提高；通过提高单位面积的复种指数和土地的利用率达到单位面积产量和总产量的增长。第二，通过用地和养地结合增加土地连续使用的效果，避免土地报酬递减的趋势，保证农业生产的持续性，相对也提高了土地利用率。

（1）刀耕火种，生荒耕作期——一万年前

此时期为考古还没有证明，是推理的阶段。

（2）耜耕阶段，熟荒耕作期——八九千年前至夏朝

放火烧植物后，用简单的工具锄地，土地利用率比上一期要高，土地熟化过程加快，但根本没有施肥和灌溉，土地肥力有限，要经常移动，人们的生活不太稳定。

（3）耦耕阶段，休田耕作制——夏、商、周

此时期有了青铜工具，主要是木石材料。耕作方法保持原始公社集体耕作的余迹，商代是三人一组"耤"（协田），周朝二人一组，懂得翻耕土地以增加肥力，草经过沤烂可肥田，地力得以提高，从而过渡到休田制。周朝有三种田，最好的田是连年耕种，"上田一岁一垦，中田二岁一垦，下田三岁一垦"。"不易之田家百亩，易之田家二百亩，再易之田家三百亩。"

此期相对来说，土地利用率提高，人们生活相对稳定。

(4) 垄作法与连年种植制——春秋战国秦汉

此时期开始从休田的农业转为劳动密集型的精耕细作，连作制完全确立，并且发展出了轮作复种。推动这一转变的因素有以下几个。

①人口增加对粮食需求量增加。黄河流域耕地不足，人地矛盾使人们继续拓垦耕地外，还要更好地提高土地利用率。如果说耕地的扩大是平面的第一层次的生产力提高的话，土地利用率提高则是深层次的农业发展。

②铁工具的普遍使用与牛耕推广提供了必要的技术条件，特别是铁犁节省了人力，也使土地深耕加大，加速土地熟化。

③一家一户劳动的确立，推动了精耕细作的发展。

连作制需要具备下列条件。

①要认识到精耕细作的重要性。

②注意施肥，改良土壤。我国利用人粪为肥料源于西周，春秋战国时发展了绿肥、动物粪，并懂得了基肥与追肥，这比西方早了1200年。

③农田水利工程的发展。

④改缦田为垄作法，即在同一块田中实行休田，从而保证了连作。这样使得地力得到提高和保养，从休田、荒田发展为连年耕作，并做到了一年一熟甚至多熟。

(5) 北方旱作"耕→耙→耱"技术体系的形成——魏晋南北朝

这是以保墒防旱为体系的耕作技术。黄河流域每年降雨量500—700毫米，集中于七、八、九三月，对春种极不利，严重威胁了农业的生产，冬天雨水少不利于小麦生长，因此要尽力将夏、秋的雨水保持于土地之中，此技术就是解决为这一问题。经此技术处理，使耕地表层形成软软的泥毡，防止蒸发，起到保墒防旱的作用，此方法在现在也仍然有效。

此时期创制了绿肥耕作制，为了使连续使用的土地肥力不下降，防止病虫害，初时是豆类作物与粮食作物轮种，稍后一段时期，南方种紫云英。这种用地和养地相结合的轮作制比西方早1000多年。

(6) 南方水田"耕→耙→耖"技术体系的形成及麦稻两作制出现——唐宋

唐宋是我国南北农业比重倒转的重要时期，北方在秦汉时期就已经大规模开荒，使大量森林植被遭到破坏，水土流失现象逐渐扩大，加上战争的破坏等人为因素，使北方地力递减，不易恢复。此时南方农业形成了成熟的耕→耙→耖相结合的技术体系，到南宋达到了完善的程度，水田耕种、整地育苗、移栽、施肥、灌溉、防病虫害、收获，体系完整，并有一定的技术标准。

此时开始推行麦稻两熟制：有早稻与豆、油菜、麦轮种，有麻、蔬菜与小麦轮种制等等，达到了"种无虚月，收无虚日"，"一岁所资，绵绵相继"。

到唐宋时我国土地利用率达到了当时世界的最先进水平。

(7) 轮作、复种制的继续普及，双季连作的推广——明清

人与地矛盾紧张，使耕作制度比之前没有大的突破，但也有一些发展。

①轮作、复种制得到全面发展，轮作、兼作、混作、套种是一种立体农业，它们的发展达到了顶峰，人们充分利用所占的小块地，尽全力增加农产量。

②引进了高产低层次作物，玉米、高粱、番薯的种植技术得到完善和发展。

③棉花种植更加推广，技术达到完善。

南方水稻的双季连作是清康熙年间推广的。

附论：农业生产经验的总结和深化——中国传统农学的指导思想及发展过程

生产力结构中人是关键因素，但以往的经济学思想仅是把生产力中的人作为生理上的人即体力，在精耕细作农业中，劳动者的生产技术和经验在工具与耕地相同时就会对生产力水平起决定的作用，因而技术经验对产量的影响相当大。劳动者不仅是体力上的人，还应包含智力的因素——生产技术和经验，对这方面的总结和深化就表现为农学思想。我国以农为本，所以重视总结，这在世界上是有重大影响的。中国农书数量之多是居世界之首的，北京农业大学图书馆馆长王毓瑚先生所著《中国古代农学书录》，在世界上影响很大。当然，也应看到古农学思想与农业生产在当时情况下并没有很好的结合起来，没有得到统一，许多先进的技术方法不可能被一般农民接受，不可能完全发挥对农业的指导作用，不可能直接转化为生产力，但从古农书反映出的古农学思想是对精耕细

作农业实践的总结，为我国农民所普遍信仰的，对农业发展有极大推动作用。

我国古代农学的指导思想受到古代哲学天人合一的原始朴素思想影响。早在先秦时农业要兼顾天、地、人的农业思想就初步形成了。《荀子·天论》曰："夫天有其时，地有其财，人有其治，是之谓能参。"将天、地、人看作一个系统，说明三者的各自作用，强调了三者要各尽其职、互相配合，才能达到正常的效益（参及协调）。它说明我国传统文化产生的是成熟的农业，对三者的关系和作用的认识是不断深化的。

第一阶段：天时具有决定意义的阶段——先秦

当人类处于幼年期，在农业中最先注意到农业的天时性，并意识到了它的决定作用。《尚书·洪范》认为雨、阳（晴天）、日奥（暖）、寒、风对农业生产起决定作用，总称之为"天时"，五者具备协顺时即今日所谓风调雨顺，农业生产就能得到丰收。有一种因素失调，农业就会受到损失。春秋战国时仍然有如此认识，普遍强调"勿夺农时"，正确认识农业与天时的关系，并给予政策的保证。人们不在于仅希望风调雨顺，而且发展为人们对天时要有正确的认识，从而在天时中加上人事的作用，但前者是主动的，后者是被动的，促进了我国农业气象的发展，二十四节气、七十二候应在先秦就产生了。我国最早的农书《吕氏春秋》，其中有《上农》（从政策上强调鼓励农业，强调农时），《审时》（专门讨论天时），《任地》（各种作物所需天时），《辨土》四篇，是一部反映古代农学指导思想从强调天时转到强调地力的具有转折性意义的著作，后两篇是关于土地、土壤的早期代表作，没有离开天时孤立地讨论地力。黄河流域成为经济中心时，自然条件较差，完全靠天吃饭，旱地农作物占优势地位正说明了这一点。

第二阶段：地力上升为第一位，高度重视对耕作技术制度的研究——秦汉至唐宋时期

《氾胜之书》是代表作，本书失传，但有汇辑本，提出了农业的十一字诀："趋时，和土务粪泽，早锄早获。"主要是使用土地和保持地力，特别注意施肥和耕地两个环节，说明当时的农业生产有了很大发展。

五个半世纪后，出现了《齐民要术》这本重要的农书，反映了我国

北方农业生产技术的成熟，其指导思想是："顺天时，量地利，用力少而成功多，任情逆道，劳而无获。"更加强调人的作用，天、地、人三者从人事中得到了统一，此时的人主要是"顺天时，量地利"，从整体上说还是被动的。

到了南宋时，人的主动性和能力更加表现出来，陈旉的《农书》就是这种思想的反映。"土地虽异宜，顾治三如何耳，三立三得宜，皆可成就。"（土地虽不同，但主要看如何治理）"或谓地敝则草木不长，气衰则生物不遂，凡土田种三、五年其力必乏，斯语殆不然也，是未渾思也；若能时加新沃之土，以粪治之，则益精熟肥美，其力常新壮矣，抑何衰之有！"这种思想被王慎接受，认为任何土地都能利用，关键在于人当如何改造之。

第三阶段，人的主观能动性被强调到前所未有的高度——明清

精耕细作技术体系成熟，人地矛盾尖锐，充分发挥人的能动性成了关键问题，因此此时除有前期的农业思想外，在天、地、人三才体系中将人的作用提高到前所未有之地位。丘濬在《大学衍文补》中说："土性虽有宜不宜，人力亦有至不至，人力之至亦或可以胜天。""若谓土地所宜一定不易，此则必灭之理。若果尽力树艺，天不宜者，人定胜天，而况地乎？"

这种以人的主观能动性为核心，天、地、人合一的指导思想是我国以提高单位面积产量为目的的精耕细作传统农业思想的进一步发展，我国农业生产力结构中各个层次确是按原始系统思想为一个整体而发挥作用的。

在这个系统中，活劳动（人）比死劳动具有更突出的作用，这就找到了经济基础与上层建筑对生产关系发生影响的接口，为我们正确认识经济基础、上层建筑与生产关系三者之关系及相互促进作用有了深刻的基础。

天时、地利、人和是古代中国的三才要素，"天时不如地利，地利不如人和"是对古代中国三才思想的高度概括，其实质也是从农业经济中产生并反过来又指导农业生产的。

后　　记

　　从1987年开始历史地理学研究至今，我从事历史地理学研究已经三十个年头了。感谢陕西师范大学西北研究院编辑出版学术文库，鼓励科研人员编辑发表的论文结集出版。我抽出时间回顾自己的学术历程，整理科研文章，发现第一个十年主要开展的是北方农业历史地理研究，遂有本书的编辑。

　　本书基本由早期发表的论文编辑而成。这次编辑过程中，虽有文句与史料上的校正，但由于时间紧张不能有较大篇幅的删改与增补，致使部分章节的文字会有少许重复，个别统计数据也只能截止到论文写作时候，学界的最新成果没能有所评论，曲阜孔档案材料也不可能用数据化定量处理。好在文责自负，我还是对自己的学术观点有着足够的信心，比如在华北二年三熟制形成时间、粮食亩产量、粮作结构变迁、经济作物推广、明清耕地之折亩等多个方面，后来的论文除了沿袭我的观点外，有的只是增加了一些例证，我的基本结论还没有被超越。

　　我的硕士与博士论文均是农业历史地理研究，感谢导师史念海先生的悉心指导，才有我学术上的入门与进步，才有了本书的完成。我的故乡安徽萧县属于我研究的华北地方，其农业生产及景观给予我不少的灵感，尤其是一辈子当队长（村长）的父亲曾经解答我许多作物种植上的疑问，感谢生我养我的父老乡亲。

　　感谢中国社会科学出版社的张林女士，作为本书的责任编辑在文字校对、版式设计等方面付出了辛勤劳动。